国家社科基金
后期资助项目
GUOJIA SHEKE JIJIN HOUQI ZIZHU XIANGMU

新发展格局下中国服务业
高质量发展研究

宣　烨　著

中国财经出版传媒集团
经济科学出版社
Economic Science Press
北京

图书在版编目（CIP）数据

新发展格局下中国服务业高质量发展研究/宣烨著
. --北京：经济科学出版社，2024.1
国家社科基金后期资助项目
ISBN 978 - 7 - 5218 - 5615 - 6

Ⅰ.①新… Ⅱ.①宣… Ⅲ.①服务业 - 经济发展 - 研
究 - 中国 Ⅳ.①F726.9

中国国家版本馆 CIP 数据核字（2024）第 043928 号

责任编辑：郑诗南
责任校对：刘　昕
责任印制：范　艳

新发展格局下中国服务业高质量发展研究

XINFAZHAN GEJUXIA ZHONGGUO FUWUYE GAOZHILIANG FAZHAN YANJIU

宣　烨　著

经济科学出版社出版、发行　新华书店经销
社址：北京市海淀区阜成路甲 28 号　邮编：100142
总编部电话：010 - 88191217　发行部电话：010 - 88191522
网址：www. esp. com. cn
电子邮箱：esp@ esp. com. cn
天猫网店：经济科学出版社旗舰店
网址：http://jjkxcbs. tmall. com
北京季蜂印刷有限公司印装
710 × 1000　16 开　24.25 印张　423000 字
2024 年 1 月第 1 版　2024 年 1 月第 1 次印刷
ISBN 978 - 7 - 5218 - 5615 - 6　定价：98.00 元
（图书出现印装问题，本社负责调换。电话：010 - 88191545）
（版权所有　侵权必究　打击盗版　举报热线：010 - 88191661
QQ：2242791300　营销中心电话：010 - 88191537
电子邮箱：dbts@ esp. com. cn）

国家社科基金后期资助项目
出版说明

后期资助项目是国家社科基金设立的一类重要项目，旨在鼓励广大社科研究者潜心治学，支持基础研究多出优秀成果。它是经过严格评审，从接近完成的科研成果中遴选立项的。为扩大后期资助项目的影响，更好地推动学术发展，促进成果转化，全国哲学社会科学工作办公室按照"统一设计、统一标识、统一版式、形成系列"的总体要求，组织出版国家社科基金后期资助项目成果。

全国哲学社会科学工作办公室

前　言

党的十九大报告明确指出，"我国经济已由高速增长阶段转向高质量发展阶段，正处在转变发展方式、优化经济结构、转换增长动力的攻关期。"服务业作为国民经济的重要组成部分，是实体经济和制造业发展的重要支撑和引领力量，是满足人民群众高品质生活需求的重要依托。发挥服务业对经济社会发展的支撑引领作用，服务业自身的高质量发展是前提。高质量的服务业尤其是生产性服务业可直接影响产业链前端、后端制造业企业的生产能力，并通过创新发展及产业关联效应，形成向制造业产业链的全方位渗透，从而起到推动先进制造业与现代服务业优化升级的作用（贺小丹和田新民，2018）。生活性服务业与民生息息相关，是人民群众美好生活的直接体现。推动生活性服务业向精细化和高品质转变，扩大有效供给，能够增强人民群众的消费预期，可以实现消费升级和产业升级的互促共进（张丽莉，2019；夏杰长，2019）。

党的十九届五中全会提出了加快构建以国内大循环为主体、国内国际双循环相互促进的新发展格局。新发展格局赋予了服务业高质量发展的新环境、新条件，同时也提出了新目标、新要求。虽然我国服务业规模较大、比重也较高，是我国国民经济的第一大产业，但是，我国服务业结构欠合理、效率偏低、标准体系不完善、品牌效应不明显等质量不高的问题较为突出，已成为制约服务业有效发挥支撑引领作用、新发展格局顺利构建的重要因素。推进服务业高质量发展，既是贯彻落实党中央关于推进经济社会高质量发展战略的应有之义，也是提升我国服务业国际竞争力的必然要求，更是加快构建新发展格局的现实需要。那么，构建新发展格局为我国服务业高质量发展提供了什么样的新环境、新条件？在构建新发展格局背景下，我国服务业高质量发展应采取何种推进路径？选择何种实施策略？在现阶段国家大力推进制造强国建设、持续提升人民群众生活品质的背景下，研究新发展格局下我国服务业高质量发展问题具有极为重要的理论价值和现实意义。

本书共分四个篇章，包括背景事实篇、国内循环与服务业高质量发展篇、国际循环与服务业高质量发展篇、推进服务业高质量发展路径策略篇。首先，分析本选题的现实背景、研究意义、主要创新点，梳理相关文献并进行综述；构建服务业发展质量评价指标体系，测度全国不同区域（样本城市）服务业发展质量，描述我国服务业发展质量的时空特征；探讨新发展格局对服务业高质量发展带来的新环境、新要求及政策需求。其次，从现代流通体系畅通、自主可控供应链构建、城镇化城市群建设、跨业深度融合等视角，探讨国内循环与服务业高质量发展之间的内在关联；进而从更高水平对外开放、外商直接投资以及服务贸易创新发展等视角，探讨国际循环与服务业高质量发展之间的关系。最后，基于前述研究分析结论，结合未来服务业趋势，提出新发展格局下我国服务业高质量发展的路径突破、策略选择。

　　本书聚焦新发展格局下中国服务业高质量发展的研究主题，依托产业经济学、国际经济学、区域经济学、制度经济学、计量经济学等多学科交叉融合研究方法，基于对新发展格局构建给服务业高质量发展带来的环境转变、要求转变、技术供给及制度实施转变的剖析，构建了"新发展格局与服务业高质量发展"的分析框架。通过本书系统的理论分析与实证研究，有助于从理论上正确理解和把握新发展格局与服务业高质量发展之间的内在逻辑，准确识别新发展格局下推动中国服务业高质量发展的有效路径，这既为服务业高质量发展的相关研究提供新理论视角，也可以为基于新发展格局构建有效推动服务业高质量发展、巩固壮大实体经济提供政策决策依据。最后，本书作为国家社科基金后期资助重点项目，特别感谢余泳泽、徐圆、宋大强、宣思源、胡雅蓓、胡俊、李鹏龙、夏勇、李策划等同志在本书撰写、修改过程中做出的贡献。

目　录

第四篇　路径策略篇

第 一 篇

背景事实篇

本篇基于新发展格局构建下我国服务业高质量发展研究背景的描述，梳理了相关文献，概况了本书的研究意义、主要创新点，构建了中国服务业高质量发展测度指标并进行测度，刻画了我国服务业发展质量的时空特征，在此基础上，剖析了新发展格局构建对服务业高质量发展带来的新环境、新要求及政策环境优化需求，构建了新发展格局构建与服务业高质量发展的一般分析框架，为整个研究成果提供了事实依据和理论基础。

第一章 绪 论

推进高质量发展、构建新发展格局是"十四五"时期乃至更长阶段我国经济社会的主要战略任务。新发展格局构建赋予了服务业高质量发展的新环境、新条件，同时也提出了新目标、新要求，刻画新发展格局构建下推进服务业高质量发展的理论机制，有助于丰富"双循环"新发展格局构建的理论研究，也为我国推进服务业高质量发展提供新的研究思路。科学评估我国服务业发展质量现状及其相关影响因素，为推进我国服务业高质量发展提供决策依据和政策方向。

第一节 现实背景

一、新发展格局是事关中国发展全局的重大战略部署

中国全面开启建设社会主义现代化国家的新征程，迎来了一个崭新的发展阶段。构建新发展格局①的重大战略决策部署衔接历史与未来、统筹国际和国内，深入分析中国发展的国内国际背景，着眼于新时代高质量发展的长远目标，新发展格局成为未来一段时间我国高质量发展的基本遵循，事关中国当今乃至未来较长时期内经济社会发展全局，具有纲举目张的作用。

1. 新发展格局重大战略部署的确立

新发展格局这一新论断的提出发端于 2020 年 4 月召开的中共中央财经委第七次会议，会上习近平总书记第一次提出了"新发展格局"的重要概念，并且强调"国内循环越顺畅，越能形成对全球资源要素的引力场，

---

① 新发展格局：加快构建以国内大循环为主体、国内国际双循环相互促进的新发展格局。

越有利于构建以国内大循环为主体、国内国际双循环相互促进的新发展格局"①。自此以后，在中共中央财经委第八次会议、企业家座谈会、科学家座谈会、深化改革委十五次会议乃至联合国大会等不同场合上，围绕新发展格局习近平总书记从现代流通体系建设、企业家的重要性、加快科技创新、用足用好改革、扩大对外开放等不同维度，对新发展格局展开了系统化阐述，深化了"双循环"新论断的内涵。同时，在安徽、深圳、浦东、长三角等地方考察时，习近平总书记也提出了殷切期盼，要求各地政府从实际出发，在构建新发展格局中积极作为。

2020 年秋，党的十九届五中全会审议通过了《中共中央关于制定国民经济和社会发展第十四个五年规划和二〇三五年远景目标的建议》（以下简称《建议》）。2021 年 3 月，十三届全国人大四次会议通过了《中华人民共和国国民经济和第十四个五年规划和 2035 年远景目标纲要》（以下简称《纲要》）。《建议》和《纲要》擘画了未来五年至十五年中国发展的宏伟蓝图，成为指导中国新发展时代的纲领性文件，明确提出了"加快构建以国内大循环为主体、国内国际双循环相互促进的新发展格局"②。"十四五"时期是我国全面建成小康社会、开启全面建设社会主义现代化国家新征程的重要战略机遇期。《纲要》的落地实施，将为新征程开好局、起好步。"立足新发展阶段、贯彻新发展理念、构建新发展格局"成为"十四五"时期经济社会发展的指导思想和必须遵循的原则，为我国应对错综复杂的国际形势、艰巨繁重的国内改革发展稳定任务指明了主攻方向和重要着力点。

2. 新发展格局的核心要义

关于新发展格局的内涵，目前没有统一的定义，通常认为，构建新发展格局，关键在于实现经济循环流转和产业关联畅通。根本要求是提升供给体系的创新力和关联性，解决各类"卡脖子"和瓶颈问题，畅通国民经济循环。《"十四五"规划〈纲要〉名词解释之 5│新发展格局》指出，构建新发展格局的关键在于经济循环的畅通无阻，最本质的特征是实现高水平的自立自强。必须坚持深化供给侧结构性改革，以创新驱动、高质量供给引领和创造新需求，提升供给体系的韧性和对国内需求的适配性。必须建立扩大内需的有效制度，加快培育完整内需体系，加强需求侧管理，建

---

① 习近平：《国家中长期经济社会发展战略若干重大问题》，载《求是》2020 年第 11 期。

② 《中共中央关于制定国民经济和社会发展第十四个五年规划和二〇三五年远景目标的建议》，新华网，http：//www.xinhuanet.com/politics/2020 – 11/03/c_1126693293.htm。

设强大国内市场。必须坚定不移推进改革，破除制约经济循环的制度障碍，推动生产要素循环流转和生产、分配、流通、消费各环节有机衔接。必须坚定不移扩大开放，持续深化要素流动型开放，稳步拓展制度型开放，依托国内经济循环体系形成对全球要素资源的强大引力场。必须强化国内大循环的主导作用，以国际循环提升国内大循环效率和水平，实现国内国际双循环互促共进①。基于此，本书认为，新发展格局是以国内大循环为主体、国内国际循环相互促进的发展状态，其关键在于经济循环的畅通无阻，最本质的特征是实现高水平的自立自强；其核心要义是从我国经济社会发展实际出发，全面遵循大国经济发展的一般性规律，以国民经济循环的有效畅通为出发点，以深化国内梯度分工、区域分工以及强化构建自主可控的技术创新体系建立，推动更高水平、更深层次融入国际分工，推动我国经济社会的高质量发展。

新发展格局的"新"这个关键字在《建议》和《纲要》中高频出现，反映了中共中央对中国经济和社会发展方向的高度关注。新发展格局这一重大战略决策的"新"突出了两大关键点：

一是以国内大循环为主体。在新发展格局中，国内市场是关键、核心和立足点，战略重点是扩大国内需求，以提高最终消费对国内生产总值的贡献率。新发展格局坚持系统思维的原则，统筹协调质量、结构、规模、速度、效率和安全。为此，需要确保各产业之间、各环节之间、各要素之间的顺畅互联，消除阻碍生产、分配、流通和消费的各类壁垒，实现动态供需平衡。在供给方面，需要进一步深化供给侧结构性改革，加快构建现代产业体系，突出创新与经济、产业体系发展间不可分割的关系。在需求方面，要以国内市场为基础，以扩大内需为战略支点，促进消费升级，扩大消费能力，充分发挥中国规模巨大的潜在市场。

二是国内国际双循环相互促进。"双循环"就是谋求更高质量的国内大循环和更高水平的国际循环。以国内大循环为主体，并不是抛弃国际循环，而是增强国内市场和国外市场、国内流通和国际流通的相互促进，要以国内分工体系与市场体系为载体，以国际分工与国际市场为必要补充与支持。高水平的对外开放是推动双循环相互促进的核心。在进一步扩大对外开放的基础上，依靠强大的国内市场，从世界各地吸引更多优质资源和

---

① 《"十四五"规划〈纲要〉名词解释之5｜新发展格局》，中华人民共和国国家改革和发展委员会网站，https：//www.ndrc.gov.cn/fggz/fzzlgh/gjfzgh/202112/t20211224_1309254.html?code=&state=123。

生产要素，形成更安全、更可靠、更具弹性、更有韧性的供应链和产业链，通过提高发展质量和扩大供给产能在全球市场获得更大的发展空间。这将有利于中国在全球合作和竞争中形成新的优势，增加中国在全球经济治理体系中的话语权，同时也为世界上其他国家创造市场机会，为促进共同繁荣取得更显著、更实质性的进展。

二、服务业高质量发展是新发展格局的产业突破口

新模式的目标是实现更可持续的发展，并提高质量、效率、公平和安全。开放是双重循环的另一个要素——它不是关上通往世界和自给自足的大门。相反，它的成功包括通过国内流通和深入参与国际流通来吸引全球商品、资源和生产要素。目标是在进一步对外开放的基础上，依靠强大的国内市场，从世界各地吸引更多世界领先的资源和生产要素到中国。这将使中国能够在全球合作和竞争中形成新的优势，同时为其他国家扩大市场机会。

2018 年 11 月，《中共中央、国务院关于推动高质量发展的意见》的发布，为推动高质量发展提供了行动指南。为落实高质量发展的要求，2019 年，国家发展改革委、市场监管总局颁布了《关于新时代服务业高质量发展的指导意见》，服务业高质量发展，既是中国提升经济质量的"硬实力"，也是中国塑造国际形象的"软实力"。"十四五"时期，高质量发展也是服务业发展的主题，在我国实施经济强国、制造强国战略的大环境下，加快服务业高质量发展是我国在当前和今后较长时间内占据全球经济主导地位不可逾越的重要环节，是引领制造业全球价值链位势攀升的主要路径，是构建新发展格局的产业突破口。

1. 服务业成为经济增长最大动能

从产业动力来看，我国经济结构转型持续推进，由高速增长阶段转向高质量发展阶段，产业动能加快转换，正实现从第二产业向第三产业转移。2021 年第三产业增加值 60.968 万亿元，占 GDP 的比重为 53.3%，比 2019 年上升了 0.2 个百分点，第三产业增加值连续 10 年超过了第二产业。2021 年第三产业增加值对经济增长的贡献率为 55.0%，连续 8 年成为经济增长的最大动能①。相比较而言，服务业中高技术服务业增长较快、质量提升效果尤为明显。2020 年 1～11 月，规模以上高技术服务业、科技服务业、战略性新兴服务业营业收入增速分别达到 12.0%、

———————————

① 由笔者根据国家统计局官网相关数据计算而来。

11.0%和8.6%①。由此可见，服务业已成为拉动我国经济增长的主动力和新引擎，有力地促进了产业技术进步、社会生产稳定性和产业效率的提升。加快服务业高质量发展，推动产业结构、产品结构的转型升级将成为推动新时代经济高质量发展的新型产业动力。

2. 服务业在产业融合中发挥重要作用

一二三次产业融合发展，是全球产业发展的新方向和新趋势。其中，服务业尤其是生产性服务业是产业融合的黏合剂和催化剂（宣烨，2020），对产业升级与竞争力提升发挥着至关重要的作用。在新时代"三农"融合发展中，服务新型农业和现代化农业服务平台等成为实现农民脱贫增收，推进村社模式创新，打造乡村场景新经济的重要手段。在工业化后期的产业发展中，现代服务业和先进制造业的深度融合是加快推进工业化进程，加快传统制造业数字化、智能化、绿色化，推动全产业链优化升级的必然要求。在美国、芬兰等发达国家，制造业与服务业融合的企业占比超过一半，在世界500强的企业中，有20%以上的跨国制造企业的服务业收入在企业总收入中超过一半②，一些企业已从制造业企业演变为服务业企业。由此可见，加快产业的深度融合，有效发挥服务业尤其是生产性服务业在产业融合中的作用是产业发展的大势所趋。

3. 服务业发展不平衡不充分的矛盾依然突出

改革开放以来，我国产业发展重点主要是以制造业为突破口，通过偏重制造业规模扩张和结构升级带动国家综合实力的提升。相对而言，由于受到市场化程度不高、社会分工程度较低、工业优先发展战略、管理体制机制僵化滞后、政府规制不到位或政府短期化利益诉求等市场性因素、体制性因素的抑制性作用，服务业发展特别是现代服务业发展没有受到应有的重视，服务业规模、占比及其发展水平与经济发展不相适宜。

从服务业规模的国际比较来看，我国服务业虽处于上升通道但整体发展依然相对滞后，有待进一步提高整体发展水平。发达经济体的产业结构呈现出"三个70%"的典型特征，一是服务业在国民生产总值中占比70%；二是生产性服务业在全部服务业中占比70%；三是服务业就业人数占整个就业人数70%。相较而言，2021年，我国第三产业（服务业）增

---

① 《国家统计局：2020年我国经济增长的质量和效益稳步提升》，人民网，http://finance.people.com.cn/n1/2021/0118/c1004-32003424.html.

② 由笔者根据2021年8月2日《财富》发布的2021年世界500强排行榜整理分析而得。

加值占国内生产总值的比重为 53.3%，与发达国家的 70% 相比，乃至全球服务业占比 60% 以上相比①，还是一个相对较低的数值，存在巨大的发展空间。这意味着我国仍然需要进一步扩大服务业规模，逐步提升服务业在国民经济中的占比。

从服务业结构的国际比较来看，我国服务业国际竞争力偏低，专业化、社会化程度不够，不同服务业领域行业分化明显，与高质量发展要求还有差距。此外，生产性服务业供给质量不高，高端服务能力不足，低比重与低效率并存，信用体系建设及其服务、要素市场流动服务等服务业供给严重不足；传统服务业"散、小、乱、差"、竞争激烈、劳动生产率低下等问题仍然突出；公共服务存在过度与短缺并存的结构性不平衡问题；服务贸易逆差长期难以改观；"自我循环"和"脱实向虚"的风险有待改善，以上这些问题已成为我国下一阶段攻坚克难的关键任务。因此，提高服务业在国民经济中的地位，并以此推动产业结构乃至经济转型升级、生产效率逐步攀升，以服务业高质量发展引领现代化经济体系建设，是当前中国经济高质量发展的重要导向之一。

三、应对新发展阶段的新机遇和新挑战

"构建以国内大循环为主体、国内国际双循环相互促进的新发展格局"，不是应对疫情冲击和外部打压的临时之策和被动之举，而是党中央应对国内外形势新变化做出的重大战略部署，具有鲜明的主动作为、时代特征，体现了中国的大国担当。

（一）新发展阶段下国际环境的新变化

从国际环境来看，全球正处于百年未有之大变局，新冠疫情暴发并在全球快速蔓延，叠加中美贸易摩擦不断加剧、世贸组织面临自成立以来最大危机等多重不利因素，使得国际贸易与投资环境的各种不确定性陡增，现阶段第三次全球化浪潮步入深度调整阶段。具体而言，新发展格局重要外部条件的变化主要体现在以下几方面。

1. 全球供应链面临重构，国际经贸规则发展面临新议题

在新冠疫情冲击下，为了保持本国产业链供应链稳定性和安全性，世界主要经济体积极推进经济结构的深刻调整，全球生产网络面临巨大冲击，全球供应链出现纵向缩短、横向集中的特点，本地化、区域化、分散

---

① 中国服务业数据来源于国家统计局官网、发达国家数据来源于《世界经济年鉴》(2023)，并经笔者整理分析而得。

化的趋势进一步凸显，全球产业竞争将表现为各地区之间产业链集群的竞争。我国在全球产业链供应链的枢纽和"世界工作台"地位受到前所未有的挑战。创新发展、绿色发展、数字化发展、可持续发展成为世界各国提升国际竞争力的主要内容，在知识产权、贸易救济、环境保护、数字贸易等主要领域，出现了一系列新议题新思考，主要经济体对基于传统分工和生产边界确定的国际经贸规则产生了强烈的调整呼声，世界贸易组织面临建立以来最大的改革压力。

2. 新一轮科技革命和产业变革蓬勃兴起

进入 21 世纪，新一轮的科技革命迅猛发展，产业变革正在孕育，一些重大的科学问题和关键核心技术已经出现革命性的变化，新技术、新工艺、新产品实现群体性突破。以新材料产业为例，新技术、新产业催生了对新材料的巨大市场需求，新物质结构大量涌现，光固化材料、超导材料、智能仿生材料、锂电池材料、特种塑料等新材料技术不断取得新突破；新材料技术与纳米技术、生物技术、信息技术等高技术加速融合；材料的低碳、绿色、可再生循环等环境友好特性备受关注；新材料研究开发方向转向更加惠及民生。

3. 服务贸易和数字贸易成为贸易发展的竞争焦点

随着新一轮产业革命和技术革命的发展，服务业对外开放已成为全球经济一体化的主要标志。预计 20 年后，世界贸易将形成 1/3 货物贸易、1/3 服务贸易、1/3 数字贸易的格局。商务服务业、通信服务业、科技服务业等知识技术密集型服务业将获得快速增长。当今世界上有一半以上的服务贸易可以利用数字化得以实现，12% 以上的跨境货物贸易借助于数字化平台完成[1]。跨境电子商务作为重要的数字贸易方式正在快速发展，据测算，2016～2020 年全球跨境电商 B2C 保持 27% 的年均增长速度[2]。

（二）新发展阶段下国内环境的新变化

改革开放以来，我国基于要素禀赋优势，积极融入跨国公司主导的全球价值链，大力发展"两头在外"的加工贸易，不仅促进了我国对外贸易的发展，也通过技术溢出效应、资源优化配置效应、管理促进效应等带动了产业转型升级。然而，随着我国人均收入水平上升，超大规模国内市场逐步形成，在国内经济高质量发展的总体要求下，国内发展条件已经发生

---

[1] 《传统贸易向数字贸易转型 全球服务贸易一半以上实现数字化》，中国经济网，http：// www. ce. cn/cysc/tech/gd2012/201812/03/t20181203_30923579. shtml.

[2] 《以构建高标准国际经贸规则促进更高水平对外开放》，求是网，http：// www. qstheory. cn/llwx/2019－08/20/c_1124896598. htm.

了深刻变化，传统的依靠要素成本优势参与国际贸易已不可持续，"以出口为导向"的"单循环"亟待转变。

1. 完善的工业体系和超大规模的国内市场成为我国新的比较优势

完善的工业体系和超大规模的国内市场是服务业发展的坚实基础。一方面，我国具有最完整齐全、规模最大的工业体系。我国是全世界唯一一个拥有全部联合国产业分类中 39 个大类、191 个中类、525 个小类工业门类的国家。另一方面，我国具有超大规模、需求多样的国内消费市场体量。2021 年，我国 GDP 总量达到 1143670 亿元，人均 GDP 连续三年超 1 万美元，达到了 12551 美元，其中中等收入群体所占规模全球最大，全年社会消费品零售总额 440823 亿元①，超大规模国内市场成为我国新的比较优势。我国研发投入水平和受教育水平有了显著提高，创新能力和水平不断增强，专利申请和授权数量已经连续多年位居世界前列。我国产业链、供应链和消费市场形成了具有满足规模经济、集聚经济的要求，具备依靠国内经济循环为主的经济效率基础。中国完善的工业体系门类和庞大的国内市场决定了实施"双循环"战略的条件已经成熟。

2. 生产要素成本持续上升抑制经济竞争力提升

长期以来，我国外贸转型升级主要通过嵌入跨国公司主导的全球价值链、供应链，沿着"产品升级→工艺升级→功能升级→链条升级"展开。2004 年以来，我国的劳动力、土地、资源、原材料等要素成本显著上升，而且环境约束明显增强，一些传统比较优势逐渐丧失。同时，随着我国企业与国外跨国公司在关键领域竞争的日趋激烈，"俘获"与"反俘获"博弈进入深水区，国外跨国公司通过专利战略，甚至借助国家权力进行打压，想方设法阻止我国实现产业升级。大量的研究表明，"出口—内需"背离使得我国很多产品进行升级时缺乏国内市场支撑，在国内循环与国际循环之间不能形成良性互动。显然，在国内市场规模较小的时候，通过引进外商直接投资发展外循环在当时背景下是正确的战略选择，但在国内市场规模位居世界前列的新时代背景下，需要转变发展思路，更加重视国内大循环。从国际经验来看，无论是发达国家还是发展中大国，充分利用好、发挥好国内市场优势是实现产业升级的关键因素之一。

3. 现代服务业与先进制造业融合发展是实现经济转型的重要方向

现代服务业与先进制造业的融合发展是适应信息化条件下新技术场景变化、实现产业形态和产业模式创新、推动产业组织变革的关键。为推动

---

① 国家统计局：《2021 年国民经济和社会发展统计公报》。

现代服务业与先进制造业深度融合，国家发展改革委等 15 部门发布《关于推动先进制造业和现代服务业深度融合发展的实施意见》，江苏、浙江等省份也相应制定了《江苏省先进制造业与现代服务业深度融合试点工作方案》《浙江省现代服务业与先进制造业深度融合试点工作方案》等地方工作方案，以增强产业核心竞争力，培育产业融合新业态，构建自主可控的现代产业体系。依托 5G、工业物联网、大数据、人工智能等新一代信息技术推动制造业和服务业升级，促进制造业与生产性服务业深度融合。同时，以新技术、新业态、新模式改造传统制造业和服务业，提高服务业与制造业的匹配程度，加快形成服务型制造体系。支持研发设计、知识产权、创业孵化、科技金融、市场营销等现代服务业发展，培育覆盖全周期、全要素的高新技术服务产业链，鼓励龙头企业建立产业融合服务平台，促进先进制造业和现代服务业融合发展。

实践证明，长期以来形成的过度依赖国外市场驱动、以国际经济大循环带动国内循环的发展方式，已不能解决当前和未来中国经济发展的核心问题。中国经济继续依赖要素成本优势、出口导向战略、模仿借鉴外国技术的空间越来越小，必须将发展战略路径转变到构建完整内需体系、高水平创新产业链、区域一体化经济布局、市场活力深度激发的内生驱动式发展道路上。

第二节　文献综述

一、"双循环"新发展格局研究

新发展格局是中国语境下的创新性政策话语，自 2020 年党中央首次明确提出以来，该主题迅速成为国内外学术界的研究热点，从著名学者到普通研究人员，从经济领域、政治领域到社会、文化领域等涉及方方面面，从研究方向来看，主要包括新发展格局的科学内涵、新发展格局的理论基础、新发展格局构建的经济社会意义以及推动新发展格局构建路径等方面。尽管时间不长，但研究成果丰富，既有理论性文献，也有一般研究报告、政策性咨询报告，还出现了一些相关专著。本书首先对新发展格局进行理论溯源，并在此基础上采取定量分析方法综述相关学术文献。

（一）新发展格局的科学内涵

国内学者对于"双循环"新发展格局科学内涵的相关解读，主要集中在以下两个方面的辩证统一关系。

1. 国内循环和国际循环的辩证统一

"双循环"新发展格局是国内循环与国际循环的辩证统一。一方面，国内循环与国际循环相互影响、相互促进。国内循环是实现国际循环的前提、基础和保障，发展国内循环的初衷是为了更好地融入国际循环；发展国内循环并不是放弃国际循环，而是以国际循环作为国内循环的外延和补充（黄群慧，2021），缺乏国际循环对国内循环的有效支撑，国内循环难以快速、健康、高质量地建立，也就是说，发展国际循环是为国内循环不断注入新的动力和提供更多的发展空间（任君和黄明理，2021）。另一方面，"双循环"要以国内循环为主，构建新发展格局必须坚持扩大内需这个战略基点。充分发挥我国的市场优势和内需潜力，以扩大内需作为经济发展的出发点和落脚点，更多依靠构建完善的内需体系、形成国内循环来稳定我国经济增长。新发展格局以国内循环为主，并不是不重视、不需要对外开放，也不是压缩甚至放弃国际大循环，而是更高水平、更深层次地融入国际经济大循环体系，其中的核心要义，是从我国经济社会发展实际出发，充分发挥中国大国经济优势，全面遵循大国经济发展的一般性规律，以国民经济循环的有效畅通为出发点，以深化国内梯度分工、区域分工以及强化构建自主可控的技术创新体系建立，推动更高水平、更深层次地融入国际分工，推动我国经济社会的高质量发展（董志勇和李成明，2020；蒲清平和杨聪林，2020）。

2. 立足新发展阶段、贯彻新发展理念、构建新发展格局的辩证统一

"双循环"新发展格局体现三个"新"，即新发展阶段、新发展理念、新发展格局，在中国当前的发展形势下，三者是相互联系、辩证统一的整体，全面而又深刻地解释了中国发展阶段是什么位置、发展的蓝图是什么样的，以及如何实现蓝图确定的目标等重大现实命题（李恕佳，2020）。其中，全面贯彻创新、协调、绿色、开放、共享的新发展理念是新发展格局能够产生、形成的思想灵魂（王乾丽，2021；黄群慧，2021），新发展格局的构建是全面贯彻新发展理念的必然结果（詹成付，2020）。新发展格局是我国经济高质量发展在新发展阶段的现实体现、特殊要求，是我国向世界展现大国担当的具体表现，也是在新发展阶段我国对以往经济发展战略、经济发展经验的系统整合提升与全面深化，更是构建新发展格局的思想指引，总体来看，构建新发展格局是新发展理念、

新发展阶段对经济社会发展格局的时代呼唤及规律顺应，三者统一于新时代中国特色社会主义的伟大实践（王乾丽，2021；黄群慧，2021；王钰鑫、王耀鸿，2021）。

（二）新发展格局的理论溯源

自构建新发展格局提出以后，诸多学者致力于寻求新发展格局的理论基础，聚焦于"经济循环"和"双循环"等关键词，相关研究视角大致可以分为马克思主义政治经济学视角和宏观经济学视角两个方面（黄群慧，2021）。

1. 马克思主义政治经济学视角

"双循环"新发展格局是马克思主义理论在当代中国特色社会主义现代化建设过程中的新发展、新提升及新运用，充分汲取了马克思主义哲学、政治经济学、科学社会主义的伟大理论成果。现有文献从社会资本再生产理论（刘元春，2020；张永亮，2020）、社会生产力及生产关系的理论（周跃辉，2021；张任远，2020）、全球市场理论（柳思维等，2020）、空间生产力布局理论（周跃辉，2021；胡博成、朱忆天，2021）、社会主义市场经济理论等多个维度进行了深入探讨（任君和黄明理，2021）。

国民经济循环的本质就是社会再生产过程，马克思的社会再生产理论为分析"双循环"新发展格局提供了基本工具（程恩富和张峰，2021）。具体来看，可以将马克思主义社会再生产理论分解为三个层次的经济循环理论（王国刚，2020）。

一是产业资本循环理论。产业资本循环指产业资本从一定的职能形式出发，经过购买、生产、销售三个阶段，采取货币资本、生产资本、商品资本三种职能形式，实现价值增殖，并回到原来出发点的全过程。产业资本通过循环往复的运动实现价值增殖。

二是两大部类资本再生产循环理论。马克思在剖析资本主义再生产过程中提出两大部类分类法，即生产生产资料的第一部类和生产消费资料的第二部类。社会再生产顺利进行的条件，是社会总产品在实物上得到替换，价值上得到补偿，客观上要求两大部类内部各个产业部门之间和两大部类之间保持适当的比例关系。

三是社会循环再生产理论。马克思主义认为社会再生产过程包含生产、分配、交换和消费四个环节，是四个环节的循环往复，其中，生产是起点，流通和分配是连接生产和消费的桥梁，消费是社会再生产的终点也是新一轮再生产的起点。畅通国民经济循环就要打通这四个环节，形成供需协调、循环通畅的社会再生产体系，实现良性互动的高质量均衡。

2. 宏观经济学视角

从宏观经济学理论的角度阐释"双循环"新发展格局背后的理论逻辑，现有文献从大国发展理论、经济增长理论、国际贸易理论等不同维度展开（钱学锋和裴婷，2021）。

一是大国经济发展理论，强调内需为主的经济发展模式。从史密斯（Smith，1776）提出市场规模问题，到马歇尔（Marshall，1890）对生产规模的分析，再到钱德勒（Chandler，1990）和波特（Porter，1990）系统研究规模经济优势，体现了西方学者对经济规模问题长期研究的思想轨迹。大国经济发展理论从人口规模和国土规模这两个自然特征出发，通过本土市场效应、分工经济效应以及产业关联效应影响国民收入。由此，大国要采取以内需为主的发展模式（欧阳峣，2017，2018；宣烨和杨青龙，2019）。

二是经济增长理论，强调需要正确处理好供给和需求的关系。主流经济增长理论，包括哈罗德—多马的古典增长模型、索罗—斯旺新古典增长模型、罗默和卢卡斯的新古典增长模型等，一般从供给侧方面研究经济增长。20世纪60年代后，西方经济理论界的希克斯等致力于凯恩斯理论动态化，希望对短期需求管理进行跨期化安排，以缓解需求结构变化对当期的影响。随后，经济理论界又将这一想法扩展到内生经济增长方面，试图将传统的外生的技术进步内生化。由此，所谓需求引领供给，供给创造需求逐渐成为宏观经济长期稳定增长的重要理念（曹远征，2021）。

三是国际贸易理论，提供双循环联动发展的深层逻辑。国际贸易理论为我国双循环发展理论提供了深厚的理论基础，如比较优势理论分析了不同国家的国家分工基础、重叠需求理论分析了相同收入国家需求的相同特征、技术差距和产品生命周期理论分析了不同国家产业转移规律，而研究开发要素理论则分析了不同国家产品竞争力差距的根源等，但这些国际贸易理论均暗含一个理论共识，即国内市场是开发、利用国际贸易的重要依托（杨英杰，2021；钱学锋和裴婷，2021）。由此，要以国内大循环为主体，将国际循环内嵌于本国经济，实现本土需求、国内供给和国际国内贸易结构之间的良性互动，进而有效推动两个市场、两种资源、两种循环的联动发展。

（三）新发展格局的文献计量分析

本书文献数据来源于中国知网和"读秀"中文学术搜索。分别在中国知网以"新发展格局"为关键词，在"读秀"以"新发展格局"为书名，设定检索时间范围为 2020 年 4 月 10 日至 2021 年 6 月 15 日，检索到期刊论文 476 篇，中文图书 8 本，共计 450 条；其中 2020 年为 114 条，2021 年为 336 条。

由于该主题的相关文献主要形式为期刊论文，故本书的文献计量分析以期刊论文为对象，并进一步将期刊论文范围限定为收录"CSSCI"的高质量期刊论文，检索得到 216 条结果。其中 2020 年为 48 篇，2021 年为 168 篇。由此可知，2020 年 4 月新发展格局概念被提出后，即受到了国内学界的重视，但相关学术研究的爆发式增长出现在 2021 年。

1. 研究主题分析

借助文献计量分析工具对新发展格局文献进行主题分析，获得结果如图 1-1 所示，"双循环"（91 次）是在文献中出现频次最高的主题，说明新发展格局的研究主要聚焦于"双循环"相互促进的中心点。其余排名靠前的研究主题依次为"高质量发展"（52 次）、"产业链"（27 次）、"新发展阶段"（25 次）、"扩大内需"（24 次）、"新发展理念"（22 次）、"供给侧结构性改革"（17 次）、"国内大循环"（15 次）、"供应链"（12 次）。此外，创新链、需求侧管理、全球化、经济增长、全球价值链等也是在相关文献中出现的较多的研究主题。

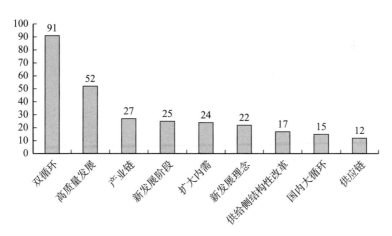

图 1-1　新发展格局相关文献研究主题分布

2. 学科分布和期刊分布

学科分布反映了新发展格局相关主题研究领域的学科构成。从图 1-2 可见，经济体制改革是最主要的学科分布，共有 134 篇文献属于该学科，占比为 62.04% ；其次为中国政治与国际政治，共有 20 篇文献属于该学科，占比为 9.26% 。图 1 - 3 报告了来源期刊分布的情况，新发展格局主题发文最多的期刊为《人民论坛学术前沿》，以 11 篇排在首位，约占全部发文量的 5% 。其次为《新疆师范大学学报（哲学社会科学版）》《经济纵横》以及《宏观经济管理》，以 8 篇、6 篇、5 篇紧随其后，分别约占发文总量的 4% 、3% 和 2% 。

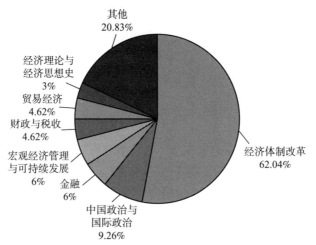

图 1 - 2　新发展格局相关文献学科分布

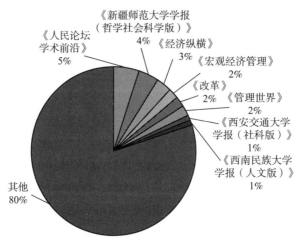

图 1 - 3　新发展格局相关文献期刊分布

3. 研究机构和核心作者分析

研究机构在相关领域的科研实力在一定程度上可以通过发文数量得以

反映。以第一作者所属科研机构为分类依据，可以发现研究期间发文数量位居前 5 位的科研机构依次为：中国人民大学、南开大学、北京大学、国务院发展研究中心、对外经济贸易大学（见图 1−4）。中国人民大学以 14篇排在首位，占全部发文量的 6.48%。南开大学、北京大学以 13 篇、10篇紧随其后，分别占发文总量的 6.02% 和 4.63%；反映出上述科研机构在新发展格局研究中的重要影响力。

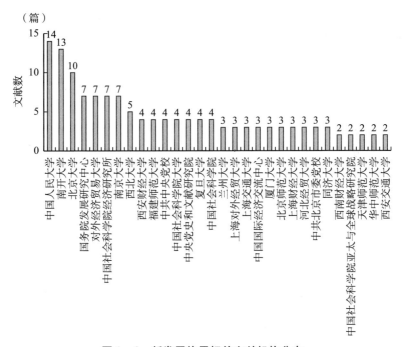

图 1−4　新发展格局相关文献机构分布

从文章作者看，图 1−5 展示了新发展格局文献的核心作者分布情况。国内学术界以任保平、刘志彪、刘秉镰、董志勇、黄群慧等为代表的专家学者在新发展格局研究领域产出了大量具有影响力的成果。任保平教授（西安财经大学、西北大学）围绕新发展格局的运行机制、实施路径、重点问题、关键环境、新增长点等内容发表了 7 篇论文。南京大学的刘志彪教授、南开大学的刘秉镰教授、北京大学的董志勇教授、中国社会科学院的黄群慧教授也集中发表了多篇论文。

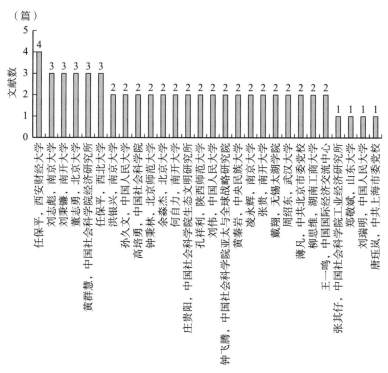

图 1 – 5　新发展格局相关文献核心作者分布

4. 高被引文献分析

基于 216 篇文献的被引频次来分析新发展格局研究领域最具有学术影响力的文献。表 1 – 1 列举了被引频次最高的 10 篇文献，其中被引频次最高的是蒲清平和杨聪林发表在《重庆大学学报（社会科学版）》2020 年第 6 期的《构建"双循环"新发展格局的现实逻辑、实施路径与时代价值》一文，被引频次 36 次。所有高频次被引文献均发表于 2020 年，作为新发展格局的最早的一批文献引起了后续研究者的广泛关注。从高频次被引文献的研究视角来看，多从宏观层面展开研究，多聚焦于新发展格局的内涵解读，试图回答新发展格局是什么这个最基础的理论问题，这些文献在一定程度上奠定了新发展格局研究的重要理论基础，成为学术界开展相关研究的出发点和依据。

表 1 – 1　　　　　　　　　新发展格局高频次被引文献列表

序号	作者	文献名称	发表时间	被引频次
1	蒲清平和杨聪林	构建"双循环"新发展格局的现实逻辑、实施路径与时代价值	2020 – 08	36

序号	作者	文献名称	发表时间	被引频次
2	江小涓和孟丽君	内循环为主、外循环赋能与更高水平双循环——国际经验与中国实践	2020 – 01	34
3	董志勇和李成明	国内国际双循环新发展格局：历史溯源、逻辑阐释与政策导向	2020 – 10	32
4	陈文玲	当前国内外经济形势与双循环新格局的构建	2020 – 08	28
5	王一鸣	百年大变局、高质量发展与构建新发展格局	2020 – 12	27
6	姚树洁和房景	"双循环"发展战略的内在逻辑和理论机制研究	2020 – 09	21
7	伍山林	"双循环"新发展格局的战略涵义	2020 – 11	12
8	陈劲等	双循环新发展格局下的中国科技创新战略	2020 – 12	9
9	马建堂和赵昌文	更加自觉地用新发展格局理论指导新发展阶段经济工作	2020 – 11	9
10	丁一凡	新冠肺炎疫情下的世界经济形势与中国新发展格局	2020 – 11	7

二、服务业高质量发展研究

在党的第十九次全国代表大会召开之前，学术界已经围绕建设服务强国、关于服务业发展方式转变等领域展开诸多研究，这些研究为后续推进服务业高质量发展研究提供了重要支撑。党的第十九次全国代表大会召开以来，关于产业高质量发展、服务业高质量发展相关问题的研究受到广泛关注。目前学术界关于服务业高质量发展的研究文献主要回答了以下三个问题：什么是服务业高质量发展？为什么要推动服务业高质量发展？怎样推动高质量发展？为此，本书从服务业高质量发展的科学内涵、服务业高质量发展对经济影响、服务业高质量发展的推进路径与策略措施三个方面进行阐述。

（一）服务业高质量发展的科学内涵和基本要求

1. 高质量发展的内涵辨析

研究服务业高质量发展问题，首先必须回答什么是高质量发展？从领域来看，涉及经济、社会、文化、生态等方方面面，而不仅仅局限于经济领域；从发展动力来看，创新驱动成为第一发展动力，人力资本、数字信息等现代要素是推动发展的新动能；从实现路径来看，协调、绿色、开放、共享等是必须坚持的，不能再走粗放发展的老路；从发展目标来看，能够很好满足人民日益增长的美好生活需要。对此问题的阐释为深刻认识高质量发展的科学内涵、核心要义和基本要求提供了根本遵循。

主流经济学往往建立在产品或服务同质化，或技术不变的假设上，由此质量在许多研究中成为了一个被抽象掉的因素。高质量发展突出了在经济学研究中质量的重要性。服务业发展由高速增长转向发展高质量，意味着经济运行的目标和动力机制已经从以交换价值计算产品和服务总量增加为主要导向，开始转向以产品供给需求匹配性及其服务的使用价值、质量合意性等为主要导向（李靖华和姜中霜，2021）。

2. 服务业高质量发展的科学内涵

姜长云（2019）从服务的（生产和消费）不可分割性、不可储存性、面对面性、无形性、差异性、顾客参与性等特性出发，辨析了服务质量、客服价值、顾客满意度等概念与服务业质量之间的内在联系，认为服务业发展的高质量主要体现在能够有效地适应、创造和引领服务市场需求，凸显坚持创新、协调、绿色、开放、共享五大发展理念的协同性、系统性、整体性[①]。刘奕和夏杰长（2018）从内在机制上探讨了高质量发展与经济服务化之间的理论逻辑，澄清了鲍莫尔成本病关于服务业是低生产率行业的误解，认为在高质量发展阶段，服务业发展的潜力在于产业融合、服务创新和传统服务业转型升级[②]。

3. 服务业高质量发展的基本要求

学术界对中国服务业低比重、低效率进行解读，认为长期以来，社会在观念偏差、体制机制、产业发展和政策扶持方面都存在一些不利于服务业发展的因素（江小涓和李辉，2004；程大中，2008；李江帆和杨振宇，2012）。一些研究结果认为，动力变革、质量变革、效益变革是服务业高质量发展需要实施推进的主要任务（任兴洲，2018；宣烨，2020）。

关于服务业质量变革方面的研究。虽然服务产品或服务质量的提升、优化是服务业高质量发展的基础，但服务范围的扩大、内容的丰富，以及

---

① 姜长云：《服务业高质量发展的内涵界定与推进策略》，载《改革》2019 年第 6 期。

② 刘奕、夏杰长：《推动中国服务业高质量发展：主要任务与政策建议》，载《国际贸易》2018 年第 8 期。

规则、标准、技术水平的提升必不可少，表现为提升服务业竞争力及其整体素质、改善服务业生产效益以及服务业的可持续发展能力，作为生产性服务业还应该体现对制造业、现代农业乃至经济社会发展引领支撑带动的能力（任兴洲，2018；姜长云，2019；宣烨和杨青龙，2020）。

关于服务业效益变革方面的研究，主要围绕全方位提高服务业效率展开。在服务业效率提升路径上，现有文献涉及技术进步和创新推动、人力素质提升、科学管理和组织创新、政府政策支持等。在服务业效率测算上，评估所有投入组合要素的产出效率，即全要素生产率（total fact productivity，TFP）被认为能够比较客观准确地衡量服务经济增长质量，是最常用的表征指标（Saccone & Valli，2009；Syverson，2011）。在 TFP 测算方法上，有固定效应模型（fixed effects mode，FEM）、LP（levinsohn-petrin）、OP（olley-pakes）、数据包络分析（data envelopment analysis，DEA）及随机前沿分析（stochastic frontier analysis，SFA）等方法（杨晨和原小能，2019；李颖慧和李敬，2021；邢宏洋等，2021）。

关于服务业动力变革方面的研究。从鲍莫尔（Baumol，1967，1985）的两部门模型出发，服务业的发展大致可分为生产率驱动和成本驱动两条主要路径，具体关于发展动因的研究文献从交易成本、国际分工、弹性生产方式、企业竞争力等多个视角展开。发达国家数据表明，近年来服务业的生产率增长带来了其比重增加（Poschke，2010；Osaro & Chima，2014）。中国数据表明，服务业整体劳动生产率增长滞后于制造业，仍然属于成本驱动（程大中，2004；王恕立等，2015）；有学者研究显示，总体来看，生产性服务业的增长呈现以 TFP 为代表的创新驱动为主导，资本驱动为其次，劳动力为最末的动能结构。具体到不同行业要素需求存在差异性。例如，交通运输、仓储和邮政业，租赁和商务服务业的推动力主要来自资本贡献；信息传输、软件和信息技术服务业的推动力主要来自科技、知识的贡献（杨晨和原小能，2019）。

（二）服务业高质量发展的经济影响

党的十九届五中全会基于我国经济社会发展及服务业发展的实际，提出了加快发展现代服务业的目标，并且要求生产性服务业由分散化价值链低端向专业化和价值链高端延伸，生活性服务业由数量化单一化向品质化多样化发展。服务业作为我国国民经济的第一大产业，在国家经济发展中起着举足轻重的作用，推动我国经济实现由数量型增长向质量型增长的转变，大力发展服务业应当是其中一个主要的着力点（冯俏彬，2018；宋大强，2021）。

1. 服务业对制造业的外溢效应

服务业最本质的功能是能够向其他行业释放出较强的外溢效应，能够有效支撑引领制造业转型升级、新产品孵化、新行业培育，助力经济整体竞争力的提高（Francois，1990；原毅军和陈艳莹，2011；湛军，2014；宣烨、胡曦，2018）。对服务业外溢效应的实证研究集中于生产性服务业，研究结果大都支持生产性服务业能够产生稳健的外溢效应，溢出渠道包括空间集聚效应、居民消费结构升级推动、就业岗位提供以及与其他产业形成协同互动等方面，且存在着地区、行业的异质性（顾乃华，2011；孙晓华等，2014；盛丰，2014）。在服务业发挥外溢效应过程中，对外开放方式（对外贸易、利用外资）、地区发展路径等因素起着显著的调节作用（顾乃华，2010；李伟军等，2015）。

2. 知识密集型服务业的知识扩散功能

有关生产性服务业的知识扩散功能来自格鲁伯和沃克（1993）的研究，他们研究认为，生产性服务业是知识资本、人力资本的载体和传送器，无论是人力资本，还是知识资本均能够促进最终产出增加值的提高。知识密集型服务业（KIBS）的核心资产是知识，KIBS具有知识扩散功能、知识创造功能。知识扩散功能、知识创造功能经由三个阶段来实现，即获取新的显性和隐性知识；将新的显性和隐性知识与企业自身的知识进行重新组合，然后转化为可以编码的知识、能力；再将新的知识、能力以服务的方式扩散给服务对象（Muller & Zenker，2001；Kemppil & Mettnen，2004；Muller & Doloreux，2009）。基于上述研究，国内学者指出KIBS的多重角色：KIBS具有很强的创新能力，是新知识的来源，是知识生产者；KIBS承担了宏观创新系统中知识扩散子系统的功能，是知识转移者；KIBS在客户企业的创新过程中扮演着"创新桥梁"的作用，是知识基础设施提供者（刘顺忠，2004、2005；张玉珍，2006；魏江等，2004、2007；王爽，2016）。

3. 生产性服务业的价值链整合功能

服务业在全球价值链的系统整合中处于关键性地位，拥有强大的研发能力并掌控整个价值链，是服务业的核心功能（Stephenson，2012）。生产性服务业在全球公司对价值链的支配上处于关键性地位，是攀升价值链的关键要素与实现机制（刘志彪，2008），产业价值链高端化离不开生产性服务业中的高级生产要素的集聚（刘奕等，2017）。生产性服务业主要通过四种途径在价值链构建中发挥核心作用：系统整合者；专业化市场交易平台；价值链国外布局；国内外终端销售渠道（贾根良和刘书瀚，2012）。

凭借着劳动力、土地以及环境管理等低成本优势，发展中国家以国际代工、服务外包等为基本特征嵌于全球价值链，是一种被动型的外向型经济（文嫮和曾刚，2005；刘志彪和张杰，2009），价值链升级路径由工艺升级、产品升级、功能升级、链条升级逐步递进（Humphrey & Schmitz，2002）。

（三）服务业高质量发展的路径与政策

关于如何推进服务业高质量发展，近年来，学者围绕路径与政策展开了较为深入的研究。一些学者从产业链和新知识经济视角，研究服务业的战略发展模式（谢泗薪，2011；陈玉宝等，2010）；需要将市场机制、政府引导和非市场机制三种力量综合在一起构建系统的政策体系（原毅军和陈艳莹，2011）；需要以产业融合为路径、以产业聚集为载体、以技术创新为先导、以管理创新和政府转型为支撑的全方位、多层次、立体化的高端服务业高速发展运行机制（韩冬芳，2012）。

1. 服务业高质量发展路径研究

第一，服务业集聚发展路径。基于克鲁格曼和藤田（Krugman & Fujita，1999）等的空间集聚理论，学者们对服务业集聚的区位选择、形成机理和影响因素等问题进行了深入研究。集聚区位的选择研究发现，具有对生产"控制功能"的现代服务业高度集聚于大城市，现代服务业及其分产业集聚发展存在明显的空间正相关性，如伦敦、纽约和东京、墨尔本等世界大都市（Pandit & Cook，2003；Elliott，2005）以及我国国内一些中心城市（胡霞等，2006；陈建军等，2009）。集聚学习与创新环境（Keeble & Nacham，2001；吴远仁，2016）、制造业商务服务外部化与"弹性生产体系"（Scott，1988；Wood，1991）、通达性与市场临近性（Clapp，1980；Kristiansen，1992）等因素影响服务业集聚及其稳定状态。

第二，服务业创新发展路径。熊彼特开创的创新经济学强调经济发展质量，用"创新引领"还原出"技术进步"，着眼于技术变革（创新）的驱动作用（李靖华和姜中霜，2021）。基于创新经济学逻辑，库克和莱德斯多夫（Cooke & Leydesdorff，2006）强调KIBS是创新系统的核心组成部分，提出要从创新的角度理解KIBS。王冠凤（2017）研究了创新驱动对高端服务业结构优化的作用，发现研究与试验发展支出等创新要素对高端服务业发展影响为正，且在东、中、西区域省份间存在着影响差异。湛军和王照杰（2017）基于"发展环境—对策提出—政策实施—最终产出"的发展系统观，从创新全过程的整合视角验证了创新能力对高端服务业企业绩效增长的显著促进作用，"显性"创新与"隐性"创新共同影响企业绩效，结果显示，对企业绩效影响最为强烈的主要是技术创新、创新决策以及非技术性改造或再优化等方面的能力，而外部环境识别、外部资源获取、内部组织系统协同、相关信息预判解读以及企业独特文化支撑等方面能力，对企业绩效也具有正向促进影响。

第三，服务业开放发展路径。以国际化为主要思路，中国服务业开放的过程就是不断降低和削减服务贸易和投资壁垒以促进服务要素自由流动的过程（樊瑛，2012）。以2001年中国加入WTO承诺服务业开放为起点，对外开放为中国服务业的改革输入了外生经济变量和外部动力。以服务业为重点放宽外资准入领域是我国结构性改革面临的重大任务之一，我国新阶段的开放战略从以工业市场开放为重点的"一次开放"向以服务贸易为重点的"二次开放"转型（迟福林，2016）。服务业市场开放的重点任务以服务贸易为重点，打造国内自贸区升级版；以"一带一路"为总抓手，扩大自由贸易网络等。丁平（2007）、陈虹等（2010）、张慧（2014）等通过实证论证贸易开放度对服务贸易的竞争力具有重要影响。朱莉娅·沃尔兹（Julia Woerz，2007）分析了部门开放度和技能水平对服务业竞争力的影响。张志明（2014）分别从服务贸易开放和服务业外资进入两个视角来分析对外开放促进服务业市场化改革的作用机理。

2. 服务业高质量发展政策研究

由于服务的生产、交易与消费过程涉及更为密集和复杂的契约安排（Clague et al.，1999），服务业表现出典型的制度密集型特征，政策变量成为技术进步之外推动服务业发展的基本手段之一（陈丽丽和龚静，2014；魏江等，2016）。推进服务业加快发展，持续推进服务业在国民经济中的地位提升，是当前及今后相当长时期内我国政府经济政策的重要导向，服务业发展政策已成为推动转型期中国服务业发展的重要力量。纵观既有研究成果，对服务业发展政策研究的文献主要集中在三个方面：服务业发展政策思路；服务业发展政策工具；服务业发展政策效应。

第一，服务业发展政策思路研究。在优先发展重工业的赶超战略模式下，服务业在计划经济时期长期受到压制。改革开放后服务业的发展随着国家产业政策的演进，呈现出服务业政策由起步向完善变迁的阶段性特征，服务业发展政策的路径依赖及其制度变迁是推动服务业持续发展的结果，反过来，正是因为这些政策的相对不适应服务业发展环境的变化，导致了我国服务业发展的相对滞后（潘海岚，2009；周立群和王向，2013）。推进市场化和扩大开放是国家服务业发展总体政策的主导思想（江小涓和李辉，2004；郭怀英，2006；迟福林，2015）。

第二，服务业发展政策工具研究。在吸收和拓展由阿吉翁（Aghion）、斯蒂格利茨（Stiglitz）、罗德里（Rodrik）等经济学家基于新增长理论、信息经济学等分析工具发展起来的最新产业政策研究成果的基础上，吴敬琏（2016）、贺俊（2017）、王君和周振（2017）提出"设计得当"的产业政策思维是未来深化中国产业政策研究和优化产业政策实践的正确方向，即当前我国产业政策应该由传统选择性产业政策向市场化产业政策转型。

第三，服务业发展政策效应研究。服务业发展政策效应研究涉及财税政策、创新政策和开放政策等方面：（1）财税政策研究包括政府运用财政投入、财政补贴、税收优惠、财政转移支付、政府采购等诸多手段影响服务业的发展。国外经验研究发现财政扩张具有消极的非凯恩斯效应（储德银和黄文正，2010）。但在渐进转轨过程中的中国，鼓励财政投资适当向服务业倾料，采用税收优惠政策刺激服务业加快发展，发挥政府引导资金的杠杆作用，引导社会资金参与服务业发展，总体上取得了良好的政策效果（夏杰长，2007；闫坤和鄢晓发，2008；欧阳坤和徐文，2009），但对服务业规模报酬也存在着一定的"挤出"效应（陈林和夏俊，2016）。（2）创新政策研究包括政府通过创新成果保护、创新资源投入等手段降低服务业创新环境障碍（Consoli et al.，2010）。刘顺忠等（2007）基于创新政策影响力和重要性的关系矩阵进行了研究，发现创新政策是我国知识密集型服务业创新最为需要和最有效的政策。李程骅和郑琼洁（2015）提出提高政府现代服务业支持政策"瞄准效率"的策略。欧阳文和等（2008）则剖析了政府创新投入低效率的现象，探讨创新政策效果的有限性。（3）开放政策研究包括政府通过服务贸易开放、服务业外资进入和服务外包发展的相关政策推动服务业发展。哈丁（Hardin et al.，1997）最先选取 FDI 作为影响因素来研究其在服务贸易发展中的推动作用。埃格和法尔金格（Egger & Falkinger，2006）发现在自由贸易协定的框架下，公共基础设施和公共补贴对在岸外包具有正向影响，对离岸外包具有负向影响。塔吉雷塔尔（Tjaderetal.，2010）使用网络分析法、多准则决策方法建立了外包政策的评估模型。孙潇（2010）提出了促进我国服务外包发展的外汇管理政策。随着研究的深入，国内外学者从对某方面政策的讨论发展到对政策组合的研究。例如，周侃等（2011）基于服务业企业视角，通过对服务业政策认知与体验分析研究产业政策发布后的实施绩效。黄先海等（2015）注意到产业政策存在一个以行业异质性为特征的最优实施时间和空间。

三、服务业与"双循环"关系研究

在服务业畅通"双循环"方面，目前以此为研究主题的系统研究相对来说比较鲜见，但是具体到再生产循环活动的具体环节，如从生产、流通、消费环节展开的服务业研究近来已涌现了一批文献，相关成果构成了服务业与"双循环"关系研究的重要内容。

（一）基于生产视角的研究

构建"双循环"新发展格局，在生产环节，学术界主要从服务业和制造业的产业互动关系、产业融合两个方面展开研究。

1. 产业互动研究

产业互动是产业之间存在的以产业关联为基础的彼此之间相互作用和相互影响的一种社会协作关系（彭亮，2010）。工业革命以来，产业互动经历了以产业分工、产业间比例关系和产业关联为主要研究内容的产业分立互动研究阶段（Leontief，1936）和以服务业（特别是生产性服务业）和制造业的互动关系为主要研究内容的产业交叉互动研究阶段（Pappas & Sheehan，1998；Karaomerlioglu & Carlsso，1999；Eswaran & Kotwal，2002）。以服务业和制造业产业互动为研究对象，相关文献不仅从生产率提高、中间投入、交易成本等不同理论视角揭示了二者互动发展的机理、路径、动力机制和非平衡性（Grossman & Helpman，2003；Francois & Woerz，2008；冯泰文，2009；孙畅，2020），而且利用投入产出法、SFA模型、适应性预期动态模型、改进的Logistic模型、产业发展动态匹配模型等定量分析方法实证检验了两者间在发展过程中存在的显著互动关系（程大中，2006；顾乃华，2010；孙晓华、翟钰和秦川，2014；于世海等，2019；孙畅和郭元晞，2020）。

2. 产业融合研究

产业融合是现代产业体系发展的新特征和趋势，管制环境变化、全球化与自由化、顾客需求变化等外在因素，以及技术创新、管理创新或战略联盟、企业基本组织原则的变革等内在因素形成产业融合的驱动力（Yoffie，1996；宋怡茹、魏龙和潘安，2017）。产业融合途径包括以市场需求为主线（Stieglitz，2003）、以知识扩散为主线（Hacklin，Marxt & Fahrni，2010）、以科学技术交叉渗透为主线（Curran et al.，2010）等路径，在产业融合过程中会涉及技术融合、产品融合、企业融合、市场融合等阶段（Alfonso & Salvatore，1998；马健，2005）。产业融合的识别与测度研究主要利用专利、并购与战略联盟、合作项目等数据，赫芬达尔指数法、熵指数法以及网络分析等方法对产业融合及其相互关系方面进行实证研究（Fai & Tunzelmann，2001；Curran et al.，2010；陶长琪和周璇，2015）。

（二）基于流通视角的研究

我国提出构建以国内国际双循环相互促进的"双循环"发展格局，其核心是经济循环、市场循环，而经济要循环起来，无论是国内循环还是国际循环都离不开高效的现代流通体系的建设和完善（郝玉柱，2020）。国内循环离不开现代流通体系，国内循环需要流通体系来支撑、助力，同样，国际循环也需要流通体系。国内外发展经验表明，现代流通体系是维系现代产业链和供应链现代化水平及其有效运行的关键纽带。新发展格局促使国民经济运行中的商流、物流以及资金、信息等的循环畅通、高效、安全、稳定流动，这正是现代流通体系建设的战略使命和目标任务（王先庆，2020）。

1. 双循环新发展格局下统筹推进现代流通体系建设构想

依绍华（2020）针对流通体系面临的问题与短板，提出提升流通产业地位、加快政府职能转变、重视流通体系立法建设、实施技术创新驱动战略、提升流通业现代化水平等对策建议，以期助力构建以国内大循环为主的新发展格局。王先庆（2020）提出推进现代流通体系建设从五个方面统筹推进：构建与强大市场规模优势相匹配的全球流通渠道体系；与中国国力和实力相匹配的"战略流通"组织结构体系；与"战略流通"相匹配的跨国流通战略的支撑体系；与新发展格局相适应的多层次、全网络贸易流通方式体系；构建与"中国制造"相匹配的流通价值体系。文启湘（2021）从构建新发展格局提升产业链供应链的视角，阐明了加快建设现代流通体系的主要路径，具体提出了统筹推进现代流通体系的硬件和软件建设，加快建设现代综合运输体系、金融供给保障体系、应急流通体系，着力提升流通业的流通效率和国际竞争力的政策措施。

2. 现代物流体系高质量发展

大量研究结果显示，现代物流体系是现代流通体系的重要组成部分，无论是现代流通体系的建立还是新发展格局的构建都离不开现代物流体系，现代物流体系是畅通国内大循环的基础骨架（廖毅和汤咏梅，2021）。当前国民经济循环的堵点在流通环节，由于市场分割、传统流通环节过多、流通基础设施薄弱等因素导致流通不畅（刘瑞等，2021）。针对物流基础设施存在的节点设施短板、城乡物流短板、应急物流短板等制约因素，在双循环新发展格局下，重点要从强化基础、提升能力、创造价值三方面统筹推动现代物流高质量发展。

要为畅通国民经济循环和现代化流通体系提供系统支撑、强力保障。加大新基建领域的投资力度，优化新基建领域的系统布局，以智慧物流、配套物流、应急物流、快递物流等物流业态为重点，全面打通区域之间、城乡之间以及城市内部商品物流的主干动脉，畅通城市内部、乡村内部的微循环。基于大数据、云计算、物联网等数字技术的推广应用，着力推动互联网、物联网与交通运输行业的协同推进、融合创新，加快流通体系数字化转型，构建高效、快捷、便利的综合交通运输体系（曹允春和连昕，2021）。

（三）基于消费视角的研究

畅通"双循环"，在消费环节，现有文献主要基于扩大内需这一战略基点，从服务业发展与扩大内需之间的关系展开研究。

1. 服务业发展对国内需求的影响

大力发展现代服务业是我国经济发展方式转型和产业结构调整的重要手段，发展现代服务业可以通过推动新消费增长点涌现、助推消费结构优化、促进消费体验和消费方式升级等方式影响内需，进而促进经济高质量增长（赵莲莲，2015；刘长庚等，2016）。王晶晶等（2014）实证研究了城镇化、现代服务业发展与扩大消费需求之间的关系，发现服务业规模扩大会对内需扩大产生就业效应。李春红（2016）提出以货物贸易为基础的服务贸易发展来扩大内需作为服务业发展的内生动力。王紫绮和孔群喜（2017）分析了服务业进口对我国内需市场扩大的空间溢出效应。杨帆（2018）基于生产性服务业的时空演变趋势和国际比较，提出通过服务业发展来促进居民消费规模的扩大和内需释放的政策建议。

2. 服务业发展与扩大内需之间的双向互动

潘宏（2015）指出居民消费需求的扩大会通过直接效应（竞争效应和关联效应）和间接效应（收入效应和就业效应）渠道对服务业发展产生促进作用，通过对辽宁省的实证研究发现，直接效应比间接效应更强。王杨（2021）进一步探讨了服务业发展与扩大内需之间的双向互动机制，结果显示，收入水平提升、投资渠道扩大、就业吸纳、资源优化配置等渠道是服务业发展助推内需扩大的路径，而内需扩大反哺服务业发展的机制，主要是需求内化机制、拉动提升机制、规模倒逼机制等。我国生产性服务供给质量偏低，无法提供制造业集成发展的"软件"支撑，制约了制造业高质量发展，进而对国内需求市场的扩张形成抑制（宣烨，2022）。

四、对已有研究成果的分析评述

（一）对"双循环"新发展格局的学理分析有待深入

从前述计量分析结果可见，"新发展格局"自 2020 年明确提出后，国内相关研究呈现出爆发性增长态势，但由于研究时间相对较短，对于"双循环"新发展格局的研究尚处于较为初步的阶段。从文献研究范式看，多数研究属于"理论解读式"和"宣教式解读"，以对中央领导同志讲话进行理论归纳、理论解释和理论阐发为主（任君和黄明理，2021）；从研究主题看，偏重内涵解读、实现路径、战略思考等内容，主要回答"新发展格局是什么"的问题，重复性、雷同性的研究成果也比较多。相关研究成果虽然为新发展格局研究奠定了初步基础，但往往容易陷入从文本到文本的"本本主义"的窠臼，距离形成对新发展格局的科学性、系统性认识尚有很大距离，远不能满足指导新发展格局建设实践的迫切要求。深化对新发展格局的学理分析，需要从纵横交错的理论、历史、现实中抓住问题的本质，深刻认识新发展格局的科学性；在理论逻辑、历史逻辑、实践逻辑三者统一之中，全面把握新发展格局的系统性和整体性。

（二）对服务业高质量发展的关注相对较少

经济高质量发展的研究文献主要针对制造业。相对而言，对服务业高质量发展的专门研究较少，少量关于服务业高质量发展的论述也以对服务业高质量发展的表象性研究为主，缺少对服务业高质量发展内在逻辑的深入剖析。我国服务业起步较晚，发展快，目前已成为超过制造业的第一大产业，成为"新常态"下可持续发展的动力来源，但我国服务业国际竞争力偏低，专业化、社会化程度不够，与高质量发展要求还有一定差距。详细研究新阶段和新条件下服务业高质量发展的理论机制及其实现路径，对我国未来服务业高质量发展乃至经济高质量发展具有重要的指导意义。为此，本书将研究对象聚焦于服务业高质量发展，科学测度中国服务业高质量发展现状，从历史发展和空间优化的视野探究服务业高质量发展的时空特征和动态演变规律，构建关于服务业高质量发展的理论框架，明晰服务业高质量发展的形成机理、演变逻辑和作用机制。

（三）对新发展格局影响服务业高质量发展的研究亟待展开

新发展格局和服务业高质量发展的单独研究虽然在不同程度上得到了学者们的关注，并得出了一些有意义的结论，为本书的研究奠定了良好的理论基础，但对于新发展格局与服务业高质量发展两者之间关系的系统研究相对来说比较鲜见，仅有少量研究从再生产循环活动的某个具体环节

（如从生产、流通、消费环节）展开了零星的研究。已有文献的不足为本书的研究留下了充足的研究空间。新发展格局是事关中国发展全局的重大战略部署，服务业高质量发展是新发展格局的产业突破口。只有透彻研究两者之间的内在相互关系，才能形成合力，实现经济高质量发展的良好预期。因此，本书在前述对新发展格局与服务业高质量发展的基础上，进一步厘清两者之间的内在逻辑关系，深入分析和检验新发展格局与服务业高质量发展的互促机制、互促目标模式与制约条件，探讨新发展格局下的服务业高质量发展的实现路径和策略。

第三节　研究意义

"新时代新阶段的发展必须贯彻新发展理念，必须是高质量发展"①。本书围绕新发展格局下的服务业高质量发展这一主题，通过产业经济学、国际经济学、区域经济学、新经济地理学、制度经济学、发展经济学等多学科的交叉融合，试图构建"新发展格局与服务业高质量发展"的理论分析框架。同时，基于问题导向、决策意识，强调理论研究、政策分析在实践运用与服务决策方面的积极贡献，为社会提供更高质量的知识公共产品，为理论研究者、实际政策者提供参考。

一、学术价值

（一）拓展新发展格局下服务业高质量发展的理论前提

本书与以往研究的差异在于将服务业高质量发展的先决条件定位于新发展格局构建。加快构建以国内大循环主导、国内国际双循环相互促进的新发展格局，是一项事关全局的重大经济战略任务。以国内大循环主导，要求服务业立足于国内需求的内源式发展；国内国际双循环相互促进，要求服务业扩大开放，统筹国际国内两个市场两种资源。为此，本书深入研究服务业高质量发展与新发展格局之间的战略匹配性，深度解析新发展格局构建下服务业高质量发展的经济逻辑和运行机理，为推动服务业高质量发展提供新的研究视角。

（二）刻画新发展格局下推进服务业高质量发展的理论机制

本书基于中国构建"双循环"新发展格局的发展大势出发，分别探讨

---

① 习近平：《关于〈中共中央关于制定国民经济和社会发展第十四个五年规划和二〇三五年远景目标的建议〉的说明》，载《人民日报》2020 年 11 月 4 日第 2 版。

了在国内循环条件下，现代流通体系畅通、自主可控产业链构建、城镇化城市群建设、跨业深度融合等方面影响服务业高质量发展的理论机制、内在逻辑；以及在国际循环条件下，更高水平对外开放、服务贸易及创新发展政策等方面影响服务业高质量发展的理论机制、内在逻辑。其不仅有助于丰富"双循环"新发展格局的理论研究，也为我国推进服务业高质量发展提供新的研究思路。

（三）构建新发展格局下服务业高质量发展的理论逻辑框架

本书在清晰界定服务业高质量发展的内涵、特征的基础上，系统研究新发展格局下服务业高质量发展的实现机制与推进路径，把服务业质量提升纳入传统产业结构转型升级的分析范式之中，构建服务业高质量发展的理论分析框架，丰富和发展转型经济的产业结构理论。

二、应用价值

（一）科学评估服务业高质量发展，提供产业转型升级的决策依据

从 2012 年开始，服务业成为我国第一大产业，2020 年我国服务业增加值占 GDP 比重超过 54.5%，不可否认我国经济业已步入了服务经济时代。当前，我国服务业尤其是生产性服务业在驱动产业升级进而引领现代化经济体系建设方面的作用日益凸显，但仍需要进一步加强。因此，设计指标体系并采用定量方法测算我国服务业高质量发展水平及其时空演变特征，明确服务业在构建新发展格局中的作用，可为我国进一步推进服务业高质量发展提供事实依据、实践基础，为国家有关部委出台产业转型升级的相关政策提供决策依据。

（二）全面分析新发展格局基本要求，提供服务业高质量发展的政策方向

立足新发展格局、贯彻新发展阶段、构建新发展理念是相互联系的统一整体。新发展格局是我国在新发展阶段具体的、特殊的表现，通过分析新时代我国经济发展的新机遇和新挑战，从环境变化、要求转变、制度实施等方面探讨新发展阶段服务业高质量发展的内外部条件和实现机制，可为我国更好地利用比较经济优势，培育新发展优势，实现经济高质量发展目标提供政策方向。

（三）系统探讨服务业高质量发展的推进路径，为政策框架提供决策思路

围绕新发展格局下我国服务业高质量发展的核心命题，系统研究新时代我国服务业发展的内外部条件和环境要求，准确把握服务业高质量发展的突破口和着力点，设计相应的可行性推进路径。同时，通过对服务业高质量发展的保障机制与政策工具的研究，中国服务业高质量发展的策略选择，为我国从服务业高质量发展角度设计相关政策框架提供决策思路。

第四节　主要创新

本书围绕"新发展格局下中国服务业高质量发展"这一中心命题展开。本书的创新点主要体现在以下四个方面。

一、构建了新发展格局下服务业高质量发展的理论逻辑

新发展格局带来了服务业高质量发展的环境转变、要求转变、技术供给增加及制度实施等系列性转变，亟待构建新环境、新要求、新制度下的中国服务业高质量发展的理论逻辑框架。为此，本书基于中国构建"双循环"新发展格局的发展大势，力图从国内循环、国际循环两个维度构建服务业高质量发展的理论逻辑，为相关领域研究提供一个逻辑一致的理论分析框架。

一方面，在国内循环条件下，现代流通体系畅通、自主可控产业链构建、城镇化城市群建设、跨业深度融合是影响、制约服务业高质量发展的四大关键性因素。其中，现代流通体系畅通是国内循环顺通的基础；自主可控供应链决定了服务业技术水平、业态创新、模式创新的能力，进而影响国内循环的水平和层次；城镇化城市群建设影响国内服务消费能力，是国内循环能够有效建立的主要空间载体；跨业深度融合程度决定了服务业效率尤其是生产性服务业效率，既直接影响服务业发展质量，又影响国内循环体系的建立。

另一方面，在国际循环条件下，更高水平对外开放、服务贸易本土市场效应及服务贸易创新发展政策是影响服务业高质量发展的三大外部条件。其中，从对外开放视角看，国际经验表明在全球价值链框架下高水平对外开放对服务业高质量发展产生重要影响。从服务贸易视角看，服务贸易"本土效应"通过内需与出口之间的作用关系影响服务业高质量发展。从服务贸易创新发展政策看，可以通过率先在局部试点城市创新服务贸易发展模式、创新政策支持体系，探索推进服务业高水平对外开放和高质量发展的新兴出路。

二、实证检验了国内循环影响服务业高质量发展的四大关键性要素

现有文献对国内循环与服务业高质量发展关系的关注相对不足，且在

研究方法上主要以定性研究为主,以数据为基础进行定量研究的文献相对不足。为此,本书从理论和实证两个方面系统分析了在国内循环条件下影响、制约服务业高质量发展的四大关键性因素——现代流通体系畅通、自主可控产业链构建、城镇化城市群建设、跨业深度融合,主要创新之处如下:

第一,现代流通体系在国民经济中发挥着基础性作用,本书在菲德两部门模型基础上,综合考察了现代流通体系影响服务业高质量发展的内在机制。通过构建 FE、IV - 2SLS、SYS - GMM 等实证计量模型,利用 2011 ~ 2019 年中国样本城市的面板数据,研究表明现代流通体系通过以下三条路径助推服务业高质量发展:一是现代流通体系通过降低物流成本、减少物流在途时间助推服务业高质量发展;二是现代流通体系通过商流—物流—资金流—信息流的融合互动助推服务业高质量发展;三是现代流通体系通过外溢效应助推服务业高质量发展。

第二,供应链自主可控是中国大国经济稳定发展的重要条件,自主可控供应链的构建能够通过闭环管理机制、降低信息不对称机制、企业间的协同合作机制以及提升供应链产品质量机制来促进服务业的高质量发展。利用 2000 ~ 2014 年世界投入产出数据库(world input output Database,WIOD)以及 WIOD 社会—经济账户(WIOD SEA)数据对上述理论机制进行实证检验,结果发现,自主可控供应链的构建能够推动服务业的高质量发展,其中,对生活性服务业高质量发展的推动作用显著,但助推生产性服务业的高质量发展的作用不明显。

第三,处于新型城镇化战略主体地位的城市群是驱动服务业高质量发展的主要空间载体。在新经济地理学的相关理论框架下,本书利用多重差分模型,对国内现有 11 个代表性城市群进行了实证检验,结果显示,自上而下的城市群建设下的内部一体化形成对推动服务业高质量发展效果明显,而这一过程主要通过两个机制得以实现:一是城市群建设促进要素的自由流动、有助于资源要素的合理配置;二是城市群建设通过共享基础设施、促进科技人员流动等方式形成创新的溢出效应。

第四,产业跨界深度融合是现代产业发展的重要趋势,也是推动服务业高质量发展的重要路径。产业跨界深度融合主要通过规模经济和范围经济实现、人力资本积累、产业联动以及服务业新业态、新产业、新模式培育等机制推动服务业高质量发展。本书聚焦先进制造业与现代服务业深度融合,对跨业融合规模、跨业融合深度以及跨业融合速度进行测算。实证检验发现,产业跨界深度融合规模扩大、跨界融合速度提升能够显著地推动服务业的高质量发展，而服务业高质量发展却与跨界融合深度存在负相关关系。

三、分析检验了国际循环影响服务业高质量发展的外部条件

中国新发展格局"决不是封闭的国内循环，而是更加开放的国内国际双循环"[①]，要求更高水平的对外开放为我国服务业高质量发展赋能，现有文献鲜少在全球价值链框架下研究服务业高质量发展的问题。为此，本书在国际循环视角下，从全球价值链嵌入、服务贸易"本土市场效应"、服务贸易创新发展试点政策三个维度探讨了国际循环影响服务业高质量发展的外部条件。主要创新之处如下。

第一，从全球投入产出视角，分析并检验服务业全球价值链嵌入对服务业发展质量的影响。本书将中国服务业在全球价值链中的嵌入具体分解为嵌入程度、嵌入位置以及比较优势，研究发现全球价值链嵌入程度对服务业生产率与高端服务业发展产生了显著的影响，其中，前向和后向嵌入程度的增加均有利于服务业结构向高端服务领域迈进，前向嵌入程度的增加促进了服务业生产率提升，但后向嵌入程度的增加则产生相反效果；全球价值链位置的变化对服务业生产率的影响与"微笑曲线"一致，但并未对高端服务业比重变化产生显著的影响；比较优势的提升无论对服务业生产效率还是服务业结构升级均产生了显著的积极作用。

第二，基于对外商直接投资影响服务业高质量发展的理论机制的揭示，采用 2011~2019 年数据，检验外商直接投资对服务业高质量发展的影响，结果显示，外商直接投资能够助推地级市层面的服务业实现高质量发展；外商直接投资对城市产业规模、创新和环境存在显著推动作用，对产业结构和协同并不存在明显的促进效果；外商直接投资通过科技创新效应作用于服务业发展质量，主要依靠突破性创新路径来推动服务业高质量发展，对渐进性创新并无产生显著影响；相较于其他地区，外商直接投资对沿海城市、高人力资本地区、高市场化程度地区的服务业发展质量存在显著推动作用。

第三，从结构视角考察我国服务贸易创新发展试点政策的有效性。通过双重差分模型对服务贸易创新发展政策绩效进行初步检验，结果显示在试点施行期限内，试点城市的高端服务业比重并未得到有效提升，反而导

---

① 习近平：《在第三届中国国际进口博览会开幕式上的主旨演讲》，载《人民日报》2020年11月5日第2版。

致了比重下降。说明服务业的结构调整与转型升级需要循序渐进地除旧革新，并不是单纯的体制机制就可以解决技术不足、人力资本相对缺乏的问题。尤其是在全球范围内贸易保护主义抬头、高端服务业竞争日益激烈的复杂局势下，我国高端服务业企业发展面临更严峻的技术封锁与国际竞争。

四、深入探讨了加快服务业高质量发展的路径策略

基于前述对中国服务业发展现状的评估分析以及国内循环、国际循环与服务业高质量发展关系的深入讨论，系统研究新时代中国服务业发展的内外部条件和环境要求，准确把握服务业高质量发展的突破口和着力点。本书从九个方面提出了新发展格局下中国服务业高质量发展的可行性推进路径：汇聚要素，培育服务业高质量发展新引擎；培育主体，夯实服务业高质量发展新活力；统一市场，扩展国内需求市场规模；跨界融合，拓宽服务业高质量发展新境界；搭建平台，拓展服务业高质量发展新空间；优化分工，提升服务业高质量发展新效率；做强需求，提供服务业高质量发展新空间；深化开放，汇集生产性服务业高质量发展新资源；健全标准，塑造服务业高质量发展新高度。

同时，基于对美国、欧盟、日本、印度等相关国家服务业发展经验的借鉴，通过对服务业高质量发展的保障机制与政策工具的研究，提出新发展格局下中国服务业高质量发展的策略选择，为我国从服务业高质量发展角度设计相关政策框架提供决策思路。新发展格局下服务业高质量发展的保障机制建设，重在增加市场完备性，以市场化机制优化资源要素配置；强化知识产权保护，保障创新创业者的积极性、优化产业发展生态、强化财税政策扶持等。

第二章　我国服务业发展质量测度与时空特征

科学合理地构建服务业发展质量综合评价体系，对我国服务业发展质量的整体表现的系统评估与时空演变特征的全面刻画，是新发展格局构建下提出推进我国服务业高质量发展路径、策略的基本前提和重要基础。本部分基于新发展理念，以产业结构、产业创新、产业效率、产业开放度、产业协同度等方面作为一级评估指标，构建我国服务业发展质量综合评价指标体系，采用综合熵权法、TOPSIS 法与核密度估计等方法，测度我国不同地区（以城市为样本）层面产业高质量发展指数；描述了我国服务业发展质量偏低的主要表现，从市场需求因素、要素结构因素、政策环境因素等方面解析了我国服务业发展质量偏低的原因。

第一节　服务业发展质量指标设计

一、服务业发展质量指标体系构建原则

（一）服务业高质量发展的核心要义

如第一章文献所述，服务业高质量发展目前没有确定的内涵，学者们对此有不同的理解，认为服务业发展的高质量主要体现在能够有效地适应、创造和引领服务市场需求，凸显坚持创新、协调、绿色、开放、共享的新发展理念的协同性、系统性、整体性（姜长云，2019）；服务业高质量发展在于产业融合、服务创新和传统服务业转型升级（刘奕和夏杰长，2018）。基于前人的研究结果，依据研究需要，本书认为，服务业高质量发展的核心要义在于发展规模稳定扩大的同时，以创新为根本动能，以结构优化效率改进为主要方向，以制度环境优化为抓手，实现与其他产业协同发展并发挥支持引领作用的一种发展状态。具体体现在以下几方面特

征。其一，创新引领。服务业发展更多依靠创新驱动，创新成为服务业增强产业升级能力的根本途径，推动服务理念、制度、业态和模式创新。其二，结构升级。传统服务业占服务业的比重逐步下降，现代服务业占比稳步提升；小微服务业企业在服务业中的贡献比重逐步下降，而规上服务业企业的贡献率稳步上升。其三，动能优化。劳动力、资本、土地等传统要素驱动服务业的作用下降，技术、知识、信息、数字技术等现代要素以及新业态、新模式等驱动服务业的作用增强。其四，模式转型。单一服务业态的比重越来越低，跨界跨业融合成为服务业发展的重要形态；产业数字化、数字产业化推动服务模式创新融合，不断催生新产业新业态新模式。其五，发展支持引领。服务业创造和引领服务市场需求，生产性服务业能够对制造业转型升级、产品培育、产业孵化发挥引领作用。

（二）服务业发展质量指标体系构建原则

1. 坚持新发展理念

服务业发展质量指标构建以习近平新时代中国特色社会主义思想为指导，坚持创新、协调、绿色、开放、共享的新发展理念，即，新发展理念是有效解决我国经济发展新常态下的创新动力不足、服务供给低端、经济社会发展不平衡等一系列问题的理论指引和思想指导。贯彻新发展理念，构建新发展格局，要求经济发展有更高质量和更高效益，传统的追求规模、追求速度的经济发展模式必须抛弃，应该将规模和效率并重、速度和质量同行、自身发展与区域协同并行作为新的发展模式。现代服务业作为国民经济的重要组成部分，新时代下服务业发展应该坚持创新驱动、质量优先，突出有质量的增长、有效率的发展。以技术创新、模式创新驱动，加快推动新旧动能转换；以区域层级分工为抓手，着力推进跨区域协调发展；以绿色发展、低碳发展道路为重要遵循，着力提升社会可持续发展能力；以开放共赢、互利合作为价值取向，着力推动国内国际双循环发展格局的构建；以共建共享、增进全体人民群众福祉为主要目标，着力赋能人民群众生活品质改善。本部分基于新发展理念，构建我国服务业发展质量评估指标体系，对我国服务业发展质量进行监测评价，以检验我国贯彻新常态、新理念的发展成果，为进一步深入贯彻新发展理念提供参考标准和指标尺度，对于加快形成高质量发展导向思维，推动经济社会全面协调、高质量发展理论意义明显、实践价值重大。

2. 坚持市场化原则

现代服务业的高质量发展，应该是发展动能强劲、生产要素投入较少、资源配置效率较高、绿色低碳、经济社会效益统一、跨区域产业协同的发展，而不是主要依赖土地、资本、劳动力等传统要素投入的规模型、速度型的低效增长。基于此，现代服务业高质量发展的内涵应该具有以下几方面的特征：其一，市场机制在配置资源的决定性作用得到充分发挥，推动了三次产业间以及服务业内部的协调与深度融合发展；其二，强调服务质量、服务品质，坚持投入规模与产出效益相互统一、资源利用与环境友好的相互统一，以高质量的生活性服务供给支撑引领高品质的社会需求，以满足人民群众对美好生活、高品质的向往；以高质量的生产性服务业支撑引领先进制造业、现代农业发展，推动制造业攀升产业价值链。

3. 坚持系统化原则

服务业高质量发展系统是一个全面、综合性的系统，其中，服务业发展规模是基础，服务业结构、产业协同度是核心，产业开放度、产业创新是保障。同时还涉及发展动力、产业融合、发展生态、对外开放、民生建设等方方面面，现代服务业高质量发展充分体现了五大新发展理念，具有生产要素投入少、资源配置效率高、资源环境成本低、经济社会效益好等特点。基于此，本部分所构建的现代服务业质量评价指标体系，充分体现了"三大变革"与"五大新发展理念"相互融合的思想，具有明显的系统性、前瞻性、科学性和实用性等特征，同时也体现了新时代我国服务业高质量的发展方向。

二、服务业发展质量指标体系构建方法

（一）指标体系设计基础

本书基于区域内城市服务业之间的协同集聚关系和高质量发展程度差异，为城市服务业的高质量发展研判提供新的视角，促进产业间空间关系协调发展以及提升重点产业间协同集聚水平，也将为推进区域产业高质量发展提供新的思路。本书依托《中国城市统计年鉴》、工商数据库、国家专利统计局数据、软件著作权数据库、失信企业数据库、上市公司数据库、司法数据库、北大数字普惠金融指数等大型权威数据库，选取 2011 ~ 2019 年的城市层面数据，试图对比全国及三大城市群服务业的空间分布特征和收敛性，进而分析城市服务业高质量发展收敛的原因，以期从空间收敛的视角展示城市服务业发展的差异，并为城市群产业高质量发展提供有益的思路与依据。

（二）主要数据来源

本部分数据采用的是 2011 ~ 2019 年的城市数据，由于各样本城市数

据的可得性和匹配问题，本部分只能将统计各地级市的数据时间截至2019年。本部分生产性服务业高质量发展二级指标部分的服务业人均专利授权数、服务业人均发明专利授权数的数据来自国家知识产权数据库；服务业上市公司数量、服务业上市公司资产规模数据来自上市公司数据库；服务业失信企业数量来自于失信企业数据库；服务业企业各类惩罚占比、服务业受惩罚企业数量、行政处罚—工商、行政处罚—环保局、行政处罚—银保监会、行政处罚—税务数据来自司法数据库；服务业企业人均软件著作权数量来自软件著作权数据库；数字普惠金融指数来自北京大学互联网金融研究中心的数字普惠金融指数；服务业企业利润率、服务业企业净资产收益率数据根据工商数据库相关数据计算；第三产业增加值、第三产业占GDP比重、第三产业从业人员数、生产性服务业从业人数、高端服务业从业人数等数据来源于《中国城市统计年鉴》和各地级市统计年鉴和统计公报，服务业与制造业协同度根据年鉴数据计算。

第一，关于行业的选取。本书主要研究高质量的服务业发展情况，生产性服务业作为服务业中发展质量相对较高的行业，其在整个服务业中的重要程度不言而喻。根据相关的统计年鉴所提供的细分行业数据，本书以生产性服务业作为服务业的代表。对于生产性服务业的界定，通常的做法是把交通运输、仓储和邮政业，信息传输、计算机服务和软件业，金融业，租赁和商务服务业，科学研究、技术服务和地质勘查业作为生产性服务业。因此，关于服务业高质量发展水平的测度，选取生产性服务业作为主要研究对象并关注其在服务业中所占比重的变化。

第二，关于样本的选取。由于我们运用的是地级市层面的面板数据，且构造的服务业发展指标有6个一级指标和16个二级指标，包含了足够丰富的信息，为了探究我国"十二五"和"十三五"期间城市服务业发展的情况，本书选取城市面板数据和较长时间跨度。根据国家统计局国民经济行业的分类对服务业行业进行选取。由于2011年之前工商数据库中服务业企业效率数据缺失较多且与之前年份的统计方式存在差异，因此为了保证统计数据的完整性以及估计结果的稳健性，本书构建了一套包含287个样本城市，时间跨度为2011～2019年的地级市面板数据。

（三）服务业高质量发展综合评价指标体系构建

产业高质量发展是构建现代化经济体系的基本命题，是产业迈向中高端在更宽领域、更深层次的实现与升华。根据党的十九大报告对经济高质量发展和中央经济工作会议中七大重点任务之首的制造业高质量发展的相关论述，本书首先界定了服务业高质量发展的内涵。党的十九大报告指出，坚持经济高质量发展就必须坚持质量第一、效益优先，以供给侧结构性改革为主线，推动经济发展质量变革、效率变革、动力变革。依据"质量、效率、动力"三大变革的界定，本书将从产业规模、产业结构、产业创新、产业效率、产业环境和产业协同六个维度对产业高质量发展进行科学界定与测度。根据现有文献相关指标的测度方法和指标的可获得性，本书借鉴了宣思源和胡俊（2021）的服务业高质量发展的测度指标体系方法，构建如表 2 - 1 所示的指标测度体系。在具体研究之中，本书将以上指标体系通过结合熵权法与 TOPSIS 法的优点测度出城市层面产业高质量发展指数，并对其进行时空特征分析。

表 2 - 1 服务业高质量发展指标测度体系

一级指标	二级指标	测度方法	数据来源	功效
产业规模	第三产业产值	第三产业增加值	中国城市统计年鉴	+
	第三产业比重	第三产业占 GDP 比重	中国城市统计年鉴	+
	第三产业人均产值	第三产业产值/从业人员	中国城市统计年鉴	+
产业结构	生产性服务业比重	生产性服务业从业人数占服务业比重	中国城市统计年鉴	+
	高端服务业比重	高端服务业从业人数占服务业比重	中国城市统计年鉴	+
产业创新	服务业人均专利授权数	专利授权数/从业人员	国家知识产权数据库	+
	服务业人均发明专利授权数	发明专利授权数/从业人员	国家知识产权数据库	+
	服务业企业人均软件著作权数量	软件著作权数量/从业人员	软件著作权数据库	+
产业效率	服务业企业利润率	服务业企业利润/销售收入	工商数据库	+
	服务业企业净资产收益率	服务业企业利润/净资产	工商数据库	+
	服务业上市公司数量	A 股和海外市场上市公司数量	上市公司数据库	+
	服务业上市公司资产规模	A 股和海外市场上市公司市值	上市公司数据库	+

一级指标	二级指标	测度方法	数据来源	功效
产业环境	服务业失信企业占比	服务业失信企业数量/服务业企业数量	失信企业数据库	−
	服务业企业各类惩罚占比	服务业受惩罚企业数量/服务业企业数量	司法数据库	−
	数字普惠金融指数	北大数字普惠金融指数	北大数字金融研究中心	+
产业协同	服务业与制造业协同	E－G共同集聚指数	中国城市统计年鉴	+

注：由于数据可获得性限制，产业效率指标所用数据只有2016～2019年的数据，因此本书实证研究部分暂不加入产业效率指标。

（四）服务业高质量发展指数构建方法

1. 一级指标构建

总结现有文献指数测算方法，主要有相对指数评分法（宋冬林等，2014）、层次分析法（郭峰等，2020；崔宏桥等，2022）、因子分析法（王信东，2000；郭翠荣和刘亮，2012）、主成分分析法（陈佳贵等，2006；钞小静和任保平，2011）、熵值法（郭显光，1994）和TOPSIS法等。TOPSIS法又称为"双基点法"，通过比较各测度对象与最优方案及最劣方案的相对距离进行量化排序，具有计算简单、结果合理的优势。为了得到更加准确可靠的结论，本部分参考魏敏和李书昊（2018）、钞小静等（2021）的研究将熵权法与TOPSIS法结合起来，在对各测度指标进行标准化处理的基础上，采用熵权法赋予各测度指标权重值，然后利用TOPSIS法对各地区产业高质量发展水平进行量化排序。熵权TOPSIS法将熵权法和TOPSIS法两种方法的优点相结合，使得产业高质量发展水平测度结果更具客观性和合理性，其具体实施步骤如下。

第一步，运用极差法对服务业发展质量测度体系中各测度指标X_{ij}作标准化处理，以消除不同测度指标在量纲和数量级方面的不一致性，如式（2-1）所示。

$$Y_{ij} = \begin{cases} \dfrac{X_{ij} - \min(X_{ij})}{\max(X_{ij}) - \min(X_{ij})}, & X_{ij}\text{为正向指标} \\[3mm] \dfrac{\max(X_{ij}) - X_{ij}}{\max(X_{ij}) - \min(X_{ij})}, & X_{ij}\text{为负向指标} \end{cases} \quad (2-1)$$

其中，i 表示地区，j 表示测度指标；X_{ij} 和 Y_{ij} 分别表示原始的和标准化后的服务业发展质量的测度指标值，$\max(X_{ij})$ 和 $\min(X_{ij})$ 分别表示 X_{ij} 的最大值和最小值。

第二步，计算服务业发展质量测度体系中各测度指标 Y_{ij} 的信息熵 E_j，如式（2-2）所示。

$$E_j = \ln \frac{1}{n} \sum_{i=1}^{n} \left[\left(Y_{ij} \middle/ \sum_{i=1}^{n} Y_{ij} \right) \ln \left(Y_{ij} \middle/ \sum_{i=1}^{n} Y_{ij} \right) \right] \qquad (2-2)$$

第三步，计算服务业发展质量测度体系中各测度指标 Y_{ij} 的权重 W_j，如式（2-3）所示。

$$W_j = (1 - E_j) \middle/ \sum_{i=1}^{m} (1 - E_j) \qquad (2-3)$$

第四步，构建服务业发展质量测度指标的加权矩阵 R，如式（2-4）所示。

$$R = (r_{ij})_{n \times m} \qquad (2-4)$$

其中，$r_{ij} = W_j \times Y_{ij}$。

第五步，根据加权矩阵 R 确定最优方案 Q_j^+ 与最劣方案 Q_j^-，如式（2-5）所示。

$$Q_j^+ = (\max r_{i1}, \ \max r_{i2}, \ \cdots, \ \max r_{im})$$
$$Q_j^- = (\min r_{i1}, \ \min r_{i2}, \ \cdots, \ \min r_{im}) \qquad (2-5)$$

第六步，计算各测度方案与最优方案 Q_j^+ 与最劣方案 Q_j^- 的欧氏距离 d_i^+ 和 d_i^-，如式（2-6）所示。

$$d_i^+ = \sqrt{\sum_{j=1}^{m} (Q_j^+ - r_{ij})^2}$$
$$d_i^- = \sqrt{\sum_{j=1}^{m} (Q_j^- - r_{ij})^2} \qquad (2-6)$$

第七步，计算各测度方案与理想方案的相对接近度 C_i，如式（2-7）所示。

$$C_i = \frac{d_i^-}{d_i^+ + d_i^-} \qquad (2-7)$$

其中，相对接近度 C_i 介于 0~1 之间，C_i 值越大表明地区 i 的服务业发展质量水平越优；反之，地区 i 的服务业发展质量水平越差。

2. 产业协同度的测度

城市群是经济高质量发展的空间载体，产业协同集聚为城市群内部的产业发展研究提供了新视角。埃利森和格拉泽（Ellison & Glaser, 1997）

首次提出协同集聚概念，并构建 E - G 指数对不同产业间的协同集聚程度进行测度。研究发现探析制造业与服务业的内在关系与规模分布情况所产生的空间转移效应，对协调产业与区域发展具有重要意义（张虎和韩爱华，2018）。因此，本书选取 2011～2019 年的服务业与制造业面板数据，运用 E - G 协同指数方法测度服务业的协同集聚特征。本指标构建对研判我国城市层面服务业行业间的关联性提供评判标准，为研究城市服务业高质量发展提供了新的解读思路。

本部分在 D - O 指数和 γ 指数等测算方法的基础上参考路丽和陈玉玲（2021）的方法，采用 E - G 共同集聚指数对我国制造业与生产服务业协同集聚水平进行测度，其具体表达式为式（2 - 8）：

$$R_{ij} = 1 - \frac{\left| S_{mi} - S_{mj} \right|}{\left| S_{mi} + S_{mj} \right|} + (S_{mi} + S_{mj}) \qquad (2 - 8)$$

式（2 - 8）中：R_{ij} 表示我国制造业与生产性服务业之间的协同聚集水平，S_{mi} 和 S_{mj} 分别表示制造业与生产性服务业在我国各省份的集聚水平，具体表达式为式（2 - 9）：

$$S_{mi} = \frac{e_{mi}/E_i}{e_m/E} \qquad (2 - 9)$$

其中 e_{mi} 是 m 市制造业的从业人员总数，E_i 是全国各地级市制造业的从业人员总数，e_m 表示 m 市所有产业的就业人员总人数，E 代表了所有产业的就业人员总人数。计算得到的 R_{ij} 即为生产性服务业与制造业的协同度水平。为与前面的几项指标保持属性一致，同样采用熵权 TOPSIS 法对 R_{ij} 进行调整，最终得出的产业协同度指标 C_i 为 0～1 之间的数值。

上述计算得出的协同集聚指数可以从经济关联视角反映产业的协同集聚水平。此处采用产业协同度指标 C_i 作为城市层面生产性服务业与制造业相互之间的协同集聚指数，并将在下文根据此计算结果分析城市层面服务业的高质量发展特征。

第二节　我国服务业发展质量测度

按照上节的指标评估方法，应用我国城市层面数据，对所采集的初始数据进行归一化处理，将无量纲化后的数据按表 2 - 1 现代服务业高质量发展评价体系分析计算，得到 2011～2019 年中国现代服务业高质量发展水平分值，具体结果见表 2 - 2。

表2-2　　　2019年东部地区样本城市服务业高质量发展指数

城市	指数	城市	指数	城市	指数	城市	指数
北京市	0.4824	南通市	0.2123	福州市	0.2614	日照市	0.0572
天津市	0.3064	连云港	0.0522	厦门市	0.4365	临沂市	0.0492
石家庄	0.1450	淮安市	0.0713	莆田市	0.0554	德州市	0.0334
唐山市	0.0815	盐城市	0.0992	三明市	0.0435	聊城市	0.0291
秦皇岛	0.0678	扬州市	0.1408	泉州市	0.2287	滨州市	0.0469
邯郸市	0.0345	镇江市	0.2541	漳州市	0.0837	菏泽市	0.0192
邢台市	0.0269	泰州市	0.0981	南平市	0.0306	广州市	0.3745
保定市	0.0786	宿迁市	0.0783	龙岩市	0.0624	韶关市	0.0422
张家口	0.0297	杭州市	0.4219	宁德市	0.0739	深圳市	0.5842
承德市	0.0270	宁波市	0.2497	济南市	0.2723	珠海市	0.3856
沧州市	0.0367	温州市	0.1251	青岛市	0.3416	汕头市	0.0639
廊坊市	0.1262	嘉兴市	0.2379	淄博市	0.0957	佛山市	0.2572
衡水市	0.0337	湖州市	0.3460	枣庄市	0.0459	江门市	0.0752
上海市	0.3268	绍兴市	0.2202	东营市	0.1540	湛江市	0.0297
南京市	0.3723	金华市	0.1512	烟台市	0.1007	茂名市	0.0229
无锡市	0.4162	衢州市	0.1695	潍坊市	0.0772	肇庆市	0.0801
徐州市	0.1170	舟山市	0.0620	济宁市	0.0536	惠州市	0.0935
常州市	0.2168	台州市	0.1075	泰安市	0.0670	梅州市	0.0373
苏州市	0.4226	丽水市	0.0894	威海市	0.1258	汕尾市	0.0228
揭阳市	0.0258	中山市	0.2533	清远市	0.0545	河源市	0.0363
云浮市	0.0226	潮州市	0.0231	东莞市	0.2577	阳江市	0.0188
海口市	0.1071	三亚市	0.0405				

注：高质量发展指数为0~1，越接近1表明发展越好。
资料来源：由笔者计算。

　　如表2-2所示，经计算，2019年东部地区86个城市服务业高质量发展指数的均值为0.1429，中位数为0.0826，最小值为0.0188，最大值为0.5842，标准差为0.1325。

　　如表2-3所示，经计算，2019年中部地区80个城市服务业高质量发展指数的均值为 0.0713，中位数为 0.0360，最小值为 0.0137，最大值为 0.4654，标准差为 0.0911。

表 2 - 3　　2019 年中部地区样本城市服务业高质量发展指数

城市	指数	城市	指数	城市	指数	城市	指数
太原市	0.22031	黄山市	0.035599	郑州市	0.346215	十堰市	0.028438
大同市	0.027577	滁州市	0.099343	开封市	0.024698	宜昌市	0.071545
阳泉市	0.039328	阜阳市	0.066803	洛阳市	0.127255	襄阳市	0.03398
长治市	0.027311	宿州市	0.052145	平顶山	0.037197	鄂州市	0.041318
晋城市	0.039101	六安市	0.017879	安阳市	0.027719	荆门市	0.053245
朔州市	0.024415	亳州市	0.05562	鹤壁市	0.032053	孝感市	0.042581
晋中市	0.028719	池州市	0.125059	新乡市	0.06074	荆州市	0.026843
运城市	0.036358	宣城市	0.086516	焦作市	0.036517	黄冈市	0.02254
忻州市	0.01778	南昌市	0.14766	濮阳市	0.031429	咸宁市	0.031069
临汾市	0.023763	景德镇	0.029027	许昌市	0.09032	随州市	0.025926
吕梁市	0.015307	萍乡市	0.038647	漯河市	0.028023	长沙市	0.296142
合肥市	0.465416	九江市	0.037713	三门峡	0.023044	株洲市	0.084494
芜湖市	0.385625	新余市	0.063835	南阳市	0.024703	湘潭市	0.061287
蚌埠市	0.12986	鹰潭市	0.053732	商丘市	0.020053	衡阳市	0.029943
淮南市	0.046951	赣州市	0.046684	信阳市	0.016938	邵阳市	0.021289
马鞍山	0.287934	吉安市	0.027582	周口市	0.013715	岳阳市	0.030452
淮北市	0.090406	宜春市	0.034826	驻马店	0.020301	常德市	0.035264
铜陵市	0.132751	抚州市	0.023591	武汉市	0.366807	张家界	0.020359
安庆市	0.097015	上饶市	0.040176	黄石市	0.067795	益阳市	0.033909
娄底市	0.028164	怀化市	0.02283	永州市	0.017877	郴州市	0.031807

注：高质量发展指数为 0~1，越接近 1 表明发展越好。
资料来源：由笔者计算。

如表 2 - 4 所示，经计算，2019 年西部地区 87 个城市服务业高质量发展指数的均值为 0.0501，中位数为 0.0309，最小值为 0.0094，最大值为 0.2540，标准差为 0.0494。

表 2 - 4　　　　2019 年西部地区样本城市服务业高质量发展指数

城市	指数	城市	指数	城市	指数	城市	指数
呼和浩特市	0.0829	来宾市	0.0211	贵阳市	0.1687	汉中市	0.0187
包头市	0.0527	崇左市	0.0190	六盘水市	0.0187	榆林市	0.0159
乌海市	0.0329	重庆市	0.1222	遵义市	0.0335	安康市	0.0178
赤峰市	0.0199	成都市	0.1706	安顺市	0.0217	商洛市	0.0146
通辽市	0.0206	自贡市	0.0343	毕节市	0.0113	兰州市	0.0973
鄂尔多斯市	0.0420	攀枝花市	0.1210	铜仁市	0.0179	嘉峪关市	0.1244
呼伦贝尔市	0.0186	泸州市	0.0422	昆明市	0.1517	金昌市	0.0184
巴彦淖尔市	0.0323	德阳市	0.0905	曲靖市	0.0196	白银市	0.0413
乌兰察布市	0.0149	绵阳市	0.1354	玉溪市	0.0390	天水市	0.0140
南宁市	0.1327	广元市	0.0222	保山市	0.0159	武威市	0.0313
柳州市	0.1870	遂宁市	0.0408	昭通市	0.0094	张掖市	0.0343
桂林市	0.0936	内江市	0.0321	丽江市	0.0204	平凉市	0.0126
梧州市	0.0397	乐山市	0.0303	普洱市	0.0209	酒泉市	0.0261
北海市	0.1161	南充市	0.0209	临沧市	0.0139	庆阳市	0.0146
防城港市	0.1266	眉山市	0.0312	拉萨市	0.0927	定西市	0.0140
钦州市	0.0350	宜宾市	0.0512	西安市	0.2540	陇南市	0.0095
贵港市	0.0296	广安市	0.0225	铜川市	0.0162	西宁市	0.0476
玉林市	0.0261	达州市	0.0174	宝鸡市	0.0387	银川市	0.1587
百色市	0.0187	雅安市	0.0240	咸阳市	0.0309	石嘴山市	0.0674
贺州市	0.0514	巴中市	0.0189	渭南市	0.0216	吴忠市	0.0310
河池市	0.0175	资阳市	0.0217	延安市	0.0184	固原市	0.0191
中卫市	0.0429	乌鲁木齐市	0.0839	克拉玛依市	0.0840		

注: 高质量发展指数为 0～1, 越接近 1 表明发展越好。
资料来源: 由笔者计算。

如表 2 - 5 所示, 经计算, 2019 年东北地区 34 个城市服务业高质量发展指数的均值为 0.0448, 中位数为 0.0252, 最小值为 0.0150, 最大值为 0.2216, 标准差为 0.0490。

表 2 - 5　　　　2019 年东北地区样本城市服务业高质量发展指数

城市	指数	城市	指数
沈阳市	0.1682	辽源市	0.0211
大连市	0.2216	通化市	0.0242
鞍山市	0.0561	白山市	0.0175
抚顺市	0.0357	松原市	0.0172
本溪市	0.0334	白城市	0.0187
丹东市	0.0213	哈尔滨市	0.1251
锦州市	0.0266	齐齐哈尔市	0.0184
营口市	0.0311	鸡西市	0.0214
阜新市	0.0211	鹤岗市	0.0251
辽阳市	0.0260	双鸭山市	0.0813
盘锦市	0.0375	大庆市	0.0747
铁岭市	0.0230	伊春市	0.0150
朝阳市	0.0167	佳木斯市	0.0254
葫芦岛市	0.0209	七台河市	0.0271
长春市	0.1505	牡丹江市	0.0321
吉林市	0.0317	黑河市	0.0220
四平市	0.0166	绥化市	0.0175

第三节　我国服务业发展质量时空特征刻画

在对我国城市层面服务业发展质量测度的基础上，本部分将从时间、空间两个视角对我国服务业发展质量特征进行刻画。一是从时间刻度，描述我国服务业发展质量特征；二是依据服务业的行业结构进行发展质量的空间特征描述。

一、服务业整体发展质量时空特征

（一）质量空间分布不均衡明显

从表 2 - 2～表 2 - 5 可以看出，现阶段我国经济服务业发展质量存在地区非均衡特征，大致呈现东部、中部和西部、东北部依次递减态势。2019 年，中国东部地区 86 个城市服务业发展质量指数分布较全国水平略高，不论均值还是中位数都高于全国整体水平。中部地区 80 个城市服务业发展质量指数高于西部，低于全国整体水平。西部地区 87 个城市服务业发展质量指数分布不及全国整体水平。

表 2 - 6　　　2019 年全国城市层面服务业高质量发展指数统计性描述

	均值	中位数	标准差	最小值	最大值
服务业高质量发展指数	0.0435	0.0178	0.0672	0.0025	0.5840

资料来源：由笔者计算。

不仅如此，不同城市群服务业发展质量指数也存在明显差异。2019 年三大城市群地级市层面服务业发展质量指数如表 2 - 7 所示。

表 2 - 7　　　　　2019 年我国三大城市群服务业发展质量指数

	均值	中位数	标准差
长三角城市群	0.2321	0.2185	0.1271
京津冀城市群	0.1136	0.0678	0.1352
粤港澳大湾区	0.2623	0.2572	0.1689

注：由于数据可得性及可比性问题，粤港澳大湾区不包含香港和澳门的数据。
资料来源：由笔者计算。

从表 2 - 7 可以看出，2019 年，长三角城市群服务业发展质量指数均值为 0.2321，中位数为 0.2185；京津冀城市群服务业发展质量指数均值为 0.1136，中位数为 0.0678；粤港澳大湾区服务业发展质量指数均值为 0.2623，中位数为 0.2572。这表明京津冀城市群的服务业质量发展水平低于长三角城市群、粤港澳大湾区。但京津冀城市群各城市间的服务业高质量发展程度较长三角城市群、大湾区城市群之间稍有分散。京津冀城市群各城市服务业高质量发展的空间集聚水平明显不如长三角城市群和粤港澳大湾区。

城市服务业之所以引起广泛关注，主要在于其集聚发展的特征十分明显，且对集聚区经济增长发挥了显而易见的推动作用。国外学者较早地开始了对服务业集聚特征的研究，国家和地区服务业集聚指标的分析表明，无论是在发达国家还是在发展中国家，服务业均普遍集中于发达的大都市区。但集聚并非服务业发展的最终状态，随着经济增长的空间转移，大都市区内部服务业呈现由核心区向边缘辐射的趋势。随着服务业取代工业成为经济社会发展的支柱产业，服务业成为经济增长的新动力。作为经济发展中最活跃的空间因子，城市群是服务业集聚发展的重要载体。2021年，中国三大城市群——"长三角"城市群、"京津冀"城市群和"粤港澳大湾区"城市群服务业增加值占GDP的比重均超过了50%，其中生产性服务业增加值占全部服务业增加值比重在55%左右。从世界发达国家主要城市群发展的实践来看，服务业增加值占GDP的比重均超过70%，而生产性服务业占服务业增加值的比重也超过70%[①]。而在我国三大城市群所有55个城市中，只有少数城市接近这一标准。与世界级城市群相比，无论是城市群的服务业总体水平还是城市个体的服务业水平都存在较大差距。因此，应按照党的十九大报告中提出的"支持传统产业优化升级，加快发展现代服务业，瞄准国际标准提高水平"的要求，缩小城市服务业的发展差距。

（二）高质量发展成为主流

服务业发展的时间趋势方面，经计算，2011年全国287个城市的服务业高质量发展指数均值为0.0209、最大值为0.3120，到2019年指数均值为0.0832、最大值为0.5840（见表2-8）。2011~2019年全国地级市服务业高质量发展指数均值如图2-1所示，详细数字见表2-8。原因可能是服务业历经高速发展和新旧动能转换，逐步向高质量方向转型升级。现阶段，我国服务业总体发展质量更佳。

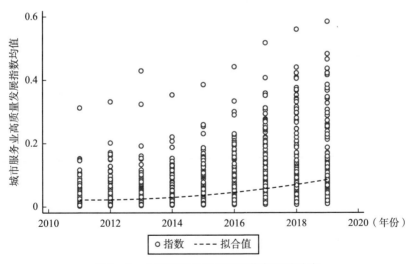

图2-1 全国服务业发展质量指数均值分布

资料来源：由笔者计算。

---

① 由笔者根据《城市统计年鉴》测算而得。

表 2 - 8　　　　　　全国服务业发展质量指数均值描述性统计

年份	均值	中位数	标准差	最小值	最大值
2011	0.0209	0.0100	0.0315	0.0025	0.3120
2012	0.0233	0.0103	0.0355	0.0030	0.3310
2013	0.0269	0.0123	0.0424	0.0041	0.4290
2014	0.0286	0.0130	0.0396	0.0050	0.3530
2015	0.0338	0.0152	0.0466	0.0057	0.3860
2016	0.0435	0.0187	0.0596	0.0066	0.4420
2017	0.0589	0.0233	0.0790	0.0075	0.5170
2018	0.0722	0.0303	0.0943	0.0072	0.5600
2019	0.0832	0.0377	0.1010	0.0094	0.5840

资料来源：由笔者计算。

二、生产性服务业发展时空特征

由于生产性服务业具有知识、技术密集高的特征，从一定程度上来说，生产性服务业的发展必然带来服务业发展的高质量，世界范围内发达经济体服务业发展的高质量都是建立在生产性服务业充分发展的基础上的，比如，美国服务业是公认的发展高质量，其中，生产性服务业占整个服务业比重多年来维持在 70% 以上。正因为如此，生产性服务业规模越大，表征美国的服务业发展质量越高，基于此，我们以生产性服务业的空间布局特征，来说明我国服务业高质量发展的空间布局特征。

（一）空间布局具有明显的地域特征

从服务业空间布局看，我国东、中、西部及东北地区发展不平衡，发展差距明显，并有进一步扩大的趋势。从规模看，2020 年我国东部地区、中部地区、西部地区及东北地区的 GDP 分别为 525752 亿元、222246 亿元、213292 亿元、51125 亿元，较 2019 年分别增长了 2.9%、1.3%、3.3%、1.1%；从增速看，西部地区增速较高，但由于西部地区服务业基数小，与东部地区相比缺乏优势。如果从 GDP 规模看，2020 年东部地区的 GDP 占整个国家的比重超过 51.9%，西部仅占 5.0%，两者相差好几个等级①。

与我国区域经济发展阶段、制造业发展水平相适应，生产性服务业的

_____

① 数据来源于国家统计局官网。

空间布局具有明显的地域特征。如表 2-9 所示，东部地区生产性服务业法人单位数占全国生产性服务业的比重为 59.29%，在四大经济区中排名第一。生产性服务业法人单位数占比全国的比重，东部、中部、西部、东北部的分布呈现依次下降的趋势，2018 年该数值东北地区占全国总数比重仅为 4.59%（孙畅，2020）。东部地区生产性服务业城镇就业人数明显多于中部和西部的城镇就业人数，且在部分行业东部和中西部之间的差距还在持续扩大，东部增长速度越来越快，西部增长速度相对缓慢。

表 2-9　　　2018 年生产性服务业按行业和区域分布的法人单位数

行业	法人单位数	东部地区	中部地区	西部地区	东北地区
交通运输、仓储和邮政业（个）	577233	315822	118904	105347	37160
信息传输、软件和信息技术服务业（个）	919879	548376	183572	142421	45510
金融业（个）	137934	94976	15207	21279	6472
租赁和商务服务业（个）	2551306	1509233	469948	466007	106118
科学研究和技术服务业（个）	1275579	769737	257257	193334	55251
合计（个）	5461931	3238144	1044888	928388	250511
占比（%）		59.29	19.13	17.00	4.59

资料来源：《第三产业统计年鉴》。

　　引发这种区域发展不平衡的原因，除了经济发展阶段、制造业发展水平等因素，在很大程度上也与西部地区地理位置以及历史因素有关。我国改革开放是从东南亚沿海开始的，然后向中西部及其他区域扩展，东部地区属于改革开放最早的区域①，基于政策优势、区位优势，东部地区的发展速度明显快于中西部地区。东部地区由于制造业比较发达，人才、资本、数据资本、知识资本、技术等中高端要素相对充足，生产性服务业发展起点高、需求充足多元，占领价值链的相对中高端，循环累积效应比较明显，导致东、中、西部区域生产性服务业发展严重不平衡、差距明显。

（二）东部地区增速明显快于其他区域

　　如表 2-10 和图 2-2 所示，我国东部地区生产性服务业始终保持领先地位，并且与其他地区的差距呈现不断扩大趋势。2009 年，东部地区的

---

① 国家较早的 5 个经济特区、14 个沿海港口城市等都在东部沿海地区。

生产性服务业法人单位数量为 678482 个①，东北地区的生产性服务业法人单位数量为 92085 个，东部地区的生产性服务业法人单位数量是东北地区的约 7 倍。到了 2018 年，东部地区的生产性服务业法人单位数量大约已经是东北地区的 13 倍。这些数据表明我国生产性服务业企业有越来越向东部地区集聚的趋势和特征。

表 2-10　　　　我国生产性服务业按区域分布的法人单位数　　　　单位：个

年份	东部地区	中部地区	西部地区	东北地区
2009	678482	166672	196795	92085
2010	780219	183997	217955	97695
2011	885008	217007	247713	105634
2012	1015359	269170	288822	128487
2013	1193294	302209	280482	115403
2014	1493603	395804	376394	144244
2015	1794997	543420	470363	169072
2016	2185118	695173	576696	197784
2017	2770778	924629	737318	239753
2018	3238144	1044888	928388	250511

资料来源：《第三产业统计年鉴》。由于 2019 年生产性服务业数据缺失，因此，表 2-10 生产性服务业数据仅到 2018 年。

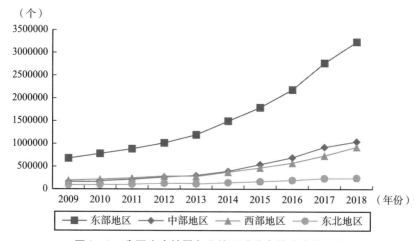

图 2-2　我国生产性服务业按区域分布的法人单位数

资料来源：《第三产业统计年鉴》。

---

① 由于城市群的生产性服务业数字难以获得，这里仅用生产性服务业就业人数来代表。

不仅如此，生产性服务业发展与城市发展等级密切相关。一般来说，在一定区域范围，除了广东、江苏、浙江、山东等部分省份以外，省会城市往往是经济最发达区域，与此相适应，生产性服务业也最为发达，但由于经济发展、制造业发展的区域性差异，不同区域的省会城市生产性服务业发展差异也较大。总体来看，东部地区生产性服务业较中部地区、西部地区、东北地区更发达。在东部地区内部也存在明显差异性，北京、上海在大部分生产性服务行业的发展程度明显高于东部地区的其他省会城市；继北京、上海之后，广东生产性服务业发展水平位列全国第三。在中部地区，各个省份生产性服务业发展差异并不明显，这与中部地区各省份经济发展阶段较为接近有关。

与东部和中部地区相比，西部地区的生产性服务业发展晚，一些区域的生产性服务业仍然处于起步阶段，比如新疆、西藏、甘肃、宁夏等省份。此外，同一个省份不同等级城市的生产性服务业发展也存在较大差距。总之，生产性服务业层级按照城市等级依次递减分布。不同等级的城市对应发展不同层级的生产性服务业，高等级的大城市往往在高技术、高附加值领域的服务业层级上具有一定的聚集优势，通常布局高知识密集度、高技术含量、强区域辐射力、与服务对象接触频率低，甚至不需要"面对面"接触的高层级生产性服务业态；经济规模较小的低等级中小城市通常布局低知识技术密集度、较弱区域辐射力、与服务对象需要高接触频次的低端生产性服务业态（宣烨和余泳泽，2014）。

（三）城市群是服务业高质量发展的集聚地

城市群是中国经济高质量发展的高地，同时也是服务业高质量发展的中心。从京津冀、长三角、粤港澳大湾区三大城市群来看，2019年，三大城市群 GDP 占全国的比重分别达到 8.6%、19.8%、9.0%，三大城市群 GDP 累计经济总量占全国的比重高达 37.4%，成为引领中国经济高质量发展的三大引擎①。

同样，三大城市群也是中国服务业发展的高地。生产性服务业在三大城市群的分布可以看出，在粤港澳大湾区生产性服务业就业人数为 2846046 人，长三角地区生产性服务业就业人数为 5192705 人，京津冀地区生产性服务业就业人数为 5084186 人（见表 2-11），长三角地区生产性服务业就业人数总量排名第一、京津冀地区排名第二、粤港澳大湾区排名第三（见图 2-3）。粤港澳大湾区、长三角、京津冀地区生产性服务业

---

① 由笔者根据《城市统计年鉴》测算而得。

就业人数占全国生产性服务业就业总人数的比重分别为 9.87% 、18% 和17.6% 。

表 2 - 11　　　　2018 年三大城市群生产性服务业就业人数　　　单位：人

地区	交通运输、仓储和邮政业	信息传输、计算机服务和软件业	金融业	租赁和商务服务业	科学研究、技术服务和地质勘查业	总人数
粤港澳大湾区	757446	558807	458925	724312	346556	2846046
长三角	1293385	932416	1117759	1170019	679126	5192705
京津冀	980122	988299	1078818	1052504	984443	5084186

资料来源：《中国城市统计年鉴》，城镇单位就业人员。

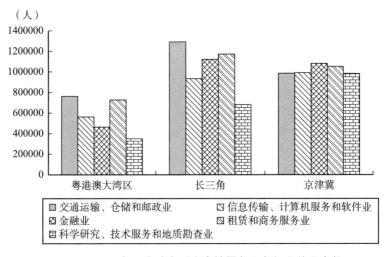

图 2 - 3　2018 年三大城市群生产性服务业各行业就业人数

资料来源：《中国城市统计年鉴》，城镇单位就业人员。

与此同时，生产性服务业不同行业，在三大城市群布局也呈现明显差异性。粤港澳大湾区交通运输、仓储和邮政业的就业人数为 757446 人，占三大城市群中交通运输、仓储和邮政业就业总人数的 25% ；而长三角地区占比则为 42.7% ，长三角城市群是交通运输、仓储和邮政服务行业的就业规模最大的集聚区，这与长三角城市群腹地经济发达，以及地区是我国中西部地区的重要出海通道有关。如图 2 - 3 所示，三大城市群中长三角城市群和粤港澳大湾区的交通运输、仓储和邮政业就业人数在本区域生产性服务业中数量最多，而京津冀城市群生产性服务业行业就业人数排序第一的是金融业。

三大城市群的租赁和商务服务业的就业人数在本区域内都排名第二（见图 2－3）。粤港澳大湾区的租赁和商务服务业的就业人数为 724312 人（见表 2－11），占三大城市群中租赁和商务服务业总人数的 24.6%；长三角城市群租赁和商务服务业的就业人数为 1170019 人，占三大城市群中租赁和商务服务业总人数的 39.7%；京津冀城市群租赁和商务服务业的就业人数为 1052504 人，占三大城市群中租赁和商务服务业总人数的 35.7%。

三、生产性服务业发展演化趋势

为了揭示服务业发展区域差距的变化趋势，在此使用收敛方法，测度演化区域服务业发展的演化趋势，以便于为国家、地方制定推进区域服务业协同发展提供基础。

收敛方法最早用于分析收入差距的收敛性或差异性，随着研究的深入逐步扩展到经济增长和创新效率等多个领域。σ 收敛、β 收敛是收敛性分析比较常用的方法，β 收敛包括绝对 β 收敛和条件 β 收敛。

（1）σ 收敛。σ 收敛可以定义为不同区域服务业高质量发展的变异性随时间呈现缩小的趋势。本部分参考肖磊（2018）和张卓群等（2022）的研究，通过测算城市服务业高质量发展指数的变异系数作为 σ 收敛指数，具体计算公式如式（2－10）所示。

$$\sigma_t = \frac{\sqrt{\dfrac{1}{n}\sum_{i=1}^{n}\left[\log(Ci_{it}) - \dfrac{1}{n}\sum_{i=1}^{n}\log(Ci_{it})\right]^2}}{\dfrac{1}{n}\sum_{i=1}^{n}\log(Ci_{it})} \qquad (2-10)$$

其中，Ci_{it} 表示城市 i 在第 t 年的服务业高质量发展指数。根据 σ 收敛的定义，当 $\sigma_{t+1} < \sigma_t$ 时，表明中国城市服务业高质量发展水平存在 σ 收敛。计算结果如图 2－4 所示，城市服务业高质量发展指数的标准差的变异系数呈现下降的趋势。全国层面上看，"十二五"和"十三五"时期城市间服务业高质量发展呈现 σ 收敛特征。分地区来看，除东北部地区在 2013～2018 年呈现发散趋势外其他地区均呈收敛趋势。东北地区在考察期内，相对于"十二五"初期的水平来说总体呈现收敛趋势。

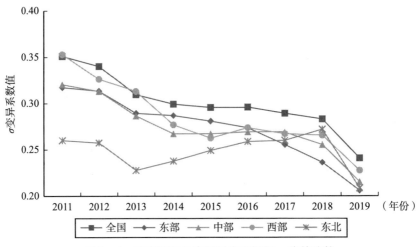

图 2-4　城市服务业高质量发展指数 σ 收敛趋势

（2）绝对 β 收敛。林光平等（2006）认为基于 σ 收敛的简单辨别并不符合实际，应考虑地区间的关联性对结果的影响。因此，本部分检验城市服务业高质量发展水平的 β 收敛。绝对 β 收敛指服务业发展水平较低的城市具有较快的增长率，对发展水平较高的城市形成追赶效应。绝对 β 收敛表示了城市服务业高质量发展的增长率与初始水平之间呈现的负相关性。参考米勒（Miller，2002）的研究，β 收敛模型如式（2-11）所示。

$$d(\ln Ci_{it}) = \ln(C_{i,t}) - \ln(C_{i,t-1}) = \alpha + \beta \ln C_{i,t-1} + \varepsilon_{it} \qquad (2-11)$$

式（2-11）中的 $d(\ln Ci_{it})$ 表示城市 i 的服务业高质量发展指数 C_i 的一阶差分，当回归系数 β 显著为负时，表明该区域存在绝对 β 收敛。检验结果如表 2-12 所示。

表 2-12　　　　　服务业高质量发展指数绝对 β 收敛检验

	全国	东部	中部	西部	东北
β	-0.4181 *** (-24.3745)	-0.2978 *** (-11.6555)	-0.4650 *** (-14.4739)	-0.4871 *** (-13.9517)	-0.6643 *** (-10.5779)
α	0.1906 *** (16.0637)	0.3298 *** (14.5700)	0.0989 *** (4.4256)	0.0678 *** (2.7105)	0.1770 *** (6.4510)
收敛率	0.0602	0.0393	0.0695	0.0742	0.1213
时间固定	是	是	是	是	是
地区固定	是	是	是	是	是
R-sq	0.2920	0.4148	0.3323	0.2925	0.5608

注：*、** 和 *** 分别代表在 10%、5% 和 1% 水平上显著，括号内为 Z 统计量，下同。

由表 2 - 12 可知，在全国层面城市服务业高质量发展指数呈现 β 收敛。各地区的 β 系数都为负，且均在 1% 的显著性水平上显著，说明各地区服务业高质量发展水平呈现显著的收敛趋势。其中，东部地区的收敛速度为 0.0393，小于全国平均水平。中部地区的收敛速度为 0.0695，西部地区的收敛速度为 0.0742，东北地区的收敛速度为 0.1213，三个地区均大于全国平均水平。这说明中西部地区和东北地区城市服务业发展的不平衡程度在降低，区域内服务业发展水平呈现显著的收敛趋势。

（3）条件 β 收敛。如果城市服务业高质量发展的收敛不仅与自身初始水平有关，而且与其他的条件因素有关，则需要采用条件收敛模型进行分析。条件收敛模型是在绝对收敛模型的基础上添加一系列控制变量，研究在一系列对服务业高质量发展具有重要影响因素的条件下，城市服务业高质量发展水平是否有收敛趋势。条件 β 收敛模型设定如式（2 - 12）所示。

$$d(\ln Ci_{i,t}) = \ln(Ci_{i,t}) - \ln(Ci_{i,t-1}) = \alpha + \beta \ln C_{i,t-1} + X_{i,t} + \varepsilon_{it} \quad (2-12)$$

其中，$X_{i,t}$ 为控制变量。参考现有研究，选取经济发展规模、交通基础设施、人力资本水平、服务业对外开放度、数字经济水平作为控制变量。

经济发展规模（$\ln gdp$）用城市人均 GDP 衡量，该指标用 CPI 指数以 2011 年为基期做平减处理。

交通基础设施（$road$）用城市道路密度衡量，具体为城市道路里程占行政区面积的比重。依据新经济地理理论，交通基础设施建设水平越高，贸易成本越低，劳动力、商品和服务在城市内外的流动效率越高。数据来源于《中国城市建设统计年鉴》。

人力资本水平（edu）。人力资本是城市服务业创新和发展的关键因素，对城市服务业高质量发展水平具有重要影响。由于地级市层面分类受教育年限数据的可获得性，本部分借鉴邵帅和杨莉莉（2010）的研究，使用普通本专科在校学生数占人口比重衡量城市的人力资本水平，实证过程中进行对数化处理。数据来源于历年《中国城市统计年鉴》。

服务业对外开放度（$open$）参考陈明和魏作磊（2016）、申明浩和刘文胜（2016）的研究，用服务外贸依存度（TRA）和服务外资依存度（FDI）构建的综合指数衡量。服务业对外开放度（$open$）具体计算公式：$open = (a * TRA + b * FDI)/gsp$，其中系数 a 与 b 之和为 1，本部分采用熵权法计算 a 与 b 对应的权重，gsp 为各地区服务业总产值。

服务外贸依存度（TRA）的具体测度方法为式（2 - 13）：

$$TRA = \left(\frac{1}{1 - \dfrac{n}{N}} \right) * \frac{ser_{exp} + ser_{imp}}{GDP} \quad (2-13)$$

其中，n 为中国的服务业增加值，N 为世界服务业增加值，ser_{exp} 为中国服务贸易出口额，ser_{imp} 为中国服务贸易进口额，GDP 为经过平减的地区生产总值。数据来源于世界银行、中国国家统计局、中国商务部数据库。

服务外资依存度（FDI）的具体测度方法为式（2-14）：

$$FDI = \frac{fdi_{it}}{fdi_{it} + fdi_{lt}} * \left(1 - \frac{城市\ GDP}{全国\ GDP} \right) \qquad (2-14)$$

其中，fdi_{it} 为各省份每年的外商投资企业投资总额，fdi_{lt} 为全国外商投资企业投资总额。外商投资企业投资总额数据来源于中国国家统计局。

数字经济水平（dige）。参考赵涛等（2020）的研究用主成分分析的方法构建数字经济综合发展指数。原始数据来源于《中国城市统计年鉴》和北京大学数字金融研究中心编制的数字普惠金融指数（郭峰等，2020）。

条件 β 收敛检验结果如表 2-13 所示：

表 2-13　　　　　　　服务业高质量发展总指数条件 β 收敛检验

	全国	东部	中部	西部	东北
$\ln Ci_{i,t-1}$	-0.4380 *** （-24.7967）	-0.2806 *** （-11.0902）	-0.4808 *** （-14.5643）	-0.4972 *** （-14.0901）	-0.7488 *** （-11.4909）
open	-0.0174 *** （-2.9992）	0.0102 （0.7952）	-0.0260 （-1.5533）	-0.0032 （-0.2473）	-0.0185 *** （-2.7027）
road	0.0397 （0.6981）	-0.0091 （-0.2627）	-0.1412 （-0.4419）	-0.2157 （-0.4877）	0.4484 （0.7660）
dige	0.0139 （1.4379）	0.0284 ** （2.3441）	0.0162 （0.7258）	0.0154 （0.9220）	0.0360 （0.9065）
lnedu	0.2520 ** （2.3653）	0.1733 * （1.9023）	-0.1134 （-0.4932）	0.3032 （1.0858）	0.9829 *** （2.7421）
lngdp	0.0539 （1.6169）	-0.1881 *** （-5.1137）	0.1323 （1.4132）	0.1048 （1.2574）	0.1349 * （1.9352）
_cons	-0.4253 （-1.1924）	2.2629 *** （5.5923）	-1.1640 （-1.1854）	-1.0706 （-1.2187）	-1.5020 ** （-2.0046）
收敛率	0.0640	0.0366	0.0728	0.0764	0.1535
时间固定	是	是	是	是	是
地区固定	是	是	是	是	是
R-sq	0.3020	0.4503	0.3398	0.2988	0.6054

条件 β 收敛结果显示，以上结果的 β 值均为负数，且在 1% 的显著性水平上显著。从全国层面看，条件收敛的 β 系数为 -0.4380，收敛速度为 6.4%，比绝对 β 收敛的速度高 5.94 个百分点。这说明，城市服务业高质量发展水平整体呈现条件 β 收敛趋势。从各地区看，各地区的 β 系数都显著为负，说明我国各地区的城市服务业高质量发展水平朝各自的稳态水平收敛。但该现象也从侧面反映出我国服务业区域发展存在差距，体现出服务业区域发展仍存在不平衡发展的现象，发展质量偏低。

四、我国服务业发展质量偏低剖析

经过多年的发展，到"十三五"末期，我国服务业基本实现了规模较大、比重较高的目标[①]，但是，服务业发展供给结构与需求结构存在明显偏差、服务品牌知名度影响力相对较低、产业转型升级的支撑引领作用发挥有待强化、跨界融合及产业协同程度较低等质量不高的问题较为突出，其根源既有需求端的原因，也有供给端的因素，同时也有政策端的问题。本部分将系统刻画外国服务业发展质量偏低的现状，并剖析服务业发展质量偏低的一般性原因。

（一）服务业发展质量偏低现状刻画

1. 供给结构与需求结构存在明显偏差

供给结构与需求结构相匹配是经济良性发展的基础，也是产业高质量发展的重要前提。我国服务业发展质量总体偏低，一个重要特征是供给结构难以适应需求结构。主要表现在两个方面：一是高品质的生活性服务业相对不足。一般性餐饮、旅游服务、住宿服务、家政服务、物业服务等传统服务业态占比高，健康服务、体育休闲等新兴业态发展迅速，但总体发展层次偏低，体验式、场景式、嵌入式服务总体不足，一些新兴服务业态形式大于内容、投入大于效果，与人民群众日益增长的收入水平、高品质需求存在偏差。与消费者不断升级的消费需求相比，特别是针对"新消费"的个性化产品设计、精细化服务、信息服务等新业态的有效供给明显不足，商品和服务供给低水平、同质化问题相对突出，大量高端和新兴服务消费难以满足社会需要（徐圆和宣烨，2022）。二是生产性服务业供给结构难以满足制造业转型升级发展需求。理论研究与实践经验表明，生产性服务业能够为制造业转型升级提供支撑力引领力，而能否提供支撑力引

---

① 2020 年，我国第三产业增加值比重为 54.5%；2021 年，受到疫情的影响，我国第三产业增加值比重为 53.3%。

领力又取决于生产性服务业发展质量与水平，其中，生产性服务业的结构优化是否与制造业转型升级同步至关重要。近年来，我国生产性服务业发展规模持续扩大、比重稳步提升，由2004年的36.12%上升到2019年的49.90%，上升幅度超过13.0%①，但细分行业发展的结构性失衡相对比较突出，高技术密集度、知识密集度的行业相对占比不升反而降，而低技术密集度、知识密集度的行业相对占比上升较快，如2004年信息传输、计算机服务和软件业占生产性服务业比重为6.36%，而到2019年下降到6.12%；同时期，租赁和商务服务业占比由3.94%%上升到6.16%②。生产性服务业不同行业相对占比的变化，与先进制造业转型升级对生产性服务业的要求存在偏差，先进制造业转型升级要求高技术密集度、知识密集度的行业提供技术、信息服务，需要科学研究与技术服务业以及信息传输、计算机服务和软件业的发展与之相对应。同时也需要科技研发、商务中介、市场营销等高端服务，但现阶段这些高端服务发展总体不足。近年来，我国生产性服务业"供给结构"与制造业"需求结构"出现了错位和偏差，即生产性服务业的供给结构与制造业的需求结构不匹配（宣烨和杨青龙，2020；宣思源和胡俊，2021）。

2. 服务品牌知名度影响力相对较低

服务品牌知名度影响力体现服务价值含量，同时反映与之相关服务行业的发展质量。"十三五"以来，我国第三产业法人数量一直以较快速度增长，2020年，我国第三产业法人主体数量达到21657792个，占整个三次产业（29389255个）的73.6%③，但我国服务业企业规模大、品牌知名度高、影响力强的相对偏少。2022年世界品牌实验室发布的《世界品牌500强》前500强中，中国（包含中国台湾、中国香港）有84个品牌入围，虽然品牌入围数量全球第二，但入选品牌数量是美国（199个品牌）的42.21%，入选品牌的数量与中国/美国经济相对规模不成比例④。从品牌的市场价值来看，市场价值超过千亿美元的品牌中，有6个来自于美国、1个来自韩国（即三星集团）。中国有24个品牌进入前百强，其中工商银行、建设银行、农业银行等5家银行入选。而科技类品牌入选数量少。从品牌市场价值来看，第1名的美国iPhone市场价值达到3550.8亿美元，中国入选品牌市场价值最高的工商银行市场价值为751.19亿美元，

---

① ② 国家统计局：《国民经济和社会发展统计公报》。

③ 国家统计局：《中国统计年鉴》（2022年）。

④ 2021年，按年平均汇率折算，我国GDP达到17.7万亿美元，2021年美国GDP总量为23.04万亿美元，中国GDP是美国的76.82%。

后者仅为前者的 21.15%①。也就是说，中国品牌的数量可观，但市场价值相对低，与美国仍然存在较大差距。

3. 产业转型升级的支撑引领作用发挥有待强化

与生活性服务业不同，生产性服务业具有对其他产业尤其是先进制造业转型升级的支撑引领作用。生产性服务业在经济社会的作用不仅在于创造多少市场价值，更重要的是如何对其他产业发挥支撑引领作用。生产性服务业能否发挥这方面的作用以及发挥的程度如何主要取决于生产性服务业自身的发展质量。美国、日本、德国等发达经济体先进制造业发展的一条重要经验是生产性服务业高度先进，依靠先进的生产性服务业引领制造业的转型升级、新产业孵化。因为制造业能否转型升级以及其转型升级的方向并不是自身可以决定的，而是由生产性服务业决定的。如图 2 − 5 所示，现阶段，我国生产性服务业与制造业两者关系仍处于提高制造业效率、较低成本的"相互支撑""管理支持"阶段，生产性服务业的供给依赖于制造业的需求，尚不能实现研发设计、品牌策划、市场渠道、创新技术与生产制造的有机融合，引领制造业的转型升级，更不能实现制造业新行业孵化。生产性服务业功能发挥以基础性作用为主。调查结果显示，超过 90% 生产性服务企业认为，企业生存的原因在于能够"提供专业化、标准化服务"。对于制造企业为何对外购买服务，100% 的企业回答是"节约成本、提高效率"，至于生产性服务业是否具有"孵化新产品、培育新行业的功能"，仅有 7% 左右的企业认为有"可能"。

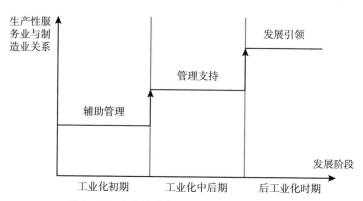

图 2 − 5　生产性服务业与制造业关系演进图

资料来源：宣烨、胡曦：《生产性服务业与制造业关系的演变：从"需求依附"走向"发展引领"》，载《南京财经大学学报》2018 年第 6 期。

---

① 世界品牌实验室发布的 2022 年《中国 500 最具价值品牌》分析报告，http：//www.worldbrandlab. com/world/2022/。

4. 跨界融合及产业协同程度较低

伴随数字经济、5G、人工智能等新一代信息技术的发展，产业跨界融合越来越成为一种趋势，也是表征产业发展质量的重要指标。我国服务业跨界融合及产业协同程度较低，主要体现在以下几个方面。一是生产性服务业与制造业融合程度较低。虽然近年来，推进产业跨界融合成为政府、企业层面的重要工作之一，但融合程度总体偏低，制造业服务化、服务型制造尚未成为主流的产业业态。一份调查研究显示[①]，在被调查的 198 家装备制造企业中，绝大多数（78%）制造企业的服务收入占总营业收入比重不及 1/10，服务收入占总营业收入比重超过 20% 的企业只有 6% 左右。产业协同程度主要体现在服务业与制造业协同，之所以强调产业协同在服务业高质量发展中的重要性，是因为生产性服务业的需求绝大多数来自制造业，如果生产性服务业与制造业发展"脱节"，那么供给端必然出现问题。目前，我国生产性服务业与制造业的协同度偏低主要表现在低端环节业态占比高，一般性物流、一般性金融商务占比较高，总集成总承包、供应链管理、高水平的检验检测认证服务等业态相对落后，呈现"低端过剩、高端不足"的状况，与制造业的要求难以匹配。

（二）服务业发展质量偏低原因剖析

我国服务业发展质量总体偏低的原因是多元的，是需求端、供给端以及政策环境端共同作用的结果。基于此，本部分将分别从需求端、供给端以及政策环境端三个方面来剖析服务业发展质量偏低的相关因素。

1. 需求端：市场需求总体偏低，服务业结构攀升遭遇瓶颈

理论上需求是供给的重要保障，在一定程度上需求结构决定供给结构，供给结构必须与需求结构相适应，服务业发展也是如此。我国服务业发展水平总体不高、质量偏低，如果从需求端挖掘其中根源，主要来自以下两个方面。

（1）生活性服务需求规模大，但对高品质、高质量服务需求仍然占少数，高品质、个性化服务供给遭遇瓶颈。近年来，我国人均可支配收入水平持续上升，由 2013 年的 18310.80 元，上升到 2021 年的 35128 元[②]，这个是生活性服务业扩大的基础，也是生活性服务业高质量的前提。但必须承认的事实是，现阶段制约居民高品质、个性化服务需求有两个因素。一

---

① 来自德勤与中国机械工业联合会联合发布的《方圆有度 创新有疆——2014 中国装备制造业服务创新调查》。

② 数据来源于国家统计局官网。

是居民消费支出的不合理。大多数家庭的收入用于住房购买，2014～2021年，我国个人住房贷款余额由11.52万亿元增加到38.32万亿元，平均增速超过15%，个别年份超过35%①。也就是说，居民可支配收入绝大多数用于偿还住房贷款，用于消费的比例是下降的。二是收入分配的差距。人均可支配收入的提升掩盖了收入分配的差距。收入差距表现在地区之间、城乡之间、不同群体之间。相关研究显示，无论是地区之间还是城乡之间、不同群体之间都存在比较大的差距，2020年城乡之间人均可支配收入比为2.56∶1，地区之间（最高省份与最低省份间居民人均可支配收入比）为3.55∶1，群体之间人均可支配收入比为0.468（人均可支配收入基尼系数)②。也就是说，绝大多数居民的生活性服务是满足一般性消费，高品质、个性化服务市场需求占比低，服务业高质量发展的市场需求难以满足。

（2）生产性服务业（制造服务业）需求规模大，但需求低层次，中高端需求相对缺乏。多年来，我国制造业规模全球第一，是名副其实的制造业大国。2021年，中国第二产业增加值达到450904亿元。新兴产业发展加速成长，高技术制造业增加值占规模以上工业增加值的比重为15.1%③。这是我国生产性服务业高质量发展的市场基础。但必须看到，我国制造业产业链供应链的低端化特征比较明显。一是对中高端生产性服务业需求规模占比小。如前所述，我国制造业规模大，但总体发展层次较低，核心环节不可控，尚未形成从低端、中端、高端序列化的完整产业链体系、供给体系，虽然对制造服务要素的市场需求很大，但是对中高端制造服务的需求规模与自身的产业规模不成比例，导致我国制造服务业（生产性服务业）中高端需求相对不足。二是相当比例的中高端生产性服务业需求来自国外。改革开放以来，我国主要以环节嵌入全球产业链、供应链，这种参与全球分工的一个重要特点是"两头在外"，原材料、关键零部件和技术、市场在国外，加工组装在国内，如OLED制造设备真空蒸镀机、风能设备的单晶高温母合金及叶片制备、芯片制造的光刻机主要依靠国外供应。与此同时，加工组装环节本身对生产性服务环节需求较少，而科技服务、检验检测、市场营销、供应链管理服务主要来自国外。三是制造业与生产性服务业尚未完全分离，制造业企业"大而全、小而全"具有

---

① 相关数据来自中国人民银行数据。
② 相关数据来自常修泽：《把握"三新"分清"四率"三线促进消费升级——关于中国新发展阶段扩大居民消费问题》，载《学术界》2022年第4期。
③ 国家统计局：《2021年国民经济和社会发展统计公报》。

普遍性。虽然国家层面积极推进制造业企业将生产服务环节剥离，但仍然有相对数量的制造企业"麻雀虽小，五脏俱全"，制造企业内部几乎囊括了所有制造分工及服务业务环节，生产性服务业发展专业化程度偏低，发展质量受到制约。

2. 供给端：发展方式总体粗放，品质品牌重视不够

从供给端来看，服务业能否高质量发展主要取决于三个方面的因素，一是服务业企业的自身发展能力。服务业发展能否高质量首先取决于服务业主体的供应水平，而服务的供给水平又主要取决于规模，规模以上服务业企业占比低难以提供高品质、高质量的服务。以经济大省为例，截至2017年底，江苏服务业企业法人登记204.93万户，占全省企业法人数量70.7%，但规模以上服务业企业16471家，占整个服务业法人企业的比重仅为8.03%①。其他均为小规模企业或个体工商户，这类市场主体一般来说难以提供高品质、高质量的服务。二是服务业发展方式总体粗放。我国重视服务业发展的历史相对较短，从政府文件来看，国家"十二五"国民经济和社会发展规划正式提出，要加快服务业发展，自此，服务业发展上升到各级政府工作层面。与制造业发展模式相同，我国服务业发展上规模、增加比重成为首要目标，各级政府往往忽视本地的资源禀赋、产业基础，提出一些不切实际的目标，在比重、业态、行业上相互攀比、模仿，一旦某个业态、模式出现，其他区域随之跟进，外延式发展成为服务业发展的主基调（宣烨和余泳泽，2021），高质量发展没有上升到应有的高度。三是资源要素供给难以适应高质量的发展要求。产业的高质量来自资源要素的高水平，导致我国服务业发展质量不尽如人意的另一个因素是资源要素供应的低水平。绝大多数服务业属于知识、技术密集型产业，对资源要素的知识、技术密集程度有一定的要求。我国服务业发展的资源要素供给的低水平，表现在以下几个方面：其一，人才绝对量充足，但高层次人才相对不足。第七次全国人口普查结果显示，近年来，我国具有大学文化程度的人口数量快速增加、比重也是大幅攀升，2018年达到21836万人；与此同时，每10万人中具有大学文化程度（指大专及以上）的人数，也由2010年的8930人增加到2018年的15467人；并且文盲率大幅度下降，由第六次全国人口普查的4.08%下降到2018年的2.67%②。但具有工匠精神以及原始创新、集成创新、把握科技发展大势、研判创新方向的创新型

---

① 江苏省统计局，《2017年江苏统计年鉴》。
② 吉喆：《第七次全国人口普查主要数据情况》，载《中国信息报》2021年5月12日。

科技人才总体不足，具有前沿引领力、创新想象力、跨界融合力的战略科学家数量更是少见（宣思源和胡俊，2021）。其二，自主创新能力相对薄弱。近年来，通过实施创新驱动发展战略，我国自主创新能力明显提升，一些技术领域已经全球领先，但必须看到，我国的自主创新能力总体偏弱。正是因为自主创新能力不足，我国自主知识产权的技术相对缺乏，依托创新技术进行新行业孵化、新业态和新模式培育以及行业升级的能力偏弱，服务业结构优化升级遭遇瓶颈。其三，服务业智能化升级、数字化转型形式大于内容，对服务业提质增效尚存在较大空间。智能化升级、数字化转型已成为推动服务业结构优化的重要发展方向，互联共享正成为经济增长的新动能、新业态，数字经济正成为促进国家及城市经济转型的重要推动力量①，因而对推动服务业行业结构的优化、服务业效率的提升、服务业内容的丰富的作用越来越明显。但同时应该看到，我国利用数字化、智能化技术尚停留于一般性的浅表层，尚未以此推动个性化、定制化、精细化生产和服务的普及和大众化。

3. 政策端：发展环境欠友好，高质量发展受到制约

良好的政策环境是服务业规模扩大、质量提升的重要条件，它不仅决定了服务业资源要素的获取能力，同时也决定了服务业的市场扩展能力。从政策端来看，影响制约我国服务业高质量发展的因素主要包括以下几个方面：一是服务业开放时间比较晚、开放程度比较低。我国对外开放是从制造业开始的，并且开放程度高；而服务业开放时间比较晚，开放领域比较少，先从商贸流通领域开始起步，然后逐步深化，现阶段，我国仍然有一些服务业领域没有深度开发。一方面，受国家大的开放政策的影响，地方政府出于追求经济指标的考虑，理所当然地将政策资源、要素资源偏向能够带来经济快速增长的制造业部门；另一方面，受到开放政策的影响，服务业尤其是生产性服务业引进外国直接投资受到制约，我国部分服务业领域，如科技服务、金融服务、中介咨询等生产型服务业利用外资仍然严重不足，尤其是高科技领域的服务行业，外商直接投资的规模仍然偏小。二是融资体系受到约束。理论上，银行贷款、股票上市、债券发行等是企业融资的重要渠道，对于绝大多数服务业企业来说，银行贷款是获得金融支持的主渠道，能否获得银行贷款直接决定了服务业企业的发展水平。在现有金融体系下企业能否取得融资，很大程度上取决于可以抵押的资产数量、质量。服务业企业核心竞争力在于服务品的技术含量和服务价值，与

---

① 祝伟：《数字经济赋能城市高质量发展》，载《经济日报》2020 年 11 月 1 日。

制造业相比，服务业企业固定资产拥有量通常相对较少，因此在申请银行贷款的过程中服务业企业能够可以抵押的固定资产较为缺乏（Forlani，2010）。银行出于风险控制的考虑，对于缺乏固定资产抵押的服务业企业通常会慎之又慎，银行放贷意愿不足，从而决定了服务业企业能够通过银行主渠道获得融资的概率较小[①]。融资约束限制了服务业业态的模式创新、品质提升以及新技术的研发、购买。

第四节　本章小结

本章基于新发展理念，以产业结构、产业创新、产业效率、产业开放度、产业协同度等作为一级指标，构建中国区域服务业高质量发展指标体系，以 287 个城市为样本，测度中国城市服务业质量发展指数，描述我国服务业发展质量的时空特征，探讨我国服务业发展质量偏低的影响因素。总体来看，虽然我国服务业发展质量与经济社会发展要求相比存在差距，但发展质量是逐步提升的，呈现不同的时空特征，东部沿海城市、大的城市群服务业发展质量总体偏高，而中西部地区城市服务业发展质量相对偏低，服务业发展质量的时空特征与我国经济发展质量布局、产业发展质量基本一致。我国服务业尤其是生产性服务业发展质量偏低，主要表现为供给结构难以有效匹配制造业需求结构、发展方式难以有效适应产业融合化发展、功能发挥难以有效引领制造业转型升级、整合能力难以有效引领新行业孵化，其根源在于需求端、供给端以及政策环境端共同作用的结果，解决这些问题需要系统谋划、全面推进、久久为功。

---

①　林景臻：《现代服务业难以取得融资 阻碍转型升级》，新浪财经，2019 - 12 - 24，http：//finance. sina. com. cn/meetdny/2019 - 12 -24/doc_iihnzhi9613489. shtml。

第三章 新发展格局与服务业高质量发展

中国共产党第十九次全国代表大会第五次全体会议公报明确提出，"要加快构建以国内大循环为主体、国内国际双循环相互促进的新发展格局"①，服务业高质量发展是新发展格局构建过程中的应有之义。服务业高质量发展涉及需求规模扩张、需求层次提升、国内外发展环境变化、技术供给有效、制度环境良好等方方面面。新发展格局的构建，为服务业高质量发展提供了新环境条件、新发展要求、新技术供给和新制度基础。这些因素相互交织，共同对现代服务业的高质量发展产生影响。新发展格局与服务业高质量发展分析框架如图 3 – 1 所示。

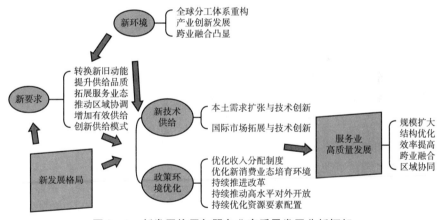

图 3 – 1 新发展格局与服务业高质量发展分析框架

构建新发展格局背景下，对服务业发展提出了新的要求，这些发展要求主要体现在六个方面：转换新旧动能，从主要由要素驱动转向为要素驱动与创新引领并重；提升供给品质，从注重规模速度转向为质量与效率并

① 《中共中央关于制定国民经济和社会发展第十四个五年规划和二〇三五年远景目标的建议》，载《人民日报》2020 年 11 月 4 日。

重；拓展服务业态，从相对分离转向为产业跨界融合发展；推动区域协调，从自成体系转向为跨区域层级分工；增加有效供给，从供需脱节转向为供需有效动态匹配；创新供给模式，从被动依赖型转向为主动创造型供给。这些要求对服务业发展来说，提出了更高要求，同时也有利于服务业产业效率提升、产业环境优化、产业协同度提升，助力服务业高质量发展。

构建新发展格局背景下，服务业的发展环境条件发生了变化。新环境新条件对服务业发展的影响是深远的，这些影响主要体现在以下三个方面：一是服务业创新发展和全球分工体系加速演变，推动服务业发展动能转变，引发新动能的产生、新业态模式的涌现；而全球分工体系加速演变，引发全球产业链区域化、供应链本土化或成为趋势，服务业全球分工体系存在重构风险，中国中低端服务业供应链可能被其他国家取代。同时，全球分工体系的加速演变为中国服务业构建自主可控的产业体系、提升全球分工层级创造了可能与条件。二是服务业内需扩张和跨界融合态势更加凸显，引发服务业在规模扩张的同时，服务业效率得到提升、服务业态模式得到创新。三是服务业政策支持和改革探索力度持续加大，消除服务业发展障碍及政府支持力度必然加大，进而推动服务业结构优化、效率提升。

新发展格局构建背景下，国家将进一步推进创新驱动战略的实施，同时超大规模市场、扩大对外开放给技术创新营造了良好环境；技术供给对服务业高质量发展的影响主要体现在两个方面：一是本土需求扩张推动技术创新。通过扩大内需，本土需求市场得到扩展，本土市场规模扩张有利于规模经济、范围经济的实现，进而促进国家或地区的技术创新。二是国际市场拓展推动技术创新。更高水平的对外开放、更顺畅的国际循环、更大的国际市场，更便于学习借鉴国外技术、经验和创新方式，推进本土技术创新。而技术创新是服务业的产业效率改进、产业结构优化、产业创新实施、产业协同的基础。

与构建新发展格局相适应，有关服务业发展的制度环境将更加友好。高质量发展的制度实施对服务业发展的影响主要体现在以下几个方面：一是内需扩张，激发高品质消费潜力。为实施以国内需求为主导的发展战略，国家必然会完善相关政策措施，提高居民收入水平，扩大有消费能力群体的基础面，同时激发高层次、高品质消费需求。二是制造业高质量发展，激发创造性供给。制造业高质量发展是推进国内大循环为主体的新发展格局的核心内容，而制造业高质量发展对生产性服务业发展提出了更高的需求，再由需求倒逼生产性服务业高质量发展。三是服务业改革深化，影响服务业发展的障碍逐步化解。扩大内需无论是供给侧还是需求侧都需要服务业发展，而推进服务业发展，就必须深入实施服务业制度化改革，而改革必然为服务业结构优化、效率改进、产业融合、跨区域协同创造条件。四是高水平对外开放，服务业发展资源要素更加全球化。构建新发展格局是更高水平、更高层次的对外开放，与之相适应，跨国投资、国际合作的政策环境更加宽松，为我国服务业企业全球范围内整合利用资源要素创造了条件。

总之，构建新发展格局为服务业高质量发展提出了新要求，同时创造了需求条件、技术条件以及政策环境，有助于服务业规模扩张、结构优化、效率提升、产业协同。

第一节　新发展格局下服务业高质量发展的环境变化

新发展格局下我国服务业高质量发展面临新的发展环境，新发展环境对服务业高质量发展既带来了发展机遇，同时也面临新的挑战。只有准确认识新发展格局下服务业高质量发展的环境变化，有效抓住机遇，积极面对挑战，才能积极引领服务业高质量发展。

一、服务业创新发展和全球分工体系加速演变

近年来，随着以数字技术、信息技术为代表的新一轮技术革命和产业变革的加速推进，全球正在迈入科技变革加速的新时期，工业互联网技术不断突破，科技创新推动生产方式加速变革、产业组织深度调整，呈现出生产方式智能化数字化、产业组织平台化网络化、技术创新开放化国际化的特征，这些变革正在全面而又深刻地改变人类的生产组织方式和生活消费方式，对全球产业分工格局也将带来全面而深刻的影响（陈诗波和高宝华，2020）。

从创新驱动来看，以科技创新为主体的创新驱动发展战略的深入实施，推动了服务业加快转型升级，尤其是大数据、人工智能、区块链、物联网、云计算等新一代信息技术的不断突破和广泛应用，加速了服务内容、服务业态和商业模式创新（隆国强等，2019），推动了服务数字化、网络化、平台化、智慧化、融合化，知识密集型服务业的迅速发展，占整个服务业的比重快速提升；信息技术和数字技术的"融合""连接"功能

引发产业形态平台化、网络化，催生"数字＋""互联网＋"等融合业态持续大量涌现，服务业转型升级正在推动新一轮的产业变革和消费革命，体验式、个性化、互动式、定制化、品质化等服务消费正蓬勃兴起，数字经济产业化、传统产业数字化正如火如荼。

从全球分工来看，世界正经历百年未有之大变局，新能源技术、生物技术、新材料技术以及新一代信息技术、智能制造技术等领域不断取得突破，大国之间的科技竞争推动科技成果的产业化、市场化（胡鞍钢、周绍杰和鄢一龙，2021），美国、中国、日本、德国等世界主要经济体力量对比引发世界产业格局变革，同时深刻改变世界政治格局，全球经济政治的秩序加速重构。与此同时，新冠疫情全球大流行，进一步暴露了全球产业链、供应链过度国际分工的脆弱性以及带来的供应链安全性问题，触发各国对产业链、供应链政策做出新的调整①，政治孤立主义、贸易保护主义和单边主义抬头，世界经济低迷，服务贸易和跨境投资的自由化、便利化面临多方面冲击，一些发达国家实施"再工业化"战略，少数大国开始着手构建更独立、更完整、更安全的产业链、供应链，逐步减少对中国产品的过分依赖，全球产业链区域化、供应链本土化或成为趋势，服务业全球分工体系存在重构风险。同时，为中国服务业构建自主可控的现代产业体系、提升全球分工层级创造了新可能与条件。

二、服务业内需扩张和跨界融合态势更加凸显

从国内看，我国经济服务化特征愈发显著，服务业已成为固定资产投资的主力军、经济增长的主引擎、国民经济和社会发展的稳定器。

服务业国内需求进一步扩张成为必然。党的十九届五中全会明确提出"坚持扩大内需这个战略基点，加快培育完整内需体系，把实施扩大内需战略同深化供给侧结构性改革有机结合起来，以创新驱动、高质量供给引领和创造新需求"。"畅通国内大循环，促进国内国际双循环，全面促进消费"，成为构建新发展格局下我国经济发展的主基调；"打造统一要素和资源市场""推进商品和服务市场高水平统一"，是构建新发展格局生动落笔②。在构建"双循环"新发展格局的引领下，随着国内收入的持续攀升，服务消费正成为城乡居民消费最活跃的领域，商贸流通、文化娱乐、

---

① 路虹：《全球产业链区域化或成趋势》，光明网，2021 年 5 月 18 日。
② 谢伟锋：《南方网评：加快建设全国统一大市场，有"破"更有"立"》，南方网，2022 -04 -12，https：//opinion. southcn. com/node_d57062ea18/1e1561163f. sthml。

休闲旅游、养老服务等生活性服务业发展赢得新的发展机遇。

专栏 3-1

中国数字经济发展规模大、质量高

2015 年国家提出"国家大数据战略"以来，推进数字经济发展和数字化转型的相关政策不断出台，为我国依托数字经济实现经济转型提供了重要动力。近 15 年来，我国数字经济增加值规模快速飙升，由 2005 年的 2.6 万亿元上扬至 2019 年的 35.8 万亿元，年均复合增长率高达 20.6%，远远超过 GDP 的增长速度，而且 2019 年数字经济增加值占 GDP 的比例达 36.2%，已经成为我国经济高质量发展的关键力量。据相关研究机构预测，我国数字经济增加值规模将于 2021 年突破 45 万亿元大关，占 GDP 的比重进一步上升。

在我国数字经济规模不断上升的同时，数字经济的质量也是可圈可点，这可以从数字经济的内部结构变迁中得到证实。数字产业化和产业数字化是数字经济的主要构成，产业数字化占数字经济的比重已经由 2005 年的 49.1% 稳步提升至 2019 年的 80.2%，并且呈现进一步上升的态势。

——摘自《中国数字经济发展白皮书（2020）》

另外，我国坚定不移地推行质量强国建设和制造强国建设，推进产业基础高级化、产业链现代化已成为"十四五"时期的重要发展方向（李靖华和姜中霜，2021），对服务业尤其是研发设计、现代物流、金融商务、法律服务、环境检测等生产性服务业产生了更大的需求。国家发展改革委、市场监管总局于 2019 年 10 月 2 日印发的《关于新时代服务业高质量发展的指导意见》、国家发展改革委、教育部等 13 部门于 2021 年 3 月 16 日印发的《关于加快推动制造服务业高质量发展的意见》等政策文件，出台了一系列政策措施，以生产性服务业发展引领制造强国建设，推动我国制造业创新能力提升、质量效益提高，引领制造业价值链攀升成为共识（宣烨和杨青龙，2020）。改革开放以来，我国制造业快速稳步发展。工信部发布的数据显示，2016~2019 年期间，我国制造业增加值年均增长率高达 8.7%，2019 年我国制造业增加值高达 26.92 万亿元，占全球制造业增加值总额的 28.1%。与全球制造业大国之间的横向比较结果表明，2019 年我国制造业增加值位列全球十大制造业大国之首，连续十年保持世界第一制造业大国的地位，美国和日本分别位列第二和第三位。我国制造业不仅具有较大规模优势，而且技术投入也在逐步提升。据统计，我国 2019 年规模以上制造业研发经费内部支出占主营业务收入的比重达到 1.43%，提前超额完成"十三五"期间的规划预期目标（1.26%）。具体到行业来看，2019 年装备制造业和高技术制造业增加值均同比增长约 10%。因此，我国制造业从规模维度来看已具有较大的优势，从技术含量和内部结构来看也在不断提升和优化。

在新一代信息技术的推动下，制造业服务化及产业融合发展势头强劲，2019 年由国家发展和改革委员会、工业和信息化部等 15 部门联合印发了《关于推动先进制造业和现代服务业深度融合发展的实施意见》，明确提出了现代服务业与先进制造业深度融合的重点行业、重点领域以及融合发展的新路径（肖高，2018；陈伟和陈银忠，2021）。人工智能、大数据、物联网、云计算等新一代信息技术全面且深度嵌入制造业领域，完全打破了传统封闭式的制造流程，促进了制造业和服务业在产业链上的深度融合，有力地推动了研发设计、融资租赁、平台经济、共享经济、系统集成、供应链管理等生产性服务业加快发展。因此，制造业服务化、服务型制造作为推动我国制造业转型升级的重要路径，已引起国家层面的高度重视，并且关于制造业服务化问题的研究也逐渐成为学术界关注的热点和讨论的焦点（肖高，2018）。与此同时，经济由高速增长阶段转向高质量发展阶段，居民消费需求释放不充分以及我国制造业发展层次较低等因素，也给服务业扩大规模、提升质量带来了市场压力。

三、服务业政策支持和改革探索力度持续加大

加快服务业发展是构建"双循环"发展格局的重要依托。经过多年发展，服务业已成为我国国民经济中的最大产业。2020 年，我国第三产业增加值 553977 亿元，占 GDP 比重为 54.5%，远远超过第一产业、第二产业，并且占比仍然在增长（见图 3-2）。《中华人民共和国国民经济和社会发展第十四个五年规划和二〇三五年远景目标》明确提出，"十四五"时期，国家将进一步加快推进现代服务业发展，推动生产性服务业向专业化和价值链高端延伸，生活性服务业向精细和高品质转变，全面提升发展质量和水平①，推进服务业标准化体系构建完善，推动服务业企业品牌化

---

① 《中共中央关于制定国民经济和社会发展第十四个五年规划和二〇三五年远景目标的建议》，载《人民日报》2020 年 11 月 3 日。

建设，为服务业发展营造良好的政策环境。通过梳理，2014 年以来，我国政府密集出台了服务业相关政策，同时也出台了 40 余项关于科技服务、健康养老、电子商务、现代物流、大数据应用、文化旅游、体育休闲等服务业具体领域的单项促进政策（李勇坚，2021）。我国从财政、金融、土地以及人才建设等方面，加大政策支持力度，推动服务业规模扩大、结构优化、层级提升、跨界融合度的深化以及供需匹配度提高等，可以说，服务业发展的政策环境是新中国成立以来最好的时期。

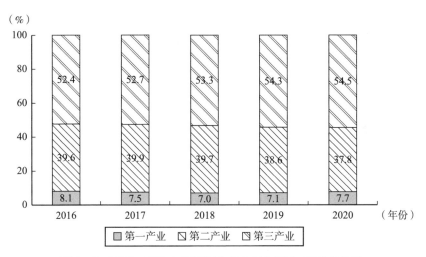

图 3 - 2　2016～2020 年我国三次产业增加值占 GDP 的比重

资料来源：2021 年《中国统计年鉴》。

　　与此同时，服务业领域的改革探索力度持续加大。以建立自由贸易区的政府放权为标志的改革进一步深化，自 2013 年 8 月正式批准设立中国自由贸易区（上海）以来，全国范围内涌现了中国（广东）自由贸易试验区、中国（天津）自由贸易试验区、中国（辽宁）自由贸易试验区、中国（福建）自由贸易试验区、中国（浙江）自由贸易试验区等自由贸易区，自由贸易区（自由贸易港）数量达到 22 个，自由贸易区覆盖全部沿海省份[①]。自由贸易区的相继建立，推动了原先受到较多管制的商务服务、金融服务、医药医疗护理业和文化娱乐教育等领域的对外开放，发展机会得到很大的拓展。2018 年 4 月，党中央决定支持海南全岛建设自由贸易试验区，重点聚焦贸易投资自由化便利化，聚焦发展旅游业、现代服务

---

① 资料来源：中国自由贸易试验区服务网，http：//fta.mofcom.gov.cn/index.shtml。

业和高新技术产业发展。自由贸易区、自由贸易港的建立是我国服务业领域的重大改革探索和高水平的对外开放。

专栏 3-2

2018～2021 年，国家相关部委出台的有关服务业的政策文件名称

2021 年：

1.《国务院关于同意在天津、上海、海南、重庆开展服务业扩大开放综合试点的批复》

2.《国家发改委关于加快推动制造服务业高质量发展的意见》

3.《商务部关于印发重庆市服务业扩大开放综合试点总体方案的通知》

4.《商务部关于印发海南省服务业扩大开放综合试点总体方案的通知》

5.《商务部关于印发天津市服务业扩大开放综合试点总体方案的通知》

6.《商务部关于印发上海市服务业扩大开放综合试点总体方案的通知》

2020 年：

1.《国务院关于深化北京市新一轮服务业扩大开放综合试点建设国家服务业扩大开放综合示范区工作方案的批复》

2.《国家标准化管理委员会关于开展标准化服务业试点项目验收工作的通知》

3.《国家知识产权局办公室关于深化"蓝天"行动 促进知识产权服务业健康发展的通知》

4.《国资委办公厅关于进一步做好服务业小微企业和个体工商户房租减免工作的通知》

5.《国家知识产权局关于支持和引导知识产权服务业积极应对疫情影响稳定和扩大就业的通知》

2019 年：

1.《国务院办公厅关于促进家政服务业提质扩容的意见》

2.《国务院办公厅关于同意建立促进家政服务业提质扩容部际联席会议制度的函》

---

3. 《财政部、税务总局等 6 部门关于养老、托育、家政等社区家庭服务业税费优惠政策的公告》

4. 《市场监管总局办公厅关于开展 2018 年度认可及检验检测服务业统计工作的通知》

5. 《国家标准委等 10 部门关于培育发展标准化服务业的指导意见》

6. 《市场监管总局办公厅关于开展 2019 年度认可及检验检测服务业统计工作的通知》

7. 《国家发展改革委、商务部等 5 部门关于开展家政服务业提质扩容"领跑者"行动试点工作的通知》

2018 年：

1. 《卫生健康委、发展改革委等 11 部门关于印发促进护理服务业改革与发展指导意见的通知》

2. 《市场监管总局 国家发展改革委关于印发服务业质量提升专项行动方案的通知》

3. 《财政部办公厅、国家知识产权局办公室关于 2018 年继续利用服务业发展专项资金开展知识产权运营服务体系建设工作的通知》

4. 《科技部关于发布国家重点研发计划"现代服务业共性关键技术研发及应用示范"重点专项 2018 年度定向项目申报指南的通知》

5. 《农业农村部办公厅关于认真做好农业部 国家发展改革委 财政部关于加快发展农业生产性服务业的指导意见宣传和贯彻工作的通知》

持续开展国家服务业综合改革试点。着力解决制约我国服务业发展过程中的突出问题及其矛盾，着力破除阻碍我国服务业发展的体制机制约束及其政策障碍。自"十二五"以来，在全国范围内开展国家服务业综合改革试点，以全面落实放宽市场准入为着力点，推动生产性服务业由零散化价值链中低端向专业化和价值链高端延伸，推动生活性服务业由低品质少样化向高品质和多样化转变①。在国家服务业综合改革试点的基础上，结合各地实际，全国省一级层面也纷纷进行了服务业综合改革试点。据不完全统计，全国范围内省级层面的试点区域、载体（园区）超过 300 个。各地围绕进一步完善体制机制和政策环境，积极探索推动服务业发展的有效途径，因地制宜、探索创新，在培育服务业新业态、新模式上发力，并形

_____

① 2017 年，国家发改委《"十三五"国家服务业综合改革试点实施意见》。

成一批可复制推广的经验做法，为全社会层面服务业转型升级，向更高效更优质方向发展提供示范引领（刘胜和徐榕鑫，2021）。此外，2015年，国家决定北京市作为服务业扩大开放综合试点城市，以营造稳定、公平、透明、可预期的营商环境为目标，最终形成市场更加开放、制度更加规范、监管更加有效、环境更加优良的服务业开放新格局①。2021年4月，国务院发布了《关于同意在天津、上海、海南、重庆开展服务业扩大开放综合试点的批复》，综合试点的目的在于加快发展现代产业体系、建设更高水平开放型经济新体制等方面，形成一批可复制可推广的经验，从而为全国服务业的开放发展、创新发展发挥示范带动作用。

此外，与服务业有关领域，全国范围内的自主创新示范区、临空经济示范区、智慧物流试点城市、跨境电子商务综合试验区等一系列服务业发展领域相关试点示范，高水平、全方位赋予改革探索和先行先试的权利，探索突破现行的限制服务业高质量发展体制机制及路径，推动服务业政策创新、技术创新、业态创新、模式创新，推动服务业高质量发展。

第二节　新发展格局下服务业高质量发展的要求转变

新发展格局下的经济发展是高质量的发展，推动服务业高质量发展，需要进行一系列的转变，才能适应新发展要求，转变包括六个方面：提升供给品质，由规模速度转向质量效率；转换新旧动能，由要素驱动转向创新引领；拓展服务业态，由行业相对分离转向融合发展；推动区域协调合作，由自成体系转向层级分工；增加有效供给，由供需脱节转向供需动态匹配；创新供给模式，由被动依赖转向主动创造。

一、提升供给品质，由规模速度转向质量效率

从目前服务业供应市场来看，存在两个方面的问题或短板：一方面是低端服务业供给总体过剩，包括一般性的物流、大众商贸、日常性餐饮、一般性金融、一般性人力资源服务等行业业态，存量规模大，供给过剩；另一方面，供应链金融、科技金融、供应链管理、科技服务、工业设计、高端人才资源服务、中高端咨询、检验检测、环境保护服务等服务行业业

---

① 2019年1月，国务院关于《全面推进北京市服务业扩大开放综合试点工作方案》的批复。

态发展相对滞后，供给难以满足人民群众生活高品质需要以及先进制造业、现代农业高质量发展需求。其原因在于，"十二五"以来，加快服务业发展成为产业发展的重要方向，国内不同区域间展开了服务业规模、比重的"攀比"，引发结构不合理、水平不高、国际竞争力不强等较为突出的矛盾。首先表现在服务业的生产性不足，尤其是制造服务业发展明显滞后，服务业更多侧重于消费性服务且效率低下。国家统计局数据显示，2004~2018年的14年间，中国生产性服务业增加值占第三产业增加值比重由35.0%增长至39.02%，仅增长4.02个百分点。而同时期，服务业第三产业增加值占GDP的比重由40.3%上升到53.9%，增长13.6个百分点。

上述供给方面的问题与构建新发展格局的要求难以适应。构建新发展格局是以国内市场为主体，而国内服务需求市场的开发、统一大市场的建立必须与人民群众收入水平的提升、先进制造业发展水平的提高相适应。2017年，国家发展和改革委员会会同相关部门印发了《服务业创新发展大纲（2017—2025年）》，明确提出：到2025年，服务业社会化、市场化、国际化水平要得到显著提高，服务业发展方式的转变要取得明显进展，服务业对社会进步、经济发展、民生改善以及产业竞争力提升的支撑引领功能要持续增强，人民群众对服务业的满意程度显著提升，中国由服务业大国转向服务业强国的迈进步伐的产业基础要更加扎实。该文件对服务业发展环境、有效供给能力、创新发展能力、质量效益提高以及国际竞争力增强等方面都提出了明确要求（丰晓旭和李勇坚，2020）。因此，新发展格局下服务业高质量发展要求加速转变服务业提供方式由规模速度转向质量效率，优化生活性服务业和社会化服务的供给结构，打造中高端服务消费载体，不断丰富供给内容、提高供给品质、克服供给质量短板（夏杰长，2021）；同时，要优化生产性服务业供给结构，提升生产性服务业供给层级，不断丰富供给层次，满足先进制造业、现代农业高质量发展要求。

二、转换新旧动能，由要素驱动转向创新引领

服务业供给的高质量，很大程度上来自动能的新兴和要素的高质量。长期以来，我国经济增长的动能主要来自资本、土地、劳动力以及环境资源等传统动能，属于比较典型的要素驱动型经济发展方式（周青，2017），服务业发展也是如此。从近年来的发展情况来看，这四大要素瓶颈的约束越来越明显，已经到了难以支持经济高质量增长的地步。

发达经济体的发展经验表明，科技投入、人力资本投资是服务业尤其是生产性服务业高质量发展的重要基础，劳动力、资本、土地等传统要素的投入可以在比较短的时间内解决规模的问题，但是很难解决发展质量的问题（何永达，2015）。从近年来我国科技投入来看，中国研发投入总额2002 年开始超过印度和巴西，2004 年开始继续高于俄罗斯，2018 年以4748.1 亿美元占全球研发投入份额的21.68%，仅次于美国。2020 年我国研发经费投入总量达到 24426 亿元。从研发投入占 GDP 的比例来看，中国政府和企业用于基础研究、应用研究和试验研发方面的财政支出占 GDP的比例由 1998 年的 0.57% 增长至 2018 年的 1.97%①。但是仍显著低于东亚太平洋国家、经济合作与发展组织（OECD）国家、欧盟以及世界平均水平，与中国经济规模尤其是中国制造强国建设要求相比，研发投入规模仍然较少，研发投入占 GDP 的比重仍然偏低，基础性创新能力、关键性技术的创新能力总体偏低。

发达国家通常以研发投资和人力资本投资为核心占领全球产业链供应链的高端环节，通过科技研发、管理咨询以及工艺设计、品牌服务等知识技术密集型生产性服务业控制整个产业链、供应链的发展，控制世界资源要素的流向，在此过程中不仅促进了整个社会经济的发展，同时也不断裂变出各种不同的生产服务活动，有效扩大了生产性服务业本身的规模（李江帆和张少华，2013），持续培育了新兴服务业态、模式。相反地，近年来我国很多地区兴起的"软件信息产业园""服务外包基地""跨境电商基地"以及相关的服务业集聚区、示范区，数量越来越多、规模越来越大，从产业类别来看，大多数是"高、大、新"，但实际上多是技术—知识含量低的数据后台处理中心、呼叫中心、物流配送中心、工作流程处理中心等处于价值链低端的片段型服务产业，甚至有的只是打着服务业"幌子"的加工制作区（江波和李美云，2013），技术投入、科技研发投入相对不足，这种忽略研发投入和人力资本投入的做法很难使生产性服务业发展形成类似于发达国家的良性循环。技术创新能力不足、服务技术设备和手段落后、专业服务技能差、服务业专业人才缺乏致使集聚区、示范区等载体的服务企业技术创新能力薄弱，只能在低端产业链上盲目进行重复性投资和恶性竞争，更不能提供产业链升级、供应链优化的服务。

新发展格局下服务业高质量发展要求转换发展动能，加快构建新的机制，激励服务效率和服务品质提高，同时积极推进创新主体的培育，基于

---

① 国家统计局，《2018 年全国科技经费投入统计公报》。

新一代信息技术在服务业领域的创新应用，以数字经济驱动服务业劳动生产率的提高、生产方式的变革，从而推进服务业组织创新、技术创新、业态创新及管理创新（夏杰长，2019）。因此，由劳动力、资本等传统要素，向科技创新、大数据、人才、新业态模式等新兴要素转变，数字化转型、智能化升级，强化创新在服务业尤其是生产性服务业发展中起到引领作用。

三、拓展服务业态，由相对分离转向融合发展

21世纪以来，在经济全球化、新一代信息技术发展和产业变革的共同作用下，产业跨界融合日益成为世界性潮流（郭朝先，2019）。一方面，制造业与服务业的融合成为产业发展的主流模式。全球制造业发展的趋势正由单一生产型逐步向"生产＋服务"型转变，而作为制造业流程服务外包发展起来的生产性服务业，则成为现代服务业发展的重中之重。即便是服务业主导下的产业结构转型，也大多表现为服务业与制造业的共生共荣、协同发展。自20世纪60、70年代，发达国家就着手制定政策、优化发展生态推动制造业企业由生产制造环节向服务价值链拓展。现代服务业与先进制造业的关系越来越密切，两者界限也逐渐模糊，一些企业甚至很难定性是制造业企业还是服务业企业，先进制造业服务与现代服务业深度融合。国际上，一些跨国企业通过减少制造环节，把缺乏竞争力的生产环节外包给其他企业等，跨国公司自身只是专注某个关键性制造环节。与此同时，制造企业部门的功能也日趋服务化，制造产品生产是为提供某种服务而生产，并随产品而出售生产技术、方案设计、质量控制等服务（陈伟、陈银忠、杨柏，2021）。另一些服务企业依托自身的技术研发、工业设计、管理实力、销售渠道、品牌影响力等优势，经由贴牌生产、连锁经营、品牌授权等方式嵌入制造企业为消费者提供服务，服务型制造、制造服务化成为一种产业常态。

另一方面，服务业内部跨界融合越来越明显。依托新一代信息技术和现代科技积极推进传统服务业改造提升，推动了供应链管理、商贸流通、保税展示、供应链金融等跨界融合，形成了"保税＋""物流＋""商贸＋"产业，实现了服务业内部存量调整和增量优化。依托文化产品创新以及发展数字技术、广告创意制作、工艺设计等高端文化创意产业，推动了文化创意、旅游和设计服务业与科技、教育培训等相关产业的融合发展，形成了"旅游＋""文化＋""科技＋""设计＋"产业；健康服务、养老产业与餐饮、旅游业、地产服务、家政服务的融合渐成趋势，形成了"健康＋"

"养老+""餐饮+"等融合产业。

新发展格局以国内需求作为发展的出发点和落脚点，以发挥国内超大规模市场优势为战略基点，生产、分配、流通、消费等各个环节主要依托国内市场，这意味着国内的产业发展必须改变仅依靠制造业或服务业"单兵突进"的思路（郭朝先，2019），由以往的制造业、服务业、农业的相对独立发展向产业跨界融合发展，尤其是推进现代服务业与先进制造业的融合发展，并利用新一代信息技术、高科技发展拓展服务业态，推动制造业服务化、现代服务业产品化。推动供给体系对国内需求的适配性，进而形成需求牵引供给、供给创造需求的更高水平动态平衡。发达经济体的发展经验表明，传统的制造业和服务业"两分法"在判断产业结构优化方面过于武断，因此当今世界难以适用。

事实上，在现代经济体系建设中，发达经济体的发展经验表明，单纯依靠制造或服务都难以改善经济发展质量，消费者的需求更是难以得到满足。因此，在构建新发展格局背景下，推动我国服务业高质量发展，既要重视服务业尤其是生产性服务业（制造服务业）的高质量发展，同时也要重视先进制造业的高质量发展，通过提供现代服务业、先进制造业的一体化解决方案，推动现代服务业与先进制造业深度融合，在融合中创新、在创新中融合，进而实现产业发展质量的显著提高。

四、推动区域协调，由自成体系转向层级分工

分工是效率提高的基础，分工主体发挥各自的比较优势，各自从分工中获得利益，这已经是被理论界公认的基本常识。分工有助于效率提高的内在机制在于充分利用各自比较优势，做到"人尽其才、物尽其用"（宣烨和余泳泽，2014）。从一个国家来说，需要依托自身的资源禀赋优势，参与国际分工，从分工中获取利益。不仅如此，对于经济大国来说，内部不同区域也需要通过产业分工，实现资源优化配置和效率的最大化。对于服务业来说，区域的合理、有效分工十分必要，生产性服务业更是如此。作为现代服务业发展的一种分工模式，生产性服务业层级分工是基于自身行业特性及基于生产力趋优分布的理性选择，与一般意义上的制造业区域之间利用比较优势进行的专业化分工思路具有本质性差异（宣烨和余泳泽，2014）。当然，产业跨区域协调发展需要突破目前行政区划限制，以建立全国统一大市场为目标，以跨区域经济一体化为依托，以基础设施水平区域的完善，推动区域之间联系程度的提高，进而推动劳动力、资本以及技术、信息数据等要素在更大范围的自由流动（陈子真、雷振丹和李晶

仪，2019）。

长期以来，我国区域经济一体化程度总体偏低，以地级市、县域为范围的"集团"经济特征明显，我国一体化的大市场没有真正建立，"小而全"的自我小循环、地区封锁具有一定市场，引发了我国不同区域、不同城市的服务业发展的低层次重复建设和过度同质竞争，现代服务业发展带有很大的盲目性，区域间缺乏从资源禀赋、产业基础、城市能级等层面选择行业的大局意识，产业往往选择追求"高、大、新""大而全、小而全"，使得资源利用效率不高，从而导致服务业内容体系建设的区域同质化凸显、区域特色明显不足，区域之间、城市之间服务业企业竞争有余，而分工合作和统筹协调明显滞后。比如，近年来，一些地级市、县级市（区）争相建设技术创新中心、工业设计中心、电子商务中心、检验检测中心、物流中心、商务服务中心等服务业平台载体，明显存在不同程度的产业雷同、载体重复，这些载体中具有核心竞争力的生产性服务骨干企业偏少，服务载体得不到充分利用，规模效益难以发挥，形成不了合理的区域分工格局。各城市之间缺乏合理的劳动分工和专业化合作，不同区域之间并未实现服务业尤其是生产性服务业的层级分工、错位发展，并没有在发挥自身相对优势的基础上找到自身的分工角色。

"业态追新""模式跟风"是生产性服务业发展的主基调，无论是经济发达的东部沿海地区，还是经济发展相对落后的中西部地区皆是如此。在自身创新能力不足的情形下，行业、业态及模式的区域间"模仿"就成为不同城市（区域）生产性服务业发展的"理性"选择及发展捷径，一旦某个城市出现了新业态、新模式，其他城市随之跟进、模仿，模仿式创新"一哄而上"（洪群联，2021）。区域间生产性服务业行业雷同、业态重构、层级重叠、模式相同，同质化凸显，特色化不足，尽管不同区域之间已经形成了一定程度的分工，但层级分工尚未成为生产性服务业发展的常态化发展模式（宣烨和余泳泽，2014）。

新发展格局下的服务业高质量发展，发展的高效率是根本，区域有效分工是高效率的基础。实现服务业的区域层级分工既是化解我国现阶段"不平衡、不充分"矛盾的重要手段，也是发挥各自的资源优势、产业优势、效率提高的重要路径。因此，新发展格局下的服务业高质量发展，需要转变"大而全、小而全"的发展理念，由不同区域、不同城市服务业发展的"自成体系""自我循环"转向层级分工，引导不同城市、不同区域依托资源禀赋、产业基础、城市等级理性选择服务业细分产业、行业层级，围绕某个或某些层级的行业、业态做大做强（陈子真、雷振丹和李晶仪，2019）。

五、增加有效供给，由供需脱节转向供需匹配

与其他产业不同，服务业绝大多数是中间性产业，社会需求主要来自先进制造、现代农业以及居民需要。改革开放以来，我国服务业（第三产业）的增加值从2004年的6.7万亿元增加到2020年的55.4万亿元，服务业增长速度明显高于制造业，高速扩张是服务业发展的常态状态。与此同时，人均收入水平持续提升是未来中国的大概率事情，高收入水平必然要求生活性服务业品质进一步提高，引发人民群众持续增加对高品质医疗、高质量教育、高品质养老以及文化娱乐、家庭服务等诸多方面的需求，定制化、个性化、体验式、互动式、休闲式等服务模式将呈现爆发式增长（许永兵，2021；李勇坚，2021）。但目前我国服务业提供的供给与需求难以有效匹配的问题比较突出，尤其是生产性服务业的结构性问题更加明显，生产性服务业供给质量偏低，专业化、高端化、社会化、品牌化程度不够，对其他产业尤其是引领先进制造业价值链攀升的作用尚不明显，与构建新发展格局、实现经济高质量发展的要求还存在一定差距（宣烨和杨青龙，2018；姜长云，2020；颜云霞，2020；夏杰长和刘奕，2021）。

理论研究与实践发展表明，作为中间性产业，生产性服务业供给结构应该与先进制造业的需求结构相匹配，也只有合适的生产性服务业供给结构才能满足制造业发展需求。近年来，我国生产性服务业规模持续扩大、比重稳步提升，但结构优化升级的速度相对迟缓。尽管生产性服务业增加值占第三产业比重由2004年的36.12%上升到2019年的49.90%，上升了约13个百分点，但如果从细分行业来看，不同行业的占比呈现出明显的分化特征，有的行业发展快，另外一些行业发展相对缓慢，如2004~2020年，金融服务业的占比由的9.88%增加到的15.18%，上升了近5个百分点；租赁和商务服务业比由3.94%％增加到5.71%，上升了近2个百分点；信息传输、计算机服务和软件业的占比略微上升。如果从增加值来看，金融业增长最快，2004年的增加值为6586.8亿元，2020年的增加值已增加到了84070亿元，增长了近13倍。交通运输、仓储和邮政业的增长速度相对缓慢，2004年的增加值为9306.5亿元，2020年的增加值已增加到了41562亿元，仅增长了4.47倍①。

---

① 数据来源于国家统计局《国民经济和社会发展统计公报》的相关年度数据。

从表 3-1 可以看出，高附加值、高知识密集、能够对产业价值链高端形成控制力的行业（如信息传输、计算机服务和软件业）的发展速度和占比明显偏低。事实上，先进制造业在价值链攀升和产业结构优化升级过程中，对生产性服务业的支撑引领作用提出了更高要求，尤其需要科技研发、工业设计、品牌塑造等高端生产性服务业发挥作用。而目前我国生产性服务业内部结构优化滞后于制造业结构演进的动态需求，使得我国生产性服务业"供给结构"与制造业对生产性服务业的"需求结构"出现了错位和偏差，生产性服务业的供给结构难以有效匹配制造业需求结构（宣烨和杨青龙，2018），对先进制造业的结构优化、价值链攀升以及品牌塑造支撑引领作用尚不到位。

表 3-1　我国生产性服务业内部各行业增加值占第三产业增加值比重　单位：%

年份	交通运输、仓储和邮政业	信息传输、计算机服务和软件业	金融业	租赁和商务服务业	科学研究、技术服务和地质勘查业
2004	13.96	6.36	9.88	3.94	2.64
2005	13.99	6.16	9.65	3.76	2.65
2006	13.60	5.81	10.85	3.57	2.63
2007	12.61	5.79	13.10	4.05	2.97
2008	11.96	5.75	13.39	4.10	2.92
2009	10.81	5.28	14.09	4.00	3.05
2010	10.51	4.88	14.11	4.28	3.10
2011	10.38	4.53	14.20	4.35	3.22
2012	9.71	4.87	14.37	4.59	3.86
2013	9.37	4.94	14.82	4.80	3.96
2014	9.25	5.17	15.15	4.96	3.98
2015	8.81	5.36	16.72	4.94	3.89
2016	8.62	5.71	15.94	5.08	3.81
2017	8.73	6.20	15.35	5.14	3.80
2018	8.59	6.12	15.04	6.28	4.30
2019	8.01	6.12	14.43	6.16	—
2020	7.50	6.85	15.18	5.71	—

资料来源：历年《中国统计年鉴》《第三产业统计年鉴》《国民经济和社会发展统计公报》。

新发展格局下服务业的高质量发展，要求改变服务业供给的"低端过剩、高端不足"状况，持续扩大有效供给，由供需脱节转向供需匹配。一方面，依据人民群众日益增长的高品质、高质量、体验式、个性化消费需求，着力发展新兴服务业、高品质服务业、专业化服务业；另一方面，与先进制造业发展要求相适应，着力发展高品质、高层级服务业；加快发展科技研发、工业设计、渠道推广、商务咨询、品牌塑造等制造服务业，支持制造业模式创新、技术创新、设计创新、产品创新、制度创新，着力推进制造业产业基础高级化和产业链供应链现代化水平，提升先进制造业的创新能力（黄群慧和霍景，2015；洪群联，2021）。同时，适度超前发展，以生产性服务业的高端、新兴引领制造业的新产品孵化、新行业培育。

六、创新供给模式，由被动依赖转向主动创造

依据生产性服务业对制造业提供服务的能动状况，可以将生产性服务业的供给模式划分为"应付型供给"模式、"创造型供给"模式两种（宣烨和杨青龙，2020）。不同的供给服务模式具有不同的提供方式和作用路径，产生不同的推进效果。

"主动创造性供给"。该模式既是生产性服务业对制造业发挥作用的一种供给模式，同时也是生产性服务业是否具有引领能力的重要表征。目前，我国生产性服务绝大多数情况下为制造业仅仅提供了一种"被动应付型供给"，对制造业发挥的作用尚停留在两者相互支撑的阶段（宣烨和杨青龙，2020），大多数局限于成本节约、运营效率提高、产出附加值增加等基础功能，"软要素""嵌入"式、被动"俘获"型特征明显，制造业的规模决定了生产性服务业的规模，制造业的产品层次决定了生产性服务业的服务水准、发展层级（宣烨和余泳泽，2014）。企业调研发现，超过80%的生产性服务业需求来自制造业对投入品的"引致需求"[①]，自主性、引领性需求不足，而发达国家生产性服务业不仅绝大多数需求来自行业自身，而且因为供应在先，进而产生制造业的需求，中国与世界发达国家的生产性服务业需求结构之间存在着较大差距。正因为如此，发达国家的生产性服务业既能够引领制造业结构优化、新产品孵化，同时，也能够引领先进制造业与现代服务业深度融合、制造业新产业培育。对比发达国家尤其是世界制造强国，我国生产性服务的"主动创造型供给"尚未充分显现，难以基于服务业自身的新技术、新业态、新模式来诱发先进制造业产

---

① 宣烨、余泳泽：《中国生产性服务业发展战略与路径研究》，中国经济出版社 2020 年版。

生新的需求，进而无法主导制造业的产业链、供应链和创新链，由此导致新理念、新知识、新技术与资本、人才等要素的有机整合受阻。

相关研究显示，生产性服务业与制造业关系经历了从"需求依附""相互支撑"到"发展引领"的演变（宣烨和胡曦，2018），不同的关系阶段对应于不同的经济发展水平、发展阶段。"发展引领"关系阶段对应于后工业化时期。我国绝大多数区域已经进入后工业化时期，后工业化时期要求生产性服务业能够提供发展引领功能。新发展格局下服务业的高质量发展就是要求生产性服务业创新供给模式，以供给侧结构性改革作为出发点，强化服务业自身供给结构的优化和供给质量的提升，依托服务业"自增强"机制，构建服务业创新发展的有效机制（陈启斐和吴金龙，2018）。强化信息化投资、标准化建设，推动商业模式更迭换代，由被动依赖转向主动创造；高层级发展生产性服务业业态，推动新一代信息技术应用，以生产性服务业的高质量为制造业发展孵化新技术、培育新产品、培育新行业领域创造条件，催生制造业新产品、新行业（宣烨和杨青龙，2020）。

第三节　新发展格局下服务业高质量发展的技术供给

新发展格局构建为技术创新提供了条件，而技术创新是推动生产性服务业生产率提高、服务品质提升的关键。新发展格局为服务业高质量发展的技术供给提供的条件主要体现在两个方面：一方面是通过扩大内需，本土需求市场得到扩展，本土市场规模扩张有利于规模经济、范围经济的实现，进而促进国家或地区的技术创新，有利于生产率提升和创新能力形成，最终将推动服务业高质量发展。另一方面，是通过更高水平制度性开放战略，促进负面清单管理模式的完善（洪群联，2021），推动国内国际循环相互促进机制的形成，以开放促改革、促创新，有效借鉴学习国外的先进技术、管理经验和创新方式，推进本土技术创新。

一、本土需求扩张与技术创新

本部分采用理论分析模型考察本土需求与服务业高质量发展之间的关系。考虑到生产率和创新能力是服务业高质量发展应该具备的两大核心要素，而技术创新又是推动生产率提升和创新能力形成的关键影响因素，因此，这里采用技术创新作为表征服务业高质量发展的数理变量。

本部分将从企业角度出发建立数理模型，研究中国本土（国内）需求或者本土市场规模扩张是否能够为本土产业带来足够大的研发与创新激励，进而提升中国经济平均生产率和创新能力。在数理模型中，核心解释变量是本土需求规模变量，以消费者数量来表示。如果本土需求对技术创新存在促进作用，那么，本土需求将通过引致技术创新推动企业生产率提升和创新能力的形成，进而推动现代经济体系建设。

借鉴德斯梅特和帕伦特（Desmet & Parente, 2010）的做法，构建如下数理模型。该模型由两个国家组成，称为本国和外国，并以 $i = H$, F 表示。每个国家包含一个商业部门和一个家庭部门。商业部门具有垄断竞争性，生产一系列差异化产品。每一个差异化的商品生产者都扮演着垄断者的角色。每个生产过程或技术的唯一投入是劳动力。家庭部门向商业部门提供劳动力，并用其收入购买差异化商品。家庭是异质的。商品可以跨国家运输。这里研究的是一个单期（one-period）模型，因为市场需求对技术创新的影响可以在不引入动态的情况下表现出来。

（一）家庭部门

在每一个国家，每户家庭向商业部门非弹性地供应，当产品 v 离一个家庭理想的产品 $\tilde{v}$ 越远，v 的单位消耗量产生的效用就越低。$d_{v\tilde{v}}$ 表示 v 类和家庭理想 $\tilde{v}$ 类之间的最短距离。借鉴胡梅尔斯和卢戈夫斯基（Hummels & Lugovskyy, 2008）的做法，家庭效用是通过消费 c_v 数量品种 v 获得的，如式（3-1）所示。

$$u = \frac{c_v}{1 + d_{v\tilde{v}}^{\beta}} \qquad (3-1)$$

在式（3-1）式中，c_v 为家庭提供与其理想品种的一个单位相同效用的品种 v 的数量。参数 $\beta > 0$ 决定了一个家庭的效用随距离理想产品的距离而递减的速度。

效用最大化。令 V 代表世界上生产的品种。效用函数式（3-1）意味着每个家庭只能购买一个品种。对于给定的品种 v，相当于一个家庭理想品种的一个单位的数量为 $1 + d_{v\tilde{v}}^{\beta}$。那么它的成本是 $p_v^i (1 + d_{v\tilde{v}}^{\beta})$，其中 p_v^i 是国家 i 中品种 v 的价格。为了使成本最小化，拥有理想品种 $\tilde{v}$ 的家庭购买满足的品种 v' 满足：

$$v' = \text{argmin} \left[p_v^i (1 + d_{v\tilde{v}}^{\beta}) \mid v \in V \right] \qquad (3-2)$$

令 wi 表示居住在国家 $i = H$, F 中的家庭的工资收入。这是家庭收入的唯一来源。根据家庭的预算约束，在 $i = H$, F 的家庭中，消费品种 v' 的消费量为式（3-3）：

$$c_{v'}^{i} = \frac{w^{i}}{p_{v'}^{i}} \qquad (3-3)$$

（二）商业部门

每个国家的商业部门都具有垄断竞争优势，并生产出一系列差异化的商品。这些商品可以在国际上交易，但要付出一定的代价，贸易成本属于冰山成本一类。要向海外交付一个给定品种的一个单位，需要装运 $\tau \geqslant 1$ 个单位。

企业可以在以字母 $\gamma \geqslant 0$ 为指标的规模报酬递增技术的连续体之间进行选择，以生产其差异化产品。劳动是每项技术的唯一投入。技术的边际劳动生产率和使用技术的固定成本是不同的。更具体地说，与技术 γ 相关的劳动边际产品为 $A(1+\gamma)$，而操作技术 γ 的固定劳动成本为 $\kappa e^{\phi\gamma}$。设 Q_v^i 为企业在 $i = H$, F 国使用技术 γ 生产的品种 v 的数量，并设 L_v^i 为其雇佣的劳动单位，如式（3-4）所示。

$$Q_v^i = A(1+\gamma)\left[L_v^i - \kappa e^{\phi\gamma}\right] \qquad (3-4)$$

我们假设 $\phi > 0$ 且 $\kappa > 0$，因此固定成本是该技术的递增函数。这里将 $\gamma = 0$ 称为"基准"技术。

（三）利润最大化

固定的人工成本意味着每个产品品种，无论使用何种技术都将由一家公司生产。为了最大限度地提高利润，公司采取不合作的行为。出于篇幅考虑，我们仅提出本土公司面临的利润最大化问题。特别是，我们使用双上标来区分给定品种的生产位置和消费位置，其中第一个上标指的是生产位置，第二个上标指的是消费位置。例如，C^{HF} 表示本地生产品种的国外消费，而 C^{HH} 表示本地生产品种的国内消费。用生产函数式（3-4）以及企业的总产出满足国内外消费者需求的事实，即式（3-5）：

$$Q^H = C^{HH} + \tau C^{HF} \qquad (3-5)$$

本土公司的利润可以写成式（3-6）：

$$\Pi^H = p^{HH}C^{HH} + p^{HF}C^{HF} - \omega^H\left[\kappa e^{\phi\gamma} + \frac{C^{HH} + \tau C^{HF}}{A(1+\gamma)}\right] \qquad (3-6)$$

其中，p^{HH} 和 p^{HF} 是本国和国外市场上本地生产的产品的价格。一家本地公司选择（p^{HH}, p^{HF}, γ）来最大化上述公式，这取决于本地市场的需求和国外市场的需求，并取工资 ω^H 为给定值。在标准垄断问题中，每个市场的利润最大化价格是边际单位成本 $\omega^H/A(1+\gamma)$ 的加价，因此，如式（3-7）和式（3-8）所示。

$$p^{HH} = \frac{\omega^H}{A(1+\gamma)}\frac{\varepsilon^{HH}}{\varepsilon^{HH}-1} \qquad (3-7)$$

$$p^{HF} = \frac{\omega^H}{A(1+\gamma)} \frac{\varepsilon^{HF}}{\varepsilon^{HF}-1} \qquad (3-8)$$

其中，ε^{HH} 和 ε^{HF} 是母国和外国对品种 v 的需求的价格弹性。即式（3-9）和式（3-10）：

$$\varepsilon^{HH} = -\frac{\partial C^{HH}}{\partial p^{HH}} \frac{p^{HH}}{C^{HH}} \qquad (3-9)$$

$$\varepsilon^{HF} = -\frac{\partial C^{HF}}{\partial p^{HF}} \frac{p^{HF}}{C^{HF}} \qquad (3-10)$$

与技术选择相关的一阶必要条件 γ 为式（3-11）：

$$-\phi\kappa e^{\phi\gamma} + \frac{C^{HH}+\tau C^{HF}}{A(1+\gamma)^2} \qquad (3-11)$$

其中，式（3-11）中的不等式对应于角点解，即 $\gamma=0$。

（四）求解均衡

这里只关注对称纳什均衡。在本节的对称纳什均衡中，所有公司都使用相同的技术，并且所有商品在单位圆上的间距相等。此外，每个本地生产的品种都被两个外国生产的品种包围。由于在对称的纳什均衡中，世界上生产的所有品种在单位圆上的间距都是相等的，因此，给定本地品种的总需求仅取决于单位圆右侧和左侧最接近的邻居的位置和价格，这些邻居都是外来品种。由于这两个外国生产的相邻品种各自与本地生产的品种位于相同的距离 d 处，因此我们无需区分它们，因此用 v^F 表示每个品种。首先确定母国家庭的总需求。用 p^{HH} 和 p^{FH} 表示国内市场中 v^H 和 v^F 品种的价格。对购买品种 v^H 和 v^F 无差异的家庭。家庭是这样一种家庭，就国产商品而言，其理想品种的一个单位的数量当量的成本等于其理想品种的数量当量的外国产品的成本。因此，购买 v^H 和 v^F 无差异的家庭是位于距离 v^H 的 d^{HH} 处的家庭。其中，如式（3-12）所示。

$$p^{FH}\left[1+(d-d^{HH})^\beta\right] = p^{HH}\left[1+(d^{HH})^\beta\right] \qquad (3-12)$$

鉴于这种无差别的条件适用于 v^H 的左右两边的家庭，因此 $2d^{HH}$ 的家庭住户消费了 v^H 品种。

由于每个家庭将全部工资收入花在单个品种上，因此，家庭住户将消费品种 v^H 的 C^{HH} 单位，其中，如式（3-13）所示。

$$C^{HH} = \frac{2d^{HH}\omega^H L}{p^{HH}} \qquad (3-13)$$

这是本土市场对 v^H 的需求。

接下来，我们类似地得出外国家庭对品种 v^H 的需求。用 p^{HF} 和 p^{FF} 表示国外市场中 v^H 和 v^F 的价格。如果贸易成本严格为正，则这些价格与母国的价格不同，即 $p^{HF} \neq p^{HH}$ 和 $p^{FF} \neq p^{FH}$。同理，对购买 v^H 和 v^F 无差异的外国家庭与 v^H 的距离为 d^{HF}，其中，如式（3-14）所示。

$$p^{FF}[1 + (d - d^{HF})^\beta] = p^{FH}[1 + (d^{HH})^\beta] \qquad (3-14)$$

同理，由于这种无差别条件适用于 v^H 的左右两边，外国家庭 $2d^{HF}$ 的份额消耗 v^H。因此，在国外市场上消费的品种 v^H 的总量为式（3-15）：

$$C^{HF} = \frac{2d^{HF}\omega^F L}{p^{HF}} \qquad (3-15)$$

这是国外市场对 v^H 的需求。

首先，从内需式（3-13）和式（3-35）得出式（3-16）：

$$-\frac{\partial C^{HH}}{\partial P^{HH}}\frac{P^{HH}}{C^{HH}} = 1 - \frac{\partial d^{HH}}{\partial P^{HH}}\frac{P^{HH}}{d^{HH}} \qquad (3-16)$$

接下来，我们通过取方程式（3-12）关于 p^{HH} 的总导数来求解偏导数 $\partial d^{HH}/\partial p^{HH}$，如式（3-17）所示。

$$\varepsilon^{HH} = 1 + \frac{p^{HH}[1 + (d^{HH})^\beta]}{[P^{HH}\beta(d^{HH})^{\beta-1} + P^{FH}\beta(d - d^{HH})^{\beta-1}]d^{HH}} \qquad (3-17)$$

类似地，本土企业在国外市场所面临的弹性是式（3-18）：

$$\varepsilon^{HH} = 1 + \frac{p^{HF}[1 + (d^{HF})^\beta]}{[P^{HF}\beta(d^{HF})^{\beta-1} + P^{FF}\beta(d - d^{HF})^{\beta-1}]d^{HF}} \qquad (3-18)$$

描述母国企业利润最大化决策的方程为式（3-7）、式（3-8）、式（3-9）、式（3-17）和式（3-18），描述与母国品种相关的效用最大化的方程为式（3-12）、式（3-13）、式（3-14）和式（3-15）。除了效用最大化和利润最大化之外，如式（3-5）所示，每个品种的市场都处于均衡状态。每个国家的劳动力市场也必须均衡。由于 d 是单位圆上任意两个品种之间的最短弧距，因此世界上生产的品种数为 $1/d$，因此每个国家生产 $1/(2d)$ 个品种。给定生产函数式（3-3），每家本土公司都使用 $\kappa e^{\phi\gamma} + (C^{HH} + \tau C^{HF})/(A(1+\gamma))$ 劳动单位，因此，母国的劳动力市场均衡条件为式（3-19）：

$$L = \frac{1}{2d}\Big[\kappa e^{\phi\gamma} + \frac{C^{HH} + \tau C^{HF}}{A(1+\gamma)}\Big] \qquad (3-19)$$

每个国家都必须满足一个最终的均衡条件：零利润条件。这是自由进出的结果。位于母国公司的零利润条件是式（3-20）。

$$p^{HH}C^{HH} + p^{HF}C^{HF} - \omega^H\Big[\kappa e^{\phi\gamma} + \frac{C^{HH} + \tau C^{HF}}{A(1+\gamma)}\Big] = 0 \qquad (3-20)$$

零利润条件决定了本国生产的品种数量。外国存在式（3-5）和式（3-6）~式（3-20）的类似表达式。

对称平衡的定义。对称平衡是元素（p^{ii*}，ε^{ii*}，p^{ij*}，ε^{ij*}，w^{i*}，$d*$，d_{ii*}，d_{ij*}，$i*$，C_{ii*}，C_{ij*}，γ_{i*}），其中对于任何满足条件（3-5）的变量 $x*$，i，j $\in$ ｛H，F｝，i $\neq$ j，$x_{ii*} = x_{ij*}$，$x_{ij*} = x_{ji*}$，$x_{i*} = x_{j*}$。

（五）均衡的性质

由于本节的目的是研究技术选择如何取决于市场规模。在此，我们主要研究人口数量表征市场规模，也就是说，我们将分析技术采用如何取决于人口规模。考察人口规模视角下市场规模对技术选择的影响。在模型中，在开放经济世界以及零运输成本条件下，一个拥有2L人口的一国封闭经济体相当于一个拥有零冰山成本和L人口的两国开放经济体。

我们首先证明，对于任何人口规模都有独特的对称均衡。随后证明了 γ 的均衡值会随着市场规模的增大而增大。

命题1. 对于每个人口规模，都有一个特定的对称均衡。

除了技术选择外，我们的模型与胡梅尔斯和卢戈夫斯基（Hummels & Lugovskyy，2008）研究的模型相同。他们的结论表明，对于给定的技术和总体规模，对称均衡由方程式（3-5）和式（3-7）~式（3-20）唯一地确定，也就是说，由对称均衡定义中除条件式（3-11）之外的所有条件唯一确定。因此，一旦我们对技术过程进行了内生化，我们只需要证明存在一个唯一的满足技术选择的一阶条件的 γ（3-11）。为此，我们简化了式（3-11）。注意，在冰山成本为零的情况下，$C_{ii} = C_{ij} = C$。简化的第一步是将价格表达式（3-7）和式（3-8）加入零利润条件式（3-20）中，得到 $2C = A(1+\gamma)(\varepsilon-1)\kappa e^{\phi\gamma}$。下一步是把这个表达式插入到方程式（3-11）中，这样关于 γ 的一阶必要条件变成式（3-21）。

$$\kappa e^{\phi\gamma}\left(\frac{\varepsilon-1}{1+\gamma}-\phi\right)\begin{cases} =0 & if & \gamma>0 \\ <0 & if & \gamma=0 \end{cases} \qquad (3-21)$$

条件式（3-21）可以进一步简化为式（3-22）：

$$\varepsilon\begin{cases} =1+(1+\gamma)\phi & if & \gamma>0 \\ <1+(1+\gamma)\phi & if & \gamma=0 \end{cases} \qquad (3-22)$$

证明存在唯一平衡等于证明存在满足式（3-22）的唯一 γ。我们用 γ^* 表示这个 γ。为了证明这一点，可以证明 ε 是 γ 的严格减函数，$1+(1+\gamma)\phi$ 是 γ 的严格增函数。$1+(1+\gamma)\phi$ 在 γ 中增加的事实是显而易见的。关于 ε，在对称和零冰山的代价下，弹性表达式（3-17）和式（3-18）都简化为式（3-23）：

$$\varepsilon = 1 + \frac{1}{2\beta}\left(\frac{2}{d}\right)^{\beta} + \frac{1}{2\beta} \qquad (3-23)$$

一家企业的总产量为 $\kappa e^{\phi\gamma}A(1+\gamma)(\varepsilon-1)$，而总人口为 $2L$，因此，世界上的企业总数为 $n=2L/(\kappa e^{\phi\gamma}\varepsilon)$，其中 $n=1/d$。代入式（3-23）得到式（3-24）：

$$\varepsilon = 1 + \frac{1}{2\beta}\left(\frac{4L}{\kappa e^{\phi\gamma}\varepsilon}\right)^{\beta} + \frac{1}{2\beta} \qquad (3-24)$$

现在将式（3-24）重写为 $2\beta\varepsilon^{\beta+1}-(2\beta+1)\varepsilon^{\beta}-(4L/\kappa e^{\phi\gamma})^{\beta}$，并取该表达式关于 γ 的导数。得到式（3-25）：

$$\frac{\partial \varepsilon}{\partial \gamma} = -\frac{\beta 4 L^{\beta}\kappa^{-\beta\phi}e^{-\phi\gamma\beta}}{2\beta(\beta+1)\varepsilon^{\beta}-(2\beta+1)\beta\varepsilon^{\beta-1}} \qquad (3-25)$$

从式（3-18）和式（3-19）我们得到 $\varepsilon>1$，因此该导数式（3-25）严格为负。ε 在 γ 中减小，而 $1+(1+\gamma)\phi$ 在 γ 中增大，这意味着存在一个完全满足 $\varepsilon=1+(1+\gamma)\phi$ 的 γ 值。存在满足一阶条件式（3-22）的唯一 γ。

证明了存在唯一的对称均衡后，我们现在来看 γ 的均衡值如何取决于人口规模大小的问题。我们首先证明需求价格弹性 ε 是人口的增函数。我们可以得出结论，均衡技术选择 γ^* 和均衡弹性 ε^* 都随着人口规模的增加而增加。

命题 2. 在零冰山成本的对称均衡中，γ 会随着人口规模增加而提高。

我们再次将式（3-24）改写为 $2\beta\varepsilon^{\beta+1}-(2\beta+1)\varepsilon^{\beta}-(4L/\kappa e^{\phi\gamma})^{\beta}$，并相对于 L 求微，同时保持 γ 的值固定。得到式（3-26）：

$$\frac{\partial \varepsilon}{\partial L} = -\frac{(4L/\kappa e^{\phi\gamma})^{\beta}\beta L^{\beta-1}}{2\beta(\beta+1)\varepsilon^{\beta}-(2\beta+1)\beta\varepsilon^{\beta-1}} \qquad (3-26)$$

由于 $\varepsilon>1$，因此上述偏导数严格为正，因此 L 的增加导致任意给定 γ 的需求弹性更大。从命题 1 我们知道，对于每个人口规模，都有一个唯一的 γ^*，它是式（3-22）的解。在证明的第一部分中，我们证明了 ε 在 L 中正在增加。在忽略公司的技术选择条件下，随着人口的增加，更多的公司进入品种领域。最终，需求的价格弹性增加，加价幅度下降。

为了达到收支平衡，企业必须出售更多的商品，这也导致了企业规模扩张。每个公司的工人均衡人数为 $\kappa e^{\phi\gamma}\varepsilon$，并且 ε 是 L 的递增函数，所以人口规模越大，产生的商品和就业人数就越大。关于 γ 的一阶条件式（3-11）有两个作用：γ 的增加会增加公司的固定成本，而边际成本会降低。前者（负面）效应与公司规模无关，而后一个（积极的）效应是公司规模的增加。这解释了为什么大公司选择更高的 γ 值，也就是说，我们解释了为什么会在更大的市场中偏爱更具生产力的技术，从而在人口规模和技术进步之间产生正相关。弹性机制对于这些结果至关重要。从式（3－22）中可以明显看出，这是公司技术选择的首要条件。

在本小节中，我们将市场规模解释为人口规模扩张，进而考察了市场规模扩张对技术创新的影响，解释了在更大的市场中企业将采用更具生产力的技术。换个角度，我们也可以将市场规模解释为贸易自由化。我们注意到，如果将贸易自由化解释为从自给自足转变为自由贸易，那么这等同于人口规模的增长，也就是市场规模的扩张。贸易自由化会减少贸易成本，这在一定程度上是探讨在较低的贸易成本条件下，市场规模如何影响技术采用。具体来说，贸易成本的下降可能会加剧本国和外国在本地和外地厂商之间的竞争。更激烈的竞争的结果会促使企业采用更加先进的技术。市场规模与创新之间存在正向关系的根本原因在于更大的需求弹性使企业规模更大，而当边际成本下降时，对利润的影响更大，这使创新更具吸引力。这也表明，在本土市场存在较大的贸易成本（地方保护主义、运输成本等）条件下，本土市场规模引致创新的作用将会受到抑制。

结论1：本节通过将兰开斯特（Lancaster，1979）偏好嵌入产品和工艺创新的标准模型中，我们使价格弹性依赖于市场规模。数理模型推导结果表明，更大的市场规模可以增加竞争并促进创新。从更大内需的意义上讲，更大的市场规模会支持更多种类的商品，可能会导致更拥挤的产品空间。这提高了需求的价格弹性，并降低了加价幅度。加价幅度较低时，企业必须出售更多商品才能实现收支平衡，因此，公司规模会增加，并且由于较大的公司可以将研发成本摊派到更多商品上，这有助于技术创新。对此有许多经验证据支持这种观点。例如，阿塔克等（Atack et al.，2008）发现，较大的公司更可能采用先进技术。在研究开发方面，科恩和克莱珀（Cohen & Klepper，1996）研究发现，研发支出会随着公司规模的增加而增加。实际上，模型的一个重要理论含义是，较大市场规模将加速技术创新和生产率提升。

结论2：本土落后厂商要想赶超发达国家的厂商，可以通过本土市场需求规模扩张来实现。中国巨大的本土市场规模降低了产业的进入门槛，为那些尚处于培育期的厂商提供了生存空间。市场需求导向是诱致产业持续发展的关键拉力，只有新技术、新产品和新模式获得消费者认可，厂商的前期研发和生产投入才能得到补偿，引发"市场规模大"进而形成"产业规模大"的产业增长路径。根据推导过程可以看出，依靠较大本土需求或者市场规模，发展中国家较为落后的厂商可以通过加大研发投入的路径，抓住实现技术水平和产业水平超越的机会。

综上所述，运用数理模型考察本土需求对技术创新的影响，模型推导结果显示，以"市场促创新"的假说整体上是成立的，也就是说，本土市场规模扩张有利于促进一个国家或地区的技术创新，进而促进生产率提升和创新能力形成，最终将推动服务业高质量发展。

二、国际市场拓展与技术创新

改革开放以来，坚持与全球创新网络加强合作是我们的一贯方针，国内自主创新并非不需要国际合作，而是要在更高水平、更深领域的学习、借鉴、吸收，必须坚持"自主"和"引进"并重，坚持"手挽手"，而不是"握手再见"（张志鑫和闫世玲，2022）。

改革开放以来，我国技术创新走的是引进、消化、模仿、再创新的发展之路，这条创新道路产生两个效应：一是提升了中国技术创新水平，较快地缩小了与发达国家技术差距。从整体来看，《国家创新指数报告2020》结果显示，中国国家创新指数综合排名持续攀升，在发展中国家中排名第1，全世界排名第14位。在部分领域，如5G技术、激光晶体技术、精锻机技术、超级计算机技术、人工智能技术、量子计算机技术、高铁技术等领域，我国的技术创新处于领先地位，拥有很大的话语权，为我国的自主创新、原始创新积累了技术、人才及其环境基础。二是形成技术路径依赖惯性，抑制了对国际科技前沿的捕捉、把握，强化了作为先进国家的技术附庸的尴尬处境。较长时间以来，由于我国采取的是"资源驱动"模仿创新，使得模仿创新、技术移植成为我国典型的创新模式，导致对发达国家技术的创新模式、创新路径过分迷信与崇拜，期望通过学习、借鉴就可以迅速赶上发达国家的技术创新水平，但实际上却总是跟随技术先进国，造成原始创新动力匮乏、自主创新能力缺乏、关键技术受到封锁牵制、技术创新水平低的局面难以得到有效改变，关键技术、核心技术仍然是"要不来""买不来""讨不来"。

新发展格局下，以国内大循环为主体，并不是抛弃国际市场、国际循环，而是国内循环国际循环的相互促进、相互协调，在一定程度上是更高水平的对外开放、更顺畅的国际循环、更大的国际市场。因为更高水平的对外开放、更顺畅的国际循环、更大的国际市场，更便于学习借鉴国外技术、经验和创新方式，推进本土技术创新。

高水平对外经济合作是未来我国经济发展的主色调，虽然进出口贸易、对外直接投资、技术合作等仍然是我国提升技术创新水平的主要路径，但现阶段的技术创新是建立在国内强大国内市场、强大的内生需求基础之上的。一方面，新发展格局下的内向型创新是我国创新主方向。内需将是牵引我国企业技术创新的直接动力，应以内生需求拉动企业主动攻关、技术创新（张志鑫和闫世玲，2022）。也就是说，将我国技术创新的基点建设在国内需求基础上，摒弃模仿创新、技术移植的传统创新模式，主要依靠自身力量自主探索技术前沿领域，逐步实现"领跑"者的目标。另一方面，新发展格局下的创新环境更趋向于合作创新。与以往不同的是，庞大的市场规模是我国技术创新的基础，一定的技术创新能力与水平是我国技术创新的优势，两者结合构成了我国技术自主创新的自信，营造了相对友好的技术学习环境、技术合作条件。技术先进国家有可能"被迫"将一些先进技术领域与我国合作，将技术前沿信息与我国分享等，从而更便于学习借鉴国外技术、经验和创新方式，推进本土技术创新水平和能力的提升。

第四节　新发展格局下服务业高质量发展的政策环境优化

扩大内需市场，充分利用国内市场大循环，不是少数人群消费的扩大，也不是简单的消费规模扩大，而是整个社会消费的扩大，并且是多层次、高品质的消费扩张。因此，新发展格局下推动服务业高质量发展，对服务业发展的消费环境优化提出了更高要求，这些消费环境的优化主要包括：优化收入分配制度，激发多层次消费潜力；优化新消费业态培育环境，推动新型消费可持续增长；持续推进改革，消除服务业发展隐形壁垒；持续推动服务业领域更高水平对外开放，汇聚全球资源要素；持续优化资源要素环境，强化要素保障；等等。

一、优化收入分配制度，激发多层次消费潜力

消费是国内大循环的核心动力来源，收入是消费的增函数，没有收入的增长消费很难得到扩张。国内外经验表明，国民收入分配状况受制于居民部门总收入的多少（贺阳，2018；许永兵，2021）。新发展格局下服务业高质量发展需要政府采取措施持续提高居民收入水平，激发消费潜力。党的二十大报告提出要完善分配制度，并且要求"坚持多劳多得，鼓励勤劳致富，促进机会公平，增加低收入者收入，扩大中等收入群体。完善按要素分配政策制度，探索多种渠道增加中低收入群众要素收入，多渠道增

加城乡居民财产性收入。"① 这为优化收入分配制度，激发高品质消费潜力提供了政策指引：优化收入分配制度，扩大消费品质化个性化的基础；设法增加低收入群众的就业机会，夯实高质量消费基础。

一是优化收入分配机制，重点是对现有的收入分配机制进行针对性改革，大幅度提高最低工资标准，稳步提高劳动者工资性收入特别是城市工薪阶层、农民工收入水平，健全最低工资标准调整机制，适度降低资本、技术、土地、数据、管理等生产要素按贡献参与分配的比重。发达经济体收入分配呈现典型的"橄榄型"，即"两头小、中间大"的收入结构，而我国基本属于"宝塔型"的收入结构，中低收入群体在整个社会占比明显偏高。可以考虑的是国家出台相关政策，大幅度降低企业中高层管理者的薪资（包括各类所有者企业），取消公办高等院校、医院、科研院所内部的收入年薪制，在体制内单位杜绝初次收入的过大差距，让整个社会有更多的消费者有能力消费品质化、个性化的产品服务。二是设法增加低收入群众的就业机会，包括扩大全省范围内统一规范人力资源市场数量，逐步消除居民就业的城乡、区域市场分割，废除各类就业的身份歧视，让广大劳动者能够人尽其才，有充分的就业机会。政府出台建立职业培训和再培训基金，强化职业培训和再培训的公益性，让劳动者有就业的能力。当然，增加低收入群众的就业机会，需要考虑的另一个问题是如何处理好智能化升级、数字化改造过程中"技术换人""机器换人"问题，因为绝大多数智能化升级、数字化改造过程中被换掉的是普通劳动者岗位，如果企业都是从经济效率的角度推进智能化升级、数字化改造，那么很多普通劳动者岗位将被取代，一些普通劳动者将失去就业机会。没有就业机会，意味着没有收入来源，品质化、个性化的产品服务消费将无从谈起。同时，扩大社会基本医疗和健康服务保障范围，提高基本医疗和健康服务保障水平，支持企业、政府、个人等力量提供为居民多层次、多样化的医疗健康服务，持续推进农村社保投入增加，不断缩小城乡社保水平差距（许永兵，2021），以解决更加广泛的人民群众不敢花钱的担心。

二、优化新消费业态培育环境，推动新型消费可持续增长

新型消费业态是经济增长的重要动力，也是牵引服务业供给结构优化

---

① 习近平：《高举中国特色社会主义伟大旗帜为全面建设社会主义现代化国家而团结奋斗——在中国共产党第二十次全国代表大会上的报告》，载《人民日报》2022 年 10 月 26 日 01 版。

的重要力量。现阶段，数字化、智能化是创造新型消费业态的重要抓手，通过深化互联网、大数据和云计算、5G等新一代信息技术与消费产业融合，创造新型消费业态。

一是引导实体零售企业转型。鼓励大型批发零售和住宿餐饮企业利用网络直播、社群营销等创新手段，与知名电商、短视频平台企业开展合作，实现线上线下协同发展。支持商圈、商业街、百货店、便利店等零售业态运用移动互联网、5G、大数据等信息技术，通过企业自建平台、开发小程序等推动线上交易、到家服务业务创新发展，拓展无接触消费体验以适应消费新需求。支持线下实体零售企业加快新理念、新技术、新设计改造提升，向场景化、体验式、互动性消费场所转型，开展全渠道线上线下融合经营。支持实体零售企业运用大数据技术分析顾客消费行为，建立高效、及时的消费需求反馈机制，推动定制服务、个性化服务、精准服务发展。

二是加快生活服务领域数字化发展。进一步促进在线教育、在线医疗、在线文娱、在线办公、线上旅游、无接触配送、智能货架、无人零售等消费新业态、新模式的有机融合、良性互动；同时，持续鼓励智能电视、智能音响、智能安防、影视、可穿戴设备、餐饮、家政等生活服务数字化转型，加强消费物联网应用，发展覆盖居民"衣食住行娱"以及线下服务向数字化、智能化发展，带动网络支付、电子商务、数字家庭、云计算、物联网等信息服务，促进线上服务与线下服务相互补充、有效衔接。与此同时，研究出台相关配套的规章制度，有序做好相关政策法规的衔接，及时修订调整不适应新型消费发展的法律法规和政策制度。完善消费信用体系建设，强化以信用为基础的市场监管机制，营造诚信消费环境，促进新型消费的健康发展。

三是培育消费新场景。应把握世界范围内数字经济快速发展的机遇，加大人工智能、大数据中心、工业互联网等新基建投入，持续丰富5G技术应用场景，以满足现代消费者体验式、个性化、特色化的服务需求。持续加大对智能家居、智能终端、智能网联、在线教育、平台经济、在线购物等新型消费技术、产品研发及其推广应用，推动消费扩大、消费升级。依托虚拟现实、人工智能、智能网联等信息技术，引导消费者进行全流程、全景式的沉浸体验消费，搭建线下线上融合一体化的信息消费载体（付奇和颜颖，2021）。依托新技术改革和产业变革的新技术、新模式与新业态，积极推动新行业的快速发展。以新产品、新模式、高品质、收入增长增强社会消费能力、消费欲望（任保平和苗新宇，2021），进而实现居民消费扩容提质。

三、持续推进改革，消除服务业发展的隐形壁垒

理论研究和大量的实践经验表明，我国服务业发展水平偏低，其原因是多元的，既有中高端要素资源约束、需求制约的原因，也有制度性壁垒的短板。与制造业不同的是，我国现代服务业领域发展过程中有形的、隐形的壁垒相对较多，仍然缺乏与市场化要求相适应的产业生态、发展环境（姜长云，2020）。存在过高的行业进入门槛，例如铁路运输、学历教育、电信运营、卫生公共服务事业等行业。社会资本进入的门槛高、限制多，或者是名义上可以进入，但难以运营，一些行业垄断行为未能被有效打破，非公有制的市场主体进入存在明显壁垒，引发行业创新总体不足，服务质量、生产效率总体水平较低。尤其是铁路运输、学历教育、电信运营和信息媒体等行业的市场化进程相对滞后，非国有资本投资比例较低，加之服务质量和价格方面的问题较多，抑制了需求增长。所有这些使得市场化程度低的服务领域供给能力提升受到制约（罗党论和赵聪，2013）。此外，虽然法律、政策是允许的，但是行政审批中设置了各种各样的不合理条件、要求企业履行烦琐不必要的手续以及要求企业提供"莫名其妙"的证明材料等。

推动服务业高质量发展，需要持续推进服务业改革，消除隐形壁垒。从服务业政策环境来看，生活性服务业开放程度高，生产性服务业开放程度低；从服务业与制造业政策环境来看，制造业政策优于服务业尤其是生产性服务业。基于此，政府部门应该采取各类相关针对性政策措施，按照"非禁即准"原则，倡导竞争中性、所有制中立的市场导向，采取强有力的措施，由国家层面进行督查，坚决清理、废除相关利益部门、行业对非国有经济发展的各种歧视性政策规定，确保中央政府倡导的"坚持公平竞争，对各类市场主体一视同仁"以及"强化竞争政策的基础性地位"等政策落地、生根（姜长云，2020）。同时，消除服务业和制造业在税收、科技、金融、资源要素的价格政策差异，支持制造企业在不改变用地性质的前提下，利用存量房产、土地资源，实行3～5年过渡期内保持土地原用途和权利类型不变的政策；如果制造业企业原来享受高新技术企业待遇，若将企业内部的相关生产性服务部门剥离成立企业，那么新成立的企业仍然享受高新技术企业的待遇。采取激励措施，引导具备条件的制造企业兴办生产性服务业企业，推动企业转型升级，鼓励生产性服务项目用地可以采取购买、租赁等方式取得土地使用权。

深化对垄断行业尤其是行政性垄断行业的改革步伐，合理引导民间资本参与国有服务业企业改造，完善各类所有制各类资本相同的市场竞争环境，由国家层面，制定任务书、时间表，坚决消除服务业尤其是生产性服务业行业的各类所有制"壁垒"及地方政府保护、部门行业垄断等隐形"弹簧门"。推广一些地区的经验，比如，全面推行服务业项目行政审批标准化，坚决杜绝办理环节不透明、不规范等现象出现，阳光行政、阳光执法。

四、持续推动高水平对外开放，汇聚全球资源要素

扩大服务业领域高水平对外开放是新发展格局下推动服务业高质量发展的重要路径。2020 年 6 月，国家发展和改革委员会、商务部发布了《外商投资准入特别管理措施（负面清单）（2020 年版）》和《自由贸易试验区外商投资准入特别管理措施（负面清单）（2020 年版）》，标志着我国实施更大范围、更宽领域、更深层次全面开放的重要举措。而负面清单涉及内容的基本都是服务业领域，并且近年来我国对负面清单实施的是动态管理、动态调整，所有这些都说明我国服务业对外开放的限制不是一成不变的，而是越来越少，服务业高质量发展的外部环境越来越友好。

但我国服务业的高水平开放仍然存在不足，尤其是引进外资壁垒较多，高质量外资明显不足。

一是引进外资的壁垒较多。虽然近年来我国积极调整外资政策，扩大对外开放领域，着力为企业提供良好的国际化营商环境，服务业 FDI 规模较大、占全部 FDI 比重较高，但仍存在着市场准入条件过高，对 FDI 进入限制太多，不仅限制 FDI 在银行、证券、保险、汽车等行业的进入，甚至对金融、保险等领域在设立形式、股东资质、业务范围等方面都有限制。

一方面，我国服务业市场化及产业化的水平都较低，难以像制造业那样吸引足够多的服务业外商直接投资。同时，多年来，我国制造业发展的一个重要特征是加工贸易企业较多，加工贸易企业的技术、市场以及品牌都来自国外，对我国服务业国内需求产生明显的"挤出"效应，也在一定程度上抑制了服务业对外商直接投资的需求；另一方面，近年来，服务业的开放程度低，对 FDI 进入行业限制较多，引进的外商直接投资主要集中在房地产业和传统的商业服务业，引进现代物流、金融服务等服务业领域利用外商直接投资则严重不足，尤其是高科技服务业更是如此，而这些受到限制的服务业领域知识、技术密集度较高。由于服务业领域引进外商直接投资的结构性问题的存在，导致服务业不能很好地通过引进外资及外国

先进技术和管理经验提升服务质量，服务业的供给、服务质量和服务手段难以像制造业那样得到快速提升，其原因是明显的。

二是高质量外资明显不足。以金融业总部为例，受到国家政策的约束，近年来，我国虽然引进了一些金融机构法人总部，但世界著名的金融机构主要集中于上海、北京等少数城市。外汇交易、离岸金融交易等国际金融业务类型少、规模小。

新发展格局下，扩大对外开放是推动我国服务业高质量发展的有效路径。从推动服务业高质量发展角度，扩大对外开放的意义在于：一方面，通过引进服务业外商直接投资，在获得国外资本的同时，获得国外的先进技术和管理经验，带动国内技术水平、管理经验的提升；另一方面，通过扩大服务贸易出口，发挥我国服务贸易的比较优势，使我国能够享受世界上其他国家和地区开放市场的好处，有利于促使主要贸易大国对我国歧视性贸易措施的逐步取消。与此同时，扩大对外直接投资，通过对外直接投资获取国外的技术、管理经验，推进服务业高质量发展。

通过推动市场规制、行业规则、行业管理、服务标准等制度型开放，有效地推动我国生活性服务业企业与国外同行同台竞争，在合作与国际竞争中实现成长；同时，要积极推动我国区域深度融入全球创新链、供应链和产业链、价值链，将培育本土企业的国际市场主导能力同培育国际竞争力一同推进，而不是分开来完成（姜长云，2020）。国家应采取一系列措施，要在更高水平上扩大对外开放，扩大外资企业的市场准入领域，更好地利用国内国际两个市场两种资源①。

五、持续优化资源要素配置，营造友好发展环境

技术、劳动力（人才）、平台、数据、资本等资源要素是服务业发展的前提和基础。推进服务业高质量发展，需要从政策上优化资源要素环境，强化要素保障。

一是激活存量资源要素。要依托我国日益丰富的科教资源及人力资源优势，第七次全国人口普查结果显示，14亿人口中，具有大学文化程度的人口为21836万人，15岁及以上人口的平均受教育年限由9.08年提高至9.91年。国家应采取措施，提高畅通阻碍要素转变为生产力的关键节点，通过完善知识产权保护、创新人才激励机制、减少各类金融机构的

---

① 《构建新发展格局，在更高水平上扩大对外开放》，中国日报网，2020 - 10 - 30，http：//cn. chinadaily. com. cn/a/202010/30/ws5f9bbadaa3101e7ce972c57c. html。

"软约束"负担，激活现有中高端要素服务经济的动力。

二是引入外部增量资源要素。以市场化、国际化、法制化为方向，扩大对外开放，进一步优化中高端服务要素的创新创业生态环境，加快建设多层次的服务经济中心，引导不同层次的服务经济中心，注重内涵式和开放式发展，提升对人力资本、知识资本、信息资本、金融创新资本、数据资源等中高端要素的吸引力。

三是整合内外部资源要素。强化外部增量要素的引入与本国中高端要素的契合度，在全国范围内打造一批具有能够激发自主研发潜能、吸引和集聚国内外高端创新要素的平台载体，通过整合内外部要素资源，提升生产要素配置效率。加大全球资源要素的整合力度，以全球资源要素服务于我国服务业的高质量发展。鼓励我国企业对外直接投资、国际经济合作，深度参与国际科技合作项目，在一些重要的服务业领域，如新能源、现代信息技术以及生物医药等领域强化国际创新合作，全面提升基础研究科技成果的高附加值，创造更多的原创性成果（张志鑫和闫世玲，2022）。

四是发挥资源要素效能。开发知识产权质押、仓单质押、股权质押、供应链融资等新型金融产品。鼓励采取低效用地再开发、盘活存量土地、对知识密集型服务业实行年租制和"先租赁后出让"等方式支持服务业发展。强化人才对构建现代化服务产业体系的支撑作用，健全以企业为主体的多层次人才培养机制，加强现代服务业从业人员技能培训和高级管理人才研修培训，加大引培符合现代服务业重点发展方向的人才和团队力度。进一步加大知识产权保护力度，完善保护机制，创新各类人才的激励扶持制度，坚决破除关键障碍，畅通创新要素转变为现实生产力的渠道，持续提升知识资本、人力资本、数据资本以及信息资本、金融创新资本等中高端要素的效能。以大数据、物联网、人工智能等为核心的新一轮科技革命，将推动生产生活方式向数字化、网络化和智能化转型，重塑各国经济竞争力消长和全球分工格局。

第五节　本章小结

新发展格局为现代服务业高质量发展提供了新环境、新要求、新技术供给、新政策环境。新环境的变化主要体现在：（1）服务业创新发展和全球分工体系加速演变。全球正迈入科技变革加速期，工业互联网技术不断突破，科技创新推动生产方式加速变革、产业组织深度调整，生产方式和产业组织将呈现出生产方式智能化数字化、产业组织平台化网络化、技术创新开放化国际化的特征，发展中国家在国际分工的地位加速提升，少数大国开始着手构建更独立、更完整、更安全的产业链、供应链，逐步减少对中国产品的过分依赖，全球产业链区域化、供应链本土化或成为趋势，服务业全球分工体系存在重构风险。（2）服务业内需扩张和跨界融合态势更加凸显。服务经济将是我国经济的主要经济形态，伴随人民群众收入水平的提高，国内消费的规模、层次将进一步扩展，消费的体验式、个性化、品质化将成为主流，消费成为经济增长第一拉动力，并且国内消费对国民经济的贡献率将进一步凸显。现代服务业与先进制造业、现代农业以及服务业内部细分行业融合越来越深化，产业边界越来越模糊，制造业服务化、服务业产品化的态势将进一步明显。（3）服务业政策支持和改革探索力度持续加大。国家及地方政府对于服务业的政策支持力度将越来越大，服务业的对外开放领域、程度将越来越深（广），与此同时，消除体制机制障碍，推进服务业改革试点示范的区域越来越大，试点领域也越来越综合，试点示范的效果也逐步显现。

与此同时，新发展格局下对服务业高质量发展提出了新的要求，包括：如何适应居民消费升级，提升供给品质，由规模速度转向质量效率；如何适应技术创新需求，加速转换新旧动能，由要素驱动转向创新引领；如何适应产业跨界融合趋势，拓展服务业态，由相对分离转向融合发展；如何基于资源禀赋、城市等级，推动区域间协调，由自成体系转向层级分工；如何适应制造业产业升级需求，增加有效供给，由供需脱节转向供需动态匹配；如何提升水平能力，创新供给模式，由被动依赖型转向主动创造型等。与此同时，新发展格局下推进服务业高质量发展需要营造良好的发展环境，尤其是从政府角度，以政策环境的优化，促进消费多层次扩张、供给的多层级供给，即：优化收入分配制度，激发多层次消费潜力；优化新消费业态培育环境，推动新型消费可持续增长；持续推进改革，消除服务业发展隐形壁垒；持续推动服务业领域高水平对外开放；持续优化资源要素环境，强化要素保障；等等。

第 二 篇

国内循环主导作用与服务业
高质量发展篇

现代流通体系畅通、自主可控供应链构建、城镇化城市群建设以及跨业深度融合等，是构建国内大循环的重要组成部分，同时也是影响和制约我国服务业发展质量的关键性因素。构建新发展格局的关键在于经济循环畅通无阻，本质特征是实现高水平自立自强，现代流通体系直接影响产业和消费的创新发展后劲，影响供应链、服务链的循环畅通水平和能力；而自主可控供应链决定了服务业技术水平、业态创新、模式创新的能力以及产业的自立自强水平；城镇化、城市群建设影响国内服务消费能力，决定服务业发展规模、发展质量；跨业深度融合程度决定了服务业效率尤其是生产性服务业效率，直接影响服务业发展质量。

第四章　现代流通体系畅通与服务业高质量发展

　　流通作为连接生产和消费的中间环节，是国民经济中的基础性和先导性产业（依绍华，2022）。现代流通体系建设是现代产业体系的重要组成部分，是优化国民经济体系中的基础性工作。现代流通体系直接影响产业和消费的创新发展后劲，影响供应链、服务链的循环畅通水平和能力水平。党的十八大以来，我国流通体系建设成效明显，流通网络投入逐年扩大，国家骨干流通网络基本健全，商贸流通领域的新业态和新模式持续涌现。与此同时，我们也应该看到，我国流通体系现代化程度仍然有待提升，地方保护和市场分割依然存在，歧视外资企业和外地企业的政策具有一定市场，平台经济、共享经济等新业态领域不正当竞争行为难以消除。此外，现代流通体系顶层设计相对不足、流通产业数字化转型较慢等问题亟待破题。新发展格局下，从服务人民群众生活水平提高、助推产业国际竞争力提升的需要出发，统筹推进现代流通体系的软硬件设备和网络体系建设，持续加大现代流通领域的投入，以现代技术、数字经济赋能商贸流通新业态和新模式的发展，完善现代流通领域的行业规范和技术标准体系，促进要素资源、商品在更大范围内、更高层次的流动畅通，"加快建设高效规范、公平竞争、充分开放的全国统一大市场"①，为国家加快推进双循环新发展格局构建提供支撑，为服务业高质量发展提供消费创新发展后劲。

　　现代流通体系建设关乎统一大市场建设、全国大市场的市场规模潜力的发挥，可以说没有现代流通体系建设，国内巨大的市场只能是具有潜力，不能变成具有实际消费能力的市场规模，没有现代流通体系的建设就没有统一大市场的建立。而统一大市场建设、市场规模直接关乎服务业的

---

　　① 《中共中央 国务院关于加快建设全国统一大市场的意见》，中国政府网，2022 - 4 - 10，https：//www.gov.cn/zhengce/2022 - 04/10/content_5684385.htm。

规模效应、范围经济、创新效应的实现，而这些效应的实现都能够促进服务业需求规模扩张、结构优化及其效率提升。

第一节　现代流通体系发展现状

一、现代流通体系概念及特征

（一）概念界定

1. 流通产业

流通产业是个古老的产业，伴随商品经济的发展，流通产业应运而生。所谓流通产业是以商贸业为核心，由商流、物流、资金流、信息流以及生产与生活性服务业相互支撑的产业形态。从构成要素来看，流通产业由商业和物流业两个部分组成。其中，商业是流通产业的主体部分，主要涵盖批发业、零售业和餐饮业等；物流业是流通产业的外延部分，主要包括运输服务业、物资供销业、包装业和仓储服务业等。从大流通体系层面来看，流通产业是集批发业、运输业、物资供销业、零售业、餐饮业、包装业和仓储业以及相关生产生活性服务行业于一体的复合型产业。产业业态和类型多、内容复杂，对技术支持、政策环境要求比较高。

2. 流通体系

流通体系是由流通基础设施、流通业态、流通产品市场和流通管理等组成的关联产业体系、职能分工体系和空间布局体系。现代流通体系在现代国民经济体系中发挥着日益重要的基础性作用，对于推进国家经济发展、拉动地区就业、满足居民消费需求、助推开放型经济格局形成有着不可替代的作用。国务院于 2012 年发布了《关于深化流通体制改革加快流通产业发展的意见》，明确提出到 2020 年基本建立起统一开放、竞争有序、安全高效、城乡一体的现代流通体系的发展目标。其中提出了包含现代流通体系的深刻内涵，即必须是全国市场的统一，没有城市、农村的歧视性待遇，也没有区域性歧视性差别；对外是深度的高水平的开放，不搞自我封闭；对内竞争环境是良性、有序的，按照国家法律法规运行，破除各类形式的垄断。2022 年 4 月《中共中央　国务院关于加快建设全国统一大市场的意见》明确提出，加快建立全国统一的市场制度规则，打破地方保护和市场分割，打通制约经济循环的关键堵点，促进商品要素资源在更大范围内畅通流动。

在新发展理念下，推进流通体系建设成为构建新发展格局、助推高质量发展的基础支撑和内在要求。与此同时，新发展格局下我国流通体系亦面临着新的目标任务及新的机遇挑战，如何加快推进传统的流通体系向现代流通体系的主动变轨也是实现高质量发展的客观要求。与传统流通体系有所不同，现代流通体系的目标任务是促进国民经济运行中的商流、物流、信息流、资金流以及社会资本、人力资本等的循环畅通和稳定、安全、高效流动，构建与国内超大市场规模优势相匹配、国内统一大市场相适应的高质量现代流通体系，构建与世界第二大经济体相匹配的组织结构体系以及与全球产业链相畅通的流通支撑体系。

（二）现代流通体系的特征

在新一代信息技术的推动下，基于新时代的发展要求，新发展格局下的现代流通体系，应该是流通效率更高、流通成本更低、流通设施标准更高的联通体系。

1. 现代流通体系是具有"互联网＋流通"特征的虚拟经济体系

"互联网＋流通"的产业发展格局使得我国流通体系呈现出显著的虚拟经济特征。互联网技术的巨大进步与广泛应用，使得流通产业不再是单个企业的单打独斗，而是产业链上企业集群的组团打拼，特别是中小微企业较好地运用互联网技术形成流通网络，并形成助推经济高质量发展的集聚效应。国家统计局数据显示，截至2018年末，我国中小微企业贡献了60%的国内生产总值、50%以上的税收、70%以上的就业机会，中小微企业在产业链的各节点上均借助互联网技术，高效便捷地进行了生产投入资源的共享、生产环节的重组以及生产能力的提升。建立在互联网技术基础上的流通产业的集聚效应有助于提升我国流通体系的整体效率和经济效益。

2. 现代流通体系是具有"制造＋流通"特征的实体经济体系

如果将互联网信息技术视为隐性要素或无形要素，那么投入生产过程中的劳动力和社会资本则可视为显性要素或有形要素。因此，现代流通体系不仅是建立在隐性要素基础上的虚拟经济体系，而且是基于显性要素的实体经济体系。这主要体现为制造过程的流通化。制造过程伴随着生产要素的流通，制造过程具有动态性和流动性。这意味着制造过程本身也是流通过程。特别是产业链供应链全球化情形下，制造业在全球进行产业布局和合理分工，使得国际大流通体系不断成型。为此，现代流通体系是具有国际化视野的动态性质的实体经济体系。

3. 现代流通体系是"生产—分配—交换—消费—回收"的全生命周期经济体系

产品的流通大致经历一个"生产—分配—交换—消费—回收"的全生

命周期。在这个全生命周期过程中，流通体系发挥了重要的中介功能和疏导作用。伴随生产技术和生产工艺的发展，投入生产过程和流通过程中的要素种类和数量亦将出现巨大的变化。如何将这些日新月异、种类繁多的产品顺利进行全生命周期的循环运转，需要建立一套全过程和全渠道的流通体系。流通体系中有关流通过程和流通渠道的建设，对于调整产业结构、深化区域分工、配置市场资源等能力均有显著提升作用。产业结构的优化调整和市场资源的优化配置均需借助流通渠道进行劳动力、资本等投入要素的转移与重组；而对于区域分工而言，现代流通体系的顺利布局可以降低区内和区际商品市场和要素市场的分割、信息不对称等不利条件，对于助推区域商品和要素自由流动，进而实现区域合理分工具有重要作用。因此，可将现代流通体系的特征归纳为全生命周期的流通。

二、我国现代流通体系发展的现状

党的十八大以来，我国流通体系建设成效明显，流通网络投入逐年扩大，国家骨干流通网络基本健全，商贸流通领域的新业态和新模式持续涌现，全国范围内的统一大市场加快推进，商品和要素流通制度环境明显改善。在应对新冠疫情、洪水、地震等重大灾害过程中，我国流通业发挥了十分重要的作用，流通体系显示了强大的资源整合能力。从供给方面来看，我国物质基础雄厚，拥有全世界门类最全、规模最大的工业体系，有41个工业大类、207个工业中类、666个工业小类及相应的完善的配套能力，在联合国产业分类全部工业门类中我国是世界上唯一拥有全部门类的国家。从需求方面来看，我国是世界上少有的市场规模广阔、需求多样的消费市场。14亿多人口、人均GDP超过1.20万美元、庞大的中等收入群体，三者结合，中国构成了全球规模最大的消费市场，加之中国经济持续、稳定、高质量发展，未来国内市场空间巨大。巨大的国内市场规模便于流通产业链、供应链和消费市场的协同对接，完全可以满足任何产业的规模经济、集聚经济、范围经济要求，也是世界上少有的能够依靠国内经济循环做大做强国民经济的经济体。与此同时，我国还拥有1.3亿户活跃的市场经营主体以及超过1.7亿受过高等教育或拥有各种专业技能的人才，自主创新能力近年来也得到很大的提升。这为我国进入流通体系升级的窗口期提供良好的技术支撑。

基于此，本小节将基于中经网统计数据库的全国宏观年度库，手工获取了历年中国及各省、自治区、直辖市的批发和零售行业增加值数据。观察表4-1可以得到如下结论。

表4-1

全国及地方批发和零售行业增加值

单位：亿元

地区	2000年	2005年	2010年	2011年	2012年	2013年	2014年	2015年	2016年	2017年	2018年	2019年
全国	8159.82	13968.53	35907.91	43734.5	49835.45	56288.85	63170.37	67719.57	73724.45	81156.61	88903.73	95650.9
江西	152.6	252.4	646.9	781	865.9	1005	1113.95	1213.5	1397.7	1695	1942.27	2112.2
福建	356.68	554.12	1464.87	1776.18	2025.75	2256.55	2531.31	2747.38	3043.35	3426.45	3891.85	4422.9
安徽	304.2	514	1249.2	1488.4	1750.3	1989.8	2204.1	2420.1	2656.3	2924	3184.02	3404
浙江	712.6	1209.8	2690.7	3403.2	3889	4457.5	4808.82	5290.55	5828.61	6323.62	6852.98	7360.2
江苏	793.9	1870.57	4447.5	5341.39	5704.66	6123.46	6559.03	7829.76	8447.94	9197.46	10139.27	10836.6
上海	487.8	979.1	2624	3061.5	3344.3	3593.3	3729.4	3892.2	4218.5	4562.9	4884.8	5023.23
海南	59.76	88.27	213.75	242.05	266.01	339.45	386.94	425.75	442.8	466.72	464.17	546.6
广西	234	344.6	677.1	830	1020	1133.4	1178.7	1252.5	1351	1485.8	1607.6	1758.95
广东	1175.32	2175.03	4825.08	5935.31	6670.82	7404.6	7946.25	8030.87	8924.66	9642.05	10476.03	11000.2
湖南	291.85	590	1594.03	1868.72	2108.96	2356.56	2619.01	2884.78	3141.53	3423.25	3705.44	4004.4
湖北	363.7	539.7	1307.3	1531.1	1712.6	2013.7	2205.7	2394	2569.5	2819.3	3097.97	3347.05
东部	4932.41	9117.59	21740.43	26258.85	29358.3	32673.32	35283.21	38381.39	42021.89	45966.55	50246.4	53816.33
北京	387.5	718.9	1995.4	2256.9	2356.3	2483.2	2579	2506.7	2544.3	2703.7	2824.12	2867.5
天津	185.4	326.4	689.4	867.3	978.5	1039	1102.4	1146.3	1199.1	1313.6	1345.2	1357.3
云南	173.7	297.62	766.96	1050.24	1187.13	1345.75	1469.82	1583.34	1732.48	1941.14	2187.26	2386.2
贵州	72.6	133.8	368.8	467.5	584.3	647.9	733.7	790.6	893.72	1040.11	1181.19	1269.9
重庆	173.54	267.11	713.26	857.95	960.16	1171.49	1311.17	1462.21	1703.43	1955.06	2024.6	2192.06

地区	2000年	2005年	2010年	2011年	2012年	2013年	2014年	2015年	2016年	2017年	2018年	2019年
河南	311.5	593.9	1290.4	1579.7	1872.3	2073.4	2296.2	2558	2940.5	3227.4	3697.95	4043.4
山东	672.2	1224.9	3650.6	4602.3	5530.3	5843.5	6604.9	7306.6	7842.4	8057.1	8747.08	9564.8
黑龙江	155.1	226.3	496.6	577.2	688	713.5	795	830.9	876	900.6	946.34	1001.3
吉林	123.6	226.4	455.8	560.8	604.3	637	665.4	666.7	704.9	717.8	732.9	759.11
辽宁	510.3	655.1	1037.1	1219	1343.7	1459.3	1667.6	1819.8	1920.7	1988.1	2046.93	2147.9
山西	157.2	280	721.3	878.1	1027.9	1007.6	1026.8	1117.1	1108.1	1148.5	1328.3	1361.61
河北	355.2	640.9	1393.8	1620.3	1839.1	1938.8	2025.1	2153	2290	2553.3	2722.29	2922.5
中部	3277.84	5591.33	13579.42	16537.29	18971.99	20360.44	22277.09	23941.25	25755.63	27546.41	29784.16	31873.58
新疆	83.7	137.2	276.8	372.7	427.7	560.5	552.2	525.2	588.3	704.7	742.6	770.5
宁夏	20.1	39.7	91.9	113.1	128.8	139.1	146.1	143.8	154	173.5	190.2	202.3
青海	19.4	31.6	80	88.4	101.7	114.2	123.2	132.1	141.18	144.97	150.91	160.83
甘肃	78.5	129.7	266.3	343.4	387.8	445.6	475.8	490.3	516.6	540.6	587.6	646.28
陕西	142.08	319.85	820.88	986.04	1102.38	1209.67	1316.18	1390.9	1473.19	1606.74	1734.5	1872.4
西藏	9.9	17.9	33.8	37	46.7	65.1	71.9	76.3	80.5	87.8	95.48	104.51
四川	283.26	497.4	1198	1420.2	1635.9	1831.4	2083.2	2360	2760.3	3432.3	3835.5	4243.8
内蒙古	136.8	304.3	659.1	747.5	868	978.8	1073.4	1146.7	1220.5	1303	1370.22	1448.34
西部	773.74	1477.65	3426.78	4108.34	4698.98	5344.37	5841.98	6265.3	6934.57	7993.61	8707.01	9448.96

注：本表为笔者自行整理而得。

资料来源：中经网统计数据库全国宏观年度库。

（一）全国层面和省域层面的流通行业整体上取得了长足的进步

在考察期内，全国层面的批发和零售业增加值由 2000 年的 8159.82 亿元增加至 2019 年的 95650.9 亿元，年均增长率为 12.7%。全国批发和零售业增加值的年均增幅在 2007 年达到峰值，高达 26.7%。从省域层面来看，广东、江苏、山东和浙江在考察期内，四省的流通产业处于全国领先地位。2000 年，批发和零售业增加值排在前三位的分别是广东（1175.32 亿元）、江苏（793.9 亿元）和浙江（712.6 亿元）。2005 年，批发和零售业增加值排在前三位的分别是广东（2175.03 亿元）、江苏（1870.57 亿元）和山东（1224.9 亿元）。山东再次超越浙江，排在第三位。2010 年，批发和零售业增加值排在前三位的分别是广东（4825.08 亿元）、江苏（4447.5 亿元）和山东（3650.6 亿元）。2011 年，批发和零售业增加值排在前三位的分别是广东（5935.31 亿元）、江苏（5341.39 亿元）和山东（4602.3 亿元）。

2012 年，批发和零售业增加值排在前三位的分别是广东（6670.82 亿元）、江苏（5704.66 亿元）和山东（5530.3 亿元）。2013 年，批发和零售业增加值排在前三位的分别是广东（7404.6 亿元）、江苏（6123.46 亿元）和山东（5843.5 亿元）。2014 年，批发和零售业增加值排在前三位的分别是广东（7946.25 亿元）、山东（6604.9 亿元）和江苏（6559.03 亿元）。山东超越江苏，排在第二位。2015 年，批发和零售业增加值排在前三位的分别是广东（8030.87 亿元）、江苏（7829.76 亿元）和山东（7306.6 亿元）。江苏超越山东，排在第二位。

2016 年，批发和零售业增加值排在前三位的分别是广东（8924.66 亿元）、江苏（8447.94 亿元）和山东（7842.4 亿元）。2017 年，批发和零售业增加值排在前三位的分别是广东（9642.05 亿元）、江苏（9197.46 亿元）和山东（8057.1 亿元）。2018 年，批发和零售业增加值排在前三位的分别是广东（10476.03 亿元）、江苏（10139.27 亿元）和山东（8747.08 亿元）。2019 年，批发和零售业增加值排在前三位的分别是广东（11000.2 亿元）、江苏（10836.6 亿元）和山东（9564.8 亿元）。

（二）区域流通行业的非均衡发展状态显著

区域流通行业的非均衡发展状态主要体现为两个方面：一是从绝对值来看，东部地区最高、中部地区次之、西部地区最低；二是从增速来看，西部地区最高、东部地区次之、中部地区最低。图 4 - 1 显示了以批发和零售业增加值为流通产业的代理指标的演进情况。观察可知，以 2019 年为例，东部地区的批发和零售业增加值最高，达到 53816.33 亿元；中部地区次之，为31873.58亿元，西部地区最低，仅为9448.96亿元。本章有别于传统的东中西部划分方式，在参考钟茂初（2016）的做法的基础上，根据地区相对生态承载力的大小，以黑河—腾冲线（胡焕庸线）和烟台—河池线为基准，将烟台—河池线以东递延省份归为东部，将黑河—腾冲线和烟台—河池线之间的省份划分为中部，将黑河—腾冲线以西递延省份视为西部。

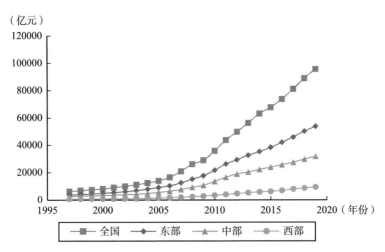

图4-1　1996～2019年全国以及东中西部批发和零售行业增加值

注：本图为笔者自行整理而得。
资料来源：中经网统计数据库全国宏观年度库。

　　新的东中西部的省份集合分别为：东部包括北京、天津、河北、辽宁、上海、江苏、浙江、福建、山东、广东和海南11个省份；中部涵盖山西、吉林、黑龙江、安徽、江西、河南、湖北、湖南8个省份，西部有四川、贵州、云南、西藏、陕西、甘肃、青海、宁夏、新疆、内蒙古、广西、重庆12个省份①。如图4-1所示，对于东部地区而言，其批发和零售业增加值由1997年的3702.11亿元增加至2019年的53816.33亿元，年均增长率达到13.03%，增速略高于全国层面的12.7%。对于中部地区，批发和零售业增加值由1997年的2595.31亿元增加至2019年的31873.58

① 东部、中部、西部三个地区的时间始于1986年，由全国人大六届四次会议通过的"七五"计划正式公布，1997年全国人大八届五次会议决定设立重庆市为直辖市，并划入西部地区后，西部地区所包括的省级行政区就由9个增加为10个省（区、市）。由于内蒙古和广西两个自治区人均国内生产总值的水平正好相当于上述西部10省（区、市）的平均状况，2000年国家制定的在西部大开发中享受优惠政策的范围又增加了内蒙古和广西。

亿元，年均增长率达到12.22%，低于全国层面的12.7%。就西部地区而言，批发和零售业增加值由1997年的609.44亿元增加至2019年的9448.96亿元，年均增长率达到13.35%，高于全国层面的12.7%。由此，从中可以看出，从批发和零售业增加值的年均增长率来看，西部地区最高、东部地区次之、中部地区最低。

图4-2展示了以1978年同比价格计算的1996~2019年全国层面批发和零售行业增加值情况。从纵向发展趋势来看，考察期内的流通业取得了长足进步，由1996年的2018.93亿元增长为2019年的88626.60亿元，年均增幅高达21.92%。

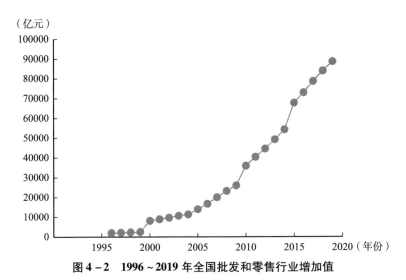

图4-2 1996~2019年全国批发和零售行业增加值

注：本图为笔者自行整理而得。

资料来源：中经网统计数据库全国宏观年度库。

表4-2和图4-3展示了2011~2019年全国批发和零售行业增加值的年均增长率（以1978年同比价格计算）情况。从纵向发展趋势来看，考察期内全国批发和零售业增加值的增长率波动下降，由2011年的0.12%渐进下降为2019年的0.06%，年均增幅达到-0.007%。除了2015年有一个异常值（0.25%）以外，其他年份均存在纵向递减的趋势。与此同时，生产性服务业高质量发展指数在2011~2019年基本维持在0.02的水平，仅在2018年下降至0.01。

表4-2　2011~2019年批发和零售业、生产性服务业高质量发展指数

年份	批发和零售业增加值 （亿元）	批发和零售业增长率 （%）	生产性服务业高质量 发展指数
2011	40383.52	0.12	0.02
2012	44542.32	0.10	0.02
2013	49225.89	0.11	0.02
2014	54275.61	0.10	0.02
2015	67719.57	0.25	0.02
2016	72916.22	0.08	0.02
2017	78615.76	0.08	0.02
2018	83869.08	0.07	0.01
2019	88626.6	0.06	0.02

注：本表为笔者自行整理而得。
资料来源：中经网统计数据库全国宏观年度库。

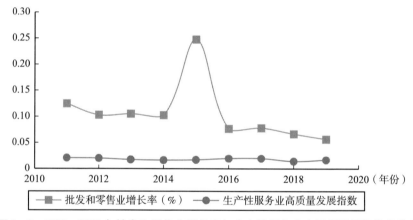

图4-3　2011~2019年批发和零售业增长率与生产性服务业高质量发展指数的趋势
注：本图为笔者自行整理而得。
资料来源：中经网统计数据库全国宏观年度库。

三、我国现代流通体系发展面临的问题

近年来，我国流通体系建设成效明显，流通网络投入逐年扩大，国家骨干流通网络基本健全，商贸流通领域的新业态和新模式持续涌现。但与此同时，我国流通体系的现代化程度仍然不高，还存在现代化流通体系制度设计相对不足、流通产业成本较高、流通业数字化转型较慢、组织化程度不高、跨地区流转能力不强、内外贸协调能力不够等短板与瓶颈（谢莉

娟，2022）。迫切需要加大基础投入，补齐发展短板，加快现代化流通体系的构建。

（一）流通体系制度设计相对不足

新发展格局下，我国现代流通体系缺乏顶层设计，流通产业制度和流通产业政策需要与时俱进、不断创新。一方面，当前我国现代化流通发展制度或法律法规仍缺乏市场化、法治化和公平化的制度体系设计，导致国内国际流通产业市场的接轨程度较低。另一方面，当前我国流通载体之间的壁垒仍然较为明显。跨行政区运输标准不统一、地区之间和部门之间以及物流企业之间的信息不共享、多式联运的运行规则不统一，以及要素资源流动不通畅、地方保护和市场分割等问题仍层出不穷，缺乏国家层面从国民经济发展全局出发对现代流通体系建设做的系统谋划、顶层设计。需要中央和地方政府从优化流通产业营商环境出发，从政策层面推动地区之间、部门之间、流通企业之间的信息共享和协同合作，统一跨行政区运输标准和多式联运的运行规则。

（二）流通产业成本较高

流通产业成本较高是制约我国流通体系建设的一大"顽疾"，虽然采取了一系列措施，但效果一直不是非常明显。流通产业成本较高问题主要体现为以下三个方面：一是社会物流费用居高不下；二是多式联运占比较少；三是运输质量亟待提高。首先，从社会物流费用来看，我国社会物流总费用占 GDP 的比重依然偏高。2019 年，我国社会物流总额达到 298 万亿元，同比增长 5.9%[①]。而根据国家发改委发布的数据（见图 4 - 4），2014 ~ 2019 年，我国社会物流总费用占 GDP 的比重分别达到 16.6%、16%、14.9%、14.6%、14.8 和 14.7%，呈现出一定的逐年下降趋势。但与发达国家基本维持 10% 左右的水平相比，我国社会物流总费用占 GDP 的比重依然偏高。其次，从铁路多式联运来看，2016 年我国铁路集装箱货运量占铁路货运总量的比例仅为 7.89%，这一比例远低于美欧发达国家的 20% ~40% 的区间水平[②]。最后，从运输质量来看，我国冷链运输占比偏低、冷链运输水平不高。2018 年我国农产品（主要包括肉类、水果、蔬菜等）、水产品等的流通腐损率均在 8% 以上，这一比例远高于美

---

① 《2019 年我国社会物流总额达到 298.0 万亿元 同比增长 5.9%》，央视网，https：//news. cctv. com/2020/04/22/ARTIFk4s4CceEnfn1IMEN3NH200422. shtml。

② 魏际刚：《把脉物流成本高的深层次原因》，中国物流与采购网，http：//chinawu-liu. com. cn/xsyj/202005/06/501623. shtml。

欧发达国家5%的流通腐损率①。综合社会物流费用占比、多式联运占比和冷链运输流通的腐损率来看，我国流通产业成本相比于发达国家仍然偏高。找问题、堵漏洞、补短板，有效降低成本，提升流通产业效率，应该是我国流通产业不断努力的方向。

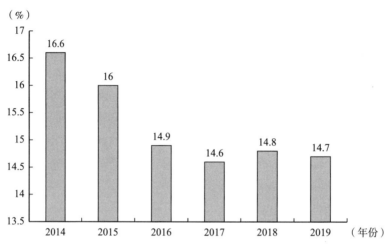

图4-4　2014~2019年中国社会物流总费用与GDP之比

注：本图为笔者自行整理而得。
资料来源：中经网统计数据库全国宏观年度库。

（三）流通业数字化转型较慢

当前，我国流通业仍处于规模扩张的粗放型发展阶段。然而，随着信息化、数字化时代的到来，我国流通业数字化转型的步伐却较为缓慢。数字化、智能化改造和跨界融合程度低，以流通产业仓储系统为例，我国既有仓储系统的自动化普及率不高。除了少数规模较大的龙头企业逐渐配套自动化仓储系统（比如京东和阿里巴巴的机器人货物自动化分拣系统）以外，其他规模较小的企业由于本身规模较小、经济实力较弱等原因，仍然没有匹配也无力承担相应的仓储自动化系统。其结果是，这些企业依靠传统的物流系统难以满足新时代自动化、数字化和信息化新要求。具体体现为：一是创新能力跟不上自动化、数字化和信息化的步伐，传统生产方式制约了生产效率改进；二是分散化经营、个体化经营难以形成集聚经济、规模经济；三是缺少具有全球竞争力的现代流通企业，全球资源配置中的

---

① 数据来源于前瞻产业研究院2019年11月5日发布的《中国农产品流通行业发展模式与投资战略规划分析报告》。

整合和控制能力弱，导致我国流通产业在国际上缺乏话语权。更是缺乏类似于美国邮政服务公司（USPS）、德国邮政－敦豪丹莎海空（DPWN）、联合包裹服务（UPS）、马士基（Maersk）、联邦快递公司（FedEX）等全球知名物流企业。未来需要逐渐加快流通业数字化转型的步伐，充分利用新技术对传统流通产业进行自动化、数字化和信息化改造，打造具有国际竞争力和影响力的数字物流产业体系。

（四）统一大市场建设层次仍然较低

国内统一大市场的建立是畅通流通体系的重要基础，也是构建双循环发展格局的国内基础，2022 年 3 月 25 日，中共中央、国务院发布了《关于加快建设全国统一大市场的意见》，明确提出要消除阻碍全国统一大市场建设的各种因素，形成供需互促、产销并进、畅通高效的国内大循环。中国共产党第十四届中央委员会第三次全体会议 1993 年 11 月 14 日通过的《中共中央关于建立社会主义市场经济体制若干问题的决定》明确提出要"打破地区、部门的分割和封锁，反对不正当竞争，创造平等竞争的环境，形成统一、开放、竞争、有序的大市场"。因此建立开放竞争有序的大市场就成为我国市场经济体系建立的重要内容，国内不同区域间的一些限制商品要素流动的障碍得到消除，区域经济一体化程度得到强化，有力地推动了经济和社会发展，对于形成国内统一的市场分工发挥了重要作用。然而必须看到，我国国内的统一大市场建立仍然面临一些难点、堵点，这些难点、堵点主要表现以下两个方面。

一是市场分割、地方保护相对突出，完善的要素市场和资源市场体系尚未建立；市场监管规则及其标准、程序国内尚未统一，商品和服务市场质量体系建设仍然存在短板。一些地方政府出于本地财政收入的考虑，会在一定程度上限制资源和产品的充分流动（陆铭等，2004），制定出一些阻碍公平竞争、妨碍异地经营的地方性政策，"画地为牢"带有一定普遍性，不仅全国性的要素市场和资源市场体系没有完全建立，甚至全国性的产品市场和服务市场的一体化程度仍然偏低，跨区域的生产经营活动受到制约，市场难以有效配置资源要素。例如，虽然我国建立了长三角、长江经济带等一个个范围不等的城市群，但大多数停留于文件中、规划中，对一些关键性的市场一体化指标的推进速度相对缓慢，有的甚至是一个城市内部的不同建成区市场都存在障碍，比如南京市的江宁区、苏州市的吴江区出租车都不能到主城区营运，并且这两个区域有独立的城市交通体系。此外，疫情期间防控区域之间的分割表现得"淋漓尽致"，各地以设区市为界限，跨区域人员、物资流动受到限制，出现了统一市场建设的严重倒退，产业链供应链出现断裂。

二是大市场大流通建设存在短板。平台经济发展滞后，跨区域市场融通协同存在阻碍。目前国内总体平台发展不平衡，除了浙江、广东等少数省份以外，绝大多数省份互联网平台经济规模偏小，大多互联网交易平台属于细分行业的垂直型平台，缺自主创新的引领能力；同时，具有跨区域影响力的展销博览会和涵盖内外贸易的产业链供应链平台相对不足，制造企业尤其是中小加工贸易企业开拓跨区域市场存在难题，具有国际影响力的商品要素会展品牌，除了广交会、上海进口博览会外，其他会展品牌影响力相对较弱，不利于统一大市场的建设和市场规模潜力的发挥。主要物流枢纽能级偏弱，多枢纽联动效应有待体现。全国物流枢纽设施服务能级普遍不高，"有高原、无高峰"；规模化、体系化的多式联运格局尚未形成，公、铁、水、空等多种交通资源相互叠加，但未完全转化为物流发展的基础优势。此外联通跨区域、国内外市场的流通网络建设相对落后，企业产品跨区域、国内外销售渠道不畅。

第二节　现代流通体系影响服务业高质量发展的理论机制

一、现代流通体系助推服务业高质量发展的数理推导

为了探讨流通体系对服务业高质量发展的影响，本章采用菲德模型研究流通体系对服务业高质量发展的影响效应。根据菲德模型的两部门划分方式，本部分将服务业的总产出划分为流通服务业产出和非流通服务业产出两个部分，由此将服务业总产出模型设定为如式（4－1）所示。

$$Y = LY + QY \qquad (4-1)$$

式（4－1）中，Y 为服务业总产出；LY 和 QY 分别代表流通服务业的产出和非流通服务业的产出。对于流通服务业产出（LY）而言，需要投入相应的劳动力（L_{lt}）和资本（K_{lt}），据此可将流通服务业部门的产出设置为相应投入本部门的劳动和资本的函数，如式（4－2）所示。

$$LY = f(L_{lt}, K_{lt}) \qquad (4-2)$$

与之相对应，非流通服务业产出（QY）同样需要投入相应的劳动（L_{qt}）和资本（K_{qt}）。除此之外，非流通服务业部门的产出不仅依赖于本部门的劳动力和资本，而且还取决于同一时期流通服务业部门的产出。据此可将非流通服务业产出设置为相应投入的劳动和资本的函数，如式

（4-3）所示。

$$QY = g(L_{qt}, K_{qt}, LY) = LY^{\theta}(L_{qt}, K_{qt}) \qquad (4-3)$$

在式（4-3）的模型中，非流通部门与流通部门之间的边际要素生产率存在差异，用 g 表示；与此同时，非流通服务业部门的弹性不变。全社会的劳动力总量和资本总量分别为流通服务业和非流通服务业两部门的劳动力和资本之和，用公式可以表示为式（4-4）、式（4-5）形式。

$$L = L_{lt} + L_{qt} \qquad (4-4)$$

$$K = K_{lt} + K_{qt} \qquad (4-5)$$

对流通服务业部门（即式（4-2））和非流通服务业部门（即式（4-3））分别对时间 t 求导，可得式（4-6）。

$$f_L/g_L = f_K/g_K = 1 + \delta \qquad (4-6)$$

式（4-6）中，f_L 和 f_K 分别代表流通服务业部门劳动力和资本的边际产出；g_L 和 g_K 分别代表非流通服务业部门劳动力和资本的边际产出。如前所述，δ 代表了流通服务业部门和非流通服务业部门之间的边际要素生产率的差异，若 $\delta > 0$，表明流通服务业部门的边际生产率大于非流通服务业部门；若 $\delta < 0$，意味着流通服务业部门的边际生产率小于非流通服务业部门；若 $\delta = 0$，则流通服务业部门的边际生产率与非流通服务业部门的边际生产率相等。综合式（4-1）~式（4-6），可以推导出式（4-7）。

$$dY/Y = \alpha(K/Y) + \beta(dL/L) + \gamma(dLY/LY)(LY/Y) \qquad (4-7)$$

式（4-7）中，dY/Y 为总产出的增长率；dL/L 为劳动力的增长率；dLY/LY 为流通服务业部门产出的增长率；LY/Y 为流通服务业部门产出占总产出的比重。α 代表非流通服务业部门资本的边际产品；β 代表非流通服务业部门的弹性系数；γ 代表流通服务业部门对总产出的作用，并且有 $\gamma = \delta/(1+\delta) + gL$。前文指出，非流通服务业部门的弹性不变，因此，可将式（4-7）转化为式（4-8）。

$$dY/Y = \alpha(I/Y) + \beta(dL/L) + [\delta/(1+\delta) - \theta](dLY/LY)(LY/Y) + \theta(dLY/LY)$$
$$(4-8)$$

式（4-8）中，θ 为流通服务业部门对服务业产出的直接贡献系数，其经济学含义是：假定其他条件不变的情况下，流通服务业部门的产出每增加 1 个单位，服务业总产出增加 θ 个单位。$[\delta/(1+\delta) - \theta]$ 为流通服务业部门对服务业产出的全部贡献系数，不仅包括了直接贡献系数 θ，而且涵盖了流通服务业部门通过外溢作用而产生的间接贡献，其经济学含义是指：假定其他条件不变的情况下，流通服务业部门的产出每增加 1 个单位，服务业总产出增加 $[\delta/(1+\delta) - \theta]$ 个单位。

二、现代流通体系助推服务业高质量发展的作用机制分析

（一）现代流通体系通过降低物流成本助推服务业高质量发展

现代流通体系可以通过提高渠道资源整合度降低产品的物流成本进而助推服务业高质量发展。此处的物流成本包括来自种养殖业的农产品、满足消费者需求的工业消费品和功能化生产资料等在市场流通过程中发生的直接和间接费用，包括物流、包装、搬运、装卸、储存、流通加工等各个环节各类支出的总和。以涉农产品为例，与欧美发达国家相比，我国农产品流通方式依然较为陈旧落后，同时存在较大的市场风险，由此造成的直接和间接的价值损耗高达30%[①]。但与此同时，农民所需要的工业消费品和生产资料价格高昂且质量较低，而其中物流成本一直居高不下。由此可见，降低工业产品的流通成本，对于提升居民收入、降低生产和生活成本、促进生产和消费具有较大的现实意义。为此，要整合流通行业、产业资源，促使现有的较为分割的供销社系统、邮政系统、企业系统等，整合成采购、生产和销售一体化的现代流通体系。在此过程中，要更加注重资源存量提升和调整，避免出现重复建设、另起炉灶等资源浪费现象，显著降低各产业产品的交易成本和物流成本。

（二）现代流通体系通过"商流—物流—资金流—信息流"的融合助推服务业高质量发展

现代流通体系的基本职能是生产和消费精准对接、低成本对接，通过点、线、面和商流、物流、资金流、信息流的融合，实现商品流通的便捷、高效，发挥其对服务业高质量发展的直接影响力作用。服务业流通的基本空间构成单元由点、线、面三个要素构成，点是指各个物流接受、配送点及渠道，线是指运输方式、运输线路，面是指整个流通网络。现代流通体系是一个涵盖了商流、物流、资金流和信息流的综合流通系统，通过强化各流通的渠道建设，不仅可以将点、线、面三个要素进行层次组合，进而形成区域市场的空间等级以及相应的规模结构，而且可将点、线、面三者进行有效结合，进而形成一个高效的区域服务业市场和区际服务贸易网络系统。这意味着，现代流通体系通过简单的中介交换向综合服务系统的职能转变，实现了服务业资金流、信息流在空间序和功能序上的立体组合，通过发挥生产与消费过程中的媒介与综合服务作用，实现了助推服务

---

① 数据来源于前瞻产业研究院2019年11月5日发布的《中国农产品流通行业发展模式与投资战略规划分析报告》。

业高质量发展的职能。

（三）现代流通体系通过外溢效应助推服务业高质量发展

现代流通体系的外溢效应可归纳为：现代流通体系通过外溢经济职能间接作用于服务业高质量发展。从前文分析得知，在经济增长过程中，流通业在盘活经济部门运转、商品和要素流动以及降低交易成本中发挥着不可替代的作用。与此同时，供给端的生产专业化与需求端的消费多样化之间有着天然的矛盾，而流通渠道和流通过程建设则能较好地解决上述矛盾。服务业高质量发展具有显著的生产专业化特征，这意味着服务业生产的部门政策放宽，生产的专业化程度提高，生产的序列被不断拉长。对于多样化需求偏好的消费者而言，服务业的产出品大多以专业化、局部化的形态出现，在供需匹配上需要花费较高的搜寻成本、交易成本。而现代流通体系建设则可以将涵盖了各种专业化、信息化、商业化、网络化的服务信息匹配至消费群体之中，不仅可以完成服务业买卖基本职能，而且可以完成流通过程中派生出的或外溢出的其他职能，比如技术咨询、广告业务、售前和售后服务等。这再一次表明，现代流通体系的职能已经由单纯的交换中介转变为综合服务，现代流通体系基于较好地适应多样化消费需求的能力，引导、参与并解决了服务业专业化生产带来的供需匹配矛盾，有助于相关服务业领域、环节降低成本、提高效率，助推服务业高质量发展。

第三节　现代流通体系影响服务业高质量发展的实证检验

本小节将基于前述理论机制分析的研究内容，通过构建 FE、IV - 2SLS、SYS - GMM 等实证计量模型，实证检验现代流通体系对服务业高质量发展的影响。一方面，考察现代流通体系与服务业之间的相关关系；另一方面，通过构建中介效应模型分别检验物流成本、商流—物流—资金流—信息流的融合度以及外溢效应三个作用机制，综合考察现代流通体系对服务业高质量发展的内在机制。本章依托 2011 ~ 2019 年中国样本城市相关数据来甄别现代流通因素对城市服务业高质量发展状态的影响，并进一步检验相应的传导机制。

一、模型设定

基于前述理论分析，现代流通体系因素影响城市服务业高质量发展指数的基本计量回归模型设定如式（4-9）所示。

$$SER_{it} = C + \varphi CIR_{it} + \lambda \sum_{\varphi=1}^{\phi} x_{\varphi it} + \mu_i + \eta_t + \varepsilon_{it} \qquad (4-9)$$

式（4-9）中，下角标 i、φ 和 t 分别表示城市、控制变量的个数和年份；SER 表征服务业高质量发展质量指数；CIR 代表现代流通体系（主要是指批发和零售业）；x 为控制变量的集合；μ 和 η 分别表示地区固定效应和时间固定效应；ε 为随机扰动项。

与此同时，将现代流通体系影响服务业高质量发展指数的中间机制模型如式（4-10）所示。

$$SER_{it} = C + \beta_j \sum_{j=1}^{3} CIR_{it} \times M_{ijt} + \lambda \sum_{\varphi=1}^{\phi} x_{\varphi it} + \mu_i + \eta_t + \varepsilon_{it} \qquad (4-10)$$

式（4-10）中，下角标 i、φ 和 t 分别表示城市、控制变量的个数和年份；SER 表征服务业高质量发展质量指数；CIR 代表现代流通体系（主要是指批发和零售业）；M 是指中间变量，包括物流成本、商流—物流—资金流—信息流的融合度以及外溢效应三个部分；x 为控制变量的集合；μ 和 η 分别表示地区固定效应和时间固定效应；ε 为随机扰动项。

二、指标选择及其度量

首先是被解释变量。采用服务业高质量发展指数表征（SER）。该综合指数由产业结构、产业创新、产业效率、产业开放度和产业协同度 5 个一级指标构成。其中，产业结构指数包含生产性服务业比重、服务业制造业之比、高端服务业比重、数字经济比重 4 个二级指标。同理，其他一级指标由包括单位工业产值废水排放量、技术支出强度、创新创业总量指数等在内的二级指标组成。需要指出的是，生产性服务业包括交通运输、仓储和邮政业，信息传输、计算机服务和软件业，金融业，租赁和商务服务业以及科学研究和技术服务业等；高端服务业涵盖信息传输、计算机服务和软件业，金融业，租赁和商务服务业，科学研究和技术服务业等。上述一级指标和二级指标的数据均源自《中国城市统计年鉴》相应各期。

其次是核心解释变量。本部分考查的是现代流通体系对服务业高质量发展的影响，为此，本部分对应选取批发和零售业就业人数占城市总就业人数的比重表征现代流通体系（CIR）。此处，批发和零售业指从工农业生产者、批发贸易业等生产部门购入商品，转卖给城乡消费者作为生活消费和售给社会组织或集团作为公共消费的行业。为了得到无偏估计结果，本部分选取交通运输业就业占比作为批发和零售业就业占比（CJR）的替代性指标进行稳健性检验。

再次是中间机制变量。包括区位熵、规模效应指数、城市创新创业指数三个变量。一是区位熵（*quwei*），衡量某一城市各生产要素的空间分布情况，反映某一产业部门的专业化程度。一个城市的专业化水平越高，该产业的集聚度亦越高，聚集所发挥的降低交易成本的作用亦会越高。因此，此处将区位熵用于表征现代流通体系对服务业高质量发展所起到的降低物流成本和交易成本这一作用机制。二是规模效应指标（lnscale），用于检验物流成本、商流—物流—资金流—信息流的融合度机制。规模变量采用实际 GDP 除以地区各城市到胡焕庸线的垂直距离表征，经济学含义为单位生态承载力的产出水平。其中，实际 GDP 衡量经济增长规模；与此同时，将地区省会城市到胡焕庸线的垂直距离置于分母的位置，考虑的是服务业高质量发展均难以脱离生态承载力这一自然地理因素而独立产生，除以该垂直距离可以缓解实际 GDP 总量指标没有区分各城市在土地规模、交通距离等总量规模上的差异。三是城市创新创业指数（*innovation*），衡量现代流通体系对服务业高质量发展的技术溢出效应。

最后是控制变量。主要包括：实际 GDP（*gdp*）及其二次项；科技研发支出占比（*tec*）；城市环境污染治理投资占总财政支出的比重（*envirb*）；在校大学生数量（*edu*）；实际利用外资额（*fdi*）；城镇化率（*city*），采用城镇人口与总人口之比表征。为减少异方差及离群点的影响，除城市环境污染治理投资占总财政支出的比重（*envirb*）变量以外，其他控制变量在实证分析中均采用对数形式。

三、数据来源

如前所述，各变量数据来源于中国环境监测总站以及各省市相应年份统计年鉴，主要包括：《中国城市统计年鉴》《中国统计年鉴》《中国能源统计年鉴》《中国能源统计年报》《中国环境统计年鉴》相应各期以及各省市相应年份统计年鉴。各变量的统计性描述如表 4-3 所示。

表 4-3　　　　　　　　各变量的统计性描述

变量	实测值	均值	标准偏差	最小值	最大值
SER	1680	0.019	0.02	0.006	0.606
CIR	1671	22473.116	69497.247	0	939487
CJR	1637	19469.504	56520.299	0	666300

变量	实测值	均值	标准偏差	最小值	最大值
envirb	1680	1.284	2.957	0	101.111
fdi	1680	99630.113	230316.27	3	3100000
scale	1680	8515.074	142946.51	−71.656	2700000
quwei	1680	0.865	0.479	0.019	2.916
city	1680	0.356	0.24	0.047	1
ind	1680	0.48	0.102	0.145	0.88
tec	1679	64046.105	263911.29	44	4000000
innovation	1668	51.693	28.229	0.683	100
edu	1679	615635.08	788450.6	10315	8873761
ln*fdi*	1680	10.08	1.911	1.099	14.947
ln*inno*	1668	3.701	0.834	−0.382	4.605
ln*tec*	1679	9.322	1.712	3.784	15.202
ln*gdp*	1680	6.947	1.003	4.009	10.019
ln*gdp2*	1680	49.27	14.214	16.073	100.372
ln*scale*	1524	0.816	1.412	−4.251	14.809

注：本表为笔者自行测算得出。

四、实证结果分析

（一）基准回归

表4-4展示了现代流通体系对服务业高质量发展指数的影响的回归结果。其中，模型1~模型6分别考察在不断增加控制变量情形下，批发和零售业就业占比变量（*CIR*）对服务业高质量发展指数变量（*SER*）的作用大小和方向。研究结果显示：在逐渐增加各控制变量的情况下，批发和零售业就业占比对服务业高质量发展指数均呈现出显著为正的积极影响。模型1~模型6的回归系数分别为：0.00014、0.00013、0.00019、0.00028、0.00028和0.00024。这意味着，更高的批发和零售业就业占比，会助推服务业的更高质量发展，并且，随着控制变量的增多，批发和零售业就业占比对服务业高质量发展指数的作用亦越来越高（模型4~模型6略微有些下降）。

表 4 - 4 基准回归结果

变量	模型 1	模型 2	模型 3	模型 4	模型 5	模型 6
CIR	0.00014 ** (2.50)	0.00013 ** (2.46)	0.00019 *** (2.68)	0.00028 * (1.91)	0.00028 * (1.91)	0.00024 ** (1.66)
$gdpb$		0.00003 (1.23)	0.00003 (1.30)	0.00003 (1.36)	0.00003 (1.36)	0.00002 (1.27)
tec			1.73E - 08 (1.00)	9.87E - 09 (0.84)	9.87E - 09 (0.84)	1.02E - 08 (0.84)
edu					5.97E - 09 (0.89)	5.79E - 09 (0.85)
fdi						2.52E - 10 (0.04)
$\_cons$	0.01848 *** (147.05)	0.01830 *** (71.16)	0.01659 *** (9.79)	0.01328 *** (2.67)	0.01329 *** (2.67)	0.01195 ** (2.21)
$R - sq$	0.003	0.005	0.028	0.019	0.018	0.023

注：括号内为 t 值，***、**、* 分别表示在 1%、5% 和 10% 的水平上显著。

（二）稳健性分析

上文给出了固定效应模型下的基准回归结果。为了使得回归结构更加无偏，本部分在此进行稳健性分析，并从以下三个方面加以开展。一是变更实证方法。由 FE 模型向 SYS - GMM 转变，回归结果见模型 7：批发和零售业就业占比的回归系数在 1% 的水平上显著为正，并达到 0.0126。该结果依然显著地表明，现代流通体系对服务业高质量发展有显著的正向促进作用。这一结果与模型 1 ~ 模型 6 的结果相一致。二是变更核心解释变量。由批发和零售业就业占比（CIR）向交通运输业就业占比（CJR）转变，回归结果见模型 8：交通运输业就业占比的回归系数在 1% 的水平下同样显著为正，并达到 0.00686。该结果依然显著地表明，现代流通体系对服务业高质量发展有显著的正向促进作用。这一结果与模型 1 ~ 模型 6 和模型 7 的结果相一致。三是将批发和零售业就业占比（CIR）和交通运输业就业占比（CJR）加总作为核心解释变量（CIRCJR），并加以实证分析（见模型 9）。回归结果显示：综合变量（CIRCJR）的回归系数同样在 1% 的水平下同样显著为正，并达到 0.00136。综合模型 7、模型 8 和模型 9 的稳健性回归结果，可知现代流通体系对服务业高质量发展存在显著的正向促进作用的研究结论具有稳健性，如表 4 - 5 所示。

表 4 - 5　　　　　　　　　　　稳健性分析结果

变量	模型 7	模型 8	模型 9
L. SER	0. 638 *** - 0. 0282	0. 676 *** - 0. 0322	0. 663 *** - 0. 00409
CIR	0. 0126 *** - 0. 00487		
CJR		0. 00686 ** - 0. 0032	
CIRCJR			0. 00136 *** - 8. 72E - 05
ln*gdp*	0. 000184 - 0. 00718	- 0. 00661 - 0. 00504	- 0. 0228 *** - 0. 000672
ln*gdp2*	- 0. 000149 - 0. 000568	0. 000424 - 0. 000374	0. 00161 *** - 4. 84E - 05
ln*fdi*	- 0. 000363 * - 0. 000213	- 0. 000206 - 0. 000152	- 3. 43E - 05 ** - 1. 37E - 05
ln*tec*	- 0. 000479 - 0. 000356	- 0. 000431 * - 0. 000242	- 0. 000785 *** - 2. 43E - 05
envirb	- 2. 29E - 05 - 0. 00012	- 5. 86E - 05 - 0. 000125	- 0. 000152 *** - 2. 04E - 05
ind	0. 00038 - 0. 00408	- 0. 00205 - 0. 0031	- 0. 00385 *** - 0. 000249
city	- 0. 00307 * - 0. 00169	- 0. 00111 - 0. 00131	0. 00368 *** - 7. 10E - 05
Constant	0. 0168 - 0. 022	0 0	0. 0927 *** - 0. 00244
Observations	1380	1346	1346
Number of id	280	280	280
AR（1）_P	0. 000	0. 949	0. 601
AR（2）_P	0. 256	0. 273	0. 316
Hansen_P	0. 058	0. 090	1. 000

注：括号内为 z 值，*** 、** 、* 分别表示在 1%、5% 和 10% 的水平上显著。

（三）机制分析

上文指出，现代流通体系通过降低交易成本、提升商流—物流—资金流—信息流的融合度的规模效应和技术溢出效应三个渠道作用于服务业高质量发展。为此，本部分接下来将分别构建批发和零售业就业占比与三个中间变量的交互项，来综合考察作用机制的存在性及其合理性。三个交互项分别为：一是批发和零售业就业占比与城市创新创业指数的交互项（$CIR \times Innovation$），用于表征现代流通体系对服务业高质量发展的技术溢出效应；二是批发和零售业就业占比与区位熵的交互项（$CIR \times quwei$），用于表征现代流通体系对服务业高质量发展的成本效应；三是批发和零售业就业占比与规模指数的交互项（$CIR \times lnscale$），用于表征现代流通体系对服务业高质量发展的规模效应，如表4-6所示。

表4-6　　　　　　　　　　　机制检验结果

变量	模型 10	模型 11	模型 12
$L. SER$	0.662 *** -0.00449	0.679 *** -0.00521	0.636 *** -0.00384
$CIR \times Innovation$	3.31E-06 * -1.83E-06		
$CIR \times quwei$		0.000217 *** -6.05E-05	
$CIR \times lnscale$			0.000527 *** -3.22E-05
CIR	0.00248 *** -0.000166	0.000724 *** -4.78E-05	0.000147 *** -3.00E-05
$innovation$	-0.000164 *** -1.46E-05		
$quwei$		-0.00346 *** -0.000541	
$lnscale$			-0.00389 *** -0.000269
$Constant$	-0.0112 *** -0.00148	0.00414 *** -0.000361	0.0103 *** -0.000176
控制变量	是	是	是

变量	模型 10	模型 11	模型 12
Observations	1379	1389	1259
Number of id	278	280	254
AR（1）_*P*	0.087	0.104	0.103
AR（2）_*P*	0.203	0.233	0.340
Hansen_P	0.873	0.953	0.952

注：括号内为 z 值，***、**、* 分别表示在 1%、5% 和 10% 的水平上显著。

表 4 - 6 列出了机制检验的回归结果。观察表 4 - 6 模型 10 可知，批发和零售业就业占比与城市创新创业指数的交互项（$CIR \times Innovation$）、批发和零售业就业占比（CIR）的回归系数均显著为正，表明城市创新创业指数在其中发挥了正向的调节作用，即批发和零售业就业占比对服务业高质量发展指数的正向影响因城市创新能力的提升而得到显著强化。观察模型 11 可知，批发和零售业就业占比与区位熵的交互项（$CIR \times quwei$）、批发和零售业就业占比（CIR）的回归系数同样全部显著为正，意味着专业化集聚在其中发挥了正向的调节作用，即批发和零售业就业占比对服务业高质量发展指数的正向影响因专业化聚集的提升而得到显著强化。观察模型 12 可知，批发和零售业就业占比与规模指数的交互项（$CIR \times \mathrm{lnscale}$）、批发和零售业就业占比（$CIR$）的回归系数同样全部呈现出显著为正的状态，意味着规模指数在其中发挥了正向的调节作用，即批发和零售业就业占比对服务业高质量发展指数的正向影响因规模效应的提升而得到显著强化。

第四节　本章小结

本章在对我国现代流通体系发展现状刻画的基础上，剖析了现代流通体系影响服务业高质量发展的理论机制，运用 2011 ~ 2019 年中国 285 个地级及以上城市相关数据，实证检验现代流通因素对城市服务业高质量发展状态的影响，并进一步检验相应的传导机制，得到如下的主要结论与启示。

其一，现代流通体系既涉及宏观层面、中观层面，也涉及微观层面；既包括硬实力建设，也包括软实力建设；既有点线面空间布局，也有虚拟的网络结构。因此，现代流通体系是全要素、全过程、全生命周期和全产业链的流通。流通效率的高低是评判流通体系高质量与否的首要指标（谢莉娟，2022），构建现代流通体系具有重要的作用，主要体现为两个方面：一方面，现代流通业在国民经济中发挥基础性、先导性和战略性作用；另一方面，现代流通体系能够引导生产、调节分配并促进消费。

其二，近年来，我国现代流通体系取得了长足发展，但区域之间存在比较大的差异。首先，在考察期内，全国层面和省域层面的流通行业取得了长足的进步，而从省域层面来看，广东、江苏、山东和浙江在考察期内处于全国领先地位。其次，区域流通行业的非均衡发展状态显著，一是从绝对值来看，东部地区最高、中部地区次之、西部地区最低；二是从增速来看，西部地区最高、东部地区次之、中部地区最低。最后，从纵向发展趋势来看，考察期内全国批发和零售业增加值的增长率波动下降。与此同时，生产性服务业高质量发展指数在 2010～2019 年基本维持在 0.02 的水平。

其三，改革开放以来，我国流通方式加速创新，市场供给更加多元发展，线上零售、网络直播、大型城市商业综合体等新业态持续涌现。现代流通产业已成为国民经济的基础性和先导性产业。但当前我国现代流通体系仍然面临着现代流通体系的顶层设计缺乏、流通业数字化转型较慢等"瓶颈"。

其四，现代流通体系在国民经济中发挥着基础性作用，并通过以下三个路径助推服务业高质量发展：一是现代流通体系通过降低物流成本助推服务业高质量发展；二是现代流通体系通过商流—物流—资金流—信息流的深度融合助推服务业高质量发展；三是现代流通体系通过引导、参与、化解服务业专业化生产带来的供需匹配矛盾，有助于相关服务业领域、环节降低成本、提高效率，助推服务业高质量发展。

其五，基于上述，应进一步收缩地方政府的权力，尤其是要进一步收缩地方性法规、行业部门制定法规政策制定权，由国家层面制定统一的市场交易、市场流通、知识产权保护、行政事业收费等规则标准，避免"政出多门"，进一步形成全国范围内统一的市场准入制度、统一的公平竞争制度以及统一的社会信用制度。此外，进一步发挥市场在资源配置中的决定性作用，只要不涉及国家政治经济文化安全的领域，对于可以由市场机制解决的一律让位于市场，由市场机制来引导资源的流量、流向，从而切实破除地方保护主义，打破地方垄断，建立全国统一的大市场。

第五章　自主可控供应链构建
与服务业高质量发展

习近平总书记指出，"在关系国家安全的领域和节点构建自主可控、安全可靠的国内生产供应体系"①。构建新发展格局的本质特征是高水平自立自强。供应链自主可控是中国这样的发展中大国经济稳定发展的重要基础和现实条件，新冠疫情进一步反映了供应链自主可控的重要性。经过多年建设，我国供应链的自主可控状况有了明显改善，但仍然存在供应链自主可控的稳定性不够、整合力不够以及成熟度不够等问题，一些关键原材料、关键环节、关键产品、关键技术受制于别国，对我国构建自主可控现代产业体系形成制约。自主可控供应链构建是实现高水平自立自强的重要路径，与服务业高质量发展相互促进、相辅相成，自主可控供应链通过闭环管理机制、降低信息不对称机制、企业间的协同合作机制以及提升供应链产品质量机制等路径推进服务业高质量发展。新发展格局下，通过强化自主可控技术开发、自主可控关键价值环节以及提升供应链整合能力等路径，构建自主可控供应链，助推服务业高质量发展。同时，也是"着力提升产业链供应链韧性和安全水平"的重要抓手。

第一节　我国自主可控供应链发展现状

一、自主可控内涵

"自主可控"学术界目前还没有统一的定义，其基本含义是独立自主且安全可控，核心特征是掌握一批关键核心技术，并具有原创性自主知识

---

① 习近平：《国家中长期经济社会发展战略若干重大问题》，载《求是》2020 年 10 月 31 日。

产权，从而在全球价值链（GVC）占据话语权（陈柳，2018），也就是在科技产业发展过程中，自己可以做主、别人难以支配，完全能够独立自主地依托具有本国自主知识产权的技术（刘志彪，2020）。对经济主体自主可控能力来源的研究包含三类：一是核心技术视角。从整合观、创新观、技术能力观等不同侧面探讨企业获取核心技术的方式（Prehalad & Hamel，1990；金碚，2003；史永乐和严良，2019）。二是标准制定视角。企业可以通过市场主导机制、委员会主导机制和政府主导机制参与标准制定（Wiegmann & de Vries，2017；张泳和林楚玲，2019）。三是商业模式视角。企业利用商业模式创新形成的市场势力在价值链条中处于支配地位（Teece，2010；李杰，2011；王金凤，2020）。

供应链通常是指从生产资料采购到产品制造、经由运输网络将产品运送到产品用户终端的过程，是将供应商、制造商、分销商直到最终用户连成一个整体的产业生态体系（张红凤和张新颖，2021）。供应链自主可控是产业安全的前提，供应链的技术不自主、关键供应环节不可控意味着经济难以稳定、不确定性增加。自主可控供应链构建核心是为了从根本上解决我国部分领域、部分环节供应被其他国家"卡脖子"的问题。比如2018年4月16日，美国宣布禁止向中兴通讯出售芯片产品，导致中兴无"芯"可用，为了解除相关禁令，中兴通讯缴纳了巨额罚金。再如2020年9月15日起，台积电、高通和美光等公司开始中断华为芯片供应，致使华为的经营陷入重重困境，最终华为不得不投入巨额资金进行芯片的研究。又如2020年初暴发的新冠疫情迫使世界各国相继"封城""封国"，各国经济相继出现了停摆现象，产业链供应链"断裂"，经济全球化进程受阻，最终导致了产品的长时间断供。

自主可控供应链是指供应链的关键环节、关键技术由自主控制，不受别国控制的状态。供应链自主可控意味着，在面临外部产品、零部件以及技术等供应受限时，仍然能够依赖国内稳定运行的供应链提供生产所需的产品和服务，实现国民经济的正常运转。换句话说，当供应链的自主可控能力较低时，关键产品和技术供应受制于人的情况就会出现。正因为如此，《中共中央关于制定国民经济和社会发展第十四个五年规划和二〇三五年远景目标的建议》提出了"坚持自主可控、安全高效，分行业做好供应链战略设计和精准施策，推动全产业链优化升级"的发展目标；2020年底的中央经济工作会议将"增强产业链供应链自主可控能力"确定为2021年经济工作的重点任务之一；党的二十大报告明确提出"着力提升产业链供应链韧性和安全水平"的目标。当然，强调供应链自主可控并不意味着与世界其他国家不合作、不分工，也不是不要融合全球创新网络，只是强调关键环节、关键技术的主导权、话语权在中国手里，我国自己有备份，不能因为国际关系紧张而被"卡脖子"，或成为被其他国家要挟的"工具"。

二、我国供应链自主可控状况分析

经过多年的发展，我国已经建立了体系齐全、门类完整的产业体系和相对独立的现代国民经济体系，产业链和供应链相对比较完整，产业规模和配套优势明显，产业链和供应链有较强的韧性。通过深度参与世界经济一体化为全球产业链、供应链作出了重大贡献。尽管如此，我们仍然看到，我国产业供应链是低水平的，供应链自主性是脆弱的，受到国外供应链的约束，尤其是关键性环境的约束比较明显，概括起来主要表现在以下几个方面。

（一）我国供应链自主可控状况

1. 我国供应链自主可控的稳定性不够

自1978年改革开放以来，虽然国内企业凭借着低廉的劳动力成本优势融入全球价值链分工之中，但科技服务、品牌营销、产品设计和咨询服务等高附加值环节却为发达国家的跨国公司所掌控，国内企业多从事生产、加工等低附加值环节。需要说明的是，处于价值链低端的企业极易被他国企业所替代。比如，随着我国人口红利的逐渐消退，外资企业纷纷从中国撤离并搬往劳动力使用成本更低的东南亚国家，我国抑制部分外资企业产业链外移的难度加大。外资企业撤离中国之前，外资企业在利用中国的廉价劳动力进行生产并获取超额利润的同时，国内企业也能通过吸取外资企业带来的技术溢出来提升自身的技术水平，进而提升国内产品的质量水平，但并未成为真正自主创新的主体，严重影响产业升级和价值再造，被沦落至"低端锁定"区域（张志鑫和闫世玲，2022）。外资企业撤离中国之后，国内企业将无法继续通过吸取技术溢出来提升自身的技术水平，这从侧面说明了以外资企业提供技术服务为特征的供应链并不稳定。

2. 我国供应链自主可控的整合力不够

供应链的整合力体现一个国家、区域乃至龙头企业的实力，主要通过发达的生产性服务业来实现。而供应链的整合力具体通过供应链长度、高度来实现。具体地，可通过构建供应链长度指标来衡量供应链发展情况，如果供应链越长，则可认为供应链发展得越强大，反之越弱小。举例来看，王绍媛等（2019）在测算2014年服务业各行业的价值链长度时发现，中国除了批发零售业，交通运输、仓储和邮政业，住宿和餐饮业，金融业，租赁和商务服务业，科学研究和技术服务业等行业的价值链长度排名第一之外，农、林、牧、渔专业及辅助性活动，水利，环境和公共设施管理业，信息传输，软件和信息技术服务业，房地产业，水利，环境和公共设施管理业，教育业，卫生和社会工作服务业等行业的价值链长度排名落后于卢森堡、斯洛伐克、拉脱维亚和奥地利等国家。供应链作为价值链的一种表现形式，其长度排名与价值链长度排名类似。也就是说，虽然我国部分行业的供应链长度排名靠前，但仍有不少行业的供应链长度排名落后于其他国家。从供应链的高度来看，主要体现在高附加值、高技术含量供应环节的支配力，由于我国的科技研发、工业设计以及市场营销等行业发展滞后，导致无论是制造业还是服务业的高附加值环节都受制于别人，从而供应链高度偏低。

3. 我国供应链自主可控的成熟度不够

2020 年初暴发的新冠疫情迫使国内经济的正常运行受阻，得益于我国的新型举国体制优势，国内疫情迅速得到了阶段性控制。但是，国际疫情变得日益严重，疫情防控使得各国经济出现了较长时期的停摆，部分零件供应出现了中断的情况。由于经济的全球化发展，各国经济早已紧密地联系在了一起，一国生产的产品往往是另一国的中间投入品，零件供应的中断必然导致了全球供应链的中断。作为对外开放程度较高的国家，中国的进出口总额远超世界上大多数国家，如 2021 年中国货物进出口总额为46462.60 亿美元，在世界主要国家和地区货物进出口总额中排名第一①。巨额的货物进出口总额表明，中国经济的发展离不开世界经济的发展，受新冠疫情的影响，世界各国纷纷采取"封城""封国"的措施来防控疫情，国际贸易活动变得不再频繁。例如，中国呼吸机生产的核心元器件供应不足，如芯片、流量传感器、比例阀等。我国生产的中高端呼吸机的比例阀基本来自德国、意大利，涡轮风机来自德国，压力传感器来自美国②。正因为如此，由于国外疫情在一段时间内无法得到有效的控制，中国从国外进口中间品受阻，国内企业依靠进口中间品进行生产的模式将无法延续。也就是说，全球供应链中断将成为常态，依靠全球供应链组织生产的模式将变得不安全。为了有效抵制全球供应链中断带来的风

---

① 倪浩、沈维多，等：《"成绩单"亮眼！中国外贸规模首破 6 万亿美元，顺差 6764 亿美元》，环球网，2022 年 1 月 15 日，https://world.huanqiu.com/article/46P7XHPR3PH。
② 陈曦、金凤：《中国呼吸机遭全球疯抢，关键元器件核心技术亟待解决》，载《科技日报》2020 年 4 月 2 日。

险，在国内构建自主可控的供应链成为必然选择。然而，国际供应链的发展历程表明，任何一个国家短期内都难以形成一整套行之有效的供应链体系。

（二）我国供应链难以自主可控的原因分析

1. 核心技术缺少自主知识产权，自主可控供应链构建的内源性动力不足

自主知识产权是自主可控供应链构建的内源性动力。近年来，我国部分企业掌握了拥有自主知识产权的核心技术，如"天问一号"火星探测器成功发射、"天和"空间站核心舱成功发射、北斗三号全球卫星导航系统正式开通等。但总体来看，核心技术难以自主仍然是关键短板。一是核心技术领域原生态创新缺乏。中国发明专利授权规模大，根据国家知识产权局公布的 2020 年数据，我国授权发明专利达到 53 万件，每万人发明专利拥有量达到 15.8 件，我国申请人通过《专利合作条约》途径提交的 PCT国际专利申请达到 6.9 万件，稳居世界首位。但不能不看到，我国专利成果大多停留在基于国外核心技术、依据现实应用需求的改进层面，原生态技术的原始创新相对缺乏，拥有自主知识产权的核心技术创新成果占比偏低。二是前沿技术、颠覆性技术创新能力弱。经过 70 多年的积累，截至2018 年底，我国科技人力资源总量达 10154.5 万人，规模继续保持世界第一[1]。但应用学科人才占比高，创新活动的应用性、跟随性、模仿性特征明显，前沿技术、颠覆性技术的创新能力与发达经济体存在一定差距，尤其是缺乏利用前沿技术、颠覆性技术孵化培育新产业的成功案例。这是因为，长期以来，模仿创新和技术移植是沿袭发达国家科技创新的既有成熟模式，所以学习、微调和模仿成为我国创新的主流模式，从而引发自主创新能力发育迟缓、核心技术研发停滞搁浅，导致"只跟不超"的被动局面（张志鑫和闫世玲，2022）。三是战略性科技人才和科学家缺乏。习近平总书记曾强调，要深化科研人才发展体制机制改革，完善战略科学家和创新型科技人才发现、培养、激励机制，吸引更多优秀人才进入科研队伍[2]。如上所述，中国各类高层次人才中擅长论文发表的占大多数[3]，但"从 0到 1"重大原创、原始创新、集成创新、把握科技发展大势、科学判断创

---

① 郭静原：《我国科技人力资源规模保持世界第一》，载《经济日报》2020 年 8 月 13 日。

② 习近平：《构建起强大的公共卫生体系　为维护人民健康提供有力保障》，载《求是》2020 年 9 月 15 日。

③ 2017 年，《科学》（Science）、《自然》（Nature）和《细胞》（Cell）三大国际名刊共刊发论文 5697 篇，其中，中国论文 309 篇，排名世界第 4 位。

新方向的战略性科技人才总体不足，具有引领全球技术发展方向的战略科学家数量并不多见，这就制约了我国自主创新能力的提升。

2. 关键价值环节缺乏自主控制，自主可控供应链构建主动权受制于人

关键价值环节的自主控制是自主可控供应链构建的关键，然而，我国一些战略性领域的关键价值环节缺乏自主控制的现象比较突出。一是产品制造的关键原材料依赖于国外。2020 年 11 月 30 日，科学技术革新大会上，中国科学院大学指出我国在 35 项关键技术上被"卡脖子"，涉及操作系统、核心算法、扫描玻璃、光刻机、芯片、水下连接器、激光雷达、光刻胶等。比如，液晶面板的间隔物微球、导电金球依靠日本企业提供，液晶分子材料来自德国企业；偏光片的核心原材料 PAC 膜和 TAC 膜依赖日本进口；激光显示的投影机核心成像器件来自美国和日本。二是产品制造的关键环节依赖于国外。多数企业专注于中间产品的生产或终端产品的组装，核心价值环节主要依赖于国外跨国公司，比如，电脑制造中的关键芯片、集成电路、核心软件，车用燃料电池的膜电极组件与双极板等关键环节国内基本无法提供。三是产品制造的关键装备依赖于国外。风能设备、太阳能、软件信息服务是国内的新兴培育产业，但 OLED 制造设备真空蒸镀机、风能设备的单晶高温母合金及叶片制备、芯片制造的光刻机主要依靠国外供应。此外，海洋工程装备、新能源装备、智能装备、轨道交通装备等也主要依赖于国外。四是产业发展的"命门""卡脖子"技术短板现象普遍。以东部制造业发达、科技资源丰富的江苏为例，调查结果显示，江苏全省 13 个重点培育的先进制造业集群中，有 16 个重点产业领域 126 项"卡脖子"技术短板亟待攻关突破，其中 44 项完全受制于国外。① 又如"卡脖子"芯片面临的困境更加尴尬，仅从产品种类来说，芯片的种类就有几十种大门类，上千种小门类。如果涉及设备流程的话就更多了。美国是全方位、整体上处于全球的领先地位，近年来中国有所突破，但只是在某些领域里，并且这些领域也都是非核心、非高端的领域，比如 CPU、存储器、FPG 及高端的模拟芯片、功率芯片等领域，中国也几乎是空白。如果中国发力研发，在某些小的门类中可能会有所突破②。

3. 产业链整合能力相对偏弱，自主可控供应链构建整体性受到制约

产业链整合能力是自主可控供应链构建的核心，其整合能力主要来自

---

① 石晓鹏：《江苏产业创新体系的现状与未来》，载《唯实》2020 年第 9 期。

② 温婧：《揭秘：一颗"芯"如何炼成？需要 5000 道工序，几乎被美日垄断》，北京青年报，2018 – 4 – 23，http://epaper.ynet.com/html/2018 – 04/23/content_285492.htm。

大型科技类核心企业、行业领先企业及战略引领性集群，目前我国这方面仍然存在短板。一是大型科技类核心企业相对不足。全国虽有数量众多的科技类企业，如图 5-1 所示，2010~2019 年，我国高新技术企业数量年均增速超过 25%，2019 年高新技术企业总数达 218544 家，但从总体来看，除少数中央企业以及华为、腾讯、大疆、科大讯飞等大型科技类龙头企业外，绝大多数企业单体规模偏小、影响力偏弱，缺乏微软、丰田、苹果等国际知名的科技实力雄厚的企业。二是行业领先企业缺乏。2020 年世界品牌实验室发布的《世界品牌 500 强》前 100 强中，中国有腾讯、海尔、中国南方电网、徐工、华为、阿里巴巴等 43 家企业上榜，除了国家电网、腾讯、海尔，其他排名都在 50 名以外。三是战略引领性集群偏少。为了培养代表中国冲击"世界级先进制造业集群"的制造业集群，工业和信息化部在全国范围内分二批遴选了 25 个先进制造业集群入选"国家队"重点培育，这些产业来自 9 个省市，单个集群产业规模大，在国内具有较大的影响力，但从全球角度来看，除了上海张江高科技园、北京中关村软件园等战略引领性集群外，绝大多数集群内企业整体技术水平偏低，整机产品、高科技产品和高附加值产品偏少。纺织服装、食品加工等传统产业集群占比份额大，新一代信息技术、高端装备、生物医药、数字经济、人工智能等代表未来产业发展的产业集群占比低。有的产业集群属于新兴产业领域，仍然存在高附加值环节、关键环节及其零部件不能自主可控的情形。

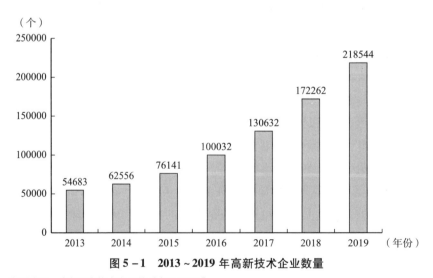

图 5-1 2013~2019 年高新技术企业数量

资料来源：《中国高技术产业统计年鉴 2020》。

4. 生产性服务供给质量偏低，自主可控供应链构建系统性难以集成

现代服务型制造体系是助推构建自主可控供应链构建的软引擎，然而，目前全国生产性服务供给质量偏低，无法提供制造业集成发展的"软件"支撑①。一是功能发挥以基础性作用为主。笔者通过对2020年江苏生产性服务业发展状况的调查，结果显示，超过90%生产性服务企业认为，企业生存的原因在于能够"提供专业化、标准化服务"；对于制造企业为何对外购买服务，100%的企业回答是"节约成本、提高效率"，至于生产性服务业是否具有"孵化新产品、培育新行业的功能"，仅有7%左右的企业认为有"可能"。二是结构优化滞后于现实需求。生产性服务行业结构优化滞后于制造业结构演进动态需求。以江苏为例，2006～2018年，尽管全省生产性服务业增加值占服务业比重由36.12%上升到49.90%，但细分行业贡献率呈现结构失衡，如金融业贡献率由19.11%增加到37.68%，科学研究和技术服务业贡献率由11.15%下降到9.23%，信息传输、计算机服务和软件业的贡献率由19.11%下降到17.68%。② 三是供给模式主动创造性不足。根据2020年江苏生产性服务业发展状况调查结果显示，超过80%的被调查服务业企业业务需求来自制造企业，能够主动提供"价值链不同环节资源端到端、点到点精准对接"的企业不及10%，能够主动为制造企业提供"生产体系设计、供应网络搭建"等业务企业基本空白，先进制造业体系建设出现"开环""断链"。

第二节　自主可控供应链影响服务业高质量发展的理论机制

一、自主可控供应链通过闭环管理机制促进服务业高质量发展

传统的供应链是一个开环系统，产品依次经历生产、消费和废弃的过程，而闭环供应链使得产品依次经历生产、消费和回收再利用的过程（赵晓敏等，2004）。自主可控供应链能够通过供应链的闭环管理机制来促进服务业的高质量发展。这是因为，闭环供应链包括正向和反向两条供应

---

① 国内政府部门、学术界将服务于制造业的生产性服务业定义为"制造服务业"，这样有助于对应生产性服务业的功能。

② 数据来源：《江苏统计年鉴（2006–2018）》。

链。正向供应链向消费者提供最终商品，反向供应链使得废弃品得以回收再利用。两条供应链相互依存、相互作用，并形成一个闭环系统（Thierry，1995；Guide，2003）。赵晓敏等（2004）指出，闭环供应链管理理念强调通过链条上每个实体的协同动作来促使整个系统获取最大收益。自主可控供应链使得供应链的管理可控，这显然有利于服务业的高质量发展。与传统供应链管理相比，闭环供应链管理的层级更高。从广度上来看，闭环供应链管理需要同时优化正向供应链和反向供应链；从深度上来看，由于正向供应链和反向供应链是相互储存、相互作用的，相应地，闭环供应链的管理也必然是复杂的、动态变化的。而自主可控供应链的发展使得闭环供应链管理的实施成为可能，闭环供应链管理在促进地区经济增长的同时，也优化了区域自然环境。作为高技术密集度、高知识密集度的服务业，良好的区域自然环境无疑成为吸引服务业企业入驻的一个有利因素。同时，区域自然环境的优化一方面能够促使服务业绿色发展，另一方面能够提升服务业从业人员的工作状态，进而提升服务业的发展质量。

二、自主可控供应链通过降低信息不对称机制来促进服务业高质量发展

自主可控供应链的构建能够降低信息不对称，进而促进服务业高质量发展。需要说明的是，信息不对称包括事前信息不对称和事后信息不对称两个方面。事前信息不对称易产生"劣币驱逐良币"的逆向选择问题，而事后信息不对称则会产生道德风险问题。自主可控供应链的构建有利于自主可控供应链网络的形成。陈志新和张忠根（2010）将供应链网络视为一个"虚拟企业社区"，社区内部企业之间相互合作、相互信任，彼此之间存在长期合作的关系。也就是说，自主可控供应链的构建使供应链上下游的企业紧密地联系在一起，能够在很大程度上纠正市场失灵所引起的信息不对称问题。此外，自主可控供应链的构建有利于自主可控的供应链金融的发展。宋华和卢强（2017）的研究表明，由供应链网络中核心企业主导的供应链金融也能够缓解信息不对称问题，进而提升供应链网络中各企业的融资绩效。具体地，得益于自主可控供应链的构建，供应链网络中的资金供给方能够高效地对供应链中的资金使用情况进行监督（Wuttke et al.，2013），这在一定程度上降低了投融资风险。对于供应链网络中的制造业企业而言，自主可控供应链的构建使得其融资过程变得便利，产品的生产过程得到了加快，而制造业的快速发展对服务业的高质量发展提出了更高的要求。对于供应链网络中的服务业企业而言，自主可控供应链的构建通过筛选供应企业、降低信息不对称这一渠道使得其服务制造业企业的效率

得到了提升，从而促成了服务业的高质量发展。

三、自主可控供应链通过企业间的协同合作机制促进服务业高质量发展

自主可控供应链的构建能够促成各节点企业间的协同合作，进而促进服务业的高质量发展。陆杉和高阳（2007）发现，供应链网络中各节点企业间的协同合作是供应链管理的核心所在。有学者从供应端协同管理的视角强调了企业间协同合作的重要性（Qrunfleh & Tarafdar，2013）。企业协同效率的提升与协同成本的降低共同提升了供应链竞争力，使得供应链呈现出精益化和敏捷性特点（肖静华等，2015）。其中，精益化侧重于节约成本，敏捷性侧重于快速响应客户需求。值得强调的是，供应链的精益化和敏捷性特征的形成是以供应链网络中各企业间的协同合作为前提的，而企业间的高效率的协同合作又是以供应链的自主可控为前提的。比如，供应链网络中的核心企业可通过构建敏捷型供应链来顺利实现大规模定制并有效地防范供应链的中断风险（Silveira et al.，2001；王海军等，2018）。只有在供应链自主可控的情况下，供应链网络中各节点企业通过协同合作以迅速应对顾客需求变化的机制才能形成。孙新波等（2019）指出，企业动态能力是产生供应链敏捷性特点的重要原因。显然，供应链的自主可控能力也是企业动态能力的一种。需注意到，服务业企业需要为供应链网络中各个节点企业提供诸如物流、咨询和营销等服务，如果供应链出现中断的情况，服务业的服务过程也将中断，这势必会影响供应链网络中各个节点企业的服务体验。相反，通过构建自主可控的供应链来促成各节点企业间的高效协同合作，进而能够促使供应链呈现出敏捷性特点，这将增强供应链网络中核心企业应对外部风险的能力，各节点企业对服务业企业提供连续服务的需求必然会增加，从而倒逼服务业企业提升持续服务的能力。

四、自主可控供应链通过提升供应链产品质量机制来促进服务业高质量发展

自主可控供应链能够提升供应链产品质量，而供应链产品质量的提升对服务品质提出了更高的要求，进而促成了服务业的高质量发展。具体地，自主可控供应链的构建有助于高效的供应链管理，供应链网络中的各节点企业通过将非核心业务外包给其他企业，专注于自身核心业务，从而提升产品质量。朱世平（2006）的研究也表明，企业将其主要精力聚集于某一领域，有助于核心竞争力的形成。显然，自主可控供应链的构建使得各节点企业能够根据自身特点进行精准定位，通过统筹安排，整个供应链

系统的运行效应可以达到帕累托最优。如果供应链的自主可控程度较低，那么供应链中各节点企业的生产经营活动将变得无序，企业间也会产生利益分配的不合理现象。需要说明的是，利益分配不合理将会产生供应链双重边际性，在信息不对称的情况下，供应链产品质量将受到一定程度的损害（王洁，2010）。此外，在供应链的自主可控程度较低的情况下，各节点企业的协同合作也将变得不稳定，通过压低生产经营成本以最大化自身利益往往成为各节点企业的首要选择，结果导致供应链产品质量不高、供应渠道不稳定。在上述情况下，各节点企业对高质量服务的需求也会降低，这显然不利于服务业的高质量发展。相反，如果供应链能够在较高程度上实现自主可控，那么供应链管理效率将得到提升，供应链产品质量也能得到保障，高质量的供应链产品势必需要高质量的服务与之相配套。换句话说，自主可控供应链的构建促进了服务业的高质量发展。

第三节　自主可控供应链影响服务业高质量发展的实证检验

为了检验自主可控供应链对服务业高质量发展的影响，基于前面的分析，首先，本部分对自主可控供应链、服务业高质量发展进行测算；其次，建立计量模型，说明数据来源；再次，建立计量模型，对自主可控供应链对服务业高质量发展影响进行实证检验；最后，是本节研究结论。

一、相关指标的测算

（一）自主可控价值链的测算

我们使用供应链长度作为自主可控供应链的代理指标。如果供应链长度越长，则说明供应链的可控程度越高；如果供应链长度越短，则说明供应链的可控程度越低。借鉴王等（Wang et al.，2017）的做法，可通过计算一国某一部门的初始要素被投入他国并形成最终产品所经历的平均生产阶段数来表示产业的供应链长度。相应的计算公式如式（5-5）和式（5-6）所示。

$$Length = \hat{V}(E-A)^{-1}(E-A)^{-1}Y/\hat{V}(E-A)^{-1}Y \qquad (5-1)$$

$$V = Va \times \hat{X}^{-1} = (v_{11}, v_{12}, \cdots, v_{1n}) \qquad (5-2)$$

$$\hat{V} = diag(v_{11}, v_{12}, \cdots, v_{1n}) \qquad (5-3)$$

$$\hat{X} = diag(x_1, x_2, \cdots, x_n) \qquad (5-4)$$

$$A = \begin{bmatrix} a_{11} & a_{12} & \cdots & a_{1n} \\ a_{21} & a_{21} & \cdots & a_{2n} \\ \vdots & \vdots & \vdots & \vdots \\ a_{n1} & a_{n2} & \cdots & a_{nn} \end{bmatrix} \qquad (5-5)$$

$$a_{ij} = x_{ij}/x_j, \quad 其中，i, j = 1, 2, \cdots, n \qquad (5-6)$$

其中，$Length$ 则为一国某一产业的供应链长度。假设有 C 个国家，且每个国家内存在 N 个行业，则 Y 是 $C \times N$ 行 1 列的最终需求列向量；E 是 $C \times N$ 行 $C \times N$ 列的单位矩阵；A 是 $C \times N$ 行 $C \times N$ 列的直接消耗系数矩阵；a_{ij} 是直接消耗系数，x_{ij} 表示一国的第 j 部门所消耗的他国的第 i 部门的价值，x_j 为一国的第 j 部门使用他国的所有生产要素而得到的总产出；Va 是 1 行 $C \times N$ 列的行业增加值矩阵；$\hat{X}$ 是以行业总产出为对角元素的 $C \times N$ 行 $C \times N$ 列对角矩阵；V 是 1 行 $C \times N$ 列的行业增加值系数矩阵；$\hat{V}$ 是以增加值系数 v_{1j} 为对角元素的 $C \times N$ 行 $C \times N$ 列对角矩阵。因为本部分研究所用到的投入品数据来自中国各个行业，所以本部分的 C 取值为 1。如式（5-7）所示。

$$\begin{cases} x_{11} + x_{21} + \cdots + x_{n1} + va_1 = x_1 \\ x_{12} + x_{22} + \cdots + x_{n2} + va_2 = x_2 \\ \qquad \cdots\cdots \\ x_{n1} + x_{2n} + \cdots + x_{nn} + va_n = x_n \end{cases} \qquad (5-7)$$

注意到，本部分计算中国各产业供应链长度所使用的基础数据均来自最新版本的世界投入产出数据库（WIOD）。WIOD 主要收录了 2000~2014 年世界上 43 个国家（地区）56 个行业的投入产出数据，但中国的 56 个行业中有 9 个行业的历年中间投入数据为 0，故在研究时进行舍去处理[①]。因此，本部分研究的样本年度为 2000~2014 年，样本行业种类数为 47。在对每年的 WIOD 进行数据筛选时，首先，保留中国 47 个行业的中间投入数据；其次，固定住中国的每一个行业，将所有国家（包括中国）对其中间品消耗按行业进行加总；再次，固定住中国的每一个行业，将所有国家（包括中国）对其最终需求进行加总；最后，保留世界上每一个部门使用中国的中间投入品而生产的总产出数据，并根据式（5-7）所示的投入平衡方程组得到中国每一个行业的增加值，最终得到本部分所需要的投入

---

① 这 9 个行业在《国际标准行业分类（ISIC Rev 4.0）》中的代码分别是 C33、G45、J58、J59~J60、K66、M71、M73、T 和 U，代码所对应的行业说明详见 https://www.rug.nl/ggdc/html_publications/memorandum/gd162.pdf。

产出表。其中，式（5-7）中的 x_{ij} 表示所有国家（包括中国）的第 j 部门对中国第 i 部门的价值消耗总和，x_j 为所有国家（包括中国）的第 j 部门使用中国的所有生产要素而得到的总产出，va_j 则是所有国家（包括中国）的第 j 部门使用中国的所有生产要素所新创造的价值[①]。

表5-1给出了2000～2014年我国47个行业的供应链长度。总体上来看，中国各行业的供应链长度呈现出延伸趋势，全部行业的供应链长度的平均值从2000年的2.7454扩大到2014年的3.0849，年均增长率为0.84%。分产业来看，除了行业代码为C24、C29、E36、J61、J62～J63、K65、N和Q所代表的8个行业之外，中国剩下39个行业的供应链长度都得到了一定程度的提升。其中，第一产业供应链长度的年均增长速度最快，为2.23%；第二产业供应链长度的年均增长率次之，为0.78%；第三产业供应链的年均增长率最慢，为0.66%。从图5-2来看，2000年第一产业的供应链长度均值低于总体水平，且在三次产业中排名最低；自2003年之后，第一产业的供应链长度均值反超第三产业的供应链长度均值，且于2005年之后超过总体水平；2007年之后，第一产业的供应链长度均值基本上与第二产业的供应链长度均值持平。2000～2014年，第二产业的供应链长度均值均高于总体水平，第三产业则相反。除此之外，图5-2也显示出第二产业的供应链长度均值的增长速度略高于第三产业的供应链长度的增长速度。

表5-1 　　　　　　　　　2000～2014年我国各行业供应链长度

代码	2000 年	2002 年	2004 年	2006 年	2008 年	2010 年	2012 年	2014 年	年增长率（%）
A01	2.1024	2.0331	2.2199	2.5346	2.6885	2.8340	2.9715	3.0633	2.73
A02	3.1968	3.0181	3.4556	4.2714	4.5555	4.4555	4.4943	4.5632	2.57
A03	2.1149	2.0342	2.1594	2.4427	2.4371	2.4744	2.4955	2.5617	1.38
B	4.3433	4.2874	4.5927	4.8909	4.9072	4.9521	5.0671	5.1377	1.21
C10～C12	1.9744	1.8849	2.0600	2.3090	2.4131	2.5117	2.6314	2.7086	2.28
C13～C15	2.2585	2.1163	2.1881	2.3309	2.5379	2.6822	2.8245	2.9257	1.87
C16	3.2442	3.0945	3.2908	3.5905	3.5487	3.5825	3.6908	3.7911	1.12
C17	3.7483	3.6879	3.9267	4.1892	4.2377	4.3261	4.4143	4.4973	1.31

---

① va_j 即为矩阵 Va 中的元素。

代码	2000 年	2002 年	2004 年	2006 年	2008 年	2010 年	2012 年	2014 年	年增长率（%）
C18	3.3774	3.3267	3.3510	3.5587	3.5398	3.6457	3.7618	3.8556	0.95
C19	4.1080	3.9508	4.1038	4.3436	4.3662	4.3373	4.4410	4.5075	0.67
C20	3.9597	3.7825	3.8972	4.1662	4.2715	4.3362	4.4840	4.5649	1.02
C21	2.2294	2.1256	2.3024	2.4819	2.4486	2.3450	2.3197	2.3553	0.39
C22	3.6264	3.5048	3.5302	3.7220	3.7894	3.8967	3.9582	4.0664	0.82
C23	2.8511	2.6496	2.6539	2.7555	2.7408	2.7460	2.8160	2.8583	0.02
C24	3.9225	3.7189	3.7537	3.9148	3.8671	3.7660	3.8241	3.9156	−0.01
C25	3.1920	3.0190	3.0828	3.3163	3.3046	3.2753	3.2922	3.4064	0.47
C26	2.3914	2.3633	2.4530	2.6470	2.4379	3.0198	3.1215	3.2836	2.29
C27	2.8416	2.7673	2.6388	2.8014	2.8324	2.9091	2.9344	3.0539	0.52
C28	2.5813	2.5650	2.5238	2.7120	2.7423	2.7356	2.7039	2.8373	0.68
C29	2.8426	2.8269	2.4838	2.6428	2.6573	2.6598	2.5260	2.6579	−0.48
C30	2.1684	2.1784	2.0339	2.1264	2.0405	1.9259	1.8938	2.0882	−0.27
C31 ~ C32	2.3705	2.1860	1.7909	2.3107	2.0764	2.2477	2.2625	2.3934	0.07
D35	3.6844	3.5904	4.2331	4.6756	4.5744	4.5174	4.5529	4.6578	1.69
E36	3.3796	3.3274	3.3369	3.5379	3.3049	3.0685	2.9437	3.0343	−0.77
E37 ~ E39	1.8810	1.9006	2.3089	2.7680	3.0681	3.3490	3.6021	3.7715	5.09
F	1.1365	1.1222	1.0763	1.0633	1.0903	1.1271	1.1478	1.1677	0.19
G46	2.9433	2.8472	2.6475	2.7129	2.7748	2.9700	3.0831	3.1769	0.55
G47	2.9421	2.8453	2.6464	2.7111	2.7757	2.9683	3.0801	3.1773	0.55
H49	3.2375	3.1602	3.1852	3.4009	3.3579	3.3303	3.3657	3.4620	0.48
H50	3.4901	3.3815	3.4509	3.6354	3.5722	3.5149	3.5799	3.7042	0.43
H51	3.1289	3.1202	2.9987	2.9745	2.8914	2.9914	3.0832	3.1970	0.15
H52	3.1861	2.9698	2.8256	2.8773	3.1756	3.5810	3.9599	4.0626	1.75
H53	2.4227	2.3899	2.6289	3.0131	3.0452	3.0572	3.0733	3.1414	1.87
I	2.2716	2.2062	2.3251	2.5755	2.5377	2.4805	2.4525	2.5246	0.76
J61	2.7559	2.6816	2.5487	2.6201	2.5155	2.4139	2.3588	2.4123	−0.95
J62 ~ J63	2.9607	2.8720	2.2394	2.0907	1.7472	1.6392	1.6635	1.7044	−3.87
K64	3.2618	3.2022	3.2027	3.4285	3.4414	3.5223	3.6130	3.7048	0.91
K65	3.6972	3.6388	3.1375	3.1525	2.9442	2.7689	2.6834	2.7539	−2.08

代码	2000 年	2002 年	2004 年	2006 年	2008 年	2010 年	2012 年	2014 年	年增长率（%）
L68	1.6460	1.6039	1.5805	1.6801	1.7540	1.8217	1.8713	1.9294	1.14
M69～M70	3.1939	3.0812	3.1196	3.3570	3.5308	3.7686	3.9106	4.0398	1.69
M72	1.4806	1.4975	2.4565	3.1267	3.3577	3.3542	3.3778	3.5322	6.41
M74～M75	1.9581	1.9569	2.8370	3.4547	3.1281	2.8419	2.7612	2.8765	2.79
N	3.4510	3.3649	2.0211	1.8368	1.7736	1.8253	1.8149	1.8701	-4.28
O84	1.0037	1.0045	1.0130	1.0356	1.0859	1.1195	1.1405	1.1677	1.09
P85	1.1779	1.1760	1.2143	1.2890	1.2820	1.2281	1.1981	1.2257	0.28
Q	1.2025	1.2044	1.2613	1.3591	1.2930	1.1769	1.1040	1.1157	-0.53
R－S	2.0935	2.0975	2.2645	2.5551	2.4688	2.4196	2.4108	2.4869	1.24
平均值	2.7454	2.6673	2.7032	2.9147	2.9134	2.9472	2.9949	3.0849	0.84

注：行业代码为《国际标准行业分类（ISIC Rev 4.0）》中的代码，相应代码的含义详见 https://www.rug.nl/ggdc/html_publications/memorandum/gd162.pdf。其中，行业代码 A01、A02 和 A03 所代表的行业属于第一产业的范畴，行业代码 B、C10～C12、C13～C15、C16、C17、C18、C19、C20、C21、C22、C23、C24、C25、C26、C27、C28、C29、C30 和 C31～C32 所代表的行业属于第二产业的范畴，行业代码 D35、E36、E37～E39、F、G46、G47、H49、H50、H51、H52、H53、I、J61、J62～J63、K64、K65、L68、M69～M70、M72、M74～M75、N、O84、P85、Q 和 R－S 所代表的行业则属于第三产业的范畴。

资料来源：笔者计算所得。

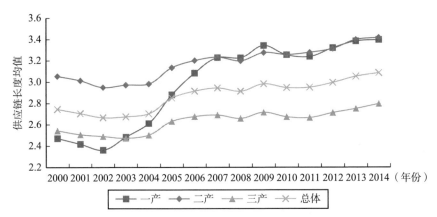

图 5－2　2000～2014 年中国三次产业供应链长度均值的变化情况

资料来源：笔者自己绘制。

（二）服务业高质量发展的测度

习近平总书记指出，"我们要的是有质量、有效益、可持续的发展，要的是以比较充分就业和提高劳动生产率、投资回报率、资源配置效率为支撑的发展"[①]。从这一论述中可以发现,高质量发展的特征之一是生产率的提升。有鉴于此,本部分使用服务业生产率来表征服务业发展质量。具体地,服务业生产率越高,表明服务业发展质量越高;服务业生产率越低,说明服务业发展质量越低。相应的计算公式如式(5-8)所示。

$$Ser\_qua = Serout/Serlabor \qquad (5-8)$$

其中,Ser_qua 表示服务业发展质量,$Serout$ 表示服务业产出,$Serlabor$ 表示服务业从业人员数量。

二、计量模型与数据来源

为了考察自主可控供应链对服务业高质量发展的影响,我们使用如式(5-9)的计量模型:

$$Ser\_qua_{it} = Cons + \beta_1 Length_{it} + \beta_2 Rdp_{it} + \beta_3 Inp_{it} + \beta_4 Pcap_{it} + \mu_i + \xi_t + \varepsilon_{it}$$

$$(5-9)$$

式(5-9)中的各变量含义为:Ser_qua_{it} 表示服务业 i 在第 t 年中的发展质量;$Length_{it}$ 表示服务业 i 在第 t 年中的供应链长度,供应链长度越长,说明供应链的自主可控程度越高;Rdp_{it} 为服务业 i 在第 t 年中从事研发活动人员;Inp_{it} 指的服务业 i 在第 t 年中的中间品投入金额;$Pcap_{it}$ 是行业 i 在第 t 年中的人均资本存量。此外,$Cons$ 为常数项,β_i 表示各变量的回归系数,μ_i 和 ξ_t 分别为行业固定效应和时间固定效应,ε_{it} 则为随机扰动项。

需要指出的是,计算中国各行业的供应链长度($Length$)和服务业发展质量(Ser_qua)所需的基础数据主要来自 WIOD 以及 WIOD SEA 这两大数据库,相应的计算方法也已在前文进行详细说明,此处不再赘述。行业研发人员(Rdp)来自《中国科技统计年鉴》,中间品投入金额(Inp)和人均资本存量($Pcap$)均取自 WIOD SEA。

三、回归结果与分析

(一)基准回归结果

表5-2的结果显示,随着控制变量的不断加入,模型的 R^2 在逐渐提高,这说明计量结果的整体效果良好。从表5-2中的模型(1)到模型(4)

[①] 中共中央文献研究室:《十八大以来重要文献选编》(中),中央文献出版社2016年版,第245~246页。

均可以发现，供应链长度的影响系数为正，表明自主可控供应链的构建能有助于服务业的高质量发展。在加入控制变量之前，供应链长度对服务业发展质量的影响系数为 6.8468 且在 5% 的统计水平上显著，表明供应链长度每提高 1 个单位，服务业的发展质量将增加 6.8468 个单位；在加入全部控制变量之后，虽然供应链长度对服务业发展质量的影响系数不显著，但系数仍为正。我们认为供应链长度的提升有助于服务业的高质量发展，即构建自主可控供应链能够促进服务业的高质量发展。

表 5 - 2   固定效应模型回归结果

变量	模型（1）	模型（2）	模型（3）	模型（4）
Length	6.8468 ** (2.7621)	6.8203 ** (2.7775)	6.8195 ** (2.7757)	1.5144 (1.3428)
Rdp		0.0000 (0.0001)	0.0000 (0.0001)	0.0000 (0.0000)
Inp			0.0000 (0.0000)	0.0000 ** (0.0000)
Pcap				0.2172 *** (0.0301)
Cons	83.1666 *** (20.8944)	83.2379 *** (20.9949)	80.6431 *** (20.8150)	64.0134 *** (12.6278)
行业固定	是	是	是	是
时间固定	是	是	是	是
观察值	375	375	375	375
R^2	0.8095	0.8096	0.8109	0.9158

注：** 和 *** 分别表示 5% 和 1% 的显著性水平，圆括号内的数值为稳健标准误。

再来看各控制变量对服务业发展质量的影响。第一，服务业发展质量很有可能因科研人员的增加而提升；第二，中间投入品的增加能够促进服务业的高质量发展；第三，人均资本存量的增加能够显著促进服务业的高质量发展。显然，以上结论与直觉相符。

（二）稳健性检验

本节从如下三个方面进行异质性检验。首先，考虑到 2008 年爆发的全球金融危机可能会干扰自主可控供应链的构建对服务业高质量发展的影响，本章将整体样本划分为两个子样本，即时间跨度为 2000～2008 年的子样本和时间跨度为 2009～2014 年的子样本，并重新考察自主可控供应链的构建对服务业高质量发展的影响。表 5-3 中的第（1）列和第（2）列分别给出了金融危机前后自主可控供应链的构建对服务业高质量发展的影响结果。不难发现，在金融危机爆发之前，自主可控供应链的构建能够显著地助推服务业的高质量发展；在金融危机爆发之后，自主可控供应链的构建能够提升服务业的发展质量，但提升作用不显著。换句话说，2008 年金融危机的爆发削弱了自主可控供应链的构建对服务业高质量发展的积极影响。

表 5-3   稳健性检验结果

变量	（1）	（2）	（3）	（4）
	2008 年之前	2008 年之后	更换计量方法	滞后效应检验
Length	5.0735 *** (1.9359)	4.5012 (6.0434)	0.0311 (0.0476)	
L. Length				1.0402 (1.4035)
Rdp	-0.0002 ** (0.0001)	0.0000 (0.0000)	0.0000 *** (0.0000)	0.0000 (0.0000)
Inp	0.0001 * (0.0000)	0.0000 (0.0000)	0.0000 *** (0.0000)	0.0000 ** (0.0000)
Pcap	0.1397 *** (0.0152)	0.3455 *** (0.0823)	0.1204 *** (0.0013)	0.2131 *** (0.0331)
Cons	35.3548 *** (11.6838)	42.0641 (34.2883)	94.6093 *** (20.7988)	70.9529 *** (13.3938)
行业固定	是	是	是	是
时间固定	是	是	是	是
观察值	225	150	375	350
R^2	0.9497	0.9596	—	0.9197
Wald Chi2	—	—	824790.03 [0.0000]	—

注：*、** 和 *** 分别表示 10%、5% 和 1% 的显著性水平，圆括号内的数值为稳健标准误，方括号内的数值为 p 值。

其次，为了消除模型中可能存在的异方差问题，我们使用可行广义最小二乘法（FGLS）来进一步考察自主可控供应链构建对服务业高质量发展的影响。表 5-3 中的第（3）列给出了基于可行广义最小二乘法的回归结果，虽然供应链长度对服务业高质量发展的影响系数不显著，但是系数值依旧为正。本节认为，更换实证分析方法之后，依然能够得出自主可控供应链的构建能够促进服务业高质量发展的结论。

最后，考虑到自主可控供应链的构建对服务业高质量发展的影响可能存在滞后效应，本节将核心解释变量进行滞后一期处理，并再次借助行业和时间双固定效应模型展开实证分析。表 5-3 中的第（4）列给出了相应的实证回归结果，显然，自主可控供应链的构建对服务业高质量发展的滞后效应不显著。即便如此，滞后一期的供应链长度（L. Length）的影响系数依旧为正，这也从侧面说明了本节的基准回归结果得出的结论较为稳健，即自主可控供应链的构建倾向于促进服务业的高质量发展。

（三）行业异质性检验

鉴于服务业包括生产性服务业和生活性服务业，我们将研究样本分为生产性服务业样本和生活性服务业样本两个样本，并在每个子样本内部考察自主可控供应链的构建对服务业高质量发展的影响。需要说明的是，本章参考夏杰长和姚战琪（2019）的分类方式，将行业代码为 H49、H50、H51、H52、J62~J63、K64、K65、K66、M69~M70、M71、M72 和 M73的行业归为生产性服务业。相应的回归结果如表 5-4 中的第（1）列和第（2）列所示。对于生产性服务业样本而言，构建自主可控的供应链不利于生产性服务业的高质量发展，究其原因可能在于服务业发展过程中存在生产性服务业发展较快的现象，以至于自主可控供应链的构建速度难以跟上生产性服务业的发展速度，进而无法有效地促进生产性服务业的高质量发展；对于生活性服务业样本而言，构建自主可控的供应链有利于生活性服务业的高质量发展。

表 5-4 异质性检验结果

变量	(1)	(2)
	生产性服务业	生活性服务业
Length	-2.3491 *** (0.8421)	2.1114 (1.9756)

变量	(1) 生产性服务业	(2) 生活性服务业
Rdp	0.0000 (0.0000)	−0.0000 (0.0002)
Inp	−0.0000 * (0.0000)	0.0000 ** (0.0000)
Pcap	0.0899 *** (0.0228)	0.2219 *** (0.0310)
Cons	13.8213 *** (3.6544)	60.4271 *** (14.3585)
行业固定	是	是
时间固定	是	是
观察值	105	270
R²	0.9178	0.9190

注：*、** 和 *** 分别表示10%、5%和1%的显著性水平，圆括号内的数值为稳健标准误。

第四节　本 章 小 结

本章在对我国自主可控供应链的发展现状刻画的基础上，剖析了自主可控供应链的构建对服务业高质量发展的理论机制，运用2000～2014年我国47个行业的供应链长度相关数据，实证检验了服务业高质量发展与构建自主可控供应链之间的关系，并进行了稳健性检验、行业异质性检验，得到如下的主要结论与启示：

（1）我国自主可控供应链主要面临不稳定、不强大以及不成熟三大发展困境。其原因在于核心技术缺少自主知识产权，自主可控供应链构建的内源性动力不足；关键价值环节缺乏自主控制，自主可控供应链构建主动权受制于人；产业链整合能力相对偏弱，自主可控供应链构建整体性受到制约；生产性服务供给质量偏低，自主可控供应链构建系统性难以集成。

（2）自主可控供应链的构建能够对服务业高质量发展产生直接或间接作用效果，即自主可控供应链的构建能够通过闭环管理机制、降低信息不对称机制、企业间的协同合作机制以及提升供应链产品质量机制来促进服务业的高质量发展。

（3）实证检验结果显示，自主可控供应链的构建能够推动服务业的高质量发展，一系列稳健性检验结果也证实了上述结论。进一步，按照行业性质将样本分为生产性服务业和生活性服务业，并再次使用双固定效应模型分别对子样本进行计量回归。结果表明，自主可控供应链的构建对生活性服务业高质量发展的推动作用显著，而无法有效地助推生产性服务业的高质量发展。其中原因可能在于，生产性服务业的发展速度较快，以至于自主可控供应链的构建速度难以跟上生产性服务业的发展速度，进而无法有效地促进生产性服务业的高质量发展。当然，这可作为我们后续的研究方向。

（4）基于上述研究结论，应从"提升产业链供应链韧性和安全水平"① 的要求出发，进一步加大自主创新的投入力度，把握全球科技创新发展态势，以前瞻性为价值导向，构建国家创新体系，强化国家战略科技力量，进一步优化国家科研机构、高水平研究型大学、科技领军企业发展定位和布局，强化有组织科研发展导向，切实改变现阶段科研力量分散、科研组织"遍地开花"状况，切实改变科研机构、高等院校"全民科研、全民创新"状况，合理分工，集中力量有目的地攻关；切实改变现阶段对科研人员的考核机制，杜绝以"论文、课题"论英雄的局面；切实改变现阶段科研短期化、极端功利化行为，引导广大科研人员着眼长远、立足基础，力争实现更多"从 0 到 1"的突破，而不是对原有技术、工艺完善改进，以技术的自主创新推动产业链供应链自主可控的构建。

---

① 《中国共产党第二十次全国代表大会文件汇编》，人民出版社 2022 年版。

第六章 城镇化、城市群建设
与服务业高质量发展

2022年5月,中共中央办公厅、国务院办公厅印发《关于推进以县城为重要载体的城镇化建设的意见》。2022年6月,国务院审批通过《国家新型城镇化规划(2021—2035年)》。"十三五"以来,新型城镇化取得重大进展,城镇化水平和质量大幅提升,2020年末全国常住人口城镇化率达到63.89%,户籍人口城镇化率提高到45.4%。农业转移人口市民化成效显著,户籍制度改革取得历史性突破,1亿农业转移人口和其他常住人口在城镇落户目标顺利实现,居住证制度全面实施,基本公共服务覆盖范围和均等化水平显著提高。党的二十大报告提出"推进以人为核心的新型城镇化",进一步明确了城镇化的发展方向。

城市群作为城市向成熟阶段发展的最高空间组织形式,能够集聚人才、资金、技术等综合优势,助推产业结构转型并推动区域创新链、产业链向高端延伸。城市群具备集聚、一体化、创新驱动、国际化等复合功能,能够集聚经济要素和人口规模,推动区域产业和市场分工,培育创新人才和高新技术产业,以此加强更高层次、更大密度的全球功能性网络体系建设,有利于实现中国经济高质量发展。本章将综合考察城镇化、城市群建设和中国服务业高质量发展,从现实基础、理论分析和经验研究视角出发,系统研究我国城市群建设的发展现状,深入探究城市群发展进程影响服务业发展质量的作用机理,为新发展格局下我国推进服务业高质量发展提供重要启示。

第一节 新发展格局下我国城镇化、城市群建设现状

自21世纪以来,以中心城市为核心动力的城市群愈加成为国际竞争和分工的重要载体。城市群主要以人口、发展要素集聚为综合优势,是依

托基础设施建设所形成的高度同城化和一体化的城市群体，其综合实力和群体竞争合作关系对国家政治经济格局起着重要影响力量。"十四五"规划提出，要"建立健全城市群一体化协调发展机制"。近年来，"城市群""城镇化""地区协调发展""区域一体化"等关键词频繁出现在国家及地方政府规划当中，这表明在新发展格局下城市群建设能够对我国经济高质量发展起到至关重要的作用。事实证明，城市群作为我国经济要素和人口集聚的重要承载地，的确能够通过分工协作和功能互补，进一步提升全国经济发展效率、助推高质量发展局面。

一、城镇化建设的发展历程①

伴随着新中国的建立，我国的城镇化建设一直推进，只是不同时期发展速度、发展模式存在明显的差异。新中国成立以来我国城镇化建设经历了不同的发展阶段，不同阶段发展速度、发展模式及其承载能力具有明显的不同。可以划分为四个阶段。

（一）第一阶段（1949～1978年），发展速度缓慢，落后于工业制造

由于受到生产力发展低下的影响，这一阶段我国城镇化发展速度比较缓慢，1949～1978年，我国城镇化率从10.6%上升到17.9%，30年间仅提高了7.3个百分点。而1953～1978年，全国工业增加值占国内生产总值（GDP）的比重由17.6%上升到44.1%，上升了26.5个百分点。

（二）第二阶段（1979～1992年），以乡镇为主要载体城镇化发展速度快

伴随着改革开放的推进、户籍管理制度的逐步放松以及乡镇企业的发展，我国城镇化的发展速度有明显的提升。这个阶段城镇化率由1979年的18.1%上升到1992年的27.5%，13年时间城镇化率提高了近9个百分点，与第一阶段相比，速度有了一定程度的提升，但总体增速仍然较低。这种状况与当时的经济发展速度、发展水平密切相关。

（三）第三阶段（1992～2011年），以大中型城市为城镇化的主要载体

1992年，邓小平南方谈话以后，我国全面开启了社会主义市场经济进程，1993年5月，国务院批转《民政部关于调整设市标准报告的通知》，国家逐步放宽了设市标准，自此，全国范围内的城市群逐步涌现，如长三角城市群、珠三角城市群以及京津冀城市群等，我国人口大幅度地向沿海地区流动，在沿边、沿江和沿主要交通干线兴起了一大批城镇新兴城市。这一时

---

① 本部分参考了石建勋、邓嘉纬：《我国城镇现代化建设发展的历史演进过程》，载《新疆师范大学学报（哲学社会科学版）》2022年第5期。

期，城镇化率迅速提升，由 1992 年的 27.5% 上升到 2011 年的 51.27%，19 年时间城镇化率上升了 24 个百分点，增速明显高于前面两个阶段。

（四）第四阶段（2012 年至今），以大中型城市和小城镇为城镇化的主要载体

2012 年，党的十八大报告明确提出了"走中国特色新型城镇化道路"，为我国城镇化发展指明了方向。2013 年 12 月，中央城镇化工作会议强调，"要以人为本，推进以人为核心的城镇化"；2014 年 3 月，第十二届全国人民代表大会第二次会议上明确"要推进以人为核心的新型城镇化"。我国城镇化进入以人为本、规模和质量并重的新阶段，中小型城市户籍管理逐步放开，农业转移人口市民化速度明显加快[①]。2021 年末，全国城市数量达 691 个，比 2012 年末增加 34 个；常住人口城镇化率达到 64.7%，比 2012 年末提高 11.6 个百分点。近 10 年来我国 1.8 亿左右农村人口进城成为城镇常住人口，城镇新增就业年均超过 1300 万人。

二、城市群建设的发展历程

（一）城市群发展起步阶段

以上海为中心的经济集聚区已受到关注。1976 年，尽管当时我国处在改革开放前夕，但戈特曼认为存在以上海为中心的城市密集区，并把它列为世界六大城市群之一。

（二）城市群发展推进阶段

自 20 世纪 80 年代便开始初步探索城市群建设，主要聚焦于长江三角洲经济区。直至《中国城市发展报告（2003—2004）》中我国首次提出"组团式城市群"的相关概念，初步体现城乡互动、区域一体的高级演替形态。2006 年，"十一五"规划提出"把城市群作为推进城镇化的主体形态"，这就将大都市和小城镇两个角度统筹起来；并明确提出三大城市群的支撑作用——"珠江三角洲、长江三角洲、环渤海地区，要继续发挥对内地经济发展的带动和辐射作用"。自此，中国迎来城市群战略时代。

（三）城市群发展快速发展阶段

2014 年《国家新型城镇化规划（2014—2020 年）》发布，同年《国家发展改革委办公厅关于开展跨省级行政区城市群规划编制工作的通知》下发，拉开了跨省城市群规划的序幕。此后多地城市群规划如雨后春笋般

---

① 张琦：《新型城镇化的新着力点———以县城为重要载体的城镇化建设路径思考》，载《人民论坛》2022 年第 18 期。

纷纷出炉，"十三五"规划中包括了19个城市群。自此，我国新型城镇化更加注重强调城市群建设，强调要加快发展空间上更包容、城市层级分工更协调的城市群体。在2015～2019年，随着长江中游城市群、哈长城市群、成渝城市群等10个国家级城市群规划的相继落地，各地政府均关注到城市群建设对区域发展的积极带动作用，纷纷响应国家战略规划，切实推进新型城镇化和区域协调发展，建设现代化都市圈，以此推动产业集聚和产业协同发展。2020年中国科学院地理科学与资源研究所方创琳团队主编的《中国城市群地图集》中详细记述中国近40年城市群发展的地理和人文变化，揭示出城市群发展对我国高质量发展的重要作用，自此城市群建设的战略地位愈加凸显。

2020年作为《国家新型城镇化规划（2014—2020年）》的收官之年，城镇化工作暨城乡融合发展工作部际联席会议第二次会议指出，"两横三纵"城镇化战略格局①初步形成，区域可持续发展能力提升，城乡融合发展进一步优化。随后，国家进一步对2021～2035年再次进行阶段规划，积极推动建立城市群多层次和常态化的协商协调机制。在2022年上半年，国务院批复了《长江中游城市群发展"十四五"实施方案》和《北部湾城市群建设"十四五"实施方案》，在肯定过去成果的同时也强调防范问题的必要性，指出要以城市群发展为抓手，全面形成"两横三纵"城镇化战略格局。同时要以培育现代化都市圈为引领，优化多中心网络化的城市群结构，增强经济人口的承载能力，发挥区域空间枢纽作用，打造具有国际影响力的重要城市群。因此，从城市群建设发展历程而言，不难看出我国对新型城镇化和城市群的重视程度。2015～2019年国家级城市群名单如表6-1所示。

表6-1   2015～2019年国家级城市群名单

序号	国家级城市群	批复时间	印发时间	相关政策文件
1	长江中游城市群	2015年3月	2015年4月	《国务院关于长江中游城市群发展规划的批复》 《国家发展改革委关于印发长江中游城市群发展规划的通知》

---

① 两横三纵：以陆桥通道、沿长江通道为两条横轴，以沿海、京哈京广、包昆通道为三条纵轴，以主要的城市群地区为支撑，以轴线上其他城市化地区和城市为重要组成的"两横三纵"城市化战略格局。

序号	国家级城市群	批复时间	印发时间	相关政策文件
2	哈长城市群	2016 年 2 月	2016 年 3 月	《国务院关于哈长城市群发展规划的批复》 《国家发展改革委关于印发哈长城市群发展规划的通知》
3	成渝城市群	2016 年 4 月	2016 年 4 月	《国务院关于成渝城市群发展规划的批复》 《国家发展改革委关于印发成渝城市群发展规划的通知》
4	长江三角洲城市群	2016 年 5 月	2016 年 6 月	《国务院关于长江三角洲城市群发展规划的批复》 《国家发展改革委　住房城乡建设部关于印发长江三角洲城市群发展规划的通知》
5	中原城市群	2016 年 12 月	2016 年 12 月	《国务院关于中原城市群发展规划的批复》 《国家发展改革委关于印发中原城市群发展规划的通知》
6	北部湾城市群	2017 年 1 月	2017 年 2 月	《国务院关于北部湾城市群发展规划的批复》 《国家发展改革委关于印发北部湾城市群发展规划的通知》
7	关中平原城市群	2018 年 1 月	2018 年 2 月	《国务院关于关中平原城市群发展规划的批复》 《国家发展改革委关于印发关中平原城市群发展规划的通知》
8	呼包鄂榆城市群	2018 年 2 月	2018 年 2 月	《国务院关于呼包鄂榆城市群发展规划的批复》 《国家发展改革委关于印发呼包鄂榆城市群发展规划的通知》
9	兰西城市群	2018 年 2 月	2018 年 3 月	《国务院关于兰州—西宁城市群发展规划的批复》 《国家发展改革委关于印发兰州—西宁城市群发展规划的通知》
10	粤澳港大湾区	2019 年 2 月	—	《中共中央、国务院关于印发粤港澳大湾区发展规划纲要》

三、城镇化、城市群建设的发展特征

（一）城镇化发展特征

1. 城镇体系日益完善

经过多年的发展，我国城镇体系日益完善，基本形成了"大中城市＋县乡镇"的框架体系，并且京津冀地区、长三角地区、武汉地区、粤港澳大湾区、成渝地区等几个相对成熟的城镇群的格局。与此同时，从宏观空间分布看，我国城镇空间正在形成"小集中、大分散"的格局，以胡焕庸线为界线，以东地区由于人口密度高，城镇化密度高，而以西地区由于人口密度低，城镇化密度相对较低，并且从微观角度看，我国城市内部空间，中心城区、近郊区以及远郊县的城镇空间结构层次日益显现。

2. 人口流动的促进作用增强

伴随着户籍制度的改革和社会生产力的发展，农村出现了大量的剩余劳动力，而社会经济的发展，尤其是产业发展的集聚化又为人口大幅度迁移创造了条件。从全国范围来看，国内人口流入最多的地区是东部沿海地区，这些区域工业化程度高、工资水平高，对外地人口具有很大的吸引力，而外地大量人口的迁移进一步强化了城镇化的发展，使之东部沿海地区成为近年来人口城镇化水平最高、城镇化进程推进最快的区域。

3. 城镇建设成效明显

与农村地区相比，城镇的城市交通、住房条件、供水、绿化、热电、环境卫生以及电信等基础设施体系较为完善，进而对农村人口产生较大的吸引力，反过来推动了城镇化水平的提升，扩大了城镇人口容量，提高了城镇现代化水平。据统计，1981～2010 年，我国城市建成区面积由 3.4 万平方千米提高到 4.1 万平方千米，增加了 0.7 万平方千米；城市人均住房建筑由 1978 年的 3.6 平方米提高到 2020 年的 38.6 平方米，人均增加了 35.0 平方米[①]。

4. 集聚化态势明显

截至 2021 年 10 月，户籍人口在 5 万以下的县（市）有 90 个，5 万～10 万的有 116 个，10 万～20 万的有 228 个，20 万～50 万的有 823 个；人口过百万的县有 128 个，主要集中在河南、安徽和四川。在全国 293 个地级市中，常住人口 200 万以上 300 万以下的地级市有 69 个，并且主要集中于东部地区及中部地区，人口向大型城市和东部沿海地区集聚态势明显[②]。

---

① 国家住房和城乡建设部：2022 年《城乡建设统计年鉴》。
② 国家统计局：《城市统计年鉴 2021》《中国县域统计年鉴 2021（县市卷）》。

（二）城市群建设的发展特征

目前我国城镇化、城市群发展势头良好，城市群建设卓有成效。基于学者对城市群发展的相关研究，可将我国城市群建设的成绩归结于以下四个方面。

1．规模效应凸显

中国国内生产总值的70%左右主要来自七大城市群[①]，经济效应较为显著。在"十三五"期间，中国新增城轨交通运营线路长度超过之前的长度累计总和，且里程排名前列均为城市群中心城市，这表明城市群建设也在加快城市间交通规模，助推城市群基础设施完善。同时2020年第七次人口普查数据表明，2020年末长三角、粤港澳、成渝、长江中游、京津冀这5个城市群的总人口数近6亿，在全国占比为41.23%。并且2020年全国人口密度为150人/平方千米，而这些城市群人口密度为全国的3.68倍。尤其是三大主要城市群规模效应更加明显，从表6－2可以看出，我国三大城市群的国土面积比重增长幅度并不大，仅由1987年的2.70%略微增长到2019年的6.90%，但三大城市群的GDP总额占比却由12.70%增加到42.66%。目前十大城市群能够以全国15%的国土面积，集聚64%的人口和78%的地区生产总值。这进一步证实了城市群建设较强的经济和人口规模效应。

表6－2　　　　　我国三大城市群经济发展现状　　　　单位：%

年份	地区	GDP占全国比重	总人口占全国比重	城镇人口占全国比重	全社会固定资产投资额占全国比重	实际利用外资额占全国比重	一般公共预算收入占全国比重	社会消费品零售总额占全国比重	面积占全国比重	全社会用电量占全国比重	就业人口数占全国比重
2019	长三角城市群	21.97	11.59	13.99	14.86	24.73	22.09	18.02	2.80	17.46	13.09
	京津冀城市群	10.74	8.69	9.57	8.88	16.44	12.60	9.67	2.90	8.93	6.11
	珠三角城市群	9.95	5.02	7.05	4.57	8.51	8.75	8.06	1.20	7.61	5.73
	三大城市群总和	42.66	25.30	30.61	28.31	49.68	43.44	35.75	6.90	34.00	24.93

---

① 七大城市群为：长三角城市群、粤港澳大湾区、成渝城市群、长江中游城市群、京津冀城市群、中原城市群和关中平原城市群。

年份	地区	GDP占全国比重	总人口占全国比重	城镇人口占全国比重	全社会固定资产投资额占全国比重	实际利用外资额占全国比重	一般公共预算收入占全国比重	社会消费品零售总额占全国比重	面积占全国比重	全社会用电量占全国比重	就业人口数占全国比重
1987	长三角城市群	7.40	8.36	4.93	9.75	8.32	14.14	16.17	1.50	17.81	15.80
	京津冀城市群	3.30	3.47	4.25	7.06	6.48	6.64	8.24	0.70	11.01	10.37
	珠三角城市群	2.00	1.78	1.33	3.23	9.11	2.71	5.23	0.50	2.82	3.68
	三大城市群总和	12.70	13.61	9.51	20.03	23.91	23.50	29.65	2.70	31.64	29.85

资料来源：由笔者根据国家统计局相关年份的《中国统计年鉴》计算而得。

2. 集聚效应初现

我国城市群建设能够集聚区域优势产业，助推产业结构转型升级，凝聚区域产业核心竞争力。以区域经济较活跃、创新能力较强的长三角地区为例，该城市群以三省一市作为该区域发展的核心，是包含 41 个城市的大规模群体（潘春苗等，2022）。在商贸流通业领域，长三角城市群发展趋势和波动的信息溢出水平较高，且对其余城市群的溢出效应最大（姚文康，2022）。2021 年，长三角城市群制造业和服务业企业云集，高素质劳动力和高水平科技成果涌现，产业创新活力和竞争力显著，能够创造出我国近1/4 的经济总量①。

3. 城市群等级明显

"十四五"规划提出，要形成疏密有致、分工协作、功能完善的城镇化空间格局。如表6-3所示，19个城市群是推进城镇化的重要抓手，目标是全面形成"两横三纵"城镇化战略格局。其中，第一档包括5个城市群：京津冀、长三角、珠三角、成渝、长江中游，这5个城市群发展相对成熟，属于"优化提升范围"。成渝、长江中游，与三大世界级城市群并列，可见其地位之重要。第二档包括5个城市群：山东半岛、中原、关中平原、粤闽浙沿海、北部湾，这5个城市群已有雏形，未来需要的是"发展壮大"，这也是相对有潜力的城市群，属于第二梯队。第三档包括9个

① 此数据由笔者根据2021年国家统计局的《中国统计年鉴》以及相关省份的统计年鉴计算而得。

城市群：哈长、辽中南、滇中、天山北坡等城市群尚未真正成形，还在"培育发展"之列。这 19 个城市群涵盖 422 个大中小城市，占中国城市总数的 63.4%，其中，直辖市 4 个，地级市 191 个，占中国地级市总数的 66.3%，县级城市 231 个，占中国县级城市总数的 62.8%，小城镇 11787 个，占中国小城镇总数的 60.1%①。

表 6-3   "十四五"规划中 19 个城市群的等级分布

等级	城市群名称
第一档	京津冀、长三角、珠三角、成渝、长江中游
第二档	山东半岛、粤闽浙沿海、中原、关中平原、北部湾
第三档	哈长、辽中南、山西中部、黔中、滇中、呼包鄂榆、兰州—西宁、宁夏沿黄、天山北坡

资料来源：《中华人民共和国国民经济和社会发展第十四个五年规划和 2035 年远景目标纲要》。

4. 体制化改革显著

城市群发展规划能够带动区域经济体制深化改革，促进城市经济增长。在公共服务方面，2020 年 8 月 20 日，沪苏浙皖一市三省住建部门在上海共同签署《长三角住房公积金一体化战略合作框架协议》表明长三角住房公积金一体化正式落地。在城市群一体化的带动下，城市群内部信息合作、服务管理等公共服务领域也开始发生深度变革，这将有助于促进城市间要素流动和协调分工。在对外开放方面，自贸区负面清单管理模式、数字经济等经验做法取得突破性成效，有助于全国范围内推广发展，提升区域开放程度。

四、城镇化、城市群建设的发展问题剖析

（一）城镇化发展问题剖析

1. "大城市病"与"中小城市发展能力不足"并存

近年来，我国人口加快向中心城市集聚，而部分中小城市人口持续外流、增长动力减弱，北京、上海、深圳、广州、成都等特大型城市，人口规模超过 1500 万，北京、上海已经超过 2000 万。全国省会城市中有 8 个城市的常住人口超 1000 万。第七次全国人口普查结果显示，居住在城镇

---

① 由笔者整理而得。

的人口为 90199 万人，占 63.89%。而近年来一些中小城市人口下降，2010~2020 年中国人口流失的区县为 1506 个，占比 52%，人口流失的行政城市（市辖区）有 266 个，占比 39%（不含新疆数据），人口的地理城市重新布局明显，"大城市病"与"中小城市发展能力不足"并存。①

2. 土地资金综合承载能力弱

一是城镇建设与土地供应保障矛盾突出。土地成本高，每年新增建设用地计划指标有限，土地资源供应不足，难以满足城镇建设等刚性用地需求。二是资金供应紧张。部分续建、棚改和老旧小区改造项目推进迟缓，拆迁户不能按时回迁安置，贷款资金尚未使用和已到还本付息期限之间的矛盾比较突出。

3. 新型城镇化特色培育不足

对于数量众多的小城镇来说，其中大部分经济规模偏小，难以发挥应有的辐射带动作用。一些镇政府规划意识淡薄，城镇管理工作严重跟不上形势的发展，结果带来了一系列社会问题。例如一些城镇建设沿着公路两侧散乱布局、无序蔓延，形成了"马路经济带"，浪费了大量耕地，破坏了城乡自然生态环境；城镇缺乏特色，不少城镇缺乏塑造地方特色的理念，大拆大建，盲目攀比，一些反映本地历史与文化的建筑物、历史街区被拆，城镇特色风貌基本消失；此外，城镇的公共服务设施落后，学校、医院、广播电视等设施水平差，文化站、影剧院、体育馆、图书馆、公园等文化娱乐设施十分缺乏。

（二）城市群建设的发展问题剖析

在新发展格局下，城市群是区域协调发展的必然产物，有助于促进城市可持续化发展，助推中国经济高质量发展。一方面，城市群可以依托自身产业基础和内需消费市场，率先形成供需匹配的高水平动态平衡，并带动全国产业和消费结构转型升级，以此提升经济国内循环质量。另一方面，城市群可以破除行政壁垒、加速城市创新网络，推动产业区域和国际分工协作，从而提升地区参与国际循环的能力。同时，我国 19 个城市群的空间布局有利于提高区域政策的精准性，如将海峡西岸城市群改称为粤闽浙沿海城市群等这种科学界定方式能够避免城市群盲目发展。城市群建设也有利于区域协调发展，空间布局涵盖东部沿海和西部内陆，可通过城市群释放经济新动能、培育带动区域协调发展。此外，城市群建设有利于

---

① 《人口减少的收缩城市，中国究竟有多少个？专家们的统计结果五花八门》，每日经济新闻，http://www.nbd.com.cn/articles/2022-03-17/2170660.html。

构建新发展格局，城市群空间布局完善能够加强区域合作，扩大对内对外开放，发挥区域辐射和周边带动的主要作用，从而形成国内大循环为主体、国内国际双循环共同促进的新发展格局。

目前我国部分城市群正逐步发展为世界级城市群，但这并不意味着我国城市群发展质量能与世界级城市群相媲美（Du & Duan，2021）。我国城市群发展仍旧存在问题，如体制机制不畅、发展动力不足、区域需求结构不平衡等（方创琳等，2021；尤济红，2022），这将造成投入产出效率较低、区域一体化进程缓慢、公共服务一体化较难等系列现象。同时相关学者研究表明，我国城市群建设差异明显，经济发展出现不平衡局面。从城市群间差异来看，京津冀城市群和珠三角城市群工企创新效率升高但长三角城市群却略有下降（彭晓静，2022）；从城市群内部差异来看，京津冀城市群协同创新差异最明显，长三角城市群差异适中，成渝城市群和长江中游城市群的差异较低（王雅洁和张嘉颖，2022）。

要解决这些问题，需要以国外经验为依靠，明确城市群的主体任务，进而推动城市群内部、城市群之间、城市群与非城市群之间、国内与国外城市群之间的畅通循环。首先，为破除城市群要素流动壁垒、提升城市群治理水平，我国应该促进要素资源在城市群内部有效配置，逐步建立健全城市群一体化协调机制，同时以成本利益共担共享为原则促进经济畅通循环，在全国范围内提供示范和引领作用（陈迪宇等，2021a）。其次，为实现城市群与非城市群间的互动流通，我国应积极推动中心引领并带动区域的发展模式，增强城市群与非城市群区域（如边境地区等）的市场流通和分工协作关系，形成以城市群为主体形态的区域增长动力源，实现城市群带动式发展，如推出一些城市群内跨区域的重大项目工程，推进区域联动。总结而言，不论是城市群国内流通还是国外流通，我国都需要打破行政和市场壁垒，深化要素市场化改革，在借鉴国外先进城市群发展模式的基础上积极推动创新链、产业链、供应链在全国范围内的跨区域协同机制，建设具有中国特色的城市群，助推社会经济高质量发展和可持续化发展。

第二节　城镇化、城市群建设影响服务业高质量发展的作用机制

鉴于现阶段城镇化的载体以大中型城市和小城镇为主，而城市群是城

镇化的高级形态，因此，本部分仅以城市群建设为例，探讨城市群建设影响服务业高质量发展的作用机制。

我国城市群建设能够集聚经济要素和人才资源、破除行政壁垒和市场流通障碍、创新产业竞争力和参与国际化分工合作，是实现经济社会高质量发展的重要战略支撑。而"十四五"规划也强调"扩大服务业有效供给，提高服务效率和服务品质，构建优质高效、结构优化、竞争力强的服务产业新体系"。服务业高质量发展能够助推我国结构转型、拉动消费能力（江小涓，2011），是畅通经济内循环和构建现代产业体系的必由之路。我国城市群建设的发展能够不断优化城市基础设施、促进要素流动、创新产业活力，从而助推创新链、产业链、供应链向高端延伸，对优化产业结构转型升级起到显著积极作用，因此城市群建设与服务业高质量发展间存在明显相关关系。国内外不少学者就城市群建设与产业发展的关系进行深入探究，认为城市群发展会对产业集聚和产业规模造成一定影响。柯善咨（2014）研究发现，城市发展规模与经济集聚有正向关系，并且会进一步影响到产业结构（部门）调整。也有不少学者研究城市群与产业集群的互动关系，认为产业集群不仅能够推动城市化发展进程（苏雪串，2004），也能够联合城市群形成双向互动机制共同对当地经济增长起到显著支撑作用（于斌斌等，2014）。就区域差异而言，陈雁云等（2016）进一步研究城市群与产业集聚耦合（共生）机制时发现东部城市群互动机制对区域经济增长的影响要显著高于中西部城市群，且我国城市群和产业集群发展均有待提升。也有不少学者关注到城镇化对当地经济增长的影响，但观点之间有所分歧。多数学者基于发展中国家的经验研究，得出城镇化的确会对区域经济增长产生促进作用，但布卢姆等（Bloom et al.，2008）却得出不存在相关关系，其主要原因是城市扩张将导致"城市病"出现，这不利于当地经济平稳增长。

通过对已有文献的梳理与回顾，本章发现目前学术界对城市群发展的概念界定（Fragkias & Seto，2008）、指标测度（侯松等，2022）、空间困境（张其仔等，2022）等研究得较多，就城市群建设与产业发展领域的分析也大多集中在城市群与产业集群的互动机制方面（陆根尧等，2011；唐承丽等，2018），并未深入探究城市群建设对区域产业结构内部各部门发展的具体影响，且涉及服务业发展质量的相关文献更是罕见。但事实表明，城市群建设与服务业高质量发展的关系的确是密不可分的。城市群发展进程的加快在不断推动区域基础设施完善、促进要素跨区域流动、提升区域分工协作、改革体制机制的同时创新产业活力和竞争力，从而实现创新链产业链的融合发展，推动产业结构向更加高端的服务业转型发展。而服务业发展质量提高的同时也在不断对当地城市群体提出更高层次的人才、技术、资金、产权保护等实际需求，因此这也在反向推动城市群在制度、要素等领域进一步持续深化发展，切实形成产业高质量发展的重要载体，提升服务业发展效率，实现服务业发展提质增效的发展目标。总体来看，城市群建设的发展对服务业高质量发展的作用机制主要体现在以下三个方面。

一、城市群建设、区域基础设施与服务业高质量发展

城市群建设可完善区域基础设施，为服务业高质量发展奠定坚实基础。城市群发展进程加快能够不断加快区域基础设施建设，如互通城市群内部和城市群间的轨道交通路线、畅通信息网络共享渠道等。

1. 城市群建设有助于跨区域交通网密度的提升

在交通基础建设方面，城市群建设发展现状表明高速公路网密度不断加强，如大湾区高速公路网密度达 8.2 千米/百平方千米；城市群重要枢纽机场建成投运、港口航线资源实现联盟；铁路网对 50 万人口规模以上城市实现 92% 覆盖率，这些事实都在表明城市群建设有助于区域内部交通基础建设的完善和深化。而这些"铁公水航"等传统基础交通能够有效促进服务业全要素生产率提升（曹跃群等，2021），促进区域产业发展质量趋优演变。如研究表明，高速铁路发展对长三角城市群和中原城市群外国直接投资（FDI）流入具有积极作用（张治国和欧国立，2022），并且能够显著助推高端服务业集聚（宣烨等，2019），推动服务业向高端延伸。

2. 城市群建设有助于跨区域物联网、通信系统的互联互通

在网络基础建设方面，城市群内部信息网络基础共享能够加快区域间物联网、通信系统等相互流通，如长株潭城市群实现了"通信同号、金融同城、交通同网、能源同体、环境同治"的发展目标。这些网络基础设施在区域间的共享机制能够增加信息公开透明度，有助于服务业企业进行跨区域合作和分工，从而提升产业生产效率。此外，网络互联互通也能够加速区域内部的信息技术扩散，有助于推动生产性服务业集聚发展，进而实现制造业转型升级（余东华和信婧，2018）。同时信息化程度与高端服务业的总体弹性为正，并且在中低水平高端服务业集聚时，信息化弹性呈现正向递增关系（胡林瑶等，2020），这表明网络基础建设的确能够助推我国服务业集聚并实现高质量发展。

在其他新兴基础设施方面，如 5G、人工智能、新能源汽车充电桩等

这些随数字经济而出现的新型公共设施，城市群和都市圈的深化发展能够不断推进市政共有基础设施的改革和完善。而智能化新型基础设施的建设和布局有助于区域产业协调发展，促进产业结构转型升级。因此，城市群区域内部所形成的上述优质公共服务设施有利于集聚创新人才资源、培育高技术产业集群，从而起到补足供应链和产业链的重要作用。

总结而言，在区域基础设施方面，我国城市群建设不仅能够完善旧有传统基建和网络设施，也能够推广人工智能等高效率的新兴基础设施。而这些基础设施的优化发展能够为区域服务业发展集聚所需要素资源，减少通行运营成本，促进生产效率，提升生产水平。

二、城市群建设、区域要素流动与服务业高质量发展

城市群建设可促进区域内部的要素流动，为服务业高质量发展提供动力源泉。城市群建设的主要功能之一便是集聚功能，即作为核心空间尺度的城市群，能够起到集聚经济要素和人口规模的重要作用，从而来拓宽城市发展空间、促进内部经济循环。城市群一体化的发展能够规避区域市场分割和市场壁垒，破除各城市间的要素流动障碍，实现人才、资金、商品等经济要素在城市群范围内的互动流通，满足区域产业的发展需求。

1. 城市群建设有助于跨区域人力资本的流动

城市群作为核心空间尺度，是我国人口的主要集聚地。统计数据显示，我国五大城市群在 2020 年底的人口数量已到达 6 亿，占据全国的近40％,[1] 这表明我国城市群的人口集聚能力极强。而大规模人口在区域内部的流动能够释放内需潜力、促进消费上涨，如城市群内部的教育培训、餐饮住宿、医疗健康、养老托育、文旅体育等消费需求旺盛、发展潜力巨大，这将从需求端推动区域产业向服务业倾斜发展，实现服务业提质扩容的战略目标。同时，当前新型消费等行为所导致的新业态新模式也在不断推动着大数据、人工智能等新技术与区域产业的融合发展。从供给侧产业成熟度而言，我国服务业尤其是生产性服务业目前正处于快速成长期，在实际发展过程中急需具备丰富专业知识和技术的劳动力资源。不同于单一城市空间中要素禀赋有限且发展不平衡的弊端，城市群发展能够突破行政边界、破除市场壁垒，从而促进人力资源的跨区域流动。就长三角地区而言，有研究表明高学历流动人才数量与城市创新力存在以上海为核心向周

---

[1] 国务院第七次全国人口普查领导小组办公室：《中国人口普查年鉴》，中国统计出版社2022 年版。

边城市等级扩散的"核心—边缘"情形（夏基洋和张越，2022）。这是由于城市群内部各地方政府实施的开放型人才政策、安家落户政策等相关制度优势能够集聚国内外优秀劳动力，从而减少相关企业的信息和知识搜寻成本，并满足区域产业发展所需的高端人力资本要素需求，提升城市产业发展效率。

2. 城市群建设有助于跨区域科技资源共建共享

城市群作为国家创新中心、科研院所和高等学校的集聚地，具有知识集聚、科技创新、产业转型等优势条件，可以成为我国区域产业创新的主要策源地，推动我国实现科技自立自强的新局面。相关统计数据显示，目前我国城市群内部产业和创新协作加深，如川渝联合实施重点研发项目，并已集中发布41项产学研科技创新成果。众所周知，高校和企业的跨区域知识和技术创新活动能够产生大批高质量劳动力和高水平科技成果，由于先进技术和创新活动会在区域内部向服务业扩散（Krugman & Venables，2000），因此城市群建设所带来的技术革新将有效推动产业向价值链附加值高端延伸。此外，这些创新技术成果的转化应用也将有助于提高微观企业自主创新能力并加速高端产业集聚。高端服务业处于城市产业价值链的高端，是以高新技术为支撑的密集型生产性服务业，具有极强的产业带动能力和知识创造能力。而立足于国家重大创新平台建设的城市群不断吸引大量关联企业入驻，以此形成集聚效应和规模经济，优化并提升区域服务业结构。同时，城市群间的合作分工也可以调整和拓展城市的创新网络结构，实现创新协调发展，促使区域产业优势不断放大、叠加和倍增。

3. 城市群建设有助于跨区域商品流通

随着我国城市群建设的深度发展，城市群内部城市之间商品要素流通的堵点和淤点能够得到有效疏通。城市群基础建设，如物流管理服务的改善对流通环节起到关键作用。在基础物流的推动下，商品跨地区服务的流通渠道得以畅通，商品供需关系不再局限于狭小的单一城市空间，区域统一市场将得到加快实现，如长三角统一市场准入制度和考核体系的颁布对三省一市跨省审批程序起着优化效果（陈迪宇等，2021b）。由于城市群内部的人口规模是以中心城市为主体呈现向外扩散的分布形式，因此这也造成产品市场空间呈现以中心城市为核心的强大消费供需格局，促使产业发展也形成"中心城市周围密集、外围逐渐疏散"的情形。此外，商品在城市群的流通不仅能够增加相关企业经营覆盖面、增强市场占有度，也从供给侧不断激励着服务产业提升商品生产质量、拓宽产品销售渠道，实现服务业产业综合能力的有效提升。同时产品对外出口程序也能够有所优化。我国城市群是参与全球竞争和高水平国际分工的重要地域，十分重视区域产业的对外协同开放，如长江中游城市群推行一次申报、查验、放行的沿江通关协作。这些产品开放举措将有效提升我国参与国际大循环的能力，增强产业链供应链的自主竞争力。

4. 城市群建设有助于跨区域资金融通隔阂的突破

我国城市群建设能够突破区域内部城市的金融体系隔阂，有利于企业进行跨区域融资行为。城市群内部地方政府提出系列优化区域金融服务体系的建议，可用于缓解城市间资金融通不便等企业跨区域发展难题，如成渝城市群实现住房公积金跨区域转移接续和互认互贷，广州与佛山、武汉与鄂州基本实现金融兑付同城清算等。这些相关措施和政策指示可联通城市群内部各个城市间的金融共享机制，满足企业和商户进行跨区域交易等商业活动，同时也能够进一步确保区域内部金融机构完善信贷支持和风险防范的重要功能，从而提升金融资源的配置效率（Rajan & Zingales，1988），为城市群服务业高质量发展保驾护航。

总之，在区域要素流动方面，我国城市群建设主要能够通过人力资源、技术创新、商品流通和资金融通四大效应来满足服务业发展所需的要素资源，从而提升服务业的结构和层级，助推区域产业实现高质量发展。

三、城市群建设、区域体制机制与服务业高质量发展

我国城市群建设可改革区域体制机制，为服务业高质量发展构筑安全堡垒。服务业尤其是生产性服务业所提供的中间服务更加注重生产活动上下游的保障性约束，具有制度敏感性特征（Clague et al.，1999），因此所处国家或地区的政治和制度变革对该类型产业的影响甚大。而城市群建设作为中国在区域层面所实施的重要战略引领，其发展现状与服务业发展质量有着直接关联。为提升城市群综合治理水平，我国在改革区域体制机制方面进行深入探索，主要从政府和政策视角来谋求城市群和都市圈的健康平稳运行。而这些区域体制机制的改善也同样有助于推动当地产业结构转型升级，能够对服务业发展比重和生产效率起到一定程度的优化提升作用。

1. 城市群建设有助于跨区域知识技术的分工协作

从政府服务视角出发，城市群建设的实施意味着城市群内部的各个城市政府将形成互动合作的良好关系。除简政放权和优化公共服务改革等必要措施外，政府也在致力于构建多元参与、协同高效的创新治理新格局。

城市群各主体政府在完善各自辖区服务管理的同时也在不断积极探索与其他城市政府间的合作共赢模式，主要体现在社会民生和产业合作领域。首先，社会民生方面是区域城市政府重点关注的领域。随着城市群建设的稳步推进，区域内部城市间的教育、医疗和环境合作程度加深，如兰州—西宁城市群的高、中职院校开展协同共享合作对接联系，长三角城市群实现异地就医直接结算的模式，长三角城市群城镇化与生态环境保持协调趋势等（孙黄平等，2017），这些都为区域内部居民日常生活提供了便捷，吸引着人口向城市群内部入驻。就产业合作方面而言，城市群建设能够促使内部城市政府积极开展高技术产业合作，推动服务业逐步走向高水平的发展道路。如重庆结合四川共同开展电子信息产业高质量协同发展方案，并选定20个首批产业合作示范区；长江中游、山西中部等城市群联合开展旅游活动，以"一卡通"和"套票"形式改革旧有旅游形式，形成独特的旅游品牌效应。这些城市群区域范围内的高效互动机制不仅有助于提升城市内部产业发展质量，也能够形成溢出效应，对周边城市起到示范带动作用。

2. 城市群建设有助于跨区域扶持经济政策的一致性

从政策引导视角出发，城市群建设国家或地区层面的相关政策指导文件对区域产业结构发展起到显著影响，指引着服务业发展走向科技创新道路。城市群政策文件从区域发展导向层面可以大致分为两类：一是完善区域内部互联互通，对于完善区域内部互联互通的政策意见而言，这些大多集中在提高居民生活质量方面，如关于建设城市群内部、城市群间的高速公路等基础设施；关于医疗共享、教育互通、环境保护等，这些大多基于人口规模层面进行考量，主要以新发展格局为依托，将城市群建设的成效惠及人民，满足人民群众对美好生活品质的需求。随着城镇化和城市群建设水平的提升，区域内部居民生活层次也随之上升，逐步增加教育、医疗、休闲、健身等高质量服务业需求。因此需求层面的提升势必会带动供给端产业的迅速发展，居民消费、就业、环境等综合需求在不断推进区域内部产业结构的转型升级，推动产城融合发展（熊兴等，2022），实现服务业向价值链附加值高端延伸。二是激发区域内部创新活力。在激发区域内部创新活力方面，主要是政府基于产业层面考虑到城市群建设对区域产业竞争力的有效驱动作用。例如，城市群内部相关城市提出关于引进国内外高水平人才、建设创新协作示范区等一系列政策建议，表明当地政府对产业创新的支持力度。这些政府行为能够为微观企业提供"利好信号"，让企业有信心对政府重点关注和支持的领域进行投资，同时也能够高效引导企业创新研发（杨洋等，2015），进而推动服务业结构的优化。

总之，在区域体制机制方面，我国城市群建设能够从政府和政策两个视角来提升服务业发展质量。在政府服务方面，城市群内部各主体政府可进行相互合作，共谋经济社会领域的发展，并以此推动服务业区域内知识技术的分工协作；在政策扶持方面，城市群内部所颁布的各项政策可指引服务业高质量发展，提供利好信号，为服务业高质量发展保驾护航。

四、城市群建设对服务业高质量发展的基本假设

城市是各类生产活动的空间载体，追求品质生活的高素质人力资本聚居在城市中，使得城市能够吸引服务业要素投入（Berliant & Wang，2006；Todd & Jaison，2016）。城市群是城市化特征的扩展与延续，如果单纯从地理学视角来看，城市群可以简单理解为在一个有限空间地域内，出现一群分布密集较高的城市。然而，一旦赋予其经济学含义后，更强调内部各城市之间经济活动的空间联系、资源要素的空间配置，以及集聚和扩散机制下的一体化发展。国内学者张学良和李培鑫（2014）认为城市群具有更高的经济效应，并称之为"城市群经济"，来自由功能互补、联系密切的不同城市在空间上相互支撑，引致产业集聚集群发展，从而产生集聚外部性。总而言之，以城市群为主体的空间建设将通过弱化市场分割，促进创新要素跨区域自由流动和技术溢出，进而促进服务业高质量发展。

基于上文的分析我们提出本章的研究假设：

假设1：中央制定的相关政策和战略措施将为地方政府和官员决策与行为提供依据（黄亮雄等，2017），由中央层面协调地方政府在产业合作、重大交通基础设施布局等过程中出现的行政边界壁垒，将更有效地促进城市群内部一体化的形成，从而促进服务业高质量发展。

需要说明的是，假设1以服务业高质量发展作为切入点，验证了城市群规划对"城市群经济效应"实现的推动作用。我们将首先利用多期双重差分法（DID）研究城市群规划对区域服务业高质量发展的促进作用。

假设2：城市群建设对区域服务业高质量发展的促进作用主要通过三个机制得以实现：一是城市群规划会促进要素的自由流动；二是城市群规划对创新的溢出效应是促进服务业高质量发展的另一个渠道；三是城市群形成的经济效应（引致产业集聚集群发展，从而产生集聚外部性），从而推动要素效率提升。

第三节　城市群建设影响服务业高质量发展的经验分析

一、基准模型、主要变量及数据来源

（一）模型设定

近年来，双重差分法（DID）在公共政策量化评估中得到了广泛的应用，该方法在时间维度差分的基础上，进一步加入个体对照组，能够减少需要考虑的控制因素，进而在克服内生性方法中表现出一定优势（Angrist & Pischke，2009）。纳入城市群规划可以看作一项"准自然实验"，一方面，本章将通过比较城市群规划发布之前和之后的城市服务业高质量指数的差异，考察在城市群建设、区域一体化政策框架下是否提升了城市群整体服务业发展水平，如果是，则表明城市群建设能够有效克服城市竞争行为的负外部性；另一方面，通过比较纳入城市群和非纳入城市群城市的服务业高质量发展指数，判断"城市群经济"的空间外溢效应。

本成果将纳入城市群的样本城市作为处理组，未纳入城市群的样本城市作为控制组，以各城市群规划颁布时间为界将总样本分为四个子样本，即纳入城市群前的处理组、纳入城市群前的控制组、纳入城市群后的处理组和纳入城市群后的控制组。本章通过设置 city 和 year 两个虚拟变量来区别 4 个子样本，其中 city = 1 代表纳入城市群的地级市，city = 0 代表未纳入城市群的地级市，year = 0 代表纳入城市群之前的年份，year = 1 代表纳入城市群之后的年份。根据上述对样本的划分方式，本章将 DID 方法的基准回归模型设定为以下形式，如式（6 - 1）所示。

$$service_{it} = \eta_0 + \eta_1 city_{it} \times year_{it} + \delta_i + \theta_i + \gamma_j control_{jit} + \varepsilon_{it} \qquad (6 - 1)$$

其中，被解释变量 $Service_{it}$ 为地级市服务业高质量发展指数，具体说明见上文，下标 i 和 t 分别表示地级市 i 和年份 t，control 表示在模型中加入的一系列的控制变量，ε 为随机扰动项。其中对于纳入城市群的地级市而言，纳入城市群前后的服务业高质量发展情况分别为 η_0 和 $\eta_0 + \eta_1$，纳入城市群的地级市在纳入城市群前后服务高质量发展指数的变化幅度为 $\Delta Innovation = \eta_1$，这一差异包含了纳入城市群对服务业高质量发展指数的影响。对于未纳入城市群的地级市而言，纳入城市群前后城市服务业高质量发展指数水平均为 η_0，未纳入城市群的地级市在纳入城市群前后的服务业高质量发展指数水平的变化为 $\Delta Innovation = 0$，这一差异并未包含纳入

城市群对服务业高质量发展指数水平的影响。由此，可以得到纳入城市群对服务业高质量发展指数水平的净影响 $\Delta Innovation = \eta_1$，即若纳入城市群有利于提升服务业高质量发展指数水平，则 η_1 系数显著为正。接下来，本部分将对以上各变量的选取和构造过程进行详细说明。

（二）变量解释

1. 核心解释变量：城市群规划的出台

鉴于本章双重差分法的识别策略，本章主要的解释变量为地级市是否纳入城市群的虚拟变量（$city$）和时间虚拟变量（$year$）的交互项（$city \times year$）。本章对于该地级市是否纳入城市群主要依据国家出台的相关规划文件，从已发布的国家政策文件中确定相关城市群以及具体划入该城市群的地级市，地级市纳入城市群的时间年份依据，主要根据相关国家规划最早的出台年份进行确定。改革开放以后，经济社会面临重大转型，城市化得到了快速的发展。基于国家的政策导向和区域的发展诉求，我国学者在"中国特色"的城市发展模式上做了大量的研究，开始展开一系列城市群规划的实践。城市群规划作为一种战略性的空间规划，旨在突破行政边界的物理割据，从更大的空间范围内使城市之间协调发展，发挥区域整合的优势。为培育、壮大山东省海洋优势产业集群，加快建设山东蓝色经济示范区，2007 年《山东半岛城市群总体规划（2006—2020 年）》获得批准实施，随后为了进一步深化对外开放，加快带动周边地区的发展，珠三角城市群（2008）和长株潭城市群（2008）规划也相继出台。2010 年，为推进"一带一路"沿线地区的互联互通，建成具有全球影响力的先进制造业和服务业中心，国务院正式批准了长三角城市群规划。同年，京津冀城市群为推动协同发展，加快产业对接协作也正式成立，成为以首都为核心的世界级城市群。较早成立的城市群还包括晋中城市群（2011）和滇中城市群（2011），属于主动融入和迎合国家发展战略的两个地区性城市群。

2. 控制变量

本章需要对城市服务业发展水平产生较大影响的变量进行控制，综合既有文献，在模型中加入了城市的经济发展水平、产业结构、对外开放程度等。为减少数据的波动，以下变量统一进行对数处理。数据均来源于《中国城市统计年鉴》和中经网统计数据库。（1）地区经济发展水平（$agdp$）。一个地区的经济发展水平一定程度上可以反映一个地区的科研基础设施条件，而科研设施条件又是科研活动得以开展的重要物质基础。本书以各地级市地区人均生产总值来表示地区发展水平，为了消除价格因素的影响，对其以 1978 年为基期进行了去价格化处理。（2）产业结构（*structure*）。安东内利（Antonelli，2003）认为，产业结构与服务业之间存在长期稳定的良性互动关系。因此，本章用第二产业占国内生产总值的比重来控制产业结构对区域服务业发展的影响。（3）对外开放程度（*open*）。外商直接投资作为国际知识转移的重要载体，是资本、管理和技术的复合体（Lee，2006）。我国资源禀赋的特点是劳动力要素充裕而资本要素，特别是高技术的资本要素相对匮乏。实行对外开放，积极引进外资，不仅可以提高资源配置效率，降低政府干预度，而且可以促进产业和技术升级。本章为控制对外开放程度对区域服务业发展水平的影响，衡量指标选用各地级市实际利用外资额在 GDP 中的占比进行表征，并采用当年的各月汇率的算术平均值转换为人民币单位。（4）城市化水平（*urban*）。城市化水平是指农村人口向城市转移所带来的生产要素空间集聚程度。根据劳动力匹配模型，城市化所带来的人口集聚可以提高团队合作的匹配度。一般来说，城市化水平用非农人口占总人口的比重来衡量较为合理，但由于 2009 年以后《中国城市统计年鉴》关于非农人口和总人口的统计口径发生改变，鉴于数据的可得性，我们选用城市人口密度来衡量城市化水平。（5）研发投入（*rd*）。增加研发投入可以提高一个国家或地区的创新能力已然成为众多学者的共识。一般情况下，研发投入的强度越高，对创新活动的正向影响越显著。本章为控制研发投入对区域服务业发展的影响，选用科教支出占财政支出的比重来表示研发投入。（6）人力资本（*hm*）。一个地区的人力资本存量越高，该地区对于科学技术的模仿和吸收能力就越强（邹薇和代谦；2003）。已有研究表明，我国教育投资所带来的人力资本红利，是中国服务业高质量发展的重要因素（钱晓烨等，2010）。人力资本采用既有研究中常用的平均受教育年限进行衡量，具体做法为：（6 × 普通小学在校学生数 + 10.5 × 普通中学在校学生数 + 16 × 普通大学在校学生数）/学生总人数。

（三）数据来源

目前，理论界和政府部门对我国城市群数量以及各个城市群所包含的城市范围存在不同划分标准，尚未有统一的定论（张学良，2014）。考虑到中央及省级出台的相关城市群规划，是引导地方政府参与城市群建设的"指挥棒"，在一定程度上能够发挥促进真正的"群"城市形成的作用。因此，本章以国务院正式批复的有关城市群的规划文件为依据确定各城市群的成立时间，并参考中国科学院发布的《2010 中国城市群发展报告》和《2016 中国城市群发展报告》确定城市群所包含的城市。在具体选择城市群及其包含的城市时，本成果基于以下条件进行筛选：①剔除2016年及之后批复的城市群；②因为数据原因，剔除所包含的全部或部分城市都不在230个地级市样本之列的城市群；最终本部分的研究选取了11个城市群，即长三角城市群、珠三角城市群、京津冀城市群、山东半岛城市群、辽中南城市群、海峡西岸城市群、长株潭城市群、武汉城市群、江淮城市群、晋中城市群和滇中城市群，共83个城市。

二、基准模型回归结果

多期双重差分法在政策评估方面具有明显优势，该方法能够有效剔除城市群规划之外其他影响服务业发展的因素的干扰，包括经济环境、政策调整等因素。因此，在进行多期DID回归之前，我们首先要确认城市群规划的实施与城市群内部的服务业活动并不存在直接关系。若存在没有观测到的与被解释变量相关的因素影响到一个城市是否被纳入城市群规划，那么没有城市群规划或进入城市群较晚的城市就不能构成对照组。于是，我们首先检验城市群的设立是否受到城市服务业活动的影响。

城市群规划编制的前提是要有明确的城市空间范围，从现有的城市群规划来看，大多从城市间距离、城市规模、行政等级等维度界定，再辅以产业经济空间和人口经济空间因素。总之，城市群规划在划分所包含的城市时，主要考虑某一城市与中心城市之间的地理空间距离、上下游产业联系和生产要素跨区域流动等，也就是说，某一城市是否进入城市群规模与服务业活动发展水平并不存在直接的相关关系，因此初步满足多期DID的适用性前提。

下面从采用样本进行统计检验，在模型中，因变量采用城市是否纳入城市群规划进行表征，纳入表示为1，没有纳入表示为0；同时在模型中加入控制变量，主要包括：滞后一期的人均发明专利申请量以及其他城市经济特征，进而运用离散选择Logit模型，检验城市群规划实施的时间选择和范围界定是否与城市服务业发展存在相关关系。如果检验结果显示并不存在明显的相关关系，就表明模型选择是合适的，可以克服内生性问题。结果如表6-4所示，滞后一期的城市人均发明专利申请量在所有情况下都不具有显著性，表明城市群规划实施的时机并不随城市先前服务业活动的变化而变化。基于此，这里判断本章的样本选择是满足多期双重差分法要求的"随机性"假设条件的。

表 6 - 4　　　　　**城市群规划实施实际与之前的城市服务业发展情况**

变量	(1)	(2)	(3)	(4)
L. innovation	0.0038	0.0038	0.0018	0.0017
服务业高质量发展指数	(0.0076)	(0.0088)	(0.0098)	(0.0096)
Controls	否	否	是	是
N	498	498	498	498
聚类到城市	否	是	否	是

注：括号内数值为回归系数的稳健标准误；变量前的"L"表示对该变量取滞后1期。

表 6 - 5 报告了城市群规划建设与服务业高质量发展指数之间的基本回归结果。从表中可知，模型（1）与模型（3）不含任何控制变量，模型（2）与模型（4）包含有人均收入水平、产业结构、对外开放程度等控制变量。实证结果表明，无论是否加入控制变量，核心解释变量系数均为正值，并且均在1%水平下通过显著性检验，表明纳入城市群规划对地级市的服务业高质量发展存在较为显著的促进作用。该结论表明，城市群规划出台确实有力推进了区域一体化发展。在城市群区域一体化政策的引导下，那些在地域空间上相对邻近的"一群城市"可能将在区域一体化体制机制、空间共同开发建设、基础设施共建共享等方面取得突破，打破原先的行政边界造成的阻碍，并逐渐形成更加统一的市场，更大空间范围内的要素配置以及更紧密的上下游产业分工合作，从而实现"城市群经济"效应，并提升各城市服务业发展水平。

表 6 - 5　　　　　　　**城市群规划建设与服务业高质量发展**

变量	(1)	(2)	(3)	(4)
	服务业 GDP		服务业高质量发展指数	
$city \times year$	0.1333 ***	0.0855 ***	0.0705 ***	0.0498 ***
	(0.0330)	(0.0270)	(0.00426)	(0.00423)
$\ln fdi$		− 0.0547 ***		− 0.00641 ***
		(0.0093)		(0.000442)
$\ln urban$		0.0470 **		− 0.00398 *
		(0.0238)		(0.00220)
$\ln gov$		− 0.1778 **		− 0.0908 ***
		(0.0884)		(0.00487)

变量	（1）	（2）	（3）	（4）
	服务业 GDP		服务业高质量发展指数	
ln*edu*		0.0331 （0.0259）		0.00190 （0.00143）
ln*indus*		−0.0722 （0.0820）		−0.220 *** （0.00761）
ln*mar*		−0.0259 （0.0189）		−0.00995 *** （0.00140）
ln*fin*		0.3817 *** （0.0691）		−0.00505 （0.00494）
ln*rd*		0.2742 *** （0.0328）		0.0352 *** （0.00128）
_*cons*	7.9978 *** （0.0970）	5.1826 *** （0.5062）	0.0768 *** （0.000533）	1.236 *** （0.0443）
城市固定效应	是	是	是	是
年份固定效应	是	是	是	是
N	3052	3052	3052	3052
R^2	0.965	0.971	0.485	0.500

注：（1）括号内的数值为回归系数的稳健标准误；（2）*、** 和 *** 分别表示 10%、5% 和 1% 的显著性水平。

三、作用机理剖析

从多期 DID 实证检验的结果可以发现：城市群规划的实施显著推动了整个城市群服务业发展水平的产出水平，且对城市群中规模较大的城市促进作用更大。根据前文的机理分析，我们可以概况出其中的逻辑线路：一方面，在“政治集权、经济分权”的制度安排下，地方政府会对上级政府的区域发展战略做出跟进响应，因此，国家级、省级层面的城市群规划出台之后，在上级政府的政策激励下，地方政府会表现出对城市群建设的积极性和重视度；另一方面，在各个地方城市的积极努力，以及上级政府层面在产业合作、重大交通基础设施建设的跨区域协调安排和统一市场、要素流动等体制机制的创新政策的共同作用下，城市群变得更加一体和紧密，进而在整体上推动城市群服务业高质量发展。

对于要素流动性，本章采用价格法进行衡量，主要用来反映城市群内部一体化程度。与其他方法进行比较，价格法在表征区域一体化程度方面具有优势，能够更准确、更直接地反映出地区之间区域一体化程度或者市场分割程度（吕越等，2018）。本章构建年份、城市和商品的三维数据，数据来各城市 2004～2016 年的统计年鉴或统计公报中商品零售价格分类指数。具体使用八类商品的零售价格指数，包括食品、服装和鞋帽、日用品、文化体育用品、书报杂志及电子出版物、中西药品及医疗保健用品、建筑材料及五金电料和燃料。采用价格比的对数一阶差分形式度量相对价格，如式（6-2）所示。

$$\Delta Q_{ijt}^{k} = \ln(p_{it}^{k}/p_{jt}^{k}) - \ln(p_{it-1}^{k}/p_{jt-1}^{k}) = \ln(p_{it}^{k}/p_{it-1}^{k}) - \ln(p_{jt}^{k}/p_{jt-1}^{k})$$

$$(6-2)$$

假定 $|\Delta Q_{ijt}^{k}| = \alpha^{k} + \varepsilon_{ijt}^{k}$，其中，$\alpha^{k}$ 是第 k 类商品本身特性所导致的价格变动，ε_{ijt}^{k} 是 i 和 j 两地经济之间的相关关系，对 t 年份 k 类商品组合间的相对价格 $|\Delta Q_{ijt}^{k}|$ 求均值，可以消除商品的固定效应，使得相对价格的变动只与地区之间的市场分割因素以及一些随机因素相关。计算两个城市之间 8 类商品的相对价格波动方差 $\text{var}(q_{ijt}^{k})$，得到市场分割指数，再以市场分割指数的倒数平方根测算市场一体化程度。

从创新活动产出角度出发度量技术创新活动水平，以此验证城市群建设通过对创新的溢出效应促进服务业高质量发展。这里表征城市技术创新水平的指标，选用各地市本地单位从业人员的发明专利申请量进行度量，同时，采用城市常住人口数进行人均化处理（即人均发明专利申请量）。人均化处理主要为了剔除不同城市面积大小和人口规模的差异，用以消除不同地区之间不可比因素造成的估计误差。

表 6-6 的列（1）~列（2）报告了城市群规划实施的时间虚拟变量对区域一体化水平的影响，结果显示，所有模型中均在 1% 显著水平下表现出正相关性，即：城市群规划可以促进区域一体化水平提升。城市群规划并不是城市群形成的标准，在城市群规划出台之前，各个城市间由于市场机制的调节也会形成一定程度的区域经济合作，但在"政治集权、经济分权"背景下，地方政府仍然具有通过市场分割和地方保护来获得短期利益的激励，因此城市群的发展受到一定程度的限制和扭曲。城市群规划的出台可以借助中央的协调作用，自上而下地打破这种体制障碍，推动产业的分工协作和要素的自由流动，加快一体化形成。

表6-6 城市群建设促进服务业高质量发展的机制检验

变量	(1)	(2)	(3)	(4)
	市场一体化指数		人均专利引用量	
$city \times year$	0.431 *** (0.0740)	0.300 *** (0.0553)	0.396 *** (0.0756)	0.283 *** (0.0610)
$\ln fdi$		-0.0845 *** (0.0183)		-0.0432 *** (0.00989)
$\ln urban$		-0.0677 (0.0529)		0.000918 (0.0274)
$\ln gov$		-0.221 (0.166)		-0.426 *** (0.111)
$\ln edu$		0.0789 (0.0589)		0.0528 * (0.0320)
$\ln indus$		-0.853 *** (0.159)		-1.048 *** (0.119)
$\ln mar$		-0.0733 ** (0.0373)		-0.0369 * (0.0222)
$\ln fin$		0.367 ** (0.147)		0.300 *** (0.0965)
$\ln rd$		0.577 *** (0.0695)		0.315 *** (0.0444)
$\_cons$	3.234 *** (0.300)	2.479 ** (1.156)	0.581 * (0.324)	2.161 ** (0.915)
城市控制效应	是	是	是	是
年份固定效应	是	是	是	是
N	3050	3050	3048	3048
R^2	0.941	0.951	0.763	0.816

注：（1）括号内的数值为回归系数的稳健标准误；（2）*、**和***分别表示10%、5%和1%的显著性水平。

第四节 本章小结

经过多年发展，中国城镇化、城市群发展已经较为成熟，基本形成了

"大中城市＋县乡镇"的框架体系，并且京津冀地区、长三角地区、武汉地区、粤港澳大湾区、成渝地区等几个相对成熟的城镇群的格局。随着国内大循环体系的建设，作为新型城镇化战略主体地位的城市群将成为发展龙头，也是驱动服务业高质量发展的主要空间载体。首先，本章通过回顾我国城镇化、城市群的建设历程，描绘新中国成立以来，尤其是改革开放以来我国城镇化、城市群空间发展格局的时空演变，并分析新发展格局下我国城市建设的现状和趋势，认为在未来城市将主要借助政策定位及优越的地理位置与竞争环境，打造扩大开放新高地和对外合作新平台，是促进服务业高质量发展中不可忽视的重要因素。其次，在新经济地理学的相关理论框架下，阐述城市群建设对服务业高质量发展的作用机制，认为科学、合理的城市群建设可以有效促进城市间形成统一的市场体系，减少要素自由和合理流动的各自障碍，从而服务高质量发展；城市群内部的市场整合和一体化发展，有助于弱化城市之间的边界壁垒，推动创新要素跨区域流动，促进创新溢出，从而促进服务业高质量发展。最后，利用多重差分模型，通过对 11 个城市群的实证检验发现自上而下的城市群建设下的内部一体化形成将促进服务业高质量发展，而这一过程主要通过两个机制得以实现：一是城市群建设促进要素的自由流动；二是城市群建设对创新的溢出效应是促进服务业高质量发展的另一个渠道。

新时期，中国式现代化下城镇化、城市群的发展不能照搬西方的发展模式，一方面，我国的城镇化、城市群建设必须立足于"我国十四亿多人口整体迈进现代化社会，规模超过现有发达国家人口的总和"的基本国情；另一方面，我国的城镇化、城市群建设必须立足于"共同富裕是中国特色社会主义的本质要求，也是一个长期的历史过程"。强化新型城镇化建设，将我国城镇化、城市群建设的着眼点立足于广大城镇，将城镇化建设作为重点，构建合理的"城镇＋中心城市＋大城市"协同发展格局。

第七章 跨业深度融合与服务业高质量发展

伴随大数据、云计算、物联网、人工智能、5G 等新一代信息技术的发展及其应用，产业跨界深度融合成为加快产业转型升级的必由之路，是适应全球产业和技术重大变革、提升产业国际竞争力的重要推动力，也是进一步深化供给侧结构性改革、推动现代服务业质量变革、效率变革的重要举措。党的十九大报告明确提出，要推动互联网、大数据、人工智能与先进制造业、现代农业等实体经济深度融合。党的二十大提出：构建优质高效的服务业新体系，推动现代服务业同先进制造业、现代农业深度融合①。跨业深度融合作为推动服务业高质量发展的重要路径。跨业深度融合主要是通过范围经济、人力资本积累、产业联动以及培育服务新业态、新产业新模式等机制推动服务业高质量发展。

第一节 我国跨业深度融合发展现状

一、跨业深度融合内涵及意义

（一）跨业深度融合内涵

跨业深度融合是经济发展到一定阶段的新现象（徐盈之和孙剑，2009），跨业深度融合既包括现代服务业与先进制造业的深度融合，也包括现代服务业与现代农业的深度融合，同时，也包括现代服务业内部细分行业的相互融合。目前理论界的研究较多集中在现代服务业与先进制造业融合的领域，部分研究者采用计量经济学和统计学方法对先进制造业与现代服务业的融合程度进行了量化，为后续研究奠定了基础（陈蓉和陈再

---

① 《中国共产党第二十次全国代表大会文件汇编》，人民出版社 2022 年版。

福，2018；刘春光，2019；杨新洪，2021）。至于服务业内部的融合以及现代服务业与现代农业的融合，大多数停留于业态、模式的描述，而量化分析相对不足。

从产业发展历程看，现代服务业、制造业之间经历一体、分化、融合的过程。工业化中期，两者是相互分离、相互支撑的。而工业化后期，现代服务业与先进制造业演进到融合发展（以下简称"两业"融合）阶段。两者融合发展是现代产业发展的基本规律、一般趋势。近年来，新工业革命加速演进，新兴技术的持续涌现为"两业"融合扫清了部分技术障碍，为"两业"融合提供了重要技术基础。现代服务业与先进制造业的跨业深度融合，是基于大数据（big data）、云计算、物联网、5G、人工智能（AI）等新一代信息技术（ICT）的发展，其加强制造业与服务业的协同、互动、渗透，推动两个产业由分离状态，转向制造服务化以及服务制造化，延伸和提升价值链环节高度、层次，从而实现从生产型制造向服务型制造的转变。

（二）两业深度融合意义

目前，我国正处于制造业大国向先进制造业强国推进、现代服务业优化结构及其内涵提升的重要阶段，推动现代服务业和先进制造业进行深度融合，是中国推进制造业转型升级、构建现代产业体系的必要路径。推进现代服务业与先进制造业深度融合的意义主要体现在以下几个方面。

1. 推进"两业"深度融合是加快推进制造强国建设的关键之举

目前中国处于新旧动能转换、产业结构调整、创新发展模式构建的关键调整期，新一代信息通信技术的创新突破，正推动制造业向以数字化、智能化、网络化等为主要特征的新型制造方向升级。在此过程中，制造业的转型升级有必要借助现代服务业提供更具技术、知识含量的中间投入品，仅仅依赖制造业本身可能难以完成。应以科技服务、工业设计服务、信息服务业以及数字经济等现代服务业为支撑，推动"两业"深度融合，将新兴信息技术嵌入制造过程以及终端产品，推进生产制造的数字化和智能化，实现制造型企业从提供单一产品向提供"制造＋服务""产品＋服务"转变，为制造大国向"制造强国"深刻转变奠定基础。

2. 推进"两业"深度融合是攀升未来产业制高点的必然选择

当前，新一轮科技革命、产业变革方兴未艾，新兴技术大量涌现，以智能化、数字化、网络化为特征的新一代信息技术革命在产业部门加速渗透和应用，打破了传统意义上产业之间的边界，产业边界越来越难以界定，产业链条通过解构和价值重构，产业链上下游、新旧业态之间，甚至于企业内部都表现出更大程度的协同和融合，推动产业资源更加高效地配置。在此过程中，通过现代服务业和先进制造业深度融合以及价值重构而涌现出的大量新产业、新业态、新模式成为引领未来产业发展的主旋律，对我国产业布局具有重大引领作用，有利于我国前瞻性、战略性布局未来产业"风口"。

3. 推进"两业"深度融合是建设自主可控现代产业体系的现实需要

虽然当下我国已构建了符合经济发展规律、体现自身特点的现代产业体系，但关键技术和关键环节受制于人的情况仍然较为突出。产业之间，尤其是先进制造业与现代服务业之间互动、融合程度不深，导致创新链与产业链脱节，产业链供应链"开环""断链"。因此，推动"两业"深度融合是破解关键核心技术受制于人这一关键症结的重要手段。应将信息技术服务、科技服务、工业设计服务等智力密集型和知识密集型服务要素赋能先进制造业，提升我国制造业的自主创新能力，推进产业链现代化、产业基础高级化，实现对关键技术、产业标准、产品品牌等核心要素的掌控。

4. 推进"两业"深度融合是服务业高质量发展的根本要求

推动现代服务业与先进制造业的深度融合，一方面，对制造业高质量发展具有重要促进作用。"两业"融合能够有效重塑我国制造业产业链价值链、推动制造业转型升级。另一方面，对服务业高质量发展具有重要的推动作用。"两业"融合将进一步延伸服务业的内涵和外延，为我国服务业发展提供新的增长动力。根据产业理论预测"两业"融合的结果可知，作为先进制造业的关键中间投入品，在产业互动过程中，"两业"融合必然深化乃至提升先进制造业对现代服务业的需求，尤其是扩大对生产性服务业的中高端需求。为满足先进制造业的供应需求，生产性服务业只有通过自身发展质量的提高，来实现高质量的供给。因此，推进"两业"深度融合，夯实产业高质量发展基础，对我国服务业高质量发展具有重大的推动作用。

二、"两业"深度融合条件与不足

（一）"两业"深度融合环境

1. "两业"融合产业基础较好

制造业是制造服务业的直接服务对象，只有具备强大的制造业，才能创造出高端化、现代化、批量化的服务需求。我国作为世界制造业大国，先进制造业规模大、发展速度快，2016~2021年，我国制造业增加值年均增长率高达8.2%，2021年我国制造业增加值占GDP比重达到了27.4%，总量达到了31.4万亿元，与全球制造业大国之间的横向比较结果表明，我国制造业增加值连续12年位居世界首位，美国和日本分别位列第二和第三。[①] 目前，我国已经形成了工程机械、海工装备和高技术船舶、高端装备、集成电路、前沿新材料、生物医药和新型医疗器械、高端纺织、新型电力（新能源）装备、汽车及零部件、信息技术、新型显示等一批先进制造业集群。与此同时，作为现代服务业的重要需求来源，先进制造业的发展带动了与其联系紧密的生产性服务业的快速发展。一方面，我国生产性服务业规模持续上升。由2015年的13.63万亿元增长到2018年的18.93万亿元，而且生产性服务业占总体服务业的比重不断提升，2018年达到了39.02%。[②] 另一方面，服务业行业结构不断优化。与新一代信息技术直接相关的行业，如交通运输、仓储和邮政业，信息传输、计算机服务和软件业发展速度快，2019年我国软件行业拥有企业40857家，比2018年增长了7.54%，与之相关的软件业务收入达7.18万亿元，同比增长15.92%。受疫情冲击，2020年中国软件行业企业数量同比下降3.5%，软件行业企业数量为39409家。[③]

2. "两业"融合发展环境较优

2012年以来，我国主动适应新形势和新环境，全方位推进先进制造业与现代服务业深度融合工作，2016年工业和信息化部等3部门发布了《发展服务型制造专项行动指南》，提出要强化制造业企业主体地位，完善政策和营商环境，加强示范引领，健全服务型制造发展生态，并且在全国范围内评选服务型制造示范企业、示范培育企业。2019年国家发展改革委等15部门联合出台了《关于推动先进制造业和现代服务业深度融合发展的实施意见》，确定推进建设智能工厂、加快工业互联网创新应用、推广柔性化定制、发展共享生产平台、提升总集成总承包水平、加强全生命周期管理、优化供应链管理、发展服务衍生制造、发展工业文化旅游、培育其他新业态新模式十个融合发展新业态新模式，将其作为先进制造业和现

① 《我国制造业增加值31.4万亿元 连续12年位居世界首位》，光明网，https://m.gmw.cn/toutiao/2022-02/28/content_1302823798.htm。

② 数据来源：国家统计局《国民经济和社会发展统计公报》。

③ 《2019年中国软件和信息服务业发展现状与行业发展前景探析》，智研咨询，https://www.chyxx.com/industry/202002/833194.html。

代服务业深度融合重点发展方向，明确工作目标，探索推进路径，强化措施保障。随后，全国各地积极行动起来，相继出台推动"两业"融合的扶持性和指导性政策文件。

3. "两业"融合示范效应较强

目前，全国范围内已经涌现出一批具有示范推广意义的国家级、省级以及地市级的融合型企业，服务型制造示范企业（项目、平台），全国 6 个城市入选服务型制造示范城市，全国范围内建设各类示范智能车间累计超过 1100 家。《中国两化融合发展数据地图（2020）》提供的数据显示，全国两化融合发展水平为 56.0，较 2016 年增长 10.5%，并且每年以超过 2% 的速度保持持续增长。江苏、山东、浙江、上海、北京等省市两化融合发展水平居于前列，其中，长三角、珠三角地区两化融合发展指数都超过 60.0%，是中国两化融合发展水平的重要区域[1]。"两业融合"成效初显，传统生产型制造正加速向"传统制造＋服务投入"的服务型制造转型，比如，江苏双良集团的节能综合解决方案、徐工集团的"徐工工业云"服务平台、江苏亨通光电的全价值链服务等"两业"融合典型案例，为"两业"融合提供了思路和经验，具有较强的示范意义和引领作用。

（二）我国"两业"融合存在的不足

1. "两业"融合缺乏顶层设计、政策横向协同度不够

"两业"融合涉及现代服务和先进制造两大行业领域，但目前国家对二者的行业管理体系分立，存在两套差异明显的管理体系，成为"两业"融合的重要障碍。虽然国家以及省工信、发改、科技等部门出台了相关推进"两业"融合的政策与措施，但总体来看，对"两业"融合的协同性谋划和前瞻性规划不足，既缺乏衔接机制、顶层设计，也没有从制度协同、营商环境优化等方面展开系统性谋划。

2. "两业"融合的承接载体空白、要素支撑乏力

目前，依托产业园区进行集聚、集群发展是先进制造业与现代服务业的重要发展模式，但传统的产业园区往往以各自独立的形态存在，难以对"两业"融合产生的新兴业态形成有力支撑。制造业"两业"融合后出现的新产业、新业态和新模式，受限于制造业载体平台（产业园区、集聚

---

① 资料来源：国家工业信息安全发展研究中心 2020 年 10 月 28 日发布的《中国两化融合发展数据地图（2020）》系列成果——当前我国制造企业数字化普及、网络化联接、智能化探索呈现 5－2－1 的发展格局。

区）的政策框架，也不完全适用于服务业集聚区的发展体系，需要在土地、人才、税收等方面更为灵活地承接载体，但全国范围内还缺乏能够支撑"两业"深度融合的试点载体。对于服务业载体来说，嵌入制造业元素受到政策的制约，难以发展出服务型制造。更为紧迫的是，"两业"融合缺乏高端要素的有效支撑，包括缺乏针对"两业"融合的金融创新供给，缺乏"两业"融合的共性关键技术供给，同时，也缺乏促进"两业"融合过程中的"产学研"特色制度供给，等等。

三、我国跨业深度融合现状判断

跨业深度融合具有丰富的内涵与外延，不仅包括现代服务业与先进制造业的深度融合，也包括现代服务业与现代农业的深度融合，同时，还包括现代服务业内部细分行业的相互融合，出于数据可得性的考虑，本部分评估了现代服务业与现代农业、现代服务业与先进制造业的融合状况。

（一）服务业与第一产业的深度融合

首先来看服务业与第一产业的深度融合情况。从图 7－1 可以看出，2005～2019 年，我国服务业与第一产业的融合程度呈现出稳步上升的大趋势。其中，上海、北京、天津、江苏和浙江 5 个省份的服务业与第一产业的融合程度较高，且这些地区的服务业与第一产业的融合程度具有较高的增长率。云南、内蒙古、广西、西藏、贵州、辽宁、陕西、青海和黑龙江 9 个地区的服务业与第一产业融合程度较低，且这些地区的服务业与第一产业的融合程度在 2005～2019 年几乎未发生变化。吉林、四川、宁夏、安徽、山东、山西、广东、新疆、江西、河北、河南、海南、湖北、湖南、甘肃、福建和重庆 17 个地区的服务业与第一产业融合程度较低，且这些地区的服务业与第一产业融合程度的年均增长率相对较低。需要说明的是，服务业与第一产业融合程度较高的省（自治区、直辖市）多位于东部地区，服务业与第一产业融合程度较低的省（自治区、直辖市）多处于中西部地区。

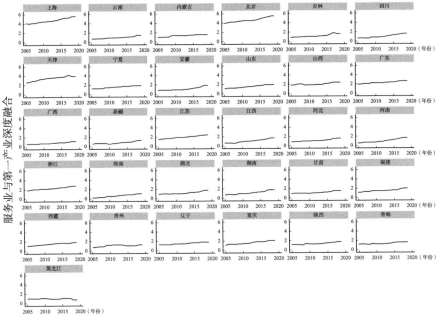

图 7 - 1　服务业与第一产业深度融合情况

资料来源：笔者使用统计软件绘制而得；为了更直观地看出跨业深度融合的变动趋势，已对服务业与第一产业的深度融合程度取自然对数。

（二）服务业与第二产业的深度融合

再来看服务业与第二产业的深度融合情况。从图 7 - 2 中可以看出，2005～2019 年我国绝大部分省（自治区、直辖市）的服务业与第二产业的融合程度呈现出上升趋势。其中，上海、云南、北京、山东、广东、江苏、河北和浙江 8 个地区的服务业与第二产业的融合程度逐年稳步上升；内蒙古、吉林、四川、安徽、广西、江西、河南、湖北、湖南、甘肃、辽宁、重庆、陕西和青海 14 个地区的服务业与第二产业的融合程度呈现出先下降后上升的变动趋势；天津、宁夏、山西、新疆、海南、贵州和黑龙江 7 个地区的服务业与第二产业的融合程度呈现出波动上升的变动趋势。与上述 29 个地区跨业深度融合程度的变化趋势相反，西藏的服务业与第二产业的融合程度逐年下降，福建的服务业与第二产业的融合程度几乎未发生变化。此外，从跨业融合程度的均值来看，上海、北京和海南的服务业与第二产业融合程度的平均水平相对较高，其余 29 个省份（自治区、直辖市）的服务业与第二产业融合程度的平均水平相对较低，而且这 29 个省份（自治区、直辖市）的服务业与第二产业融合程度的平均水平较为接近。

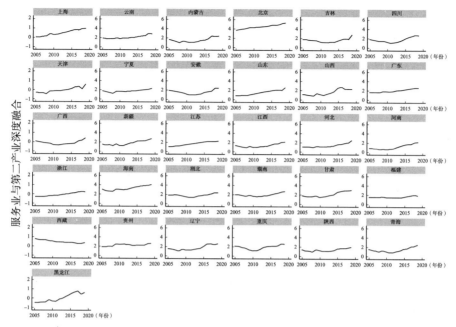

图7-2 服务业与第二产业深度融合情况

资料来源：笔者使用统计软件绘制而得；为了更直观地看出跨业深度融合的变动趋势，已对服务业与第二产业的深度融合程度取自然对数。

对比图7-1和图7-2中各省份跨业融合程度的变动幅度可以发现，服务业与第一产业融合程度的变动幅度相对较大，而服务业与第二产业融合程度的变动幅度相对较小。这意味着，相对于服务业与第一产业深度融合发展情况而言，服务业与第二产业深度融合发展相对比较成熟。

第二节 跨业深度融合影响服务业
高质量发展的理论机制

一、跨业深度融合通过范围经济机制促进服务业高质量发展

跨业深度融合能够产生范围经济效应，从而促进服务业的高质量发展。本质上而言，跨业深度融合指的是各产业间边界逐渐变得不清晰的过程及其状态（Heo & Lee，2019），在这一过程中，各产业的技术、产品和市场相互交叉并产生成本降低，从而产生正的外部性。王大树（2004）指出，因企业内部产品种类增加而形成的生产成本下降的现象是范围经济的

具体表现。值得强调的是，作为产业融合的基础性理论（阮俊虎等，2020），范围经济更容易在大城市和特大城市中形成（姜长云，2018），而大城市和特大城市往往是高端服务业的聚集地。宣烨和余泳泽（2014）提出的层级分工理论认为，知识密集度高的高端生产性服务业主要分布在大城市，而知识密集度低的中低端生产性服务业主要分布在中小城市。范围经济在降低企业生产成本的同时，也使得企业有能力获取高端的生产性服务。这是因为，因范围经济而节约的生产资金可以用来购买高端的生产性服务业。制造企业对高端生产性服务的需求增加会引起高端生产性服务业企业的集聚式发展，进而加剧了服务业企业之间的竞争。自然地，因为竞争效应的存在，引发服务效率的提升。由此可见，跨业深度融合能够通过促使范围经济的形成来促进服务业高质量发展。其中，大城市和特大城市中的制造业企业的跨业深度融合能够产生更强的范围经济，聚集在大城市和特大城市中的服务业企业的服务效率将得到提升。

二、跨业深度融合通过联动机制促进服务业高质量发展

跨业深度融合能够通过产业联动和政策联动机制来促使服务业的高质量发展。首先，从产业联动机制来看，跨业深度融合有利于加强产业间的联系。周振华（2002）指出，产业融合将使得产业之间关联发生根本性转变，进而产生可观的经济增长效应。如果用三个不同大小的圆圈来表示第一产业、第二产业和第三产业，那么三个圆圈的交集将是经济增长最快的区域，穆勒（Mueller，1977）的研究也得出了相似的结论。此外，跨业深度融合还将对社会发展产生巨大的影响。比如，由产业融合促生的互联网金融这一新兴业态不仅导致了互联网产业和金融业的进一步发展，而且加快了互联网金融这一新兴信息服务业的发展。需要说明的是，跨业深度融合发展是振兴实体经济的重要手段（中国人民大学宏观经济分析与预测课题组，2017），而实体经济的高质量发展需要以服务业尤其是生产性服务业的高效服务为依托。也就是说，由跨业深度融合而产生的产业联动机制能够倒逼服务业的高质量发展。从政策联动机制来看，跨业深度融合有利于产业政策间的联动。库奇基（Kuchiki，2007）在考察东亚地区产业融合问题时，强调了产业政策衔接的重要性。产业政策衔接的过程也是产业政策协调和互动的过程，其目的在于实现产业空间布局和资源配置合理化（李晓和张建平，2010）。自然地，跨业深度融合使得农业、工业和服务业发展政策的制定更加合理，即产业政策协调性被充分考虑在内。在政策联

动机制的作用下，资本、土地、劳动、技术等生产要素被高效地配置到了不同行业，农业、工业和服务业均可实现高质量发展。

三、跨业深度融合通过人力资本积累机制促进服务业高质量发展

跨业深度融合能够通过提升人力资本积累水平来促进服务业的高质量发展。随着经济全球化与信息化的高速发展，跨业深度融合已成为大势所趋（何骏，2009）。一方面，跨业深度融合因新业态的产生而增加了新的就业机会，社会就业规模扩大。另一方面，跨业深度融合对创新型人才的需求也会增加。植草益（2001）指出，产业融合虽然会加剧企业间的竞争，但也蕴藏着开发新产品、提供新服务的商机。对于追求利润最大化的企业而言，提升产品与服务质量以最大程度地占领市场份额显得尤为重要。周振华（2003）将产业融合视为产业发展及经济增长的新动力，并指出在产业融合的过程中，无论是重新寻求市场定位的大企业，还是在特殊领域中生存的小企业，其对创造性人才产生的需求均显著增加。究其主要原因在于，前沿技术以及基于前沿技术发展起来的新兴产业是跨业深度融合的助推器（厉无畏和王慧敏，2002），而这一助推器的形成是以创造性人才的智力劳动为重要前提的。在产业融合的三个阶段中，技术融合处于第一个阶段（马健，2002）。值得强调的是，之所以跨业深度融合能够让企业大量引进创造性人才，是因为创造性人才能够对不同产业内的技术进行整合与支撑，进而为融合企业提供创造性的服务。自然地，企业内部的人力资本积累水平也会随着创造性人才的引入而逐步提升。如前文分析，跨业深度融合蕴藏着新服务的商机，这意味着服务业亟须得到进一步的发展，进而向制造业企业提供高质量的服务。毋庸置疑，服务业企业内部人力资本积累水平的提升恰好能够服务于自身的高质量发展。

四、跨业深度融合通过培育服务型制造促进服务业高质量发展

现代服务业与先进制造业深度融合的重要发展方向是服务型制造，而服务型制造可以在两个方面对服务业发展质量产生正向影响。一是以服务型制造为服务业创造新的增长动力（李晓华，2019）。服务型制造是一种新的产业形态，它是围绕制造业的产品研发设计、加工制造等的专有知识及其能力而拓展的一系列高附加值服务活动。服务型制造模式包括工艺设计、总集成总承包、个性化定制、供应链管理、柔性化定制、融资租赁、系统方案解决以及增值服务等，这些服务模式本身都是

高端化、高附加值服务。为了能够提供这些高端化、高附加值服务，服务业必须应用大数据、云计算、物联网、人工智能、5G等新一代信息技术进行改造提升，从而创新模式、创新业态。二是以服务型制造能够提高服务业生产率。与制造业相比，服务业总体技术进步相对缓慢，生产效率较低并且难以提升，无论是技术投入规模、技术进步速度，还是技术使用效率都不是在一个层面上。而服务型制造是建立在新一代信息技术基础上，具有创新投入大、技术水平高、技术前沿、研发强度高等特征，具有高附加值、高技术密集等特点（李晓华，2019）。服务型制造通过提升自主创新能力、持续壮大人才队伍、攀升附加值等路径，改变传统服务业部门技术进步慢、效率低的不利局面，从而全面提升服务业全要素生产率。

第三节 跨业深度融合影响服务业高质量发展的实证检验

一、相关指标的测算

（一）指标评价体系的构建

本部分以先进制造业与现代服务业深度融合为例，对跨业深度融合程度进行测算。具体地，借鉴刘春光（2021）的测算方法，选用跨业融合规模、跨业融合深度以及跨业融合速度三个方面作为目标层，构建如表7-1所示的指标体系来表征我国跨业深度融合程度。需要说明的是，并参考李金华（2020）对先进制造业的界定方法，将以下6个制造业细分行业视为先进制造业：（1）医药制造业；（2）航空、航天器及设备制造业；（3）电子及通信设备制造业；（4）计算机及办公设备制造业；（5）医疗仪器设备及仪表制造业；（6）信息化学品制造业。参考李朝鲜（2006）和刘春光（2021）的做法，将批发和零售业、住宿和餐饮业之外的所有服务业视为现代服务业①。

---

① 现代服务业具体行业：（1）交通运输、仓储和邮政业；（2）信息传输、计算机服务和软件业；（3）金融业；（4）房地产业；（5）租赁和商务服务业；（6）科学研究、技术服务和地质勘查业；（7）水利、环境和公共设施管理业；（8）居民服务和其他服务业；（9）教育；（10）卫生、社会保障和社会福利业；（11）文化、体育和娱乐业；（12）公共管理和社会组织。

表7-1 **跨业融合程度指标评价体系**

目标层	母序列指标	子序列指标
融合规模	Y1：先进制造业主营业务收入/GDP	X11：现代服务业产值/GDP X12：现代服务业从业人数/全体从业人数 X13：现代服务业固定资产投资总额/全社会固定资产投资总额
	X1：现代服务业产值占GDP比重	Y11：先进制造业主营业务收入/GDP Y12：先进制造业从业人数/全社会从业人数 Y13：先进制造业固定资产投资总额/全社会固定资产投资总额
融合深度	Y2：先进制造业总产值/全部从业人员年平均数	X21：现代服务业研发活动产出/研发活动人员数 X22：现代服务业增加值/GDP X23：现代服务业研发经费支出/GDP
	X2：现代服务业增加值/GDP	Y21：先进制造业总产值/全部从业人员年平均数 Y22：先进制造业研发经费支出/GDP Y23：先进制造业营业成本/主营业务收入
融合速度	Y3：先进制造业从业人员增长率	X31：现代服务业固定资产投资增长率 X32：现代服务业从业人员增长率
	X3：现代服务业从业人员增长率	Y31：城镇人口占比 Y32：先进制造业从业人员增长率

（二）跨业融合程度的测算

跨业融合程度的测算可按如下步骤进行：确定研究数据序列→标准化处理数据→求解关联系数→计算跨业融合程度。

1. 确定研究数据序列

由于本章选取的数据时间跨度为 2012～2019 年，因此可将研究数据序列表示成 $M_i = \{m_i(1)，m_i(2)，m_i(3)，\cdots，m_i(t)，m_i(t+1)，\cdots，m_i(8)\}$，$S_j = \{s_j(1)，s_j(2)，s_j(3)，\cdots，s_j(t)，s_j(t+1)，\cdots，s_j(8)\}$。其中，$M_i$ 为先进制造业的第 i 项指标，$i=1，2，3，\cdots，u$；S_j 为现代服务业的第 j 项指标，$j=1，2，3，\cdots，v$。M_i 和 S_i 分别作为比较序列和参考序列。

2. 标准化处理数据

对数据进行标准化处理的目的在于消除量纲不同所带来的影响。具体地，可按照式（7-1）和式（7-2）进行数据的标准化处理：

$$m_i^*(t) = \frac{m_i(t) - \min m_i(t)}{\max m_i(t) - \min m_i(t)} \qquad (7-1)$$

$$s_j^*(t) = \frac{s_j(t) - \min s_j(t)}{\max s_j(t) - \min s_j(t)} \qquad (7-2)$$

其中，$m_i^*(t)$ 和 $s_i^*(t)$ 分别为经过数据标准化处理后的先进制造业第 i 项指标在 t 年中的值和现代服务业第 j 项指标在第 t 年中的值。

3. 求解关联系数

先进制造业与现代服务业在 t 时期的关联系数 γ 可由式（7-3）得出。

$$\gamma_{ij}(t) = \frac{\min\limits_i \min\limits_j |m_i(t) - s_j(t)| + \rho \max\limits_i \max\limits_j |m_i(t) - s_j(t)|}{|m_i(t) - s_j(t)| + \rho \max\limits_i \max\limits_j |m_i(t) - s_j(t)|} \qquad (7-3)$$

其中，ρ 表示分辨系数，其取值介于 0~1 之间。分辨系数越大，表明关联系数间的差异越小。一般情况下，ρ 取值为 0.5。

4. 计算跨业融合度

先进制造业与现代服务业深度融合程度 MS_{ij} 的计算公式可表示为式（7-4）：

$$MS_{ij} = \frac{1}{k} \sum_{i=1}^{k} \gamma_{ij} \qquad (7-4)$$

套用刘春光（2021）的定义，可将跨业深度融合分为低度融合、中度融合、较高融合和高度融合四个档次，具体如表 7-2 所示。

表 7-2 跨业深度融合程度分类

跨业深度融合取值区间	跨业深度融合类型
$0 < MS_{ij} \leqslant 0.35$	低度融合
$0.35 < MS_{ij} \leqslant 0.65$	中度融合
$0.65 < MS_{ij} \leqslant 0.85$	较高融合
$0.85 < MS_{ij} < 1$	高度融合

表 7-3 给出了我国 2012~2019 年先进制造业与现代服务业融合程度数值。从跨业融合规模来看，我国先进制造业与现代服务业由中度融合阶段逐渐上升到较高融合阶段，近年来又下降至中度融合阶段；从跨业融合深度来看，我国先进制造业与现代服务业于 2012 年处于较高融合阶段，2013~2014 年下降至中度融合阶段，2015~2018 年又回升至较高融合阶段，近年来下降至中度融合阶段；从跨业融合速度来看，我国先进制造业与现代服务业于 2012~2014 年处于较高融合阶段，2015~2016 年处于中

度融合阶段，2017～2018年处于较高融合阶段，近年来又下降至中度融合阶段。总体来看，我国先进制造业与现代服务业的融合程度至少达到了中度融合阶段，并有进一步向深度推进的趋势。

表7-3   2012～2019年中国先进制造业与现代服务业融合程度

类型	2012年	2013年	2014年	2015年	2016年	2017年	2018年	2019年
融合规模	0.4978	0.5472	0.4514	0.4878	0.6033	0.7136	0.5062	0.4444
融合深度	0.7653	0.6470	0.5753	0.7203	0.8180	0.6917	0.7344	0.5587
融合速度	0.8333	0.8402	0.7394	0.6375	0.5805	0.7011	0.8368	0.6067

资料来源：笔者计算得出。

图7-3直观地显示出了我国先进制造业与现代服务业融合程度的变动趋势。其中，跨业融合深度与跨业融合速度均呈现出先下降后上升再下降的"倒N型"走势，而跨业融合规模呈现出先上升、后下降、再上升、再下降的"M型"走势。值得强调的是，跨业融合规模、跨业融合深度以及跨业融合速度的波动幅度较小，跨业融合规模的波动范围为0.45～0.70，跨业融合深度的波动范围为0.60～0.80，跨业融合速度的波动范围为0.60～0.85。根据表7-2中跨业深度融分类情况可知，2012～2019年，我国先进制造业与现代服务业的整合程度中度融合层次逐步向较高融合层次的过渡阶段。

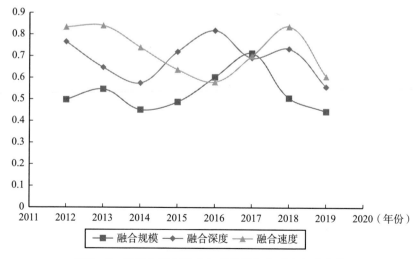

图7-3   我国先进制造业与现代服务业融合程度趋势

资料来源：笔者绘制。

（三）服务业高质量发展的测度

与第五章一致，本章使用服务业生产率来表征服务业发展质量。具体地，服务业生产率越高，表明服务业发展质量越高；服务业生产率越低，说明服务业发展质量越低。相应的计算公式如式（7-5）所示。

$$Ser\_qua = Serout/Serlabor \qquad\qquad (7-5)$$

其中，Ser_qua 表示服务业发展质量，$Serout$ 表示服务业产出，$Serlabor$ 表示服务业从业人员数量。

二、计量模型与数据来源

为了考察跨业深度融合对服务业高质量发展的影响，我们使用式（7-6）计量模型：

$$\ln Ser\_qua_{it} = c + \beta_1 MS_{it}^1 + \beta_2 MS_{it}^2 + \beta_3 MS_{it}^3 + \beta_4 \ln ML_{it} + \beta_5 Os_{it}$$
$$+ \beta_6 Open_{it} + \mu_i + \xi_t + \varepsilon_{it} \qquad\qquad (7-6)$$

式（7-6）中的各变量含义为：Ser_qua_{it} 为被解释变量，表示第 t 年中地区 i 的服务业发展质量，在实证分析中取自然对数；MS_{it}^1 为第一个核心解释变量，表示第 t 年中地区 i 的先进制造业与现代服务业的融合规模；MS_{it}^2 为第二个核心解释变量，表示第 t 年中地区 i 的先进制造业与现代服务业的融合深度；MS_{it}^3 为第三个核心解释变量，表示第 t 年中地区 i 的服务业与该地区第二产业的融合速度。借鉴徐盈之和孙剑（2009）的研究，本章选取如下控制变量：ML_{it} 指的是第 t 年中地区 i 的市场结构水平，使用服务业产出水平与服务业企业数量之比衡量，在实证分析中取自然对数；Os_{it} 是第 t 年中地区 i 的所有权结构，使用服务业行业中国有单位就业人数占服务业城镇单位就业人数的比重来表示；$Open_{it}$ 为市场开放程度，使用服务业中 FDI 与服务业产值之比来表示。此外，c 为常数项，β_i 表示各变量的回归系数，μ_i 和 ξ_t 分别为地区固定效应和时间固定效应，ε_{it} 则为随机扰动项。

需要指出的是，本部分计算服务业发展质量（Ser_qua_{it}）所需的基础数据来自中国《第三产业统计年鉴》，计算跨业融合程度所需的基础数据来自《中国统计年鉴》《中国工业经济统计年鉴》《中国科技统计年鉴》和《第三产业统计年鉴》，计算 ML_{it}、Os_{it} 和 $Open_{it}$ 所需要的基础数据来自中国《第三产业统计年鉴》和《中国贸易外经统计年鉴》。

三、回归结果与分析

（一）基准回归结果

表7-4给出了基于双固定效应模型式（7-6）的回归结果。随着控制变量的不断加入，模型的 R^2 在逐渐提高，这说明计量结果的整体效果良好。从表7-4的模型（1）~模型（4）均可以发现，跨业融合规模与跨业融合速度对服务业高质量发展的影响系数在1%的统计水平上显著为正，表明我国先进制造业与现代服务业的融合规模越大、融合速度越快速，服务业的发展质量越高；与之相反的是，跨业融合深度对服务业高质量发展的影响系数在1%的统计水平上显著为负，说明我国先进制造业与现代服务业融合深度的增加不利于服务业的高质量发展。以模型（4）为例，跨业融合规模和跨业融合速度每提升1个单位，服务业发展质量将分别提升4.4196个百分点和14.1368个百分点；相反，跨业融合深度每提升1个单位，服务业发展质量将下降20.6013个百分点。究其原因可能在于，虽然我国先进制造业与现代服务业可以通过大范围的快速地融合来提升服务业发展质量，但我国先进制造业与服务业所处的发展阶段不同，二者难以在短期内通过深度融合来形成有机的融合体，进而难以有效地提升服务业的发展质量。

表7-4　　　　　　　　　固定效应模型回归结果

变量	模型（1）	模型（2）	模型（3）	模型（4）
MS^1	3.1440 *** (0.1996)	3.3197 *** (0.2097)	4.2600 *** (0.2227)	4.4196 *** (0.2298)
MS^2	-14.3495 *** (0.8790)	-14.8205 *** (0.8760)	-19.7000 *** (1.0407)	-20.6013 *** (1.0685)
MS^3	10.0960 *** (0.7174)	10.4217 *** (0.6964)	13.5527 *** (0.7660)	14.1368 *** (0.7802)
$\ln ML$		0.2087 *** (0.0654)	0.2355 *** (0.0579)	0.1974 *** (0.0575)
Os			1.3336 *** (0.2370)	1.1953 *** (0.2282)
$Open$				-0.2645 *** (0.0619)

变量	模型（1）	模型（2）	模型（3）	模型（4）
c	13.7779*** (0.1279)	10.5421*** (1.0226)	10.3194*** (0.8868)	11.3466*** (0.9003)
地区固定	是	是	是	是
时间固定	是	是	是	是
观察值	248	248	248	248
R^2	0.9403	0.9451	0.9531	0.9593

注：*** 表示1%的显著性水平，圆括号内的数值为稳健标准误。

再来看各控制变量对服务业发展质量的影响。第一，市场结构水平能够显著地提升服务业发展质量。具体地，市场结构水平每提升1个百分点，服务业发展质量将大约提升0.2个百分点。市场结构水平越高，表明市场集中度越大（徐盈之和孙剑，2006），即企业平均规模越大。服务业企业规模的提升使得企业有能力增加研发投入，进而助力服务业的高质量发展。第二，所有权结构对服务业高质量发展的影响系数在1%的统计水平上显著为正，意味着服务业行业内部国有企业从业人员数占比的增加，能够促进服务业的高质量发展。一个可能的解释在于，国有企业的特殊属性使其能够吸引大量高素质劳动力的流入，而高素质劳动力为服务业高质量发展所必需的元素。第三，市场开放程度的上升成为服务业高质量发展的抑制因素。究其原因在于，我国的服务业发展还不够成熟，大幅度地对外开放服务业将对国内服务业发展造成一定程度的冲击。因此，近年来形成的"负面清单"制度成为扩大服务业对外开放的基本准则。换言之，循序渐进地开放服务业将有助于服务业的高质量发展。

（二）稳健性检验

本章从如下两个方面进行稳健性检验。一方面，更换计量分析方法。为了消除模型中可能存在的异方差问题，我们将使用可行广义最小二乘法（FGLS）来进一步考察跨业深度融合对服务业高质量发展的影响。表7-5中的第（1）列给出了基于可行广义最小二乘法的回归结果，不难发现，我国先进制造业与现代服务业的融合规模的扩大和融合速度的提升均有利于服务业的高质量发展，而跨业融合深度的增加不利于服务业的高质量发展，这与基准回归结果得出的结论一致。具体来看，我国跨业融合规模和跨业融合速度每扩大1个单位，服务业的发展质量将分别提升3.9060个百分点和11.9287个百分点；而我国跨业融合深度每增加1个单位，服务业的发展质量将下降17.4174个百分点。前文提出，之所以跨业融合深度增加不能有效提升服务业发展质量，可能是因为产业发展的不同步使得产业融合效率低下。鉴于此，在我国经济步入高质量发展阶段的现实背景下，除通过扩大跨业融合规模、提升跨业融合速度来提升服务业的发展质量外，也要注重产业间协同发展，通过提升产业深度融合效率来助推我国服务业的高质量发展。

表7−5   稳健性检验结果

变量	(1)	(2)	(3)	(4)
	FGLS	东部	中部	西部
MS^1	3.9060 *** (0.2013)	4.1181 *** (0.2520)	5.1693 *** (0.7423)	4.0736 *** (0.3056)
MS^2	−17.4174 *** (0.8298)	−18.9125 *** (1.1539)	−23.3902 *** (3.9885)	−19.4213 *** (1.3728)
MS^3	11.9287 *** (0.6223)	13.0022 *** (0.7956)	16.0333 *** (2.7170)	13.4202 *** (0.9939)
lnML	0.1495 *** (0.0226)	0.0079 (0.0473)	0.4760 *** (0.1420)	0.3185 *** (0.0958)
Os	1.2057 ** (0.0812)	1.3720 *** (0.2623)	0.8855 (0.9291)	1.1353 *** (0.2668)
$Open$	0.0151 (0.0144)	−0.2097 *** (0.0703)	−0.7633 ** (0.3584)	0.0296 (0.1241)
c	11.4912 *** (0.3432)	14.0074 *** (0.7100)	6.4163 *** (2.1929)	8.3438 *** (1.4595)
地区固定	是	是	是	是
时间固定	是	是	是	是
观察值	248	88	64	96
R^2	—	0.9731	0.9127	0.9586
Wald Chi2	2956.06 (0.0000)			

注：** 和 *** 分别表示5%和1%的显著性水平，圆括号内的数值为稳健标准误，方括号中的数值为p值。

另一方面，鉴于我国区域经济发展水平存在较大的差异性，跨业深度融合对服务业高质量发展的影响可能具有明显的区域特征。因此，本章进一步将整体样本分为东部样本、中部样本和西部样本，并在每个子样本内部考察跨业深度融合对服务业高质量发展的影响。相应的回归结果如表 7－5 中的第（2）～第（4）列所示。对于东部、中部和西部地区样本而言，我国先进制造业与现代服务业的融合规模越大、融合速度越快，则服务业的发展质量越高；先进服务业与现代服务业的融合深度越大，服务业的发展质量越低。显然，分地区的研究结果与基准回归结果一致。对比表 7－5 中第（2）～第（4）列中跨业融合的影响系数可以发现，相较于东部地区和西部地区而言，中部地区跨业融合规模与融合速度对服务业高质量发展的促进作用更大。

综上所述，基准回归结果得出的我国先进制造业与现代服务业融合规模扩大、融合速度加快有利于服务业高质量发展的结论是稳健的。

（三）内生性检验

服务业高质量发展也可能促进了先进制造业与现代服务业的深度融合，即服务业高质量发展与跨业深度融合之间可能互为因果关系。为了解决内生性问题，本章考虑分别使用滞后一期的两化融合规模、深度以及速度作为三个核心解释变量的工具变量（IV），运用两阶段最小二乘法（2SLS）进行回归。此外，本章还考虑分别使用基期的两化融合规模、深度以及速度乘以各年度各地区人均互联网接入端口数（IT）作为三个核心解释变量的工具变量（IV），运用两阶段最小二乘法（2SLS）进行回归。互联网接入可以促进先进制造业与现代服务业的深度融合，同时互联网接入较少受到地区服务业发展质量的影响，因此可以看作是外生的。上述回归结果均表明，在考虑内生性问题的情况下，先进制造业与现代服务业的深度融合仍然显著促进了服务业的高质量发展。同时对工具变量进行不可识别检验（LM 检验）以及弱工具变量（F 检验）的结果均表明本章使用的工具变量是有效的，内生性检验结果如表 7－6 所示。

表 7－6　　　　　　　　　　内生性检验结果

变量	第一阶段 2SLS	第二阶段 2SLS	第一阶段 2SLS	第二阶段 2SLS
MS^1（$L.MS^1$）	0.878 *** (0.089)	2.8205 *** (0.3188)		
MS^2（$L.MS^2$）	0.925 *** (0.097)	－ 10.5203 *** (0.9681)		

变量	第一阶段 2SLS	第二阶段 2SLS	第一阶段 2SLS	第二阶段 2SLS
MS^3 ($L.MS^3$)	0.771 *** (0.063)	9.4127 *** (0.7469)		
MS^1 (IT)			0.278 *** (0.099)	2.2600 *** (0.2026)
MS^2 (IT)			0.325 *** (0.097)	−10.7000 *** (1.0413)
MS^3 (IT)			0.371 *** (0.093)	12.4633 *** (0.6760)
控制变量	是	是	是	是
地区固定	是	是	是	是
时间固定	是	是	是	是
观察值	248	248	248	248
R^2	0.9763	0.9231	0.9635	0.9184
LM	36.418		25.791	
F	7.03		4.58	

注：*** 表示 1% 的显著性水平，圆括号内的数值为稳健标准误。

第四节　本 章 小 结

本章基于对跨业融合内涵、特征及其意义描述，对我国现代服务业与第一产业、第二产业跨业融合现状进行了刻画，探讨了跨业深度融合对服务业高质量发展的影响，剖析了前者对后者产生影响的内在机制；运用 2012~2019 年我国制造业、现代服务业数据实证检验了跨业深度融合与服务业高质量发展之间的关系，并进行了稳健性检验、行业异质性检验，得到如下的主要结论与启示。

（1）推动产业跨界深度融合是适应全球产业和技术重大变革、提升产业国际竞争力的重要推动力，是中国推进制造业转型升级、构建现代产业体系的必要路径，也是进一步深化供给侧结构性改革、推动现代服务业质量变革、效率变革的重要举措。

（2）我国"两业"融合推进的基础条件好，如产业基础较好、"两业"融合发展环境较优、"两业"融合示范效应较强等，但也存在"两业"融合缺乏顶层设计、政策横向协同度不够,"两业"融合的承接载体空白、要素支撑乏力的现实问题。

(3) 跨业深度融合可通过范围经济机制、联动机制以及人力资本积累机制来促进服务业的高质量发展。实证检验结果发现,我国跨业融合规模和跨业融合速度的增加能够显著地推动服务业的高质量发展,而服务业的高质量发展却与跨业融合深度负相关。之所以出现跨业融合深度增加不能显著地提升服务业发展质量的结果,可能是因为产业发展的不同步使得产业融合效率低下。换言之,我国先进制造业与服务业所处的发展阶段不同,二者难以在短期内通过深度融合来形成有机的融合体,进而难以有效地提升服务业的发展质量。鉴于此,在我国经济步入高质量发展阶段的现实背景下,除通过扩大跨业融合规模、提升跨业融合速度来提升服务业的发展质量外,也要注重产业间的协同发展,通过提升产业深度融合效率来助推我国服务业的高质量发展。

(4) 跨业深度融合是现代产业发展的重要趋势,也是推动服务业高质量的重要路径。应出台更加具有吸引力的政策措施,引导制造业企业、农业企业积极应用5G、人工智能、大数据等新一代信息技术,深化与现代服务业融合发展,形成更多的"制造+、农业+"融合型业态;服务业企业应深度融入其他产业的生产过程,以高质量的研发设计、现代金融、信息技术、供应链物流和检验检测认证等服务业,形成对制造业强大的"虹吸效应",为制造业企业打破"小而全""大而全"的格局,分离和外包非核心业务提供技术、产业基础。

第 三 篇

以国际循环促国内循环
与服务业高质量发展篇

国际循环是新发展格局的重要组成部分，也是国内循环的必要补充与依托，两者存在相互促进的关系。本篇在以国际循环促国内循环视角下，总结我国服务业对外开放的历史进程，基于全球价值链框架评价我国服务业对外开放的水平，研究高水平对外开放对服务业高质量发展的影响；探讨外商直接投资与服务业高质量发展的内在逻辑，并进行实证检验；梳理我国服务贸易创新发展的政策部署，评价服务贸易创新发展试点政策有效性，为我国推进服务业高水平对外开放和高质量发展提供经验证据和政策启示。

构建以国内大循环为主体、国内国际双循环相互促进的新发展格局，国内循环与国际循环并非并列；构建新发展格局的关键在于经济循环的畅通无阻，最本质的特征是实现高水平的自立自强。其中，国内循环是主导，强化国内大循环的主导作用，必须通过建设强大国内市场，发挥大国经济规模优势，破除制约经济循环的制度障碍，推动生产要素循环流转和生产、分配、流通、消费各环节有机衔接；同时，也要坚定不移扩大开放，持续深化要素流动型开放，稳步拓展制度型开放，依托国内经济循环体系形成对全球要素资源的强大引力场，以国际循环提升国内大循环效率和水平，实现国内国际双循环互促共进。

由于开放水平体现的是制度型开放，而外商直接投资引进、服务贸易体现的是引进国际要素，这三者结合起来在一定程度上反映了国际循环，而国际循环必须依托国内循环才能起作用，无论是外商直接投资还是服务贸易，其目标都是提升国内大循环的效率和水平，国内高水平循环能够对国际要素产生吸引力，而国际高水平要素能够进一步推进国内循环高水平，因此，二者存在互促共进的关系。

第八章　更高水平对外开放与服务业高质量发展

2020 年 7 月 30 日，中共中央政治局召开的会议明确提出，要加快形成以国内大循环为主体、国内国际双循环相互促进的新发展格局。"双循环"的提出基于现阶段全球经济发展形势与国内经济发展的阶段性特征：一是全球经济处于停滞发展的新常态。2008 年金融危机以来，世界经济增长长期乏力，加之新冠疫情的全球暴发，进一步加剧这一趋势的蔓延。二是中美贸易摩擦强化了我国贸易环境的不确定性。在逆全球化和贸易保护主义"抬头"的趋势下，美国对我国出口进行限制，近年来更是限制我国核心技术与关键零部件的进口，重点打压我国高新技术产业发展（关权，2022）。三是我国经济进入全面建成社会主义现代化强国新阶段。目前我国经济总量已经跻身世界前列，国内市场蕴含潜力，居民对消费结构升级的需要与产业结构升级的需要，提供了较大投资和增长空间。

习近平总书记强调："新发展格局决不是封闭的国内循环，而是开放的国内国际双循环。"[1] "双循环"战略提出以外循环畅通内循环，内外循环相互促进，要求以更高水平的对外开放为我国高质量发展赋能。更高质量的对外开放意味着更深层次和更高水平参与全球产业分工和创新分工，集成全球优质创新资源，提升我国技术水平与产品质量，谋求在国际价值链高端的国际竞争力。在全球价值链中，服务贸易具有低耗能和高附加值的典型特征，推进更高水平的服务业对外开放有助于引领我国产业向全球价值链高端延伸。目前我国产业结构已经步入服务业主导的阶段，但是服务贸易发展相对滞后，落后于我国制造经济的国际地位。全球服务贸易格局中，国际服务贸易主要集中在发达经济体，即使数字技术的快速发展为我国服务贸易提供了新的契机，但是发达经济体数字服务贸易在国际市场

---

[1]　习近平：《关于〈中共中央关于制定国民经济和社会发展第十四个五年规划和二〇三五年远景目标的建议〉的说明》，载《人民日报》2020 年 11 月 4 日第 2 版。

占有率高达76%①。可见，补齐我国服务贸易短板，不仅对服务业高质量发展意义重大，更是推进新发展格局的重要组成部分。

通过对外开放，充分利用国际国内两种资源、两个市场，是改革开放以来我国现代化经济建设的基本经验。构建新发展格局仍然需要利用国际国内两种资源、两个市场，通过更高水平的对外开放推进我国服务业高质量发展。

传统经济学认为服务业具有不可贸易和本地化的特点，但随着信息技术与交通运输的快速进步，为服务业可贸易化提供技术渠道。近年来，我国逐渐进入以服务业比重提升并逐步处于主体地位的增长阶段，服务贸易也快速增长，2015～2019年，服务贸易进出口总额年均增长6.16%，而同期货物贸易年均增长率仅为1.63%。2020年，中国服务进出口总额达到6617.2亿美元，服务贸易规模连续七年位居世界第二②。在发展战略上，"十四五"规划提出，"扩大服务业对内对外开放，进一步放宽市场准入""以服务制造业高质量发展为导向，推动生产性服务业向专业化和价值链高端延伸"。推进服务业更高水平对外开放、迈向全球价值链中高端，已经成为我国经济发展重要战略部署。

虽然我国服务贸易规模快速增长，但多年来我国服务贸易持续出现逆差，且逆差规模仍在不断扩大。提高服务业开放水平和国际竞争力，是实现服务业高质量发展的重要路径，更是形成国内大循环为主体、国内国际双循环相互促进的新发展格局的重要渠道。本章将从价值链视角考察我国服务业对外开放水平及其对服务业发展质量的影响。

第一节　对外开放发展现状

一、国际服务贸易内涵与发展历程

（一）国际服务贸易的内涵

关于服务贸易，《服务贸易总协定》（GATS）③。给出了较为权威的官方

---

①　洪永淼等：《推动跨境数据安全有序流动引领数字经济全球化发展》，载《中国科学院院刊》2022年第10期1418－1425。

②　《我国服务贸易规模连续7年位居全球第二位在国际贸易中的地位不断提升》，央视网，2021－09－03，https://news.cctv.com/2021/09/03/ARTI1trX6PZ4UOQzf5r6YbI7210903.shtml。

③　于1995年1月正式生效。

定义：服务贸易是指一个国家通过商业或自然人到另一个国家境内为消费者提供服务并获得外汇收入的行为。根据贸易发生的特征，其可以被划分为四种形式：一是境内向其他国家境内提供服务，即为跨境交付；二是在境内向其他国家消费者提供服务，即为境外消费；三是在其他国家以设立企业等商业据点的方式提供服务，即为商业存在；四是在其他国家以自然人方式提供服务，即为自然人存在。《国际服务贸易统计手册（MSITS）》（2010年修订版）将服务贸易分为运输、旅行、建筑、金融、信息等12个门类。

（二）国际服务贸易的发展历程

20世纪70年代之前，服务贸易主要依附于货物贸易发生在国际交易中，较少受到关注。随着经济结构重心由工业向服务业转移，服务贸易逐渐受到重视，并从货物贸易中独立出来，且在20世纪80年代之后迅速发展。如图8-1所示，国际服务贸易发展历程可以被划分为三个阶段：1981~1993年快速增长阶段，在此期间，国际服务贸易以年均7.8%的速度快速增长，贸易额由0.80万亿美元增长至1.90万亿美元，且这一速度超过货物贸易增长速度，服务贸易与货物贸易之比由0.20增加至0.25；1994~2010年稳步发展阶段，国际服务贸易增速有所增加，年均增速8.6%，贸易额由2.08万亿美元增长至7.24万亿美元，与货物贸易的结构相比较为稳定，维持在0.24左右，即国际服务贸易与货物贸易以相对平行的趋势发展；2011~2019年结构调整阶段，增速有所放缓，贸易额由

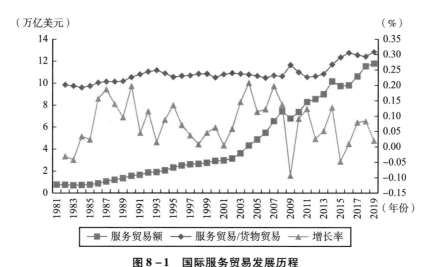

图8-1 国际服务贸易发展历程

资料来源：笔者根据世界贸易组织（WTO）数据库公布数据计算整理。

8.35 万亿美元增加至 11.80 万亿美元，年均增速 5.39%，但与货物贸易的结构相比得到较大提升，结构比由 0.23 增加至 0.31，说明国际服务贸易对货物贸易的依附性正在减弱。

尽管在国际贸易中服务贸易比重越来越大，已经接近 1/4，但是服务贸易在地区分布上较为集中，区域间服务贸易发展不平衡。2011 年与 2019 年国际服务出口贸易地区分布见图 8 - 2 和图 8 - 3。2011 年，国际商业服务出口中，位列前十的国家服务出口总量占世界服务出口的 51%，主要集中在欧美和东亚的发达国家。其中，美国服务出口额为 0.60 万亿美元，占全球服务总出口的 14%，其次为英国、德国和法国，3 个国家服务出口额为 0.80 万亿美元，占全球服务总出口的 18%，爱尔兰、荷兰、西班牙、印度和日本服务出口额相差不大，均占全球服务总出口的 3%。我国服务出口额为 0.18 万亿美元，占全球服务总出口的 4%，这与我国货物贸易和国际经济地位严重不匹配。至 2019 年，全球服务贸易地区分布结构并未发生明显变化，依然集中在少数国家发达国家中，且集中度有所上升，出口服务排名前十的国家服务出口比重增加至 53%。其中，美国、英国、法国、西班牙、日本和印度服务出口继续保持高份额，与 2011 年几乎持平，爱尔兰和荷兰服务出口比重均增加至 4%，均上升了 1 个百分点，德国服务出口比重下降至 5%，下降了 1 个百分点。我国服务出口比重上升了 1 个百分点，上升至 5%，仍滞后于我国货物贸易和经济发展速度。

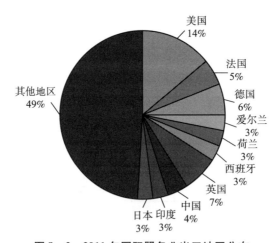

图 8 - 2　2011 年国际服务业出口地区分布

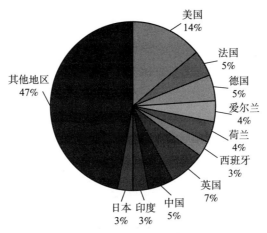

图 8 - 3　2019 年国际服务业出口地区分布

资料来源：图 8 - 2、图 8 - 3 为笔者根据世界贸易组织（WTO）数据库公布数据计算整理。

二、我国服务业对外开放现状

（一）我国服务业对外开放历程

我国服务业对外开放起步较晚，参考盛斌和魏方（2019）、朱福林（2020）自改革开放至今，可以将我国服务业对外开放的进程划分为三个阶段。

1. 起步阶段（1978 ~ 2000 年）

自 1978 年实施改革开放战略，我国服务业初步登上国际贸易舞台。在改革开放初期，服务业对外开放主要依附于工业开放，如为吸引国外企业入华投资设厂，酒店、餐饮和运输成为当时主要开放的领域，对于金融、电信的对外开放则实行严格的限制政策。由于我国对外开放主要是利用国外资金、技术和资源发展我国工业经济，弥补国内生产资源匮乏的不足，服务业贸易并未受到重视。而且由于我国经济结构当时处于农业向工业转型阶段，服务业起步较晚，产业基础薄弱，尚未形成规模。

由图 8 - 4 ~ 图 8 - 6 可以看出，在这一阶段期间，我国服务贸易总额不成规模，滞后于货物贸易的发展。1982 年，我国服务贸易总额仅 47 亿美元，出口额和进口额分别为 27 亿美元和 20 亿美元，仅占世界服务贸易 0.61% 的市场份额。经过近 20 年发展，至 2000 年，我国服务贸易总额增加至 712 亿美元，出口额和进口额分别为 350 亿美元和 362 亿美元，占世界服务贸易 2.41% 的市场份额。

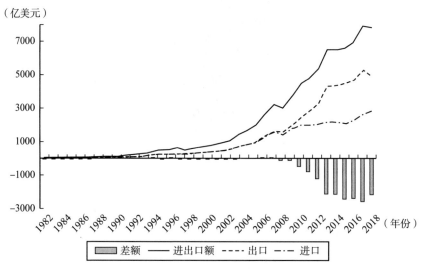

图8-4 我国服务贸易发展历程

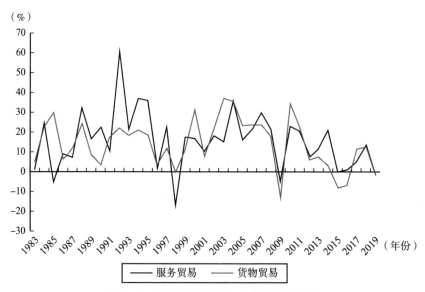

图8-5 我国服务贸易与货物贸易增长率

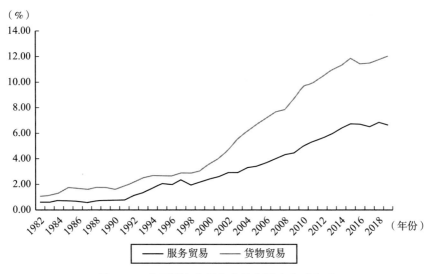

图 8 - 6　我国服务贸易与货物贸易占全球比重

资料来源：图 8 - 4 ~ 图 8 - 6 为笔者根据世界贸易组织 WTO 数据库公布数据计算整理。

2. 扩大开放阶段（2001 ~ 2012 年）

2001 年我国加入世贸组织，承诺对《服务贸易总协定》中近 100 个小类服务部门进行渐进开放，并将金融、通信、旅行、运输和分销作为对外开放的重点领域。在此期间，国际经济结构重点逐渐向服务业转移，且服务贸易成为国际市场竞争的重要领域。为适应经济全球化发展态势，我国于 2001 年、2007 年和 2008 年分别出台《关于"十五"期间加快发展服务业若干政策措施意见》《国务院关于促进服务业加快发展的若干意见》《国务院办公厅关于加快发展服务业若干政策措施的实施意见》，提出渐进式开放金融、电信、商业、医疗、旅游等服务业，通过扩大对外开放，促进我国服务业管理模式和技术的发展，培育服务业国际竞争优势。

通过服务贸易数据可以看出，在此期间，我国服务贸易规模快速扩张，增速相对稳定，所占国际市场份额稳步提升。2001 ~ 2012 年，我国服务贸易总额从 784 亿美元攀升至 4829 亿美元，年均增长率高达 17.78%，出口额和进口额分别增长至 2016 亿美元和 2813 亿美元。在国际市场中，我国服务贸易占比 2.64% 增加至 5.63%，而同时货物贸易份额则由 3.62% 增加至 10.40%，可见服务贸易的发展仍然与货物贸易发展速度不匹配（见图 8 - 4 ~ 图 8 - 6）。

3. 结构转型阶段（2013 年至今）

2013 年出台的《中共中央关于全面深化改革若干重大问题的决定》

提出，推进金融、教育、文化、医疗等服务业有序开放，放开育幼养老、建筑设计、会计审计、商贸物流、电子商务等服务业外资进入准则，进一步扩大服务业开放范围。自 2015 年，我国为探索服务贸易发展新模式，陆续将北京、天津等 15 个省份作为试点，在试点范围针对服务业对外开放试行一系列举措。这预示着，我国对外开放战略中心逐渐由制造业向服务业转移。

由 2013 年以来服务贸易数据可以看出，我国服务贸易规模进一步得到扩张，增速有所下降，所占国际市场份额未发生明显变化，可能是结构调整导致的速度损失。2013 ~ 2019 年，我国服务贸易总额从 5376 亿美元增加至 7850 亿美元，年均增长率仅为 7.36%，出口额和进口额分别增长至 2836 亿美元和 5014 亿美元，开始出现贸易逆差，且逆差快速扩大。图 8 - 6 显示，同期货物贸易年均增速 2.73%，服务贸易速度远超货物贸易。在国际市场中，我国服务贸易占比由 5.96% 增加至 6.65%，而同时货物贸易份额则由 10.96% 增加至 12.01%，因此服务贸易仍具有较大增长空间。

纵观近年来我国服务业贸易发展现状可以发现，一方面，服务贸易出口额不断增大，为其走向海外奠定基础；另一方面，服务业领域内需旺盛且不断扩张，进口额快速增长。具体而言，自 2010 年以来，我国服务贸易出口规模以年均 7% 的速度不断增长，至 2019 年，服务贸易出口额达 1.4 万亿元，是 2010 年的 1.6 倍。服务贸易进口规模年均增速为 12.4%，2019 年服务贸易进口规模已达到 2010 年的 2.7 倍①。由于服务业进口规模持续大于出口规模，且进口平均增速远超出口，增速不平衡导致服务多年来持续逆差。这意味着在国际市场上我国服务业缺乏竞争力，高质量的对外开放水平有待提高。

（二）我国服务业嵌入全球价值链的现状

新一轮科技革命和产业变革蓄势待发，以人工智能、区块链、大数据为代表的新一代信息技术在服务业各领域广泛融合应用，智慧化和网络化服务模式日渐成熟，催生出一系列个性化、体验式的新兴消费模式，服务业的知识密集度和技术密集度日益增强。与此同时，新冠疫情全球大流行，保护主义、单边主义上升，世界经济低迷，服务贸易和跨境投资的自由化、便利化面临多方面冲击，服务业全球分工体系存在重构风险。全球价值链中高附加值环节通常被发达经济体率先占据，而大部分发展中国家

———————————

① 由笔者根据相关年份国家统计局的《中国统计年鉴》计算而得。

被锁定在低附加值环节。根据全球价值链理论，从产业链上游至下游，各环节附加价值分布呈"微笑曲线特征"，上游研发设计环节与下游品牌服务环节利润空间较大，附加价值较高。可以看出，服务业嵌入全球价值链谋求高附加值，对于我国产业链向全球价值链高端延伸具有积极作用。

1. 全球价值链的度量

关于全球价值链的度量，库普曼等（Koopman et al.，2014）、王等（Wang et al.，2013；2017）、倪红福等（2016）进行了一系列的研究，依据增加值流向，将出口中增加值分解为增加值出口、返回国内的增加值、国外增加值与重复计算增加值，结合世界投入产出表中国家分部门之间投入产出关系，测算各国分部门在全球价值链中的嵌入程度与嵌入位置，以此反映全球价值链垂直分工中各国的参与程度与分工地位。

2. 全球价值链的测算结果

根据我国服务贸易结构，我们重点关注在服务贸易中比重较大的运输、旅行、电信计算机和信息服务、其他商业服务四个领域各行业全球价值链嵌入情况，具体包含行业见表 8 - 1。

表 8 - 1   服务行业对照表

WIOD 编码	行业编码	行业
c31	H49	陆地运输和管道运输业
c32	H50	水上运输业
c33	H51	空中运输业
c34	H52	仓储及运输业
c40	J62 ~ J63	软件与信息技术服务业
c45	M69 ~ M70	法律与会计咨询服务业
c47	M72	科学研究与技术服务业
c50	N	租赁活动、雇佣活动、旅游服务、保安及物业服务

资料来源：笔者根据世界投入产出数据库 WIOD 整理。

在全球价值链指标体系中，根据前向与后向生产长度可以判断各国各行业参与全球价值链的程度，其中，前向生产长度代表着一国某一部门产品增加值到达最终品要经历的下游生产阶段，后向生产长度代表一国某一部门最终产品所需要的上游生产阶段。由表 8 - 2 可以看出，表中我国大部分服务行业的前向生产长度与后向生产长度大于美国、日本等发达国家，说明我国服务行业已经深入嵌入全球价值链。运输业（c31～c34）、法律与会计咨询服务业（c45）、科学研究与技术服务业（c47）前向生产长度较长，即至最终产品仍需要经历较多阶段，但同时这些行业后向生产长度亦大于其他国家/地区，即我国这些行业最终品需要更多上游生产阶段。软件与信息技术行业（c40）前向生产长度低于其他发达国家，而后向生产长度则较大，表明我国软件与信息技术产品距离最终品较为接近，位于偏上有位置。

表 8 - 2　　　　　　　　　2014 年全球价值链嵌入程度

行业	前向生产长度						后向生产长度					
	中国	美国	德国	法国	日本	英国	中国	美国	德国	法国	日本	英国
c31	3.40	2.30	2.89	2.40	2.17	2.34	2.41	2.09	2.03	2.03	1.80	2.04
c32	3.59	2.31	2.92	2.73	3.37	2.40	2.66	2.39	2.61	2.80	2.64	2.31
c33	3.08	2.04	1.88	2.21	1.89	1.97	3.19	2.14	2.78	2.26	2.01	2.18
c34	3.99	2.89	3.58	3.18	2.48	3.34	2.71	1.87	2.26	1.89	1.92	2.21
c40	1.67	2.06	2.58	1.90	2.08	2.44	2.71	1.73	1.72	1.73	1.77	1.69
c45	3.93	2.60	3.30	3.15	—	3.10	2.95	1.70	1.75	2.12	—	1.65
c47	3.48	2.19	1.26	1.12	1.87	1.57	2.71	1.77	1.66	1.91	1.98	1.82
c50	1.85	2.68	2.99	3.07	2.87	3.00	2.50	1.70	1.72	1.82	1.69	1.87

注：由于全球价值链是根据世界投入产出表计算，而目前世界投入产出表仅更新至 2014 年，因此我们只能获得最新至 2014 年的相关数据。
资料来源：笔者根据对外经济贸易大学全球价值链研究院（全球价值链实验室）构建的 UIBE GVC 数据库整理。

　　表 8 - 3 展示了我国与主要服务贸易大国各行业全球价值链嵌入位置指标。表 8 - 3 中数值越大表明该国越接近上游，反之越接近下游。对比 2014 年我国与服务贸易大国各行业全球价值链嵌入位置，可以发现：（1）对于传统劳动密集型服务业而言，我国陆、水、空三个运输服务业全球价值链嵌入位置指标整体大于美国、德国等发达国家，说明我国运输业在国际运输业产业链中位于偏上游位置。其中，海运全球价值链嵌入位置与发达国家相差较大，空运则与发达国家较为接近。租赁活动、雇佣活动、旅游服务、保安及物业服务业在全球价值链中嵌入位置明显低于其他发达国家，位于产业链偏下游位置。（2）对于技术与资本密集型服务业，我国软件与信息技术服务业位置为 0.62，明显低于其他国家，位于相对下游位置。结合我国软件与信息技术服务业发展状况可知，我国软件与信息

技术起步较晚，上游产品设计与技术研发多依赖进口，缺乏独立自主研发能力，多从事下游计算机安装与咨询服务。近年来，我国软件与信息技术快速发展，但在中美贸易摩擦中我国仍然遭遇"卡脖子"困境，这与我国在上游核心技术环节缺失有很大关联。（3）科学研究与技术服务业的位置略大于美国，但明显大于德国、法国、日本与英国，位于相对上游位置，说明我国科学研究与技术服务业在附加值较高的上游环节已逐渐获得竞争力。（4）法律与会计咨询服务业嵌入位置低于其他发达国家，位于相对下游位置。

表 8 - 3   2014 年全球价值链嵌入位置

行业	中国	美国	德国	法国	日本	英国
c31	1.41	1.10	1.42	1.18	1.21	1.15
c32	1.35	0.97	1.12	0.98	1.28	1.04
c33	0.97	0.96	0.68	0.98	0.94	0.90
c34	1.47	1.55	1.58	1.68	1.29	1.51
c40	0.62	1.19	1.50	1.10	1.17	1.44
c45	1.33	1.53	1.88	1.49	—	1.88
c47	1.29	1.24	0.76	0.59	0.95	0.86
c50	0.74	1.58	1.74	1.68	1.70	1.61

资料来源：笔者根据对外经济贸易大学全球价值链研究院（全球价值链实验室）构建的 UIBE GVC 数据库整理。

第二节　高水平对外开放影响服务业高质量发展的理论机制

《中华人民共和国国民经济和社会发展"十四五"规划和 2035 年远景目标纲要》明确提出，坚持实施更大范围、更宽领域、更深层次对外开放，依托我国超大规模市场优势，促进国际合作，实现互利共赢。张二震和戴翔（2021）认为高水平对外开放的理论内涵包括，融入全球价值链分工体系并扩大面向发达国家的开放范围，培育新型比较优势，逐步实现向价值链更加高端的环节攀升。基于高水平对外开放内涵的界定，接下来，我们从提升服务业生产效率和促进服务业结构升级两个层面，剖析高水平对外开放促进服务业高质量发展的理论机制。

一、高水平对外开提升服务业生产效率

高水平对外开放意味着更深度融入全球价值链分工，其对服务业生产率的提升作用可以归纳为四个方面。一是规模经济效应，融入全球化意味着面临更大的供需市场，通过充分发挥规模经济效应可实现降低成本以及提高利润，并有助于行业在空间上的集聚，集聚效应促使企业之间技术的学习与扩散，最终促进行业生产率提升。二是中间品效应，扩大对发达国家的开放水平，能够使我国服务业运营过程中引进国外高质量和高技术含量的中间品，优质的中间投入有利于服务业生产效率的提升。三是技术溢出效应，在与国外发达国家合作过程中，作为后发展的国家，我国可以充分借助后发优势，学习并模仿发达国家的前沿服务业技术、经营与管理经验等，弥补我国部分领域技术不足的缺陷，提高服务业生产效率。在我国经济起步阶段，从国外引进大量生产与管理技术，即使 2019 年仍由相当规模的知识产权进口，这些技术在我国经济快速发展过程中发挥着不可忽略的作用。四是竞争效应，我国服务业企业进入全球市场中必然面临更加激烈的竞争态势，企业要想在全球市场中立足谋发展，服务企业必然提升生产技术与品牌价值、优化经营管理模式、改善自身效率，以提高国际竞争力。例如，我国软件与信息技术行业，多年来成为国际贸易摩擦频发的重点领域，但在激烈的国际竞争中，我国 5G 技术、人工智能、大数据等技术自主研发能力不断增强，国际竞争力已经得到提升。

然而，根据已有研究，我国在全球价值链分工中存在低端锁定困境。在我国经济发展初期，凭借廉价且丰裕的劳动力、土地与自然资源优势融入全球分工体系，并承担着大量的低端劳动密集型、高耗能生产环节。由于与发达国家之间存在较大的技术差距，这些技术长期被发达国家垄断，后发国家想要步入高端生产环节，将面临难以突破的技术壁垒与市场壁垒。但是长期从事低端劳动密集型和高耗能生产环节具有不可持续性，经济发展最终会进入瓶颈阶段，可能会导致企业效率损失以及被剔除市场。因此，若要通过高水平对外开放提高服务业生产效率，必须打破低端锁定瓶颈，向价值链高端环节转移。

二、高水平对外开放促进服务业结构升级

自 2012 年起，我国第三产业规模开始反超第二产业，并持续领先第二产业，但忽略结构升级的服务业规模扩张，必将导致服务业进入结构性减速。鲍莫尔（Boamlo，1967）研究经济增长规律发现，相对于制造业，

服务业劳动生产率较难得到提升，随着制造业生产效率的改善，服务业规模、比重会增加、上升，但劳动生产率的停滞必然导致其提供的商品和服务成本提高，阻碍经济的进一步增长，这种现象被称为"鲍莫尔成本病"。乔根森和蒂默（Jorgenson & Timmer，2011）认为鲍莫尔忽略了不同服务行业生产率的差异，生产性服务业与非生产性服务业、劳动密集型服务业与技术密集型服务业生产率存在差异，生产性服务业与技术密集型服务业技术含量相对较高，增加二者在服务业中比重，促进服务业结构升级，有助于攻破"鲍莫尔成本病"。

高水平对外开放促进服务业结构升级的渠道可以归结为技术进步效应、人力资本累积效应与服务业集聚效应。

第一，技术进步效应。一方面随全球垂直化分工逐渐深入，一些发达国家为降低成本、集中发展高端生产环节，将一些高成本、低附加值环节外包给发展中国家。虽然在很长一段时间里，我国服务行业承接发达国家劳动密集型服务业务，但为我国企业接触行业前沿生产技术、企业管理技术以及供应链管理技术提供廊道。而且随着发达国家的技术水平和提升，其对服务外包企业相应提出更高的要求标准，这会促使跨国企业主动对本土企业提供技术支持，这在一定程度上提高了我国服务业的技术密度。此外，随着外包服务业竞争加剧，服务外包企业亦会主动学习和模仿国外先进技术与管理经验，以在国际市场中谋得竞争力。主动开展高水平对外开放意味着我国不再依赖于被动地接受跨国公司的服务外包，而是主动选择更高端、更高技术领域的行业、企业和价值链环节，不断加大国内技术创新和管理创新强度，培育新的国际比较优势，摆脱低端锁定，推进我国服务行业转型升级。如在我国计算机与软件行业起步阶段，我们主要承接国外低端的代工环节，但随着在行业内技术累积以及自主研发强度的增加，逐渐向系统集成、研发设计等高端环节升级。

第二，人力资本累积效应。与技术扩散类似，发达经济体在服务外包时，为使承接方的服务水平达到其要求，会主动为承接方提供人才培训，进而提高承接方人力资本水平，有利于承接方要素结构升级，进而促进服务业结构升级。不可否认，外包服务的发展为我国提供了大量就业机会，但由于长期承接国外中低端短接服务环节，这些增加的工作岗位具有常规性、低技术和重复性特征，但随着新一代信息技术的发展和人力成本的上升，致使我国劳动力优势逐渐消退，这些岗位就业逐渐被信息化替代。因此要主动推进我国服务业向价值链高端延伸，创造更具有技术复杂度的就业岗位，培育与国际高水平服务业对接的高端人才，充分发挥人才红利，促进科技、计算机等领域服务业的发展。此外，高水平对外开放将扩大对外开放范围和对外开放领域，推进生产要素对外开放水平，引进国外高水平服务业人才，鼓励重点服务领域内人才交流项目，提升经验性知识溢出效率，通过不断的人力资本累积，推动劳动力向高级化发展。服务业的转型升级的原动力是技术与人才的升级，高水平对外开放通过提升要素质量最终实现服务业结构升级。

第三，服务业集聚效应。在全球价值链垂直分工下，在比较优势理论下，各国充分发展优势产业，吸引生产要素在空间上向心聚集，进而使优势产业集聚发展。一方面，高水平对外开放要求在高端服务业培育新型比较优势，服务贸易可强化高端服务业比较优势，进而促进我国高端服务业的集聚。另一方面，FDI 在进行区位和行业选择时，亦会考虑行业发展的比较优势与利润空间，FDI 的空间聚集亦会强化服务业的集聚水平。在服务业集聚区域内，为行业内人才交流以及知识与经验的分享提供平台，有利于协同创新体系的构建，加速行业内的人才流动、技术扩散，提升整个行业的技术升级与结构升级。此外，同一行业的高度集聚会加剧行业内竞争，企业间恶性竞争的加剧会阻碍知识的共享，不利于服务业的转型升级。但竞争亦会倒逼企业提升服务水平和增加产品多元化，提供具有技术复杂度和不易被模仿的服务产品，进而促进了整个服务行业的转型升级。

第三节　高水平对外开放影响服务业
高质量发展的实证检验

一、计量模型设定

基于上述理论机制的分析，本部分建立计量模型，基于 2000~2014 年世界投入产出表中 43 个国家（地区）29 个服务部门数据，实证检验高水平对外开放对服务业高质量发展的影响。将计量模型设定如式（8-1）所示。

$$\ln seq_{ijt} = \alpha_0 + \alpha_1 \ln hop_{ijt} + \beta X_{ijt} + \nu_i + \nu_t + \varepsilon_{ijt} \qquad (8-1)$$

其中，下标 i、j、t 分别表示国家（地区）、行业和年份。seq 代表服务业质量水平，hop 代表高水平对外开放程度，X 表示控制变量合集。ν_i 与 ν_t 分别表示国家（地区）和时间固定效应，ε_{ijt} 表示随机扰动项。

二、变量选取与说明

被解释变量：服务业高质量发展水平（*seq*）。我们从生产率与服务业结构两个层面对各个国家服务发展质量进行衡量，其中生产率（*seq_tfp*）采用索罗余值法进行计算，服务业结构则从高端服务业产出占比（*seq_gd*）表征。

核心解释变量：高水平对外开放（*hop*）。采用各个服务行业在全球价值链中的嵌入程度（前向嵌入程度 *hop_plv* 与后向嵌入程度 *hop_ply*）、嵌入位置（*hop_pos*）以及显性比较优势（*hop_rca*）来表征。

控制变量：各个国家各行业的规模（*size*），用行业总产出水平表征；各国政府规模（*gov*），代表了各国政府消费性支出、转移支付、税收、国有资产等方面的干预规模；贸易自由度（*fre*）代表各国设置的关税与非关税贸易壁垒情况；市场规制（*reg*）代表各国在劳动市场、资本市场与商品市场的规制程度；法律与产权保护（*law*）反映各国法律健全水平与产权保护程度。以上数据中，生产率与服务业结构相关指标根据世界投入产出表整理计算，高水平对外开放相关指标源自 UIBE GVE 指标体系数据库，控制变量中相关数据源自弗雷泽研究所发布的经济自由度指标体系。为避免变量之间单位量纲不同对回归结果产生的影响，在实证过程中，我们对所有变量进行了对数化处理。各变量的描述性统计见表8-4。

表8-4 相关变量描述统计

变量	均值	最小值	中值	最大值	标准误
ln*seq_tfp*	0	−1.921	−0.006	2.276	0.181
ln*seq_gd*	3.277	2.410	3.278	4.268	0.271
ln*seq_sc*	3.442	3.139	3.405	4.039	0.188
ln*hop_plv*	0.714	0	0.810	1.641	0.356
ln*hop_ply*	0.624	0	0.631	1.917	0.210
ln*hop_pos*	0.0900	−0.977	0.118	1.067	0.307
ln*hop_rca*	−0.392	−22.19	−0.146	4.268	1.777
ln*gov*	1.815	1.236	1.860	2.084	0.178
ln*fre*	2.078	1.694	2.155	2.251	0.160
ln*reg*	1.940	1.611	1.931	2.158	0.138
ln*law*	1.890	1.199	1.909	2.136	0.201
ln*size*	9.982	0	9.904	20.77	3.159

资料来源：笔者运用 Stata15.0 计算并整理得出。

三、高水平对外开放影响服务业生产率影响的实证结果及分析

首先实证检验全球价值链嵌入程度对服务业生产率影响，模型（1）至模型（4）对国家个体效应、行业个体效应和时间效应进行渐次控制，结果见表8－5。

表8－5　　　全球价值链嵌入程度对服务业生产率影响的检验结果

变量	（1） lnseq_tfp	（2） lnseq_tfp	（3） lnseq_tfp	（4） lnseq_tfp
ln*hop_plv*	0.095 *** (0.004)	0.115 *** (0.004)	0.021 *** (0.006)	0.025 *** (0.006)
ln*hop_ply*	−0.459 *** (0.008)	−0.500 *** (0.008)	−1.089 *** (0.009)	−1.085 *** (0.009)
ln*gov*	−0.054 *** (0.007)	0.041 (0.040)	0.016 (0.031)	0.003 (0.030)
ln*fre*	−0.020 (0.013)	−0.614 *** (0.092)	−2.979 *** (0.076)	−3.200 *** (0.076)
ln*reg*	−0.014 (0.016)	−1.130 *** (0.245)	−4.420 *** (0.192)	−4.639 *** (0.191)
ln*law*	0.041 *** (0.011)	1.187 *** (0.243)	4.668 *** (0.191)	4.905 *** (0.189)
ln*size*	0.001 *** (0.000)	0.018 *** (0.001)	0.109 *** (0.001)	0.121 *** (0.002)
Constant	0.300 *** (0.027)	1.144 *** (0.152)	5.299 *** (0.126)	5.659 *** (0.126)
R-squared	0.177	0.210	0.536	0.547
F	505.5	96.43	262.3	229.0
国家		Y	Y	Y
行业			Y	Y
时间				Y
观测值	16408	16408	16408	16408
国家数	43	43	43	43

注：括号内是标准误，＊＊＊表示1%的显著性水平。

由表8－5可以看出，全球价值链嵌入程度对服务业生产率存在显著的影响，但前向和后向嵌入程度的影响存在截然相反的结果。随前向嵌入

程度的加深，服务业生产率得到了显著的提升，模型（4）的系数为 0.025，说明前向嵌入程度每深入 1%，服务业生产率得到 0.025%。而随后向嵌入程度每深入 1%，服务业生产率则损失 1.085%。这意味着在样本期内，各国服务业向全球价值链下游的嵌入，有利于提升服务业附加价值，提高单位投入的增加值与生产效率，但是向价值链上游的嵌入则不利于服务业生产率的提高。

控制变量中，贸易自由度的提高对服务业生产率产生了显著的抑制作用，这说明一味地放松国家间贸易壁垒和要素跨国流动限制，并不能提升服务业生产率。通常各国实施贸易壁垒的目的在于保护本国新兴弱势产业，防止本国人才与技术流失，贸易自由化则使本国新兴产业暴露在激烈的国际竞争中，甚至有可能被排挤淘汰，阻碍生产率改善。地区内市场规制的增强亦会阻碍服务业生产率提升，市场规制的增强代表着劳动、资本与商品市场的规制程度，过度的规制不利于地区内服务业要素自由流动和市场化发展，导致服务业生产率的损失。地区内法律和产权保护制度的健全对服务业生产率产生了积极的促进作用，法律制度的健全为服务业发展提供更加稳定的社会环境，为其自主研发提供有效的保护，提升服务业生产率。行业规模的扩张显著提升了服务业生产效率，说明在服务行业内仍存在正向有效的规模经济，服务业规模扩张通过降低成本提升生产效率。

继而我们检验全球价值链嵌入位置对服务业生产率的影响，见表 8 - 6。考虑到"微笑曲线"理论，我们在表 8 - 6 模型（5）中引入全球价值链嵌入位置的平方项进行检验。线性模型估计结果显示，服务业全球价值链位置的攀升对服务业生产率存在显著的正向作用，在引入二次项后，价值链位置的一次项与二次项均显著为正，表明服务业全球价值链嵌入位置与生产率之间存在"U"型关系，即随服务业向全球价值链两端延伸，其生产率得到显著提升。而且在 2000 ~ 2014 年，各国服务业位于"U"型曲线的右侧，意味着随服务业向价值链上游延伸，转向上层研发设计环节，有利于提高服务业生产率。

表 8 - 6　　全球价值链嵌入位置对服务业生产率影响的检验结果

变量	（1）	（2）	（3）	（4）	（5）
	lnseq_tfp	lnseq_tfp	lnseq_tfp	lnseq_tfp	lnseq_tfp
lnpos	0.122 *** (0.004)	0.153 *** (0.005)	0.361 *** (0.007)	0.363 *** (0.007)	0.346 *** (0.007)

变量	（1） ln*seq_tfp*	（2） ln*seq_tfp*	（3） ln*seq_tfp*	（4） ln*seq_tfp*	（5） ln*seq_tfp*
ln*pos2*					0.121 *** （0.013）
ln*gov*	- 0.004 （0.008）	- 0.013 （0.043）	- 0.012 （0.040）	- 0.028 （0.040）	- 0.047 （0.040）
ln*fre*	0.015 （0.014）	- 0.598 *** （0.099）	- 1.380 *** （0.098）	- 1.682 *** （0.098）	- 1.678 *** （0.098）
ln*reg*	- 0.009 （0.017）	- 0.607 ** （0.263）	- 1.533 *** （0.249）	- 1.844 *** （0.247）	- 1.767 *** （0.247）
ln*law*	0.002 （0.012）	0.666 ** （0.260）	1.647 *** （0.247）	1.983 *** （0.245）	1.925 *** （0.245）
ln*size*	0.004 *** （0.000）	0.037 *** （0.001）	0.079 *** （0.002）	0.096 *** （0.002）	0.096 *** （0.002）
Constant	- 0.067 ** （0.028）	0.742 *** （0.162）	1.818 *** （0.160）	2.309 *** （0.161）	2.288 *** （0.160）
R-squared	0.047	0.090	0.205	0.222	0.226
F	134.4	36.92	59.41	54.81	55.37
国家		Y	Y	Y	Y
行业			Y	Y	Y
时间				Y	Y
观测值	16408	16408	16408	16408	16408
国家数	43	43	43	43	43

注：括号内是标准误，*** 、** 分别表示1%、5%的显著性水平。

　　进一步我们检验各国服务业显性比较优势对服务业生产率的影响，见表8 - 7。由王直等（2015）对显性比较优势的测算方法可知，该指标衡量的是，本国出口服务中，隐含的某一服务部门增加值占国内增加值的比重，相比于所有国家出口中的该部门所创造的增加值占全球总出口国内增加值的比例的比较值，可见显性比较优势反映了本部门出口增加值的含量。由表8 - 7中结果可知，各行业比较优势的增强显著改善了服务业生产效率，比较优势每增加1%，服务业生产效率将提高0.030%。当某一服务部门出口中包含更多增加值时，意味着本国该部门在高附加值环节更具有竞争优势，自然能够提升该部门生产效率。

表 8-7　　　　　显性比较优势对服务业生产率影响的检验结果

变量	(1)	(2)	(3)	(4)
	lnseq_tfp	lnseq_tfp	lnseq_tfp	lnseq_tfp
lnrca	0.045 ***	0.045 ***	0.036 ***	0.030 ***
	(0.001)	(0.002)	(0.002)	(0.002)
lngov	0.013	0.090 **	0.035	0.007
	(0.008)	(0.043)	(0.043)	(0.043)
lnfre	0.034 **	-0.189 *	-0.883 ***	-1.177 ***
	(0.014)	(0.100)	(0.107)	(0.109)
lnreg	-0.033 **	-0.673 **	-1.313 ***	-1.556 ***
	(0.017)	(0.264)	(0.265)	(0.264)
lnlaw	-0.041 ***	0.574 **	1.289 ***	1.570 ***
	(0.012)	(0.261)	(0.262)	(0.262)
ln$size$	0.003 ***	0.013 ***	0.048 ***	0.064 ***
	(0.000)	(0.001)	(0.002)	(0.003)
Constant	0.032	0.293 *	1.316 ***	1.778 ***
	(0.027)	(0.163)	(0.173)	(0.177)
R-squared	0.062	0.073	0.096	0.104
F	180.7	29.36	24.42	22.39
国家		Y	Y	Y
行业			Y	Y
时间				Y
观测值	16408	16408	16408	16408
国家数	43	43	43	43

注：括号内是标准误，*** 、** 、* 分别表示 1%、5% 和 10% 的显著性水平。

四、高水平对外开放影响服务业结构的实证结果及分析

我们从产业结构视角考察服务业高质量发展情况，检验高水平对外开放如何影响服务业高质量发展。首先，聚焦于高水平对外开放对高端服务业发展水平的影响，见表 8-8。

表 8 - 8　　　　　高水平对外开放对服务业结构升级影响的检验结果

变量	(1)	(2)	(3)	(4)
	lnseq_gd	lnseq_gd	lnseq_gd	lnseq_gd
lnhop_plv	0.010 * (0.005)			
lnhop_ply	0.052 *** (0.009)			
lnhop_pos		0.006 (0.005)	0.008 (0.006)	
lnhop_pos2			- 0.022 (0.015)	
lnhop_rca				0.009 *** (0.001)
lngov	- 0.098 *** (0.010)	- 0.107 *** (0.010)	- 0.106 *** (0.010)	- 0.101 *** (0.010)
lnfre	- 0.047 *** (0.017)	- 0.053 *** (0.017)	- 0.053 *** (0.017)	- 0.048 *** (0.017)
lnreg	0.601 *** (0.021)	0.602 *** (0.021)	0.600 *** (0.021)	0.592 *** (0.021)
lnlaw	0.381 *** (0.015)	0.387 *** (0.015)	0.386 *** (0.015)	0.379 *** (0.015)
lnsize	- 0.005 *** (0.001)	- 0.005 *** (0.001)	- 0.005 *** (0.001)	- 0.006 *** (0.001)
Constant	1.680 *** (0.034)	1.736 *** (0.033)	1.740 *** (0.034)	1.762 *** (0.034)
R-squared	0.309	0.307	0.307	0.310
F	1091	1259	1079	1267
观测值	17084	17084	17084	16941
国家数	43	43	43	43

注：括号内是标准误，*** 、* 分别表示 1% 、10% 的显著性水平。

　　由表 8 - 8 中估计结果可以看出：其一，全球价值链嵌入程度的增加会促进服务业结构向高端服务业转型升级，前向嵌入程度每增加 1% ，高端服务业的比重将增加 0.01% ，后向嵌入程度每增加 1% ，高端服务业比重增加0.052%。对比可发现，后向嵌入比前向嵌入更能促进服务业结构升级。其二，全球价值链位置对高端服务业发展的影响系数为正，但不显著。其三，显性比较优势对高端服务业发展产生显著正向影响，比较优势每增加1%，高端服务业比重增加0.009%。整体上看，各国服务业融入全球价值链，向价值链高附加值缓解攀升，谋得国际竞争优势，有利于服务业结构向高端服务业转型升级。

第四节　本　章　小　结

近年来我国服务贸易规模快速扩张，但在服务贸易逆差仍然没有根本性改变，服务贸易高端领域仍缺少竞争力，现有文献鲜少研究服务业全球价值链位置以及其对服务业高质量发展的影响。本章从全球投入产出视角，评价并分析我国服务业在全球价值链中的嵌入程度、嵌入位置以及具有的比较优势，结合国际经验，从理论上考察服务业全球价值链嵌入对服务业发展质量的影响机制。基于2000～2014年世界投入产出表43个国家（地区）29个服务部门数据，实证检验高水平对外开放对服务业高质量发展的影响。实证经验结果得出以下结论。

第一，我国服务业全球价值链嵌入程度逐渐加深，并逐渐向价值链高端环节转移升级，但我国与发达国家全球价值链位置存在一定差距，尤其是在高端服务领域。

第二，全球价值链嵌入程度对服务业生产率与高端服务业发展产生了显著的影响，其中，前向嵌入程度的增加促进了服务业生产率提升，后向嵌入程度的增加则产生相反效果，无论前向还是后向嵌入程度的增加均有利于服务业结构向高端服务领域迈进。

第三，全球价值链位置的变化对服务业生产率的影响与"微笑曲线"基本一致，在服务业价值链的两端能够创造更多的附加值和更高的生产效率，但全球价值链位置的变化并未对高端服务业比重产生显著的影响；我国比较优势的提升无论对服务业生产效率还是服务业结构升级均产生了显著的积极的作用。

第九章　外商直接投资与服务业高质量发展

外商直接投资（Foreign Direct Investment，FDI）作为资本、技术、管理经验的重要载体，是我国利用国外资源加快经济社会发展的重要抓手，也是实施双循环发展格局的重要路径。本章通过介绍外商直接投资发展的现状引出研究问题，阐述外商直接投资影响服务业高质量发展的理论机制，通过实证检验得出研究结论并提出政策建议。本章具体安排如下：第一节为外商直接投资发展现状，依据外商直接投资的定义和分类，从利用规模、地区和行业分布等方面介绍国内外商直接投资的发展现状；第二节为外商直接投资影响服务业高质量发展的理论机制，依照产业高质量发展的不同维度内涵，从产业规模、产业结构、产业创新、产业环境和产业协同等多个方面分析 FDI 对服务业高质量发展的作用机理；第三节为外商直接投资影响服务业高质量发展的经验分析，基于城市层面的统计年鉴、统计公报、国家知识产权数据库、上市公司数据库、失信企业数据库、司法数据库、软件著作权数据库等丰富数据，实证检验外商直接投资对服务业高质量发展的影响；第四节为本章小结。

第一节　外商直接投资发展现状

我国改革开放至今已有 40 余年，外商直接投资对我国经济高速发展起到重要推动作用。众所周知，产业经济在近些年的快速增长与区域外商直接投资紧密相关，外商直接投资作为微观资本要素、管理经验等重要载体，能够通过多种形式来促进地区经济高质量发展。然而经历疫情冲击全球经济增长普遍趋缓与逆全球化趋势的愈演愈烈，如何更好地发挥 FDI 对企业自主创新、产业结构升级和区域经济协调发展等方面的促进作用，对新时代实现我国经济高质量发展尤为重要。

一、FDI 的内涵及分类

（一）FDI 的内涵

FDI 即对外直接投资或国际直接投资。相较于证券投资等其他投资形式，FDI 是国际资本流动的三种重要形式之一。有关外商直接投资的内涵有多种理解，按照国际货币基金组织（IMF）的定义，FDI 是指一国的投资者将资本用于他国的生产或经营，并掌握一定经营控制权的投资行为。根据国际货币基金组织的定义，FDI 是指"为在一个国外企业获得持久利益而进行的投资，其目的是在该国外企业的管理中拥有实际发言权"（IMF，1985）。外商直接投资作为一国投资者跨国进行投入资本、技术等生产要素，来获取企业经营管理权并取得相应利润等关键目的的投资行为。

（二）FDI 的分类

在经济全球化的大背景下，企业跨国投资和并购行为逐步上升，不少跨国公司开始选择全球范围内成本最低的战略区位。在这种形势下，出口导向型外商直接投资不断增加，在国际资本流动愈加频繁，跨国企业 FDI 的动机开始复杂化，这成为理论研究的热点。跨国公司理论的正式研究源于马尔库森（Markusen，1984）和赫尔普曼（Helpman，1984），他们的研究也是早期跨国公司理论的典型代表。本章将 FDI 按照投资动机、投资结构和投资流向进行分类。

1. 按照投资动机划分

有学者分析了跨国公司在国外生产和国外分销之间的选择，可分为生产型 FDI（Production – Oriented FDI）和商贸服务型 FDI（Distribution – Oriented FDI）。

生产型外商直接投资（Production – Oriented FDI）指的是跨国企业受到低成本生产区位的吸引，出于降低生产成本的需要而进行的直接投资，是在东道国进行的生产型对外直接投资。生产型 FDI 是直接在东道国生产和销售产品。生产型 FDI 需要在东道国进行劳动力成本支出和较大规模的固定资产投资。生产型 FDI 对母公司生产率的影响包括多方面。首先，生产型 FDI 有效缩短了与东道国市场的距离，既降低了生产所需要素的选择成本，也同时降低了信息搜寻和流动的成本。东道国的比较优势会促进母公司生产率提升。其次，在当地生产将可能产生"规模经济效应"，这不仅能够降低企业产品的平均成本，也能够降低单位产品的研发成本，同时这也将分摊成本和风险，有助于提升企业生产效率。再次，生产型 FDI 所产生的"利润反馈"为母公司的研发提供资金支持，这将继续推动企业生产效率提升。最后，企业子公司的海外生产可能需要从母公司进口中间产品，母公司出口的增加显然有助于提升企业生产率（蒋冠宏和蒋殿春，2014）。

面向分销的外商直接投资（Distribution – Oriented FDI）是指跨国公司通过其批发贸易附属公司进行出口的选择，即商贸服务型 FDI，是指不在东道国生产商品，仅在国外建立办事处或分支机构为母公司生产的商品提供出口服务的投资。商贸服务型 FDI 通过提供仓储、配送、修理、技术援助等服务构建国际营销网络，以降低母国企业的出口成本（Blomstrom et al.，1988）；同时海外的子公司也为母公司提供产品标准和需求等相关信息，这将促使出口产品能够更加适应东道国当地市场需求，进而增加出口额。因此，这种类型的 FDI 通过规模效应创造出口增加额。

这两类投资动机显然都是成本驱动，属于较为典型的对外直接投资方式。两种类型的 FDI，商贸服务型导向和生产导向型的 FDI 选择是基于固定成本和可变成本之间的权衡（Kleinert & Toubal，2013）。

2. 按投资结构划分

水平型外国直接投资（Horizontal FDI）。它是指母公司将在国内生产的同样产品或相似产品的生产扩展到国外子公司进行，使子公司能够独立地完成产品的全部生产和销售过程。马尔库森（1984）提出了水平型 FDI 的一般均衡模型。FDI 在宏观经济中的重要性使得大量学者开始研究跨国公司与 FDI 相关问题。赫尔普曼等（Helpman et al.，2004）构建了理论模型说明了水平型的 FDI 与出口的替代关系：企业出口面临冰山成本，其会减少企业利润；相对于出口而言，如果跨国企业直接去国外进行 FDI 则可以节省出口冰山成本，但是却需要付出巨额的固定投资成本。因此，不同生产率阈值将决定企业的生产行为：（1）生产率最低的企业退出市场；（2）次之的企业仅仅服务国内市场；（3）生产率相对较高的企业进行出口，产品同时服务国内、外市场；（4）生产率最高的企业通过 FDI 的形式将产品销售到国外市场，同时也服务国内市场。在此类型中，FDI 由获取市场和避免贸易摩擦（如运输成本和东道国进口贸易壁垒）的目的驱动。跨国公司以直接投资取代制成品贸易。水平型 FDI 虽然可以绕开贸易壁垒以更低的运输成本进入东道国市场，但导致了新建工厂固定成本的增加。这一模式能否实现取决于贸易成本与当地建厂成本的权衡。从区位决定方面看，水平型 FDI 具有典型的市场导向，与周边地区市场规模和 FDI 并不相关。

垂直型外国直接投资（Vertical FDI）。拉蒙德和罗德里格斯 – 克莱尔

（Ramondo & Rodriguez – Clare，2013）指出，除了上述水平型 FDI（hori-zontal FDI）使得其与出口具有替代关系，在国际贸易中还存在一类 FDI 是垂直型 FDI，是指一国企业到国外建立与国内的产品生产有关联的子公司，并在母公司与子公司之间实行专业化协作。其与出口具有互补性：产品生产具有很多环节，跨国公司将一些环节通过 FDI 外包到具有比较优势的国外进行生产，比如在劳动力充裕的国家进行直接投资，进行劳动力密集型环节的生产，从而降低生产成本。如此一来，如果生产的每一个环节都是在具有生产比较优势的国家进行，那么会降低整个生产过程成本，从而促进最终产品的出口。垂直型 FDI 形成以成本导向为基础的对外直接投资。一国劳动成本大幅增加将促使跨国企业将一些生产环节转移到成本相对便宜的国家，利用当地廉价劳动力加工组装再出口。

垂直型外国直接投资通过规模效应和结构效应影响出口增加值。规模效应体现在：一是跨国公司利用国家的比较优势，将一些生产环节转移到成本较低的国家和地区（Helpman & Krugman，1985；Brainard & Riker，1997），增强了产品成本优势，提高了市场份额；二是根据新新贸易理论（Melitz，2003），生产成本的下降和生产效率的提高将使非出口企业"自主选择"，转变出口决策开拓海外市场；三是下游产业转移可以显著提高母国出口产品的当地适应性（Blomstrom et al.，1988）；四是下游产业转移使母国出口产品从最终产品转变为中间产品，导致总出口和附加值下降。结构效应主要体现在以下两个方面：第一，上游产业转移导致母国需要从东道国进口中间产品，形成负向结构效应；第二，根据边际产业扩张理论，垂直外商直接投资使母国能够利用闲置资源集中于产业结构升级过程，优化出口产品的投入产出结构（Kojima，1978）。总之，垂直外国直接投资对出口增加值的作用是不确定的。

根据投资结构的划分，以贸易和服务为投资动机的企业可以分为两类：一类是在当地市场销售，另一类是绕过贸易壁垒，在某些市场覆盖面广，产品辐射能力强的交通枢纽国建立海外配送中心。显然，前者属于水平型对外直接投资，而后者属于垂直型对外直接投资。垂直型对外直接投资的典型投资方式是加工装配、供料加工和供件装配的统称。它是外国投资者提供原辅材料、零部件、包装材料等，由东道国企业按照外国投资者的要求加工装配，成品由外国投资者出售，东道国收取工资报酬的一种对外经济合作方式。

3. 按投资流向划分

从投资流向来看，FDI 可以分为流入和流出。FDI 流入就是"引进来"，FDI 流出就是"走出去"。"十三五"规划明确提出："将推动对外投资与国内产业发展彼此促进，'走出去'和'引进来'相辅相成，以充分利用两个市场的优势共同发展"。党的十九大报告也指出："坚持引进来和走出去并重"。2020 年 5 月 14 日，中共中央政治局会议首次提出"构建国内国际双循环相互促进的新发展格局"。到党的十九届五中全会发布的"十四五"规划，表明"引进来"和"走出去"仍是双循环新发展格局的重要内涵。党的一系列政策和制度为我们更好地利用 FDI 工具提供了制度保障，并提出了更高要求。

二、国内 FDI 发展现状

外商直接投资是中国经济增长的重要推动因素之一。中国已经成为一个巨大且快速增长的市场，成为全球经济最具活力的地区之一。根据 2021 年《世界投资报告》指出，2020 年全球外国直接投资额约为 1 万亿美元，比上年下降了 35%，从 2019 年的 1.5 万亿美元降至 1 万亿美元。虽然全球视角下 FDI 处于下降趋势，但中国实际利用 FDI 已达到 1490 亿美元，在世界 FDI 中，中国所占的份额从 1980 年的 0.1% 迅速上升到 2020 年的 14.9%。在全球外国直接投资增长率都在普遍下降的趋势下，中国的占比仍在提升。尽管 2012 年以来，中国 FDI 流量增长放缓，但中国仍然是世界最具吸引力的 FDI 投资地之一（刘建丽，2019）。从改革开放前对引进外资的初步探索，到规模导向利用外资弥补发展缺口，效率导向"以市场换技术"，再到现阶段高质量引进外资增强国际竞争力，外资通过补缺与启动效应、增长拉动效应、竞争效应、技术溢出效应等对中国经济发展产生积极影响（刘建丽，2019）。外资引进的发展历程充分证明外资是中国经济增长的重要推动因素。

（一）FDI 利用规模分析

由图 9 – 1 可知，自我国加入 WTO 以来，外商直接投资额逐年递增。截至 2020 年，我国外商直接投资已高达 1443.69 亿美元。同时我国实际利用外资额也在不断增加，并且增幅明显。近年来，学者大多从区位优势论出发，探究我国外商直接投资流入的影响因素，主要着眼于污染天堂效应、劳动力相对价格、不确定因素、东道国生产率等与 FDI 流入的相关文献。自 1992 年中国 FDI 快速流入以来，关于外资区位选择的议题受到学者的广泛关注（黄肖琦和柴敏，2006；王硕和殷凤，2021）。不少学者将 1992 年前后 FDI 呈现的结构性差异归功于低廉劳动力成本，认为中国劳动力禀赋优势促使外资企业将劳动力密集型环节配置到中国生产（Huang et al.，2016）。在 FDI 先进技术和管理经验的带动下，中国加工组装型制造业得以快速发展，并成为极具国际竞争力的产业（江小涓，2002）。

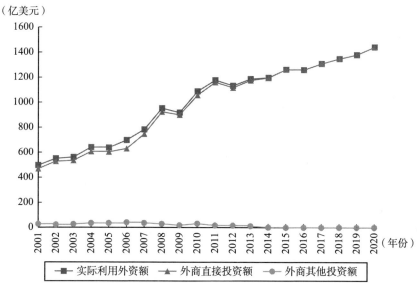

图 9 - 1 我国外商直接投资图

资料来源：相关年份《中国统计年鉴》。

（二）FDI 地区分布分析

中国的外商直接投资存在很强的地区两极分化。东部、中部和西部地区严重不平等。外商直接投资分布两极化的原因主要有以下三个方面：一是改革开放初期，经济特区的设立，国家重点投资政策和优惠政策倾向于沿海地区，吸引了大量外资。二是随着经济的发展，东部地区具有优越的地理位置、较高的经济增长率和较强的吸引力，因此绝大多数外资流向了东部地区。三是由于外资企业需要大量的劳动力资源来支持东道国企业的发展，东部地区吸引外来人口密集，为该地区提供丰富的劳动力资源。但是，随着区域协调发展战略的实施和大量外资引导政策的出台，中部地区外资流入规模明显扩大。从图 9 - 2 中还可以看出，西部地区外资流入增长速度虽然缓慢，但也呈现出波动性上升趋势。但总体而言，东部地区的外商直接投资仍远远高于中西部地区，解决这一发展不平衡问题需要较长时间。

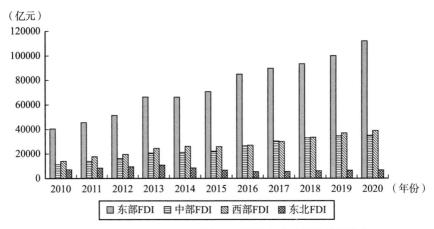

图 9 – 2　2010 ~ 2020 年中国实际利用外商直接投资地区分布

资料来源：根据《中国统计年鉴》数据绘制。

（三）FDI 行业分布分析

服务业替代制造业成为吸收外资的主要领域。2005 ~ 2020 年，我国第一产业实际使用外资金额占比从 0.99% 下降至 0.3%，第二产业实际使用外资金额占比从 61.73% 下降至 24.5%，第三产业实际使用外资金额占比从 37.28% 增加至 75.2%。分行业看，租赁和商务服务业吸收外商直接投资的占比由 6.21% 增长至 17.8%，科学研究和技术服务业以及信息技术服务业的占比也有较大提升①。

从外商直接投资的产业布局来看，外商直接投资的产业结构主要呈现以下特点和趋势，具体数据见表 9 – 1。首先，从 2013 年到 2020 年，大多数行业的外国直接投资实际利用呈上升趋势，特别是制造业、农业、林业、畜牧业、副业、信息产业、零售业、金融业、住宿和餐饮业以及房地产业。相比之下，建筑、采矿、教育、体育和娱乐、社会福利等行业的外国直接投资则有所下降。第二，制造业是外商直接投资的核心部门，外商直接投资在制造业中的比重一直很高。尽管近年来制造业实际利用外商直接投资的比例有所下降，但仍然超过 50%。最后，外商直接投资产业结构逐步多元化。制造业虽然一直占很大的比重，但呈下降趋势，而一些行业的比重呈上升趋势，如房地产业，零售业，信息传输业，软件业等，其中以房地产业最为明显。可以看出，随着对外开放的不断深入，外商直接投资的产业结构越来越多样化。一些曾因国家经济安全为由禁止或限制外商

---

①　数据由笔者根据相关年份《中国统计年鉴》计算而得。

直接投资进入的行业，如金融、通信等也逐步向外商直接投资开放。在一些基础行业，如电力、燃气和水的生产和供应，外国直接投资的比重也在增加。综合以上分析，可以看出外商对现代服务业的投资逐步深化，有利于服务业的高质量发展。

表 9－1　　　　中国实际利用外商直接投资行业分布　　　　单位：万美元

行业	2020 年	2019 年	2018 年	2017 年	2016 年	2015 年	2014 年	2013 年
总计	14436926	13813462	13496600	13103500	12600100	12626700	11956200	11758600
农、林、牧、渔业	57567	56183	80131	107492	189770	153386	152227	180003
采矿业	66394	219044	122841	130198	9634	24292	56222	36495
制造业	3099695	3537022	4117421	3350619	3549230	3954290	3993872	4555498
电力、燃气及水的生产和供应业	311375	352398	442390	352132	214677	225022	220290	242910
建筑业	181887	121551	148809	261940	247744	155876	123949	121983
交通运输、仓储和邮政业	499859	453316	472737	558803	508944	418607	445559	421738
信息传输、计算机服务和软件业	1643102	1468232	1166127	2091861	844249	383556	275511	288056
批发和零售业	1184445	904982	976689	1147808	1587016	1202313	946340	1151099
住宿和餐饮业	82415	97180	90107	41914	36512	43398	65021	77181
金融业	648240	713206	870366	792119	1028901	1496889	418216	233046
房地产业	2033057	2347188	2246740	1685559	1965528	2899484	3462611	2879807
租赁和商务服务业	2656159	2207283	1887459	1673855	1613171	1004973	1248588	1036158
科学研究、技术服务和地质勘查业	1793997	1116831	681298	684373	651989	452936	325466	275026
水利、环境和公共设施管理业	56758	52242	47408	56951	42159	43334	57349	103586
居民服务和其他服务业	30766	54218	56166	56723	49038	72131	71813	65693
教育	28061	22248	7420	7747	9437	2894	2097	1822
卫生、社会保障和社会福利业	23547	27186	30178	30516	25411	14338	7757	6435
文化、体育和娱乐业	39602	62986	52290	69846	26732	78941	82338	82079

资料来源：相关年份《中国统计年鉴》。

三、FDI 对宏观经济的影响

FDI 是国际宏观经济的重要影响因素，有研究指出，从 1990 到 2006 年，全球范围内 FDI 的平均增速为 17%；而同时期的贸易增速则只有 8%（Irarrazabal et al.，2013）。根据国际投资报告（world investment report），在 2006～2018 年，跨国企业（也就是 FDI 投资主体）的增加值占了全球

GDP 的 10%。大量研究发现 FDI 对宏观经济具有重要影响，可以提高企业的创新水平和提升一国的福利水平。FDI 对宏观经济的影响可能通过溢出效应实现，渠道主要有以下四条：模仿—示范、技术人员流动、竞争效应以及跨国公司与当地产业的联系（Kokko，1992；Das，1987）。其中，模仿—示范、技术人员的流动本质上都是一种知识的溢出。因此，可将 FDI 对宏观因素的影响概括为以下三个方面。

（一）知识传播

国际知识的传导渠道包括国际商品贸易、FDI、劳务输出、国际专利、人口迁移以及信息交流等（Keller，2004），其中以国际贸易与外商直接投资为国际知识溢出的主要媒介。研究发现 FDI 能将知识从一个国家转移到另外的国家，使它成为国际技术扩散的潜在的重要传导工具。因此外国企业在东道国的投资和经营，可以通过知识溢出影响企业创新，进而对宏观经济产生影响。陈继勇和盛杨怿（2008）以知识驱动的内生增长模型为基础研究得出国际知识溢出对中国技术效率提高的贡献较大，且外国研发资本对技术进步的促进作用与地区自身的经济、科技发展水平密切相关。

（二）竞争效应

FDI 还可以增加国内公司的竞争效应。日益激烈的竞争效应反过来又可以通过两种对立的力量影响创新。一方面，竞争降低了创新的边际报酬，从而降低了创新的动力、减少了用于创新的投资。另一方面，竞争加剧可以激励国内公司通过提高生产率或将其产品与竞争对手提供的产品区分开来以逃避竞争压力。鉴于两种对立的力量，一些经济学家认为竞争与创新之间存在"倒 U 型"关系（Aghion et al.，2005），即在竞争程度比较低的时候，创新会随着竞争程度的增加而增加，在竞争到达一定程度时，创新会开始随竞争程度的增加而下降。阿吉翁等（Aghion et al.，2005）利用美国数据发现，当流入美国的 FDI 上升时，在"熊彼特"效应下本国企业的创新会减少，但是那些创新能力特别强的企业在"逃离竞争"效应下，创新反而增加。这也是著名的 FDI 流入的竞争作用对创新影响的倒"U"型。而哈什米（Hashmi，2013）进一步利用英国数据验证了阿吉翁等（2005）并指出了 FDI 流入对于创新影响的倒"U"型在英国并不存在。并构建结构模型得出了：只有在本国企业之间的生产率差异达到一定的阈值后，FDI 对创新的影响才会呈现出阿吉翁等（2005）提到的倒"U"型。此外，哈什米（2013）提出的局部均衡产业模型，可以对不同国别背景下竞争和创新之间复杂关系作出统一性的解释。这表明中国情景下竞争和创新之间的正向关系，并不具有所谓中国情景的独特性。

上述竞争对产业内部企业创新活动会产生两种效应。一是熊彼特效应（Schumpeterian Effect），熊彼特（1942）从理论上提出企业会随着竞争程度的增加而减少投资，竞争会减少产业内企业的超额利润，因此垄断会增强企业进行创新研发的内在动力。二是逃离竞争效应（escape-competition effect），即企业有通过创新来逃离产业内其他竞争企业的内在动力。从逃离竞争效应的角度看，竞争是促进企业进行创新研发的内在激励动力。阿吉翁等（2005）的后续研究表明，如果从低水平竞争开始，逃避竞争效应占主导地位，而如果从高水平的竞争开始，熊彼特效应占主导地位。在不同市场化发展阶段以及产业所面临的竞争状态背景下，正是由于在不同结构类型产业的演化过程中，熊彼特效应和逃离竞争效应两种博弈力量的相互作用和此消彼长导致竞争和创新之间呈现倒"U"型关系。

虽然竞争逃离和熊彼特效应都说明进口竞争与企业的创新动机相关，但它们对不同初始生产率水平的企业有不同的影响。刘等（Liu et al.，2021）研究发现以中国加入 WTO 作为准自然实验，在对中国的数据分析后从异质性结果中发现，高生产率的企业遭受进口竞争后创新下降，但对低生产率的企业来说并不显著。得出进口竞争会降低企业的竞争力和创新能力，不利于企业创新，只有通过创新逃离竞争时，进口竞争才会促进创新（Kevin et al.，2018）。

（三）贸易自由化对福利的影响

现有国际贸易文献中，主流观点的共识是：贸易可以产生静态的福利增加。其中，经典理论包括李嘉图模型、H－O 模型，主要强调了国际贸易之间的比较优势。新贸易理论以克鲁格曼（1979）、赫尔普曼（1981）、赫尔普曼和克鲁格曼（1985）为代表，强调产品差异性和规模报酬递增。异质性厂商理论（注：国内部分学者亦称之为"新新贸易理论"）以梅利茨（2003）和伯纳德等（2003）为代表，强调贸易重塑了企业行业在内的分布，从而影响整体经济福利。

贸易活动影响福利增长的内在机制方面。学者对于贸易对技术进步的影响进行了大量研究，发现贸易会通过技术流动的溢出效应影响产业的长期增长（Grossman & Helpman，1990），也会通过隐性知识和观念的溢出影响创新生产技术、引进市场和产业化观念，有助于优化生产管理等行为，实现产业资源优化重组（刘舜佳和张雅，2018）。张杰等（2008）发现中国制造业企业对国外市场依赖程度的不同会对其创新活动产生倒"U"型非线性影响效应。有学者研究贸易是否引发技术变革的问题，发现中国进口竞争是导致企业内部创新和生产力提升的主要因素（Bloom，

2016）。实证检验发现国际贸易对中国企业自生能力的培育起到更为积极的作用且出口贸易通过技术溢出对行业的技术创新产生了积极的影响（郭海昕和王华，2010；李平和田朔，2010）。张宽和黄凌云（2019）研究发现贸易开放能够通过提升人力资本积累程度来增强自主创新能力。奥布安等（Auboin et al.，2021）发现贸易通过竞争和创新力量在发达国家和发展中国家促进更快经济增长方面的作用。

企业创新是提升企业核心竞争力的关键，影响企业创新的因素很多，贸易是其中十分重要的影响因素，大量文献都已证实企业参与出口能够促进企业创新。在对中国问题的研究方面，范（Fan，2003）认为，中国产业升级的实现可以通过贸易结构的要素转移功能和要素升级功能来完成。陆和余（Lu & Yu，2015）对中国加入 WTO 前后进行实证研究发现，贸易自由化会带来资源配置结构的变化，最终将有利于一国产业发展和经济增长。周茂等（2016）运用 DID 法研究表明，产业升级本质上就是要素资源的重新配制，自由贸易下要素资源在企业集约边际和扩展边际上的优化再配置，均能显著促进产业升级，其中在集约边际配置的促进效应更为明显。

贸易自由化带来的成本效应会促进 FDI 的流入。早川和松浦（Hayakawa & Matsuura，2013）主要考察了关税下降对日本企业垂直型 OFDI 的影响，他认为关税下降会导致垂直型 OFDI 生产率门槛下降，越来越多企业会因为关税下降加入到垂直型对外投资的活动中去。FDI 的流入和流出与开放宏观经济内外均衡状况间存在密切关系。转变经济发展方式依靠技术进步，一国技术进步包括三类。第一类是本国自主创新基础上的技术进步；第二类是由 FDI 的技术溢出所引发的技术进步；第三类是由 FDI 的逆向技术溢出效应所引起的技术进步。FDI 的技术溢出所引起的技术进步又可分为两类，一类是通过 FDI 直接引进国外技术，另一类则是通过 FDI 使国外技术与东道国技术相结合所产生的创新技术。艾特肯和哈里森（Aitken & Harrison，1999）指出，FDI 流入对本国企业创新的互补作用仅限于合营企业，但 FDI 流入会显著降低本土企业的研发创新动机与生产率（替代效应）。

FDI 的原理是通过直接投资国外建厂生产，因此会使得贸易开放的福利效应比减小。伊拉拉萨巴尔等（Irarrazabal et al.，2013）研究了在水平型与垂直型 FDI 同时存在的情况下，企业通过最优化出口与 FDI 之间的组合以最大化利润。并以此为依据，刻画在多种形式的 FDI 共存基础上，社会福利受何种影响。梅利茨和雷丁（Melitz & Redding，2015）异质性企业模型中的内生企业选择为贸易自由化提供了额外的福利边际。孙等（Sun et al.，2020）则进一步推进了伊拉拉萨巴尔等（2013）的研究，即在异质性贸易理论框架下，在梅利茨和雷丁（2015）的基础上，加入了企业的 FDI 行为，并定量研究了在 FDI 与出口两种服务国外市场方式共存的情形下，贸易开放对于国家福利的影响。其研究结果表明，由于企业 FDI 行为的存在，本就可以避免出口过程中所产生的贸易成本，因此，贸易开放对于一国福利的影响会比原本测度的要小很多。

综合以上研究发现，当前关于贸易自由化对福利的影响没有考虑 FDI 的因素。由于企业生产率高的企业会通过 FDI 的形式拓展国外市场，FDI 的存在本质上是对原有出口的替代。因而贸易自由化的政策并不会对这部分企业的 FDI 决策造成影响。FDI 的存在对一国贸易既得利益具有削弱的作用，贸易开放的福利效应比减小。因此，从动态、竞争和创新的角度来看，需要重新审视经济政策，并研究 FDI 溢出效应如何在经济中发挥作用。在 FDI 参与度逐渐提升的背景下重新评估相关经济政策具有重要意义。

第二节　外商直接投资影响服务业高质量发展的理论机制

本章依照产业高质量发展的不同维度内涵，从产业规模、产业结构、产业创新、产业环境、产业协同等多个方面，分析 FDI 对服务业高质量发展的作用机理。

一、FDI 推动服务业产业规模扩大

规模经济不仅体现在总量上，还体现在产业集聚程度上。产业集聚现象已经从工业部门延伸扩散至服务业。随着改革开放的不断深入以及服务业开放程度的提高，我国服务业 FDI 实现了快速增长。服务业 FDI 占 FDI 总量的比重逐步增大，服务业已超过制造业成为吸引外资的第一大产业，服务业 FDI 对产业的规模和集聚程度具有重要影响。大规模 FDI 将生产所需的资本要素引入东道国，形成规模经济，促进资本积累。同时，以新经济地理学为代表的相关研究结果表明跨国公司对本土产业集聚的影响显著（Krugman，1991），但现有研究大多集中在制造业部门。因此可得出服务业 FDI 对产业规模具有显著正向作用，有利于实现我国产业结构转型升级。

二、FDI 推动服务业行业结构优化

研究发现，外商直接投资对促进中国产业结构升级具有显著作用。FDI 可以认为是一种要素和经营管理的结合体，通过关联效应、溢出效应和竞争效应等方式来优化东道国的产业结构。同时，FDI 对产业结构发展的促进作用显著体现在产业结构高级化方面（刘泽，2019），具体在要素分布、区域和结构发展等方面越来越明显。中国服务业 FDI 通过资本补缺效应、技术外溢效应、示范效应、收入增加效应等促进了服务业结构高级化，以此实现我国服务业高质量发展。

三、FDI 推动服务业行业创新加速

FDI 通过资本和技术等要素的引入，弥补产业发展的不足。同时带来的要素配置和利用效率提高有利于产业创新能力的提升。经济高质量发展的内生驱动力是创新，所以 FDI 引入的目的逐渐发生转变（刘建丽，2019）。FDI 带来的知识、技术溢出效应和先进管理制度的示范效应等都是高质量发展的创新驱动因素。一方面，FDI 通过知识的传递效应能够促进东道国人力资本积累，转变企业经营理念、完善管理制度，为产业创新提供基础保障。同时 FDI 可通过缓解企业融资约束来改善资本市场扭曲（蔡国伟和杨浩，2019），通过人才学习转化来实现创新进步。另一方面，FDI 通过技术转让和技术溢出直接促进东道国的技术进步和创新能力提升（孙早和韩颖，2018）。FDI 技术溢出也促进了本土企业的技术创新。因此，FDI 有助于促进产业劳动力结构从劳动密集型向资本和技术密集型转型升级（文东伟等，2009）。技术创新前期风险性较高，而外资企业来华投资可使本土企业进行学习模仿，以此促进创新发展。另外，技术水平高的外资企业对中间产品的技术要求也比较高，有助于倒逼本土企业进行研发创新，从而带动整个产业链进行新一轮的技术革命。参与 FDI 的企业预期收益越大，企业就越倾向于进行技术创新投入，从而进一步推动创新的发展。同时，FDI 蕴含的管理能力以及制度方面的属性对提高企业的劳动生产率和提高利润有一定的益处，也进一步提高企业创新投入。

四、FDI 推动服务业发展环境优化

根据前面分析，FDI 对我国产业创新具有重要的推动作用，而对 FDI 与产业环境关系的分析却具有不同的观点。现有部分研究发现知识产权保

护水平的提升能够显著促进产业创新，但有部分学者认为知识产权保护加强不利于 FDI 的技术溢出效应。实际上，国际技术溢出均存在显著的制度环境门槛效应，FDI 跨越一定的制度环境门槛后对区域创新能力的促进作用显著增强（冉启英和张晋宁，2020）。FDI 有利于制度环境的构建，其机制是 FDI 通过制度环境改善对东道国的产业实现增长效应，随着地区产业环境的优化、市场化程度的提高，FDI 在该地区的产业增长效应显著增强（聂爱云和陆长平，2014）。因此，FDI 的引入在一定程度上有利于产业的高质量发展。

五、FDI 推动服务业产业协同提速

FDI 与产业协同的关系也出现了不一致的讨论。双向 FDI 的协同溢出效应通过技术内化渠道和人力资本结构升级渠道，推动了全球价值链嵌入位置的攀升。黄传荣等（2016）研究发现利用 FDI 的协同机制会促进产业协同、空间协同和研发协同。矫萍和林秀梅（2016）研究发现生产性服务业 FDI 与制造业 FDI 在我国省际存在协同集聚现象，两个产业相互促进。曲秋霞（2010）发现，由于产业结构与比较优势的不同，FDI 对不同产业的影响也呈现出不同的规律。可见，FDI 有助于经济结构转型升级，但在不同产业或地区表现差异较大。高远东和陈迅（2010）指出 FDI 对中国产业结构升级的影响存在显著的长短期效应和区域异质性。王双燕等（2015）研究发现，中国 FDI 与产业结构高级化之间存在着"U 型"关系。因此，FDI 对中国产业结构高级化的影响在不同地区、不同阶段均存在差异。FDI 会优先流入经济发展水平较高的地区，这可能会进一步加剧区域经济发展的不平衡。如果在发展相对落后的地区引进高质量的 FDI，则 FDI 的高盈利能力在使企业自身获利的同时也会增加当地政府税收。政府税收增加可以改善当地基础设施水平，这又引致高质量 FDI 进入，进一步促进当地经济发展，缩小地区间的发展差距。FDI 的流入会产生大量工作岗位，一定程度上提高了社会就业水平，并且外资企业通常提供较好的工资待遇，有助于提高劳动收入水平，同时通过参与捐赠和扶贫等公益活动来承担社会责任，能够发挥改善公共服务、增加贫困人口收入等社会效应（桑百川和张彩云，2018）。大规模的 FDI 可以缓解资金缺口问题，扩大就业，加速要素在不同地区间的流动，从而在推动产业协同的基础上实现服务业高质量发展。

第三节　外商直接投资影响服务业高质量发展的经验分析

一、样本选择和数据来源

本章主要研究外商直接投资对服务业高质量发展的影响，考虑到样本城市数据的可得性和匹配问题，将样本年份控制在 2011~2019 年。本章实证研究所涉及的第三产业增加值、第三产业占 GDP 比重、第三产业从业人员数量、生产性服务业从业人数、高端服务业从业人数、外商直接投资、政府预算内支出等地级市数据均来源于历年《中国城市统计年鉴》、各地级市统计年鉴和各地方统计公报。在构造服务业高质量发展的综合体系时，本章衡量的服务业人均专利授权数、人均发明授权数的数据来源于国家知识产权数据库；服务业上市公司数、资产规模数据来源于上市公司数据库；服务业失信企业数来源于失信企业数据库；服务业企业各惩罚占比、受惩罚企业数、行政处罚—工商、行政处罚—环保局、行政处罚—银保监会、行政处罚—税务数据来自司法数据库；服务业企业人均软件著作权数来源于软件著作权数据库；数字普惠金融指数来源于北京大学互联网金融研究中心的数字普惠金融指数；服务业企业利润率、净资产收益率依据工商数据库相关数据进行计算；服务业与制造业协同度依据年鉴数据进行计算。为消除异常值影响，本章对个别年份的缺失数据采用线性插值法补齐。

二、服务业高质量发展综合评价指标体系构建

（一）服务业高质量发展内涵

我国城市服务业高质量发展指标体系的构建坚持以习近平新时代中国特色社会主义思想为指导，依据新发展理念对服务业发展质量的整体表现进行科学合理的系统评估，以此解决经济新常态下创新动力不足、服务供给低端等系列难题。不同于其他产业，现代服务业高质量的衡量，不应只局限于土地、劳动力等传统要素投入，而应着重体现在生产要素投入较少、资源配置效率较高、经济社会效益一致等方面。因此服务业高质量发展具备的特征包括：第一，"有效市场"的社会资源配置决定性作用得以高效发挥，不断推动三大产业间和服务业内部部门间业态的深度协同发展；第二，注重服务质量、品质，强调投入产出、资源环境的和谐统一。

支撑产业升级的生产性服务业引领先进制造业和农业共同发展，促使制造业产业价值链有效攀升。高质量的生活性服务业供给缓解我国内需不足的难题，为居民生活提供高品质的服务，以此防止需求外溢。

考虑到服务业高质量发展体系是一个全面综合的系统，对于其指标构建方法，本章将从产业规模、产业结构、产业创新、产业效率、产业开放度、产业协同度六大视角出发，将生产性服务业比重、服务业企业利润率、服务业企业数等十六个细分变量作为二级评估指标，构建中国城市服务业高质量发展综合评价指标体系。考虑上述六大一级评估指标的原因在于，服务业发展规模为基石，服务业结构和产业协调度为核心，服务业开放度和产业创新为保障。同时指标构造过程中也涉及产业融合、发展生态等多个方面，因此能够真正体现出"创新、协调、绿色、开放、共享"的新发展理念。在构建指标体系时，本章采用 TOPSIS 法、综合熵权法以及核密度估计等计量方法，测度国内不同区域层面的服务业发展质量指数，从多视角多方面解析我国服务业发展质量的现状。

（二）综合评价指标体系构建内容

基于新发展理念来构造我国城市服务业高质量发展的综合评价指标体系，对我国服务业发展质量进行检测评估，具有重要理论和实践价值。对于指标体系的构造具有两大重点：第一，行业的选取。考虑到本章重点研究高质量的服务业发展现状，生产性服务业作为服务业质量水平相对较高的行业，其重要性不言而喻。生产性服务业的界定主要为交通运输、仓储和邮政业，金融业，租赁和商务服务业，信息传输、计算机服务和软件业，科学研究、技术服务和地质勘查业，因此本章将着重以生产性服务业为重点研究对象，关注其在服务业中所占比重。第二，样本选取。本文采用地级市数据，构造的服务业发展指标存在多个一级和二级指标，涵盖经济社会民生等多领域。由于工商数据库企业效率统计方式和数据缺失问题，为保障数据完整和结果准确性，本章构建了样本城市 2011～2019 年的面板数据。

服务业高质量发展是我国经济高质量发展的核心内容，基于上述服务业高质量发展内涵和指标构建的界定，本章将依据六大维度对产业高质量发展进行科学测度。借鉴相关服务业高质量发展指标（鲁朝云和刘国炳，2019）、服务贸易高质量发展评估（汤婧和夏杰长，2020）、城市群高质量发展评估指标（李红和曹玲，2021）等，本章在宣思源和胡俊（2021）的服务业高质量发展测度指标体系方法基础上，构建如表 9-2 所示的指标测度体系，并结合熵权法和 TOPSIS 法得出地级市产业高质量发展指数

（具体服务业高质量发展指标测试体系参见第二章第一节）。

表9-2   服务业高质量发展指标测度体系

一级指标	二级指标	测度方法	数据来源	功效
产业规模	第三产业产值	第三产业增加值	《中国城市统计年鉴》	+
	第三产业比重	第三产业占GDP比重	《中国城市统计年鉴》	+
	第三产业人均产值	第三产业产值/从业人员	《中国城市统计年鉴》	+
产业结构	生产性服务业比重	生产性服务业从业人数占服务业比重	《中国城市统计年鉴》	+
	高端服务业比重	高端服务业从业人数占服务业比重	《中国城市统计年鉴》	+
产业创新	服务业人均专利授权数	专利授权数/从业人员	国家知识产权数据库	+
	服务业人均发明专利授权数	发明专利授权数/从业人员	国家知识产权数据库	+
	服务业企业人均软件著作权数量	软件著作权数量/从业人员	软件著作权数据库	+
产业效率	服务业企业利润率	服务业企业利润/销售收入	工商数据库	+
	服务业企业净资产收益率	服务业企业利润/净资产	工商数据库	+
	服务业上市公司数量	A股和海外市场上市公司数量	上市公司数据库	+
	服务业上市公司资产规模	A股和海外市场上市公司市值	上市公司数据库	+
产业环境	服务业失信企业占比	服务业失信企业数量/服务业企业数量	失信企业数据库	−
	服务业企业各类惩罚占比	服务业受惩罚企业数量/服务业企业数量	司法数据库	−
	数字普惠金融指数	北大数字普惠金融指数	北大数字金融研究中心	+
产业协同	服务业与制造业协同	E-G共同集聚指数	《中国城市统计年鉴》	+

注：由于数据可获得性限制，产业效率指标所用数据只有2016～2019年的数据，因此本章实证研究部分暂不加入产业效率指标。

（三）综合评价指标体系构建方法

对于指数测算，现有文献多集中在层次分析法（郭峰等，2020；崔宏桥等，2022）、主成分分析法（钞小静和任保平，2011）、熵值法（郭显光，1994）和 TOPSIS 法等。其中，TOPSIS 法，即双基点法，具有计算简便合理的优点。本章借鉴钞小静等（2021）的研究结合熵权法与 TOPSIS 法，在标准化基础上采用熵权法赋予各测度指标权重值，利用 TOPSIS 法对各地级市产业高质量发展水平进行排序，具体步骤见本书第二章第一节。

三、模型和变量定义

本章主要研究外商投资与服务业高质量发展之间的关系，因此构造以下模型，如式（9–1）所示。

$$High\_quality_{it} = \alpha_0 + \alpha_1 FDI_{it} + \alpha_2 Control_{it} + \gamma_i + \mu_t + \varepsilon_{it} \qquad (9-1)$$

其中，$High\_quality_{it}$ 为衡量服务业高质量发展的代理变量，由综合体系计算得出；下标 i 和 t 分别表示城市和年份。FDI_{it} 为城市 i 在 t 年的外商直接投资。$Control_{it}$ 为影响服务业高质量发展的其他相关变量，包含教育支持力度、经济发展水平、城市人口规模、居民消费程度和政府财政支出等；γ_i 和 μ_t 为城市固定效应和年份固定效应；ε_{it} 为随机误差项。

（一）被解释变量

本章注重刻画服务业高质量发展变量，基于城市服务业间的协调集聚关系和发展程度差异，探讨城市服务业发展质量收敛的内在根源，为服务业高质量发展研判提供全新视角。本章被解释变量以服务业发展质量指数进行刻画，测度指标体系如表 9–1 所示。

（二）被解释变量

本章解释变量为外商直接投资，以当年实际使用外资金额的对数表示。外商直接投资作为地级市对外联系度的紧密体现，能够较好刻画我国 FDI 对服务业高质量发展的影响作用。

（三）控制变量

参考已有研究，本章控制以下可能影响服务业发展的相关变量。（1）教育支持力度：反映城市政府对地级市教育的关注度，城市教育越强代表当地劳动力质量更高，对服务业发展的人才支撑作用越强，以教育支出占财政预算内支出的比值进行衡量；（2）经济发展水平：反映地级市经济发展基础，经济基础越高产业发展越趋向于高级化，以地级市人均生产总值衡量；（3）城市人口规模，以地级市年末总人口数的对数衡量；

（4）居民消费水平：反映城市居民的日常生活消费能力，消费需求越高越能够激发城市供给端产业的创新活力，以社会消费品零售总额与年末总人口的比值表示；（5）政府财政支出：政府财政支出越大表明政府对当地生产发展的重视度越高，这将有效扶持地方产业高端化发展，激活城市产业创新力，以政府财政预算内支出与地区生产总值的比值衡量。具体变量构造和描述性统计如表9-3所示。

表9-3　　　　　　　　　　变量计算和描述性统计

变量类型	变量名称	变量定义	描述性统计	
			均值	标准差
被解释变量	服务业高质量发展	构建指标体系进行测度	0.045	0.069
解释变量	外商直接投资	以当年实际使用外资金额的对数表示	10.096	1.868
控制变量	教育支持力度	以教育支出占政府财政预算内支出的比重衡量	17.896	3.930
	经济发展水平	以地级市人均生产总值衡量	5.232	3.337
	城市人口规模	以地级市年末总人口数的对数衡量	5.945	0.645
	居民消费程度	以社会消费品零售总额与年末总人口的比值表示	2.148	1.86
	政府财政支出	以政府财政预算内支出与地区生产总值的比值衡量	0.191	0.081

四、实证结果与分析

（一）基准回归分析

表9-4为全样本数据下外商直接投资对服务业高质量发展的回归结果。由第（1）列～第（3）列可知，当逐步控制其他影响变量、年份固定效应以及城市固定效应后，外商直接投资对服务业发展质量指数依旧在1%的统计水平上呈现显著正相关趋势，这表明地级市外商投资的确有助于促进当地服务业向价值链高端延伸，从而实现服务业高质量发展。由事实可知，一方面，外商直接投资可引进大量资金和高科技，为我国服务业发展奠定良好的资本和技术基础；另一方面，外商进入对地级市本土企业会产生"倒逼"效应，为保留市场份额和长久立足，本土企业将不得不产生"逃避竞争"效应，即加快科技创新步伐，升级现有产品线或开发新产品线，从而助推城市产业链创新链融合发展。同时，由控制变量可知，教

育支持力度、城市人口规模以及居民消费程度的确能够通过改善地级市劳动力质量和居民消费能力来推动服务业发展提质增效。

表9-4　　　　　外商直接投资对服务业高质量发展的基准回归结果

变量	(1)	(2)	(3)
	服务业高发展质量	服务业高质量发展	服务业高质量发展
外商直接投资	0.0176 *** (0.0010)	0.0017 *** (0.0006)	0.0016 *** (0.0005)
教育支持力度		-0.0002 (0.0003)	0.0006 * (0.0004)
经济发展水平		0.0039 *** (0.0011)	0.0019 (0.0016)
城市人口规模		0.0133 *** (0.0018)	0.1562 *** (0.0178)
居民消费程度		0.0247 *** (0.0015)	0.0395 *** (0.0028)
政府财政支出		0.1038 *** (0.0148)	0.0287 (0.0203)
年份固定	No	No	Yes
城市固定	No	No	Yes
常数项	-0.1324 *** (0.0096)	-0.1420 *** (0.0132)	-1.0103 *** (0.1044)
样本量	2356	2356	2356
R^2	0.2254	0.6796	0.8771

注：括号内为标准误，* 、*** 分别表示通过1%、10%的显著性检验。

（二）基于五大维度的回归分析

为具体考察外商直接投资对我国服务业哪些方面具有显著影响作用，本章基于产业规模、产业结构、产业创新、产业环境和产业协同五大维度进行细化分析。考虑到产业效率指标年限只有2016~2019年的数据，因此实证暂未加入。表9-5为上述回归结果。

表 9-5 外商直接投资对六大维度的回归结果分析

变量	(1) 产业规模	(2) 产业结构	(3) 产业创新	(4) 产业环境	(5) 产业协同
外商直接投资	0.0059 *** (0.0010)	0.0001 (0.0002)	0.0021 *** (0.0008)	0.0022 *** (0.0004)	0.0018 (0.0014)
教育支持力度	-0.0007 (0.0005)	0.0004 (0.0003)	0.0007 * (0.0004)	-0.0002 (0.0002)	-0.0022 *** (0.0008)
经济发展水平	0.0036 * (0.0020)	-0.0001 (0.0003)	0.0025 (0.0026)	0.0018 *** (0.0004)	-0.0031 *** (0.0011)
城市人口规模	-0.0288 (0.0232)	0.0049 (0.0035)	0.2406 *** (0.0312)	-0.0268 *** (0.0076)	0.0715 *** (0.0255)
居民消费程度	0.0023 (0.0056)	0.0022 *** (0.0004)	0.0545 *** (0.0042)	-0.0036 *** (0.0010)	-0.0061 * (0.0032)
政府财政支出	-0.2844 *** (0.0428)	0.0154 (0.0126)	0.0429 (0.0292)	-0.0763 *** (0.0170)	-0.1690 *** (0.0452)
年份固定	Yes	Yes	Yes	Yes	Yes
城市固定	Yes	Yes	Yes	Yes	Yes
常数项	0.3823 *** (0.1424)	-0.0276 (0.0262)	-1.5504 *** (0.1833)	0.5986 *** (0.0453)	0.2495 * (0.1504)
样本量	2356	2356	2356	2356	2356
R^2	0.9188	0.2672	0.8877	0.9948	0.8999

注：括号内为标准误，*、*** 分别表示通过 1%、10% 的显著性检验。

在产业规模方面，外商直接投资与产业规模在 1% 的统计水平上呈现显著正相关趋势。这表明外商进入的确可以改善我国服务业规模。在外商充足资金、先进技术和领先管理的综合优势加持下，我国服务业急需具有丰富专业知识的人才，使技术创新得到有效满足，使第三产业得以迅速发展，使服务业占比稳步上升。

在产业结构方面，外商直接投资并未与其形成显著正向关系，这意味着外商来华对我国服务业内部结构层次并未产生较大影响。由于外商投资的区位选择以劳动力低廉为主导，发达国家企业选择向发展中国家转移的也大多为本国已淘汰的技术，因此虽然外商直接来华投资能加快我国服务业迅速发展，但对服务业内部结构和层次并未产生明显效果。

在产业创新方面，外商直接投资对地级市产业创新活力起到显著正向促进作用。究其原因主要集中在两大方面：其一，外商来华带来本土暂缺的技术和资金优势，满足当地服务业发展需求，能够有效激发产业创新；其二，外商进入也会使本土企业产生"危机意识"，"倒逼"着微观主体进行创新研发，以免被市场淘汰。在上述两种作用下，我国地级市服务业产业创新水平逐步上升。

在产业环境方面，外商直接投资与产业环境在1%的统计水平上显著正相关。外商来华虽然对本土企业产生较大冲击，但也同时改善了当地产业发展环境。本土服务业为保障自身市场份额，必须提高产品的质量和服务，树立企业品牌和信誉，加快数字化智能化进程。因此市场氛围逐渐改善，服务业发展环境得到优化提升。

在产业协同方面，外商直接投资与产业协同并未形成明显相关趋势。这表明外商进入并不能促使生产性服务业与先进制造业在空间上形成"聚合"效应。这与外商进入特征存在紧密联系，进入发展中国家的外商企业大多为劳动密集型企业，虽在技术和资金方面能够提升本土企业的学习效应，但对产业结构和层次并无显著影响。

总结而言，外商来华投资能够推动我国服务业高质量发展，主要体现在产业规模、产业创新和产业发展三大方面，对产业结构和产业协同的影响并不明显。这意味着我国应加大自主研发趋势，推动城市服务业产业链价值链向高端延伸，推动当地先进制造业与服务业融合发展，以此助力服务业高效率高质量发展。

（三）稳健性检验

上述研究发现了外商直接投资对服务业高质量发展的显著影响。本部分通过置换代理变量、缩尾处理、控制人力资本积累、城镇化率和互联网通达程度等策略，尽可能保证回归结果的稳健性。

1. 置换代理变量

由于不同方法计算的代理变量可能会对回归结果造成很大影响，为使本章的实证结果更加稳健，这里将服务业高质量发展置换为国内外学者常用的"比重"指标，即生产性服务业从业人数占服务业总体从业人数的比重、高端服务业从业人数占服务业总体从业人数的比重。根据表9-6中第（1）列~第（2）列显示，外商直接投资对新构造的生产性服务业占比以及高端服务业占比仍旧在1%的统计水平上保持显著正向趋势。因此外商直接投资对服务业高质量发展的研究结论是较为稳健的。

2. 缩尾处理

为保证本章结论的可靠性，本章在基准回归前对相关连续变量进行缩尾处理。具体而言，本章对连续变量进行上下 10% 和 15% 的缩尾处理（Winsorize），以防止变量偏误。由表 9 - 6 中第（3）~（4）列可知，虽然缩尾后回归系数的显著性有所下降，但仍旧能够在 5% 的统计水平上保持正向显著关系，这再次证明了本章研究结论的可靠性和稳健性。

3. 控制遗漏变量

为保障基准回归结果的稳健性，本章将继续控制相关遗漏变量，如人力资本积累、城镇化率和互联网通达程度等。第一，地级市人力资本与城市产业发展紧密相关，地方人力资本高级化进程加快有助于推动地区经济发展和结构转型，在这里以每百人大学生拥有数来衡量；第二，城镇化率代表着地方经济发展程度和水平，一般城镇化率越高地方产业层次也越高；第三，互联网通达程度象征着地方经济设施基础，对城市产业结构转型升级至关重要，以每百人国际互联网用户数表示。由表 9 - 6 中的第（5）列可知，当控制上述三个变量后，外商直接投资对服务业高质量发展仍旧在 1% 的统计水平上显著正相关。

表 9 - 6   外商直接投资与服务业高质量发展的稳健性检验结果

变量	（1）生产性服务业占比	（2）高端服务业占比	（3）缩尾处理（上下 10%）	（4）缩尾处理（上下 15%）	（5）控制遗漏变量
外商直接投资	0.0025 *** (0.0010)	0.0024 *** (0.0008)	0.0020 ** (0.0008)	0.0024 ** (0.0010)	0.0056 *** (0.0010)
教育支持力度	- 0.0011 ** (0.0005)	- 0.0007 * (0.0004)	0.0005 (0.0005)	0.0007 (0.0006)	- 0.0007 (0.0005)
经济发展水平	0.0003 (0.0006)	0.0007 (0.0005)	0.0009 (0.0015)	- 0.0010 (0.0015)	0.0033 * (0.0019)
城市人口规模	- 0.0289 * (0.0172)	- 0.0043 (0.0157)	0.2645 *** (0.0323)	0.2356 *** (0.0322)	- 0.0411 (0.0301)
居民消费程度	0.0054 * (0.0029)	0.0077 *** (0.0023)	0.0066 * (0.0036)	- 0.0086 ** (0.0039)	0.0026 (0.0055)

变量	（1）生产性服务业占比	（2）高端服务业占比	（3）缩尾处理（上下10%）	（4）缩尾处理（上下15%）	（5）控制遗漏变量
政府财政支出	− 0. 0622 *（0. 0374）	− 0. 0076（0. 0275）	− 0. 2056 ***（0. 0392）	− 0. 3024 ***（0. 0448）	− 0. 2824 ***（0. 0433）
遗漏变量	No	No	No	No	Yes
年份固定	Yes	Yes	Yes	Yes	Yes
城市固定	Yes	Yes	Yes	Yes	Yes
常数项	0. 3944 ***（0. 1021）	0. 1570 *（0. 0945）	− 1. 5388 ***（0. 1923）	− 1. 3196 ***（0. 1929）	0. 4492 **（0. 1929）
样本量	2356	2356	2356	2356	2356
R^2	0. 8313	0. 8177	0. 8292	0. 8263	0. 9196

注：括号内为标准误，*、**、*** 分别表示通过1%、5%、10%的显著性检验。

（四）作用机制检验

为进一步探究外商直接投资通过何种中介机制对我国城市服务业发展质量产生影响，本章构造以下模型，如式（9 - 2）所示。

$$Metavar_{it} = \omega_0 + \omega_1 Cic + \omega_2 Control_{it} + \gamma_i + \mu_t + \varepsilon_{it} \quad (9 - 2)$$

其中，$Metavar_{it}$为代理科技创新效应的中介变量。借鉴胡山和余泳泽（2019）的研究，本章从以下两方面考虑，一是为突破性创新，以每百人发明数量拥有量来衡量；一是为渐进性创新，以每百人非发明数量拥有量（当年申请的实用新型数量和外观设计数量之和）来衡量。表9 - 7为以科技创新效应为中介的回归结果。

表9 - 7中的中介回归结果显示，当加入控制变量后，外商直接投资对突破性创新能够起到显著正向影响，对渐进性创新的影响并不显著。由事实可知，外商来华投资能够"倒逼"着本土微观企业进行创新研发，升级现有产品线和新产品线，以优质产品和服务满足居民需求，因此为实际性创新行为。而渐进性创新并非为实质性创新行为，仅仅为外观设计类专利，对服务业高质量发展并无明显作用，因此外商直接投资并不能通过渐进性创新来推动服务业实现高质量发展。

表 9-7　　　外商直接投资与服务业高质量发展的中介机制检验结果

变量	(1)	(2)	(3)	(4)
	突破性创新	突破性创新	渐进性创新	渐进性创新
外商直接投资	0.3476 *** (0.0692)	0.1385 * (0.0722)	0.2740 ** (0.1111)	0.1759 (0.1264)
教育支持力度		0.0125 (0.0453)		-0.2325 *** (0.0896)
经济发展水平		0.1081 (0.2323)		-0.4146 (0.3904)
城市人口规模		15.0888 *** (3.8498)		21.2098 ** (9.7535)
居民消费程度		4.1264 *** (0.5831)		2.3644 ** (1.2016)
政府财政支出		10.7470 *** (3.4059)		3.4586 (6.0971)
年份固定	Yes	Yes	Yes	Yes
城市固定	Yes	Yes	Yes	Yes
常数项	1.0321 (0.6977)	-98.2642 *** (22.9909)	4.5864 *** (1.1144)	-119.9272 ** (58.3175)
样本量	2356	2356	2356	2356
R^2	0.8689	0.8918	0.8281	0.8349

注：括号内为标准误，* 、** 、*** 分别表示通过1%、5%、10%的显著性检验。

（五）异质性分析

为进一步考察外商直接投资对不同地级市服务业高质量发展的影响，本章基于地理位置、人力资本、市场化程度差异来进行进一步分析。

1. 沿海内陆差异

基于地级市沿海内陆地理位置差异，本章对城市进行划分并探讨外商来华投资对不同位置地级市服务业高质量发展的影响差异。表9-8中第（1）~（2）列显示，外商直接投资对内陆地区的服务业发展指数并无显著趋势，对沿海城市服务业能够起到显著正向推动效果。其主要原因为，沿海地区经济发展基础、交通运输条件等相较于内陆更为优越，外商直接投资对这类城市的区位选择偏好更强。在资金、技术等加持下，服务业开始迅速兴起并向高端价值链方向深化发展。

2. 人力资本差异

考虑到地级市人力资本差异问题，本章以每百人在校学生数的中位数为界对城市进行合理划分，即低人力资本城市和高人力资本城市。外商直接投资的区位选择对城市劳动力素质有着较高要求，人力资本越高地区的劳动力受教育程度越高，这意味着当地能够适应和掌握先进技术，因此相较于低人力资本地区，外商直接投资更倾向于注入高人力资本地区。由表9-8中第（3）~（4）列可知，外商来华投资的确对低人力资本地区服务业不起明显推动作用，对高人力资本地区服务业高质量发展起到显著作用。

表9-8　外商直接投资与服务业高质量发展的异质性分析结果（1）

变量	沿海内陆差异		人力资本差异	
	（1）	（2）	（3）	（4）
	内陆	沿海	中位数以下	中位数以上
	服务业高质量发展	服务业高质量发展	服务业高质量发展	服务业高质量发展
外商直接投资	0.0004 (0.0005)	0.0029 ** (0.0013)	0.0003 (0.0004)	0.0029 *** (0.0010)
教育支持力度	0.0015 *** (0.0004)	− 0.0005 (0.0006)	0.0003 (0.0002)	− 0.0000 (0.0008)
经济发展水平	0.0067 *** (0.0015)	0.0008 (0.0010)	0.0051 *** (0.0014)	0.0017 (0.0017)
城市人口规模	0.0884 *** (0.0109)	0.3660 *** (0.0635)	0.0206 * (0.0119)	0.1663 *** (0.0247)
居民消费程度	0.0347 *** (0.0038)	0.0323 *** (0.0038)	0.0097 *** (0.0033)	0.0381 *** (0.0035)
政府财政支出	0.0662 *** (0.0194)	− 0.0776 (0.0496)	0.0237 (0.0192)	− 0.0022 (0.0354)
年份固定	Yes	Yes	Yes	Yes
城市固定	Yes	Yes	Yes	Yes
常数项	− 0.6172 *** (0.0689)	− 2.2639 *** (0.3812)	− 0.1484 ** (0.0722)	− 1.0746 *** (0.1473)

变量	沿海内陆差异		人力资本差异	
	（1）	（2）	（3）	（4）
	内陆	沿海	中位数以下	中位数以上
	服务业高质量发展	服务业高质量发展	服务业高质量发展	服务业高质量发展
样本量	1485	871	1169	1169
R²	0.8047	0.9184	0.7204	0.8769

注：括号内为标准误，*、**、***分别表示通过1%、5%、10%的显著性检验。

3. 市场化程度差异

地区市场化程度差异也会影响外商直接投资对服务业高质量发展。完善的市场化改革措施能够促使当地提升资源配置效率，助推服务业转型升级。因此本章基于市场化程度差异进行异质性分析，采用樊纲市场化指数中的市场化进程总得分、政府与市场关系得分以及非国有经济发展得分，以中位数为界将城市进行合理划分，考察外商直接投资对不同类型城市的服务业影响差异。

由表9－9可知，不同于中位数以下地区，市场化程度越高、政府市场关系越和谐以及非公有经济发展越强的地区，外商来华投资对当地服务业高质量发展的效果越好。这表明外商直接投资对地级市的市场配置、政府与市场关系以及民营经济发展有着较高要求，外资更倾向于流向市场改革程度更为优越、市场发展条件更完善的地区。

表9－9　外商直接投资与服务业高质量发展的异质性分析结果（2）

变量	市场化程度差异		政府与市场关系差异		非国有经济发展差异	
	（1）	（2）	（3）	（4）	（5）	（6）
	中位数以下	中位数以上	中位数以下	中位数以上	中位数以下	中位数以上
外商直接投资	0.0004 （0.0005）	0.0044 *** （0.0017）	0.0007 （0.0005）	0.0063 * （0.0036）	0.0000 （0.0004）	0.0016 ** （0.0007）
教育支持力度	0.0009 *** （0.0003）	－ 0.0003 （0.0007）	0.0018 *** （0.0004）	－ 0.0010 （0.0008）	0.0006 （0.0004）	0.0004 （0.0005）
经济发展水平	0.0026 *** （0.0009）	0.0015 （0.0016）	0.0061 *** （0.0013）	0.0005 （0.0009）	－ 0.0002 （0.0009）	0.0019 （0.0018）

变量	市场化程度差异		政府与市场关系差异		非国有经济发展差异	
	(1)	(2)	(3)	(4)	(5)	(6)
	中位数以下	中位数以上	中位数以下	中位数以上	中位数以下	中位数以上
城市人口规模	0.1072***	0.1894***	0.1074***	0.3383***	0.0369	0.1536***
	(0.0317)	(0.0349)	(0.0143)	(0.0766)	(0.0251)	(0.0207)
居民消费程度	0.0124***	0.0397***	0.0298***	0.0277***	0.0189***	0.0400***
	(0.0028)	(0.0039)	(0.0036)	(0.0046)	(0.0035)	(0.0032)
政府财政支出	0.0057	0.0633	0.0686***	-0.1258*	0.0093	0.0027
	(0.0137)	(0.0438)	(0.0184)	(0.0755)	(0.0120)	(0.0274)
年份固定	Yes	Yes	Yes	Yes	Yes	Yes
城市固定	Yes	Yes	Yes	Yes	Yes	Yes
常数项	-0.6483***	-1.2597***	-0.7302***	-2.1224***	-0.2258	-1.0018***
	(0.1838)	(0.2091)	(0.0861)	(0.4712)	(0.1444)	(0.1227)
样本量	1173	1167	1696	607	488	1855
R^2	0.7392	0.9137	0.8582	0.9248	0.7295	0.8942

注：括号内为标准误，*、**、*** 分别表示通过1%、5%、10%的显著性检验。

第四节　本 章 小 结

本章致力于探究外商直接投资对服务业高质量发展的影响，基于前面相关章节服务业高质量发展的综合评价指标体系，从产业规模、产业结构、产业创新、产业环境、产业效率和产业协同六大维度进行综合评价。同时本章基于科技创新效应进行中介检验，依据城市地理位置、人力资本、市场化程度进行异质性分析，依据研究结论，提出了推动我国服务业高质量发展的政策启示。

本章研究结论主要有以下几点：（1）外商直接投资能够助推地级市层面的服务业实现高质量发展，在置换代理变量、缩尾处理和控制遗漏变量后该结论依旧成立；（2）外商直接投资对城市产业规模、创新和环境存在显著推动作用，对产业结构和协同并不存在明显的促进效果；（3）外商直接投资通过科技创新效应作用于服务业发展质量，主要依靠突破性创新路径来推动服务业高质量发展，对渐进性创新并无产生显著影响；（4）基于地理位置等差异进行的异质性分析结果表明，相较于其他地区，外商直接投资对沿海城市、高人力资本地区、高市场化程度地区的服务业发展质量存在显著推动作用。

基于上述研究结论，得到的政策启示：一方面，持续深化我国对外开放战略，更高程度加大对外商直接投资的引进，以高质量外商直接投资带动服务业高质量发展，推动国内国际经济双循环格局，提升服务业产业创新活力和竞争力。另一方面，持续实施"创新驱动"战略。研究结果表明，外商直接投资对服务业规模、一般性创新和市场环境优化产生明显促进效应，而对服务业内部结构和产业协同促进效应不明显，因此我国应注重本土培育自主创新能力，激发本土微观主体自主创新行为，以自主创新实现产业自立自强，以自立自强实现服务业高质量发展。

第十章 服务贸易创新发展与服务业 高质量发展

服务贸易是国际贸易的高级形式，是衡量一个国家产业竞争力的重要标志。2021 年，中国可数字化交付服务贸易出口额为 1948.44 亿美元，居第四位，美国为 6130.12 亿美元，居第一位①，但与我国贸易总量相比、与服务贸易内部结构高级化的要求相比，仍然存在比较大的提升空间。服务贸易创新发展，一方面是服务业高质量发展的重要体现；另一方面反过来有助于提升我国对外贸易特别是服务出口的附加值率，提升全球价值链水平，推动服务业高质量发展。中国作为全球第二大经济体，既是全球货物贸易大国，同时也是全球服务贸易大国。

由于我国服务业发展滞后，在国际市场缺乏竞争力，服务贸易逆差持续扩大。要扭转我国服务贸易逆差局势，就须培育国际经济合作和竞争新优势，2015 年以来我国陆续出台试点政策促进服务贸易创新发展。2019年，"推动服务贸易创新发展"被写入政府工作报告，且被列入商务部的主要工作，强调通过体制机制创新、模式与技术创新推动服务贸易对外开放和服务业高质量发展，继续深化服务贸易创新发展试点，在强化服务贸易创新发展过程中的薄弱环节的同时，进一步创新促进服务贸易发展的改革任务、政策措施和监管创新，形成一批具有示范性和引领性的制度性成果，为更大范围内推行服务贸易创新发展政策提供可借鉴经验。

在深化服务贸易创新发展的关键阶段，各地试点开始接受第三方评估，但现有研究尚未关注服务贸易创新发展政策的实施效果，更是缺少对服务贸易创新发展政策、对服务业高质量发展的理论机制的相关研究。因此本章分析服务贸易创新发展政策提出的时代背景，梳理服务贸易创新发展政策的部署过程，剖析服务贸易创新发展政策促进服务业高质量发展的内在理论机制，评价服务贸易创新发展试点政策的有效性，为服务贸易创

---

① 《服务贸易蓝皮书：中国国际服务贸易发展报告（2023）》，社会科学文献出版 2023 年版。

新政策的施行提供理论基础，并为试点政策评估提供经验性证据。

第一节　服务贸易创新发展现状

一、服务贸易创新发展的背景

进一步剖析我国服务贸易结构特征，根据表10-1我国服务分类进出口统计数据，可以发现，服务贸易正逐渐由劳动密集型服务领域向技术密集型服务领域转移，贸易结构逐步优化，但速度较为缓慢。2012～2019年，运输和旅行两类传统劳动密集型服务业一直是我国服务贸易的主导领域，两大服务业领域进出口比重略有下降，但其比重仍超过50%，且贸易规模分别增长了32.4%和105.8%。另外，运输与旅行进口与出口严重不均衡，是我国服务贸易逆差形成的主要推手，其中原因在于：一是由于伴随我国国民收入提高和货物贸易发展，消费者对国外旅行与运输的需求激增；二是由于我国旅游业与国际运输业总体上竞争力偏弱，在国际上缺乏竞争力。其中国际运输业几乎被国外几家跨国大企业所垄断，国际运输业市场集中度较高，我国运输领域企业短期内较难跻身其中。

表10-1　　　　　　　　　　　我国服务分类进出口统计

服务类别	2012年进出口			2019年进出口		
	金额（亿元）	占比（%）	差额（亿元）	金额（亿元）	占比（%）	差额（亿元）
总额	30422.0	100	-5023.0	54153.0	100.0	-15025.0
加工服务	1630.0	5.4	1614.0	1371.0	2.5	1328.0
维护和维修服务	0.0	0.0	0.0	955.0	1.8	450.0
运输	7861.0	25.8	-2957.0	10410.0	19.2	-4059.0
旅行	9576.0	31.5	-3273.0	19703.0	36.4	-14942.0
建筑	999.0	3.3	544.0	2573.0	4.8	1291.0
保险服务	1508.0	5.0	-1088.0	1073.0	2.0	-414.0
金融服务	240.0	0.8	-2.0	440.0	0.8	99.0
知识产权使用费	1184.0	3.9	-1052.0	2831.0	5.2	-1913.0
电信、计算机和信息服务	1369.0	4.5	678.0	5571.0	10.3	1860.0

服务类别	2012 年进出口			2019 年进出口		
	金额（亿元）	占比（%）	差额（亿元）	金额（亿元）	占比（%）	差额（亿元）
其他商业服务	5883.0	19.3	546.0	8499.0	15.7	1622.0
个人、文化和娱乐服务	43.0	0.1	-28.0	364.0	0.7	-199.0
政府服务	128.0	0.4	-4.0	363.0	0.7	-150.0

资料来源：中华人民共和国商务部商务数据中心。

　　如表 10-1 所示，知识产权使用以及电信、计算机和信息服务两类高技术密集型服务业贸易比重增加明显，进出口比重由 8.4% 增加至 15.5%。其中知识产权使用服务表现为贸易逆差，知识产权的进口提升了我国服务进口的技术含量，但同时也表明我国产业链上游技术依赖于国外进口的特征明显，这种状况容易导致我国产业链的不稳定性，容易在贸易争端中受到制裁，也不利于我国服务业高质量发展。电信、计算机和信息服务近年来发展迅速，贸易总额不断扩大，2019 年贸易额是 2012 年的 3 倍，同时也是我国国家贸易顺差最大的服务行业，其出口规模在服务行业中位列第二。从服务分类贸易增长趋势可以看出，目前知识产权使用、计算机和信息服务以及文娱服务等行业已经成为我国服务贸易的新增长点，服务贸易结构不断优化，竞争力逐步增强。

二、服务贸易创新发展政策梳理

　　根据上述分析，近年来我国服务贸易规模快速扩张，但国际竞争力相对不足导致贸易逆差不断扩大。我国开始谋求服务贸易创新发展，创新促进服务贸易发展的政策，探索服务贸易发展新模式，最终实现服务业高质量发展。事实上，我国在 2013 年就开始探索融入国际贸易的新模式，陆续在上海、广东等地设立自由贸易区，在自贸区内给予进出口贸易减免关税等优惠和政策性便利条件，扩大贸易规模。虽然自贸区试点政策主要针对货物贸易，但为服务贸易创新发展提供了可行性思路。为提高我国服务贸易国际竞争力，改善贸易逆差，2015 年至今，我国相继出台《国务院关于加快发展服务贸易的若干意见》（2015）、《国务院关于同意开展服务贸易创新发展试点的批复》（2016），以及商务部印发的《全面深化服务贸易创新发展试点总体方案》（2020）等文件，逐步推进服务贸易相关的体制创新改革。

2015 年《国务院关于加快发展服务贸易的若干意见》（以下简称《意见》）在总体要求、主要任务、政策措施、保障体系和组织领导等方面对服务贸易创新发展进行了部署。明确试点政策发展目标为：在服务业扩大利用外资和贸易范围与规模，提升新兴领域和"一带一路"沿线国家的投资和贸易占比，优化我国服务业对外开放结构并均衡国际市场布局。具体任务中进一步明确，巩固我国在传统劳动密集型服务贸易领域的规模优势，同时将重点放在金融、计算机和商业服务等资本技术密集型服务贸易领域培育新优势。针对服务贸易各个层面主体提出任务分配，顶层设计层面扩展试点地区服务贸易功能，依托新一代信息技术探索新型服务贸易发展模式，规划有效的税收优惠政策和集投融资优惠和风险分散于一体的金融支持政策，完善跨境支付、合作交流的公共平台设施，在贸易主体方面鼓励中小企业融入供应链和大规模企业开展国际合作。总之，《意见》旨在通过深化服务业发展体制和机制改革，发挥市场在服务贸易领域资源配置的决定性作用，强化政府宏观引导作用，注重产业与贸易、货物贸易与服务贸易协调发展，夯实服务贸易发展基础，增强服务业的国际竞争力。

进一步，我国通过开展试点探索适应服务贸易创新发展的体制机制和政策措施，如表 10-2 所示。国务院于 2016 年同意 15 个省市（区域）开展为期 2 年的服务贸易创新发展试点，并进一步于 2018 年扩展试点范围，继续开展为期 2 年的深化试点政策。在新政策引导下，激发各个层面的创新活力，试点地区内服务贸易不断涌现出新型业态和新型发展模式。

表 10-2　　　　　　　　　服务贸易创新发展政策梳理

政策进展	文件	政策内容
2015 年工作部署	《国务院关于加快发展服务贸易的若干意见》	建立由国务院领导同志牵头负责的国务院服务贸易发展部际联席会议制度
2016 年开展试点	《国务院关于同意开展服务贸易创新发展试点的批复》	国务院同意在天津、上海、海南、深圳、杭州、武汉、广州、成都、苏州、威海和哈尔滨新区、江北新区、两江新区、贵安新区、西咸新区 15 个省市（区域）开展服务贸易创新发展试点。试点地区主动创新、先行先试，出台新政策，探索新路径，服务贸易新业态、新技术、新模式不断涌现
2016~2017 年试点第一阶段	—	各试点城市与地区的专项政策围绕国务院《试点方案》中的八个主要任务和五项政策保障展开，有序扩大服务业开放准入，主动创新、先行先试，出台新政策，探索新路径，服务贸易新业态、新模式不断涌现

政策进展	文件	政策内容
2018～2020年工作深化	《国务院关于同意深化服务贸易创新发展试点的批复》	同意在北京、天津、上海、海南、深圳、哈尔滨、南京、杭州、武汉、广州、成都、苏州、威海和河北雄安新区、重庆两江新区、贵州贵安新区、陕西西咸新区等省市（区域）深化服务贸易创新发展试点

资料来源：笔者根据政策文件整理。

目前，我国服务贸易创新试点已经开展两轮（国家层面在"十二五""十三五"期间实施了服务贸易创新试点），但鲜少有文献对服务贸易试点政策的实施效果进行检验。而服务贸易创新试点开展是否成功，试点服务业是否实现高质量发展，能否在全国范围内进行推广，这些问题的解答将为我国服务业高质量发展提供更加切实可行的路径。

第二节　服务贸易创新发展影响服务业高质量发展的理论机制

推行服务贸易创新发展政策的目标是提升服务业国际竞争力，并在贸易竞争中实现服务业高质量发展，实施这一政策背后的理论逻辑包含以下几个方面。

一、全球价值链"低端锁定"的突破效应

全球价值链分工是发达国家向欠发达国家进行产业梯度转移的结果，发达国家经济发展到一定程度，为进一步提高生产效率，将一些与本国资源禀赋不匹配的生产环节转移出去，自身集中生产更适宜的生产环节，借助全球资源"蓄水池"功能达到本国生产效率最大化。第一次科技革命后期的英国成为当时最大的科技强国和制造强国，将大批产业转移到欧洲大陆和美国，充分利用美国等地的土地优势建设工厂，推进英国经济向全球进一步扩张，而美国等也从中受益，吸收当时英国先进的工业技术，为之后美国快速工业化进程奠定坚实的技术基础（张为付，2005）。随美国经济发展到一定水平，其产业结构不能够满足经济发展的需要，将一些传统、高耗能和劳动密集型产业如钢铁、纺织等产业转移向日本和德国，其自身则聚焦于汽车、精密仪器、集成电路等高精尖技术密集型产业。在我

国实施改革开放战略向世界开放市场后，基于当时我国产能匮乏和工业基础薄弱的国情，开始参与全球产业分工，承接来自美国、日本等发达国家的制造业，这亦为我国工业化提供了技术和资金支持。

虽然在我国经济起步阶段受益于承接发达国家产业的转移，但承接产业多为高耗能和劳动密集型低端产业，引发较多学者对我国"低端锁定"的担忧。事实上，对于发展中国家因参与全球产业分工陷入"低端锁定"这样的问题，国内外对此进行了相对丰富的研究。一方面，研究认为发展中国家承接发达国家低端劳动密集型产业，多为被动锁定全球加工环节，随专业化程度深化，加工企业容易被跨国公司俘获，而发展中国家向价值链高端延伸的发展战略会受到发达国家的阻挠（Humphrey & Schmitz, 2002，任保全等，2016）。另一方面，长期依赖于国外进口技术和中间品，会对发展中国家的自主研发产生挤出作用，将其经济增长路径锁定在低端价值链环节（Felice & Tajoli, 2015）。

可以看出，"低端锁定"不利于发展中国家的技术水平提升和国际地位提升，而且会导致经济增长的不可持续性，因此如何打破"低端锁定"是众多发展中国家面临的难题。杨水利等（2014）认为，全球产业分工即为将产业链分为细小的模块，发展中国家被锁定在小范围模块生产限制了企业创新能力，而对模块进行再集成，扩展模块规模和边界将有利于"低端锁定"的打破和产业链的高端延伸。吕越和包亚楠（2019）亦指出，国内价值链生产长度的增加可以通过改善企业生产率、融资约束和市场集中度等途径提高企业创新能力，进而"破局"低端锁定。陈明和魏作磊（2018）提出，服务业中包含更多的隐性信息，如知识、技术、营销信息等，通过技术溢出、互补效应和资源整合等途径促进企业打破"低端锁定"陷阱。许和连等（2018）发现，离岸服务外包网络中国内网络联系广度、联系强度和网络中心度的增强有助于提升在服务业全球价值链中地位，因此给予高端知识密集型服务业外包更多的政策支持将利于服务业结构升级。

二、国际经济合作和竞争新优势的培育效应

服务贸易创新发展政策实质是一种政府干预手段。理论和事实证明，我国对外开放中政府干预政策的实施具有其理论基础和正当性。融入全球分工体系虽然会为我国社会生产提供有效的技术和要素配置，提升社会总体生产率和社会福利，但可能会造成部分社会成员的利润损失，即产生对外开放的负外部性，如外资的进入对水平内资企业形成竞争产生挤出作用，故而需要政府给予适当的补贴政策（张书博，2020）。由于对外开放导致国内不同利益群体间的不平衡发展，必然要求政府发挥干预协调作用，平衡中央政府与地方政府之间、政府与市场之间、内资与外资企业之间的利益分配，逐步实现社会福利的帕累托改进。因此只有通过政策性干预，服务业才能实现循序渐进地对外开放。

政策干预服务贸易创新发展的根源在于我国服务业发展滞后、缺乏国际竞争力，需要为服务贸易发展提供更加宽松的制度环境引导服务贸易创新发展，培育国际经济合作和竞争新优势。根据幼稚产业保护理论，由于一国初步发展的产业尚不具备与先发国家相同产业竞争的规模和技术水平，需要采取政策性保护措施，培育幼稚产业逐步成长并形成国际竞争能力。而且我国服务业尤其是高端服务业，具备幼稚产业筛选的三个判断标准：一是属于尚未发展成熟且具备发展潜力的新型产业；二是与国内其他产业之间存在较为紧密的关联性，其发展能够产生正向外部效应；三是缺少独立成长的外部环境。幼稚产业保护理论是贸易保护主义的一种基本理论，且贸易保护理论并不仅仅存在于幼稚产业保护情境下，随发展中国家出口贸易扩张，西方发达国家提出新贸易保护理论，以缩减发展中国家贫富差距、保护环境和国内劳动工资为由，提倡实施关税与非关税的壁垒，限制发展中国家的出口贸易。但我国针对服务贸易采取政策性支持引导政策有别于传统贸易保护理论，我们的目标是扩大服务业的对外开放而非实施贸易限制，为服务业尤其是高端服务业领域的外资进入和进出口贸易提供宽松的市场环境，给予金融、财税等方面政策性支持，通过有偏地对外开放政策促进我国服务业高质量发展。

三、试点城市的集聚与扩散效应

服务贸易创新发展试点政策将从四个方面对试点城市产生集聚效应。其一，在试点城市政府对于国内急需的研发设计、节能环保和环境服务领域的技术给予贴息支持，扩大对技术先进服务企业的认定范围和税收优惠政策，这些政策将吸引先进的技术向试点城市集聚。其二，在试点城市内给予国内专业人才和外籍高端人才居留便利和个人税收优惠，形成服务业高端人才在试点城市内集聚。其三，在试点城市探索服务贸易金融支持政策，并设立服务贸易创新发展引导基金，为服务贸易企业提供融资便利，在试点城市汇聚资金。其四，在一系列优惠政策支持下，高端服务业领域内的中小企业将会向试点城市集聚。

在服务贸易创新发展政策下技术、人才、资金和企业等创新载体在试点城市形成集聚。集聚区内，同一领域企业和人才的集聚将增加二者之间的匹配机会，降低因岗位不配造成的劳动效率损失，故而服务业生产率得到改善。同时，技术密集型服务贸易企业的汇聚强化了企业之间人才、知识和经验的共享，使集聚效应产生正向外部性。此外，由于中小企业抗风险能力弱，易受到外贸政策变动和贸易摩擦的冲击，试点城市内中小企业汇聚会形成风险共享机制，降低个体企业所面临的风险。试点城市内服务业领域的创新集聚效应形成良性循环，最终促进服务业的高质量水平。但是，过度的集聚也可能产生同类企业间恶性竞争，如不良逐底竞价行为的发生、搭便车行为等，产生负的外部效应，阻碍服务业转型升级和高质量发展。应通过政策性干预避免企业间恶性竞争，给予企业创新行为负外部性补贴，引导服务业企业在集聚区内形成良性发展模式。

服务贸易在试点城市的集聚会对周边地区产生虹吸或溢出效应。尤其是随着高铁等交通运输技术和信息技术的快速发展，城市间生产要素流动越发频繁，城市间要素流动的强弱与城市间距离和交通、信息技术的发展水平有关（柯善咨，2009；王雨飞和倪鹏飞，2016）。当集聚的向心力大于离心力时，虹吸效应大于溢出效应，周边地区的服务贸易相关企业和生产要素向试点城市汇聚，而周边地区的服务贸易的发展将受到阻碍。反之当集聚的离心力大于向心力时，溢出效应大于虹吸效应，试点城市的发展对周边地区产生正向扩散效应，带动周边城市的服务贸易发展和高质量发展。

第三节　服务贸易创新发展影响服务业
高质量发展的实证检验

一、计量模型设定

我们基于 2003～2018 年我国样本城市的城市层面数据，采用双重差分，实在检验服务贸易创新发展试点政策是否促进服务业高质量发展。将计量模型设定如式（10－1）所示。

$$\ln seq_{it} = \alpha_0 + \alpha_1 treated_{it} \times t + \alpha_2 treated_{it} + \alpha_3 t + \beta X_{it} + \nu_i + \varepsilon_{it} \quad (10-1)$$

其中，下标 i、t 分别表示城市和年份。seq 代表服务业质量水平；$treated$ 为虚拟变量，表征服务贸易创新试点政策的施行，当城市在某一年份被选为服务贸易创新发展试点时取值为 1，否则取值为 0；$treated_{it} \times t$ 表示政策虚拟变量与时间的交互项，即捕捉政策对服务业质量的冲击，又考虑政策实施期间的时间效应；X表示控制变量合集。ν_i表示城市固定效应，ε_{it}表示随机扰动项。

二、变量选取与说明

被解释变量：服务业高质量发展水平（seq）。在城市层面我们选取高端服务业产出占比（seq_gd）。

核心解释变量：服务贸易创新试点政策（$treated$）。

控制变量：各个城市的规模（$size$），用城市户籍人口数量表征；政府规模（gov），采用城市政府财政支出与收入规模之和表示；劳动成本（w）采用各个城市工资水平标准；环境污染（$dirty$）采用城市二氧二硫排放数量表示；高等教育水平（$hedu$），采用城市高等教育学校在校生数量表征；互联网普及程度（hlw）采用各城市互联网宽带接入户数表示。以上数据主要根据历年《中国城市统计年鉴》整理获取。为避免变量之间单位量纲不同对回归结果产生的影响，在实证过程中，我们对所有变量进行了对数化处理。

各变量的描述性统计见表 10 - 3。

表 10 - 3　　　　　　　　　　　变量描述统计

变量	均值	最小值	中值	最大值	标准差
lnseqgd	3. 315	0. 928	3. 321	9. 296	0. 384
lnsize	5. 842	- 3. 219	5. 906	8. 133	0. 732
lngov	14. 47	11. 00	14. 53	18. 86	1. 151
lnw	10. 34	2. 283	10. 42	12. 68	0. 635
lndirty	10. 38	0. 693	10. 56	13. 43	1. 177
lnhedu	10. 30	5. 442	10. 27	13. 90	1. 372
lnhlw	3. 359	- 3. 912	3. 395	8. 551	1. 283

资料来源：笔者运用 stata15.0 计算并整理得出。

三、实证结果与分析

（一）总体经验

表 10 - 4 为服务贸易创新发展试点政策对服务业高质量发展影响的检验结果。由表中估计结果可以发现，交互项 $treated \times t$ 的估计系数显著为

负，表明服务贸易创新发展试点政策的实施并未有效提升试点城市高端服务业比重，甚至导致了高端服务业比重的下降。

表 10 - 4   基准检验结果

变量	（1）	（2）	（3）
	lnseq_gd	lnseq_gd	lnseq_gd
treated	0.030 (0.048)	2.320 *** (0.649)	2.430 *** (0.644)
treated × t		− 0.154 *** (0.045)	− 0.163 *** (0.045)
t			0.020 *** (0.004)
lnsize	− 0.138 ** (0.056)	− 0.131 ** (0.056)	− 0.126 ** (0.056)
lngov	0.068 *** (0.014)	0.067 *** (0.014)	0.001 (0.016)
lnw	0.033 * (0.018)	0.034 * (0.018)	− 0.003 (0.009)
lndirty	− 0.021 *** (0.006)	− 0.021 *** (0.006)	− 0.005 (0.007)
lnhedu	− 0.038 *** (0.011)	− 0.039 *** (0.011)	− 0.042 *** (0.011)
lnhlw	0.023 ** (0.009)	0.024 ** (0.009)	0.011 (0.010)
Constant	4.186 *** (0.398)	4.157 *** (0.396)	5.480 *** (0.461)
R-squared	0.743	0.744	0.746
城市个体	Y	Y	Y
观测值	4274	4274	4274

注：括号内是标准误，*** 、** 、* 分别表示1%、5%和10%的显著性水平。

在控制变量中，城市人口规模显著抑制了高端服务业的发展，一方面，人口规模扩张意味着能够提供更丰裕的劳动力，由于我国整体劳动技能水平较低，低技能劳动供给增加促进传统劳动密集型服务业快速扩张，使技术密集型高端服务业比重下降；另一方面，人口规模的扩张会促使政府为保证就业率而鼓励发展低端服务业。环境污染的加剧阻碍了高端服务的发展，这是由于高端服务业发展依赖于人才与技术的汇集，而环境污染加剧则不利于人才的流入与技术投资的活跃。高校在校学生的增加对高端服务业发展的影响系数显著为负，这可能源自高等学校规模扩张挤出了高端服务业的社会资源，如政府财政补贴等。互联网的普及对高端服务业发展存在积极影响，互联网技术的发展加速了信息与知识的共享，有利于提升劳动技能，促进高端服务业快速发展。

（二）平行趋势检验

为保证检验结果的可信性，我们通过平行趋势检验考察在政策发生前后试点城市与非试点城市之间的高端服务业发展趋势的差别。由图 10 – 1 检验结果可以看出，在进行试点政策之前的三年，平行趋势线在 0 附近，说明实施政策之前，试点城市与非试点城市高端服务业发展趋势平行。在政策发生后的第三年，试点城市高端服务业比重发生显著骤降，随着试点城市政策的落实，其对高端服务业的影响效果初步显现。

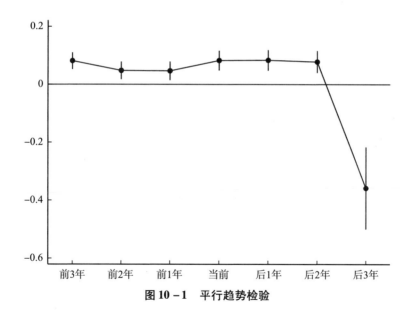

图 10 – 1　平行趋势检验

（三）内生性检验

本章实证部分可能存在内生性问题的地方在于试点政策本身可能是内生的，即国务院在设立服务贸易创新试点时，可能会优先考虑服务业发展质量较高的地区，为了解决遗漏变量引起的内生性问题，本章考虑使用1996年各样本城市人均互联网接入数（IT）作为服务贸易创新试点政策的工具变量（IV）进行回归。人均互联网接入数通常具有较好的服务贸易发展基础，因而更可能获批服务贸易创新试点，但是服务贸易创新试点的获批并不会影响早期的互联网接入情况，因此可以作为工具变量。如表10-5所示，回归结果表明，在考虑内生性问题的情况下，本章基准回归部分的结论依然显著成立。

表10-5 内生性问题检验结果

变量	(1)	(2)
	第一阶段 2SLS	第二阶段 2SLS
treated（IT）	0.176 (0.139)	2.169 *** (0.635)
treated × t		-0.153 *** (0.041)
t		0.020 *** (0.004)
控制变量	Y	Y
R-squared	0.436	0.739
城市个体	Y	Y
观测值	4274	4274

注：括号内是标准误，*** 表示1%的显著性水平。

第四节　本章小结

针对服务业国际竞争力相对不足问题，我国开始谋求服务贸易创新发展，率先在局部试点城市创新服务贸易发展模式、创新政策支持体系，探索增强服务贸易竞争力和促进服务业高质量发展的新出路，但现有文献较少关注这一政策实施的有效性。本章从结构视角考察我国服务贸易的发展现状，梳理服务贸易创新政策的部署过程，基于2003～2018年国内样本城市的城市层面数据，采用双重差分法，实证检验服务贸易创新发展试点政策能否促进服务业高质量发展。研究得到如下结论。

第一，我国贸易逆差主要存在于运输、旅游等传统劳动密集型服务领域，贸易顺差主要存在于软件与信息技术服务、商务服务等高端服务领域。

第二，我国率先在天津、上海等城市展开了为期2年的试点政策，并在2020年进一步扩大试点范围，但对于政策绩效的评估上缺少证据。

第三，本章通过双重差分模型对服务贸易创新发展政策绩效的初步检验，发现在试点施行期限内，试点城市的高端服务业比重并未得到有效提升，反而导致了下降。虽然在我们初步的检验结果中，服务贸易创新发展政策尚未对高端服务业产生积极作用，这一方面可能由于样本期间的限制，政策实施期限较短，仅有2年。任何一个行业的结构调整与转型升级都不是在短期内快速完成的，而是需要循序渐进地除旧革新。在当前贸易保护主义抬头的复杂局势下，美国联合部分国家试图对我国高新技术企业进行贸易封锁，使得我国高端服务领域企业面临严峻的技术封锁与国际竞争。要打破高端服务业面临的"卡脖子"困境，仍需要地方政府创新发展政策引导高端服务业加大上游研发设计力度。实现核心技术突破必然是一项长期且艰巨的任务。

第 四 篇

路径策略篇

本章基于中国服务业发展状况，从汇聚升级要素、培育市场主体、构建统一市场、推动产业融合、搭建平台载体、优化区域分工、扩大需求侧支撑、深化开放合作、推进标准品牌建设等方面，提出了新发展格局下中国服务业高质量发展的突破路径；基于对相关国家服务业发展经验借鉴，从增加市场完备性、推进服务创新以及优化产业发展生态等方面，提出了新发展格局下中国服务业高质量发展的策略选择。

第十一章　新发展格局下中国服务业高质量发展的路径突破

高质量发展是我国全面建设社会主义现代化国家的现实需要，高质量发展关系到我国社会主义现代化建设全局。服务业高质量发展是经济社会高质量发展、国家构建新发展格局的重要支撑。其中，生产性服务业高质量发展是核心和根本，没有生产性服务业的高质量发展，制造业高质量发展、能源高质量都将失去动力和源头。服务业高质量发展虽然涉及方方面面，但主要围绕两个方面：从生活性服务业来说，"以提升便利度和改善服务体验为导向，推动生活性服务业向高品质和多样化升级"；从生产性服务业来说，"以服务制造业高质量发展为导向，推动生产性服务业向专业化和价值链高端延伸"①。

依据前面分析结果，结合国内外服务业发展趋势与特征以及我国经济发展、人民群众收入水平的提升趋势和现代服务业发展实际，本章提出新发展格局下中国服务业高质量发展的突破路径。加快推进新发展格局下中国服务业高质量发展的路径主要从需求侧、供给侧两端发力，总体来说，可以概况为九个方面，即汇聚升级发展要素、着力培育市场主体、构建国内统一大市场、推进产业深度融合、搭建筑高载体平台、深化区域层级分工、扩大需求侧产业支撑、深化对外开放合作、推进标准品牌建设。

第一节　汇聚升级发展要素

理论和实践经验表明，生产资源和要素的数量、结构及其层次直接决

---

① 《中华人民共和国国民经济和社会发展第十四个五年规划和2035年远景目标纲要》，中国政府网2021-03-13，https：//www.gov.cn/xinwen/2021-03/13/content_5592681.htm?eqid=q45f38050007c2e300000005648fbfd0。

定产业发展高度和质量，生产资源和要素的结构、层次变化引领产业结构和产业质量的变化方向。通常来说，有什么样的生产要素就可能有什么样的产业，要素结构决定了可能的产业结构、产业高度（黄少安，2019）。资源、要素是产业发展的重要基础条件和必要前提，产业发展的高质量来源于生产要素的高质量，很难想象资源要素的低质量能够有产业的高质量。生产资源要素主要包括土地、资本、劳动力（人力资本）、信息数据、企业家能力等，与其他产业不同的是，服务业大多数是知识技术密集型产业，对生产资源要素的知识技术密集度有较高的要求，并且产业层次越高，对生产资源要素的知识技术密集度越苛刻（宣烨、余泳泽，2014），可以这样认为，生产要素的水平、规模决定了服务业尤其是生产性服务业发展的高度、层次及水平（宣思源、胡俊，2022），尤其是数据经济时代，大数据已经是决定生产性服务业发展质量的核心要素，通过数字技术的赋能，传统服务业得到转型升级、新兴业态和模式得到培育，服务业的需求供应匹配效率得到提升，服务业的发展质量得到提高。虽然生产资源要素品种较多，本章仅从人才、资金、土地、数据四个方面进行分析，探讨如何以此为依托推进服务业高质量发展。

一、加大各类人才的供给

在推动产业发展的各类因素中，人力资本（劳动力）是最基础、最关键因素，服务业发展尤其如此。现代经济增长理论特别强调人力资本的作用，该理论认为推动经济增长有两个核心变量：其一是物质资本的积累，其二是人力资本的投入。所谓人力资本是体现在劳动者身上的资本，即对劳动者进行各类教育和职业培训等支出以及其在接受教育的机会成本等价值在生产者身上的凝结，它体现在劳动者身上的各种生产知识、劳动技能及管理技巧和健康素质的存量总和。这种物质资本与人力资本的有机结合，经由研发创新活动推动企业生产、产品制造领域的技术进步，由此可以推动企业全要素生产率的不断提升，促进产业的高质量发展（刘勇和徐选莲，2020；张红霞和王天慧，2021）。大量研究结果显示，人力资本是经济社会增长的重要源泉，是助推经济发展的活力及其引擎，同时也是经济持续快速、高质量发展的不竭动力（杜伟和杨志江，2014）。人力资本因素是影响全要素生产率水平的重要变量，人才作为人力资本的核心体现，是现代社会推动经济发展的第一动力。由于服务业尤其是生产性服务业的知识技术的密集性特征，本章重点探讨人才在推动现代服务业高质量发展的作用，即如何通过人才的供给推动现代服务业高质量发展。人才在产业发展尤其是服务业高质量发展中的作用，主要表现为人才能够在有效提高生产效率、优化资源要素配置等方面发挥正向推动作用。

（一）着力培育本土化人才

我国是人口大国，人力资源丰富，国内自主可控的现代产业体系建设需要大量的各类人才。我国各层次人才培育结构相对完整，完全有能力在人才培育上实现自主可控，关键是如何通过完善人才培育机制，培养现代服务业高质量发展所需要的不同层次人才。一是加大对本土人才的培养。本土人才是我国人才的主要来源。围绕生活性服务业高品质和多样化、生产性服务业专业化和价值链高端的目标，重点培养科技、教育、文化、产业、卫生以及企业等领域培养系列本土"名""匠"人才队伍，尤其是扩大服务业应用型、技术技能型人才规模，大力培养复合型人才，鼓励企业与高等院校合作共同培育人才，对于企业与高等院校联合培养高端人才，政府按照企业支付高端人才费用的一定额度给予补贴，对于企业支付高端人才费用的享受企业所得税减免待遇。认真贯彻落实国家破"五唯"政策措施，重点培养能够服务于现代服务业实际工作的人才，而不是以论文、课题、获奖来衡量人才。引导各级政府出台更加优惠和有针对性的人才政策，强化人才激励，加大高精尖人才供给，加大紧缺专业人才、基础性人才供给。二是创新人才培养培训方式。强化综合素质和创新能力培养，鼓励企业与科研院所合作、开展产教联合、校企联合，发挥社会力量在人才培养培训方面的主渠道作用。三是推行终身职业技能培训制度。经济发展、技术进步，知识、技能更新的时间会越来越短，接受终身职业技能培训是适用职业发展的有效途径。要完善职业培训补贴政策，鼓励人才进行职业技能和专业知识持续更新。引导企业加大对员工职业技能和专业知识培训投入，对于执行职工教育经费税前扣除政策成效显著的企业给予一定的物质奖励，为服务业企业发展提供人力资源保障。四是加大高层次、重大团队的培育。以国家、省级各类重大人才工程、重大人才平台建设为抓手，围绕服务业尤其是生产性服务业重点产业、重点领域、重点项目，大力培育一批高水平本土科学家、科技领军人才、科技工程师和创新创业团队，合理制定人才培养中长期发展规划，培育一批德才兼备的现代服务业专业化人才。五是健全以企业为主体的多层次人才培养机制。多措并举，构建产学研协同人才培养机制，切实将企业、高校、科研机构以及社会培训机构的优势结合起来，构建复合型、协调发展的人才培养格局。组织开展人才培训入高校行动，加强生产性服务业从业人员技能培训和高级管理人才研修培训，培养符合服务业重点发展方向的人才和团队。

（二）积极引进国际化高端人才

国内外的实践证明，人才是一个国家、一个民族振兴以及赢得国际竞争主动权的战略资源。对于一个国家来说，不可能拥有发展所需要的所有人才，而从国外引进人才被认为是成本较低、针对性较强的一种形式（宣思源、胡俊，2021）。引进国际化人才既能够弥补我国人才数量不足的问题，也能够缓解某些领域我国人才缺乏的短板。

改革开放以来，我国在自主大幅度培养国内人才的同时，积极引进各类紧缺人才、高水平的国际化人才，包括吸引国外学有所成的留学人员、国外专家学者等。从实践来看，取得的成效非常明显，一些国际化人才已经崭露头角成为所在行业的技术骨干、业务带头人、各级政府的管理者，对我国经济社会发展起到重要作用。新发展格局构建下，我国更应进一步完善国际化人才的引进机制，出台更具吸引力的人才激励政策措施，搭建人才平台和载体，加大对国际化人才的引进力度，尤其是奖励补贴服务业紧缺的国际化高端人才。一是积极探索以薪资待遇、股权分红、任职经历、经济贡献等社会化评价作为国际化人才认定的主要依据。对于那些符合我国服务业发展需要尤其是高端生产性服务业发展方向的高端领军人才、骨干人才及高管人才、高学历人才等，直接发放奖励补贴，并在人才绿卡服务、子女教育、医疗保险等方面提供有吸引力的政策举措。研究制定服务业紧缺人才需求目录，重点围绕对产业发展具有引领性作用的服务行业，如科技研发、工业设计、供应链管理、软件信息以及人工智能、大数据等服务业人才的政策倾斜力度，构筑全球高层次人才汇聚高地。二是创新国际化引才聚才机制。深化落实各类国际化人才特区实施方案，在技术移民、职业资格互认、人力资本作价入股等方面先行先试，创办国际人才一站式服务窗口，为海内外高端服务业人才提供国际化便捷、高效的政务服务。坚持"不求所有、但求所用"的原则，积极吸引国际化高端人才通过兼职、挂职以及技术咨询等形式，实现人才资源的最佳配置，助力我国经济社会发展（王庆怡，2019）。

（三）着力营造一流人才发展环境

无论是本土化人才，还是国际化人才的培养、引进、使用都离不开良好的发展环境，国际化人才更需要一流的发展环境。一是出台针对性的优惠政策。对标国际通行规则和做法，探索薪酬制度、社会保险、金融等方面政策创新，建立与国际规则接轨的高层次人才招聘、薪酬、科研管理、安居、社会保障等制度；建立境外人才绿色通道、接轨国际人才评价标准、降低人才落户门槛、研究设立"中国科学家日""中国工匠日"等政策举措。凡是在服务业主导产业、前沿科技领域作出突出贡献的高端人才，凡是服务业急需的人才，均可以实施年薪制度，可以参照推广粤港澳大湾区、上海自贸区临港新片区的政策给予奖励。同时，对人才住房给予一定的政策补贴、子女入学给予政策倾斜。二是创新鼓励全球知名高校、科研院所在我国合作建设科研创新平台、科技成果转化中心和国际研发机构，对研发机构中具备重大原始创新能力和成果转化能力的创新团队，给予奖励支持。推动各类人才政策实行"清单式"管理、"菜单式"服务和"一门式"办理。发布"揭榜挂帅"攻关项目目录，引导各类人才积极揭榜，为人才成长创新条件。三是分类推进人才评价机制改革。逐步取消各类政府部门牵头的各类人才评选，鼓励由龙头企业、行业协会等牵头制定人才评价标准，创新人才评价机制，对于不同类型的人才实施差别化评价，切实发挥人才评价的正向激励作用，最大限度地激发各类人才的内生动力，促进人才成长、调动人才干事创业的积极性。四是扩大用人单位自主权。全面取消高校、科研院所等在人才招聘、职称评审、人员流动等环节中的行政审批和备案事项，对于岗位聘任、考核评价、收入分配等管理权全部下放给用人单位，全面取消高校、科研院所的编制管理，允许用人单位自主引才、统筹使用[1]。

二、保障资本供给强度

资本是产业发展的润滑剂，资本的扩张是提高生产力水平和促进经济增长的重要动力（蔡之兵，2021），充裕的资本供应是产业发展的必要条件[2]。服务业发展一刻也离不开资金支持，可以说，必要的资金供应是支撑服务业高质量发展的重要前提。无论是引进人才、创新模式，还是扩大产业规模、研发技术、技术改进等都需要足够的资金支持。保障资金供应强度可以从创新投融资新模式、扩大各类投资基金、完善信贷风险补偿机制、完善各类引导基金等方面着手，以此推动服务业高质量发展。

（一）创新投融资新模式

合适的投资融资模式是保障服务业资金支持的基础。现代金融发展模式虽然多元，但主要包括直接融资、间接融资两个方面。推动服务业高质量发展，应在鼓励银行、保险、证券、信托等各类金融机构积极为现代服

---

① 《上海坚持人才引领发展的战略地位（深入实施新时代人才强国战略）》，人民网，2021 - 10 - 04，http：//sh. people. com. cn/n2/2021/1004/c134768 - 34943147. html。

② 为研究方便，在此资本与资金同义。

务业企业及其项目开展金融支持的基础上，推动各类金融机构与服务业企业深化合作，拓展创新融资方式。丰富融资服务品种，实现直接融资与间接融资双轮驱动，为服务业企业融资拓宽多元渠道。一是扩大直接融资渠道。对于符合条件的各类服务业企业（集团），允许通过发行债券、上市融资以及股权投资等多种融资方式进行发展。对于具备条件的服务业企业鼓励其在主板、中小板以及创业板上市，对于符合条件的服务业企业推动在全国中小企业股份转让系统以及区域股权交易市场挂牌融资。二是争取银行间接融资。出台政策，积极争取信贷资金支持，引导银行类金融机构加大对服务业企业尤其是中小服务业企业的信贷支持力度，鼓励适度降低融资门槛、扩大融资规模，鼓励银行类金融机构发展适合现代服务业企业尤其是中小微服务业企业特点的融资模式，开发新型金融产品，比如，知识产权质押、股权质押以及供应链融资、仓单质押等金融产品。三是创新其他融资方式。完善信用担保体系，推进知识产权、股权、特许经营权、应收账款、收费权、动产等抵（质）押贷款业务。支持服务业企业尤其是生产性服务业企业通过股权融资、企业债券、项目融资等多种途径募集资金。四是完善融资增值服务。完善各类非银行金融机构与商业银行对服务业企业融资服务，包括提供政策服务信息、产品供求网络等，以缩短融资时间，持续降低融资成本，增强融资安全度。

（二）完善信贷风险补偿机制

服务业企业大多因可抵押物少、信用程度难以衡量，使金融机构与服务业企业之间信息不对称等问题更加突出，在此情况下，建立完善信贷风险补偿机制尤为重要。依托信贷风险补偿机制，可以有效缓解抵押物少、信用程度难以衡量等问题。对此，一是由国家相关部门出台《普惠贷款风险补偿机制管理办法》，明确贷款风险补偿金的适用范围、贷款用途、损失与补偿规定。鼓励各级政府依托财政设立服务企业专项信贷风险补偿资金池，主要用于补偿银行机构向符合条件的服务企业贷款时所发生的超过一定比例的不良贷款所产生的净损失，为服务业企业坏账风险给予"兜底"，以促进银行机构新增发放服务业企业贷款。二是按照风险可控、效应可观、经营可续的原则，鼓励金融机构基于服务业行业特征，开发适合服务企业需求的信贷产品和信贷服务，满足现代服务业企业的信贷需求。

（三）完善产业引导基金

大量的实践证明，政府产业引导基金对于有效撬动社会投资、增加产业投资资本供给、引导社会资本投向产业的作用明显；政府产业引导资金是推动产业发展的重要杠杆，对于投资大、短期内难以获得高额回报的产业更是如此。一是可以鼓励各地完善、扩大各类服务业尤其是生产性服务业引导基金（母基金）、科技创业引导基金和股权投资基金，运用工程总承包（EPC）、政府和社会资本合作（PPP）等模式，通过市场化运作，搭建债权融资、股权投资、投资服务、载体运作等载体平台，吸引各类民间风险投资、股权投资、创业投资基金，撬动社会资本投资服务业领域（宣思源、胡俊，2021）。发挥政府性资金引导作用，通过财政支持创业投资、融资性担保、引导奖励资金等经济手段，着力吸引民间资本投向生产性服务业。稳妥有序推广"云量贷""信易贷"等新型融资模式。二是引导各地组建高端产业研发机构引导基金，为高端产业研发机构科技成果转化和产业化提供金融支持。借鉴推广上海、北京、安徽、广东等地经验，鼓励各地建立国家产业创新中心、国家制造业创新中心、国家技术创新中心投资基金，用于支持国家产业创新中心、国家制造业创新中心、国家技术创新中心、国家级实验室的建设。

三、优化土地供给模式

与制造业相比，服务业用地除了物流、商贸、旅游等部分行业外，绝大多数用地强度比较弱。尽管如此，一定的土地供应仍然必不可少，可以从优化土地供应方式、合理安排用地规模等方面入手，以保障现代服务业高质量发展的合理用地需求。

（一）优化土地供应方式

土地供应方式的优化，对于降低服务业企业的用地成本、减少获取用地时间意义重大。为此，一是灵活供应土地。鼓励各地全面推行弹性年期出让、租让结合、长期租赁以及先租后让等多种方式，以减少用地成本。二是积极支持以划拨方式取得土地的单位利用工业厂房、仓储用房、传统商业街等存量房产、土地资源兴办信息服务、研发设计、文化创意等现代服务业，而不需要向相关部门申请改变土地使用性质。三是鼓励采取低效用地再开发、盘活存量土地、对知识密集型服务业实行年租制和"先租赁后出让"等方式支持服务业发展。四是推动整体开发。鼓励服务业企业收购零星分散的产业用地，对其进行整体开发，整合后土地按照实际用途重新确定用途；同时，完善产业用地退出机制，引导淘汰落后服务业产能，积极推进闲置低效土地的再开发；对服务业领域新业态、新模式项目可以按照"一事一议"的方式给予用地支持。对于制造业企业自有工业用地兴办自营的生产性服务业，政府应该给予支持，向政府相关部门备案即可；对于能够提高制造业企业自有工业用地容积率的生产性服务业项目，经批准可按新用途办理相关手续。

（二）有效配置土地要素

有效配置服务业发展用地，是保障服务业高质量发展的重要条件。一是逐步扩大服务业用地规模，包括探索土地复合利用供地政策、国家每年新增加用地指标中用于服务业用地的设定一个最低比重，并且每年按照一定比重持续增长，优先保障现代服务业项目合理用地需求。二是优先安排服务业重大重点项目用地。实践证明，建立服务业重大重点项目库是一项有效措施，对于重大重点项目实施动态化管理，优先安排进入重大重点项目库的项目用地。出台相应政策，鼓励各级政府对于收购储备的存量土地，主要用于安排重点重大项目以及高端服务业项目。三是推进服务业用地与工业用地"同地同价"。突破现有国家政策框架，可以选择在生产性服务业的部分行业，如科技研发、现代物流、金融商务等领域，率先打破服务业用地与制造业用地之间的界限，开创性地实行综合用地政策，按照工业和服务业营业收入的占比，确定土地性质，享受相应的产业优惠政策。

四、强化数据赋能

伴随经济社会发展及技术进步，生产要素的形态和种类不断变迁。2017 年，习近平总书记强调："要构建以数据为关键要素的数字经济。"[①]数据是新的生产要素，是基础性资源和战略性资源（辰昕、刘逆、韩非池，2021），大数据甚至比原油更有经济价值，因此被称作"新的石油"。2020 年 4 月出台的《中共中央　国务院关于构建更加完善的要素市场化配置体制机制的意见》，首次将数据作为一种新型生产要素写入中央文件中，数据已经与土地、劳动力、资本、技术等要素一起共同融入经济价值创造过程之中。在数字技术引领的新技术范式下，数据作为一种新型要素，从原本无法采集和未被利用的信息中分离出来，演变为关键投入生产要素，服务于不同环节的生产过程（张昕蔚、蒋长流，2021），数据成为数字经济的核心，数字经济时代，应深化数据在现代服务业领域的赋能应用，推进服务业数字化转型、智能化升级。

（一）以数字化推进产业转型

以数字化推进产业转型，首先，要深化大数据、AI、区块链等新一代信息技术在传统服务业领域的深度应用，发展面向工业领域的大数据服务

---

① 习近平：《审时度势精心谋划超前布局力争主动　实施国家大数据战略加快建设数字中国》，载《人民日报》2017 年 12 月 10 日第 1 版。

和成套解决方案；健全数字物流服务体系，鼓励企业协同建立数据采集、处理、整合、交易等服务平台，实现现代物流服务行业数字化发展；健全数字商贸服务体系，鼓励商贸服务企业协同建立数据采集、处理、整合、交易等服务平台，实现商贸行业数字化发展；加强 5G 网络、重大超算、物联网、工业互联网等新型基础设施建设，以基础设施数字化促进传统生产性行业的数字化转型，引导企业利用大数据、云平台、区块链、AI 等数字技术，实现生产方式变革（辛本禄和王今，2018）。其次，要加快数字技术、智能制造技术在服务领域的全面应用，加速服务业的数字化、专业化、规模化、高端化发展，推进创意设计、金融服务、检验检测、商务服务、人力资源服务等数字化转型；推动互联网、移动互联网、移动智能终端与民生服务的深度融合，丰富文化、旅游、健康、休闲、养老、教育培训等服务产品供给，推动生活消费方式向智能型转变。最后，要健全数字物流服务体系，鼓励物流服务企业协同建立数据采集、处理、整合、交易等服务平台，实现物流行业数字化发展。支持工业互联网平台商整合产业链上下游优质资源，打造行业级工业互联网平台及集群数字化转型解决方案，引导集群式"上云上平台"。鼓励中小软件企业上云，赋能、赋智中小软件企业，打造"云上软件产业集群"。

（二）以智能化推进服务业升级

以智能化推进服务业升级需要借助分布式虚拟存储、机器学习、云计算以及人工智能等现代信息技术，推进服务业载体向科技时尚、信息互通、服务智能、安全规范的智慧化转型升级。强化人工智能技术与商务服务的融合应用，推进无感停车、刷脸支付、智慧餐厅、远程体验、远程体检等智能化服务全区域覆盖，持续促进科技服务、科创楼宇等服务载体的智能化升级。打造智能交易服务平台，搭建架构开放兼容、数据海量汇集、业务链条贯通的智慧生态体系，融合共享金融、物流等领域的全产业链核心数据，推动生产性服务业态向价值链高端延伸。

（三）创新"互联网＋"业态

新冠疫情暴发进一步催生了的"互联网＋"业态。创新"互联网＋"业态要发挥互联网、数字技术在生产组织、要素配置、产品形态和服务模式的优化和集成作用，促进以大数据、云计算、物联网、人工智能为代表的新一代信息技术与金融、物流、交通运输、商贸流通等领域的融合创新，推动智慧金融、智慧交通等试点示范应用。要丰富基于移动智能终端、可穿戴设备和虚拟/增强现实的服务产品，在交通物流、供应链管理、网络安全、环境保护等领域人工智能应用示范。要引导各地积极开展"应用场景开放"建设试点示范，为应用场景提供新实验空间以及新型孵化平台。要引导发展消费者对企业（C2B）、线上到线下（O2O）、本地化O2O（O2P）、顾客对工厂（C2M）等新兴模式。要加快发展数字信息新型消费，推动线上线下双向融合，形成以大数据为驱动、以消费者需求为核心、以融合协同为特征的数字信息领域消费的新模式、新业态，全面推动零售业态以互联网技术为主的改造、重塑、升级，鼓励发展社区电商、生鲜电商等新零售，推广"不见面""零接触"服务等无接触式消费（徐圆、宣烨，2022）。

（四）培育数字产业新业态

培育数字产业新业态要充分利用数字在产业业态培育中的孵化作用，着手打造跨越物理边界的"虚拟"产业园和产业集群，以信息流促进上下游、产供销协同联动，发展产业服务化新生态。要提升数字化转型公共服务能力和平台赋能水平，依托智慧城市建设，推进大数据在智慧医疗、智慧教育、智慧城管、智慧公安、智慧交通、智慧环保等公共服务领域的运用。要发展基于新技术的"无人经济"，支持建设智能工厂，打造一批面向重点行业全产业链、制造全流程、产品全生命周期管理与互联网融合发展的工业互联网标杆工厂。

此外，还需要注意发挥要素综合效能。完善知识产权保护机制，完善创新人才的刺激机制，着力破除技术、人才、数据等生产要素转变为现实生产力的各类障碍，着力提高知识资本、人力资本、数字资本、金融资本、信息资本等中高端要素的发展效能。

第二节　着力培育市场主体

企业是产业发展的活力来源，也是产业发展的核心主体①。企业的发展水平直接决定产业的发展高度。企业的划分标准多元，比如，经营规模、所有制结构、市场控制力以及出资方式、投资来源、信用等级、品牌影响力等。出于研究的需要，本部分所指的企业类型仅从行业控制力、经营规模来划分，据此，企业可以划分为大中小三个层面，即创新型龙头企业、实力雄厚骨干企业、充满活力中小微企业。三个层面的企业在国家经济发展中的功能与作用各不相同，创新型龙头企业担负起创新引领、价值

---

① 服务业主体包括企业、个体工商户等，本部分服务业发展的主体仅仅研究企业。

链构建、产业链组织等功能；实力雄厚的骨干企业担负起生产组织、技术推广应用等功能；充满活力中小微企业担负起创新成果推广、提供就业机会等功能。通过培育层次清晰、分工合作、链条连续的企业群落，全面激发服务业高质量发展新活力。

一、强化创新型龙头企业培育

关于创新型龙头企业的内涵，学术界目前没有统一的界定，大多数来自于各级政府文件。本章所说的创新型龙头企业，是指企业规模大、创新能力强大、资源整合能力强劲、能够主导行业发展、引领创新的少量企业。龙头企业通常位居产业集群内网络结构的核心节点，在产业集群的形成与发展以及价值链构建方面扮演着重要角色，大型龙头企业的科技创新能够通过知识溢出以及治理效应对整个产业集群的创新绩效产生影响（叶海景，2021）。大量事实证明，创新型龙头企业的数量是一个国家、区域产业竞争力的核心标志，也是产业高质量发展的重要体现。一些研究发现，创新型龙头企业作为区域产业技术知识的重要发明者和传播者，会逐渐演化成整个集群创新的发动机（李志国和王伟，2013）。总之，创新型龙头企业是服务业尤其是生产性服务业发展的领头羊，在引领技术进步、推进科技成果转化、提升产业层级方面作用明显，也是产业链、价值链的构建者。无论是西方发达的经济体，还是我国国内生产性服务业发展比较好的区域，服务业高质量发展的一条基本经验即是拥有一批创新型龙头企业，例如美国的高通、谷歌、微软、英特尔、苹果、特斯拉、亚马逊等创新型龙头企业，不仅产业规模大，而且是世界范围内行业技术标准的制定者、运行规则的维护者，同时，在一定程度上主宰世界经济竞争格局走势。可以这样认为，美国服务业尤其是生产性服务业发达，在全球范围内的竞争地位，主要依托的是各自行业领域的一批强大创新实力的龙头企业。从国内来看，华为、腾讯、大疆、格力等一批创新型龙头企业，支撑了广东省服务业发展尤其是生产性服务业发展的高水平。反之，一个区域服务业相对落后，不仅是产业规模小、占 GDP 的比重低的问题，其根源在于缺乏一批具有强大创新力、竞争力的创新龙头型企业。基于此，加快推进我国服务业高质量发展，必须采取有效措施在全国范围内的不同行业分类培育一批核心技术能力突出、资源整合能力强的创新型领军企业。

（一）聚集重点领域，有所为有所不为

创新型龙头企业的形成，既有经济发展的必然性，也有政府政策的有形之手的有效推进。基于此，应立足于服务业发展趋势以及我国服务业的

发展状况，短期内，我国不可能在所有领域都能够培育出创新型龙头企业，而应聚集重点领域、有所为有所不为，重点选择能够对其他产业具有支撑引领作用的部分重点领域，尤其是优先选择部分生产性服务业行业领域，如科技服务、现代物流、金融服务、软件与信息服务、平台经济、商贸服务、共享经济、高端商务等，每个行业选择 5~8 家，明确准入条件和支持政策，"一企一策"，制定时间表、任务清单，明确责任主体和责任人，动态管理，争取用 3~5 年时间，培育一批具有较强供应链构建力、较强产业引领力、业态模式创新力的服务业龙头企业，培养其进入世界 500 强系列中的前 100 强。

（二）选择重点企业，实施培育工程

明确了重点行业领域之后，选择什么样的企业对创新型龙头企业培育目标的实现至关重要。我国服务业行业中并不是所有行业都能够培育出创新型龙头企业。特别是全球范围内已经被少数跨国公司把持的领域，短期内我国也是很难培育出创新型龙头企业的。可以考虑在已经进入世界 500 强的国内企业以及国内行业百强，尤其是中央企业、国有控股的上市公司中筛选若干企业进行重点培育。因为这些企业的一个共同特征是企业规模大、技术实力雄厚、具有一定的价值链构建能力。选择这些企业培养成本相对较低、成功的可能性比较大。围绕重点企业，实施龙头企业培育工程，从融资支持、高水平人才团队建设、高层次创新平台搭建、重点技术项目开发支持以及土地供应等方面，优先保障；同时，引导企业自主增加创新投入，加大高水平人才及其团队培育引进力度，将企业发展建立在高水平的科技创新基础上，以创新引领行业发展，以创新扩大市场份额，实现创新型龙头企业真正做到核心技术能力突出、资源整合能力强。

（三）突出差异目标，创新培育方式

基于我国服务业发展实际，短期内，在不同行业的龙头企业培育目标上也应该有所差异，在培育方式上有所区别。比如，对于进入世界 500 强的国内企业，培育目标要突出产业链、价值链的构建能力和供应链资源的整合能力；对于国内行业百强，培育目标要突出增强国际竞争力、产业引领力。明确了差异化目标，重要任务是如何在培育方式上差异化并能够持续创新。一是支持国内本土大型服务业企业、制造业服务型企业通过股票上市、发行债券、资产兼并重组等方式，扩大企业规模，拓展服务半径，扩展辐射影响力，加快培育一批在国内有地位、在国际上有竞争力的服务业领军企业。二是引导企业实施"走出去"战略，推进市场开拓、技术引进、合作研发以及海外优秀人才培育与引进，尤其是抓住"一带一路"等国家倡议（战略）实施机遇，利用各类国际合作平台积极开展境外总集成、总承包工程项目服务，在国际竞争力中提升影响力；鼓励服务业企业通过本地国际化大企业的国际营销网络走出去，积极融入跨国公司的全球供应链、产业链，在国际合作中提升对全球范围内资源的配置力、整合力。三是支持骨干服务企业集聚优质资源，向规模集团化、服务专业化、功能体系化、载体平台化发展，打造一批连锁型、功能型现代服务企业集团。发挥龙头企业"头雁作用"，从功能和理念上示范、引领相关服务行业标准化、国际化、品牌化建设。

（四）加大支持力度，创新政策措施

改革开放的实践表明，政府恰当的政策支持，是我国产业规模扩大、企业竞争力增强以及国际价值链构建能力增强的重要条件。在培育服务业创新型龙头企业过程中，仍然需要政府政策的有力支持。近年来，虽然我国各级政府相继出台了一系列服务业相关支持政策，也出台了一系列关于科技服务、健康养老、数据信息、文化体育、旅游休闲、跨境电子商务、商贸服务、制造服务业等具体服务业领域的促进政策，但与国家推进的制造业强国建设要求相比、与现代服务业在经济社会中的战略定位相比，目前各级政府对现代服务业的政策创新力度还远远不够。在新发展格局构建背景下，各级政府部门应从战略高度认识到政策支持现代服务业发展，尤其是政策支持创新型龙头企业培育的战略价值，加大支持力度，创新政策支持方式，采取有别于其他类型服务业发展的政策措施，在继续从金融、财政、要素等方面政策支持的同时，从产业配套、营商环境、供应链组织等方面着手，采取更具科学、更加精准、更有含金量的政策措施，推动创新型服务业龙头企业的高速发展，使其数量更多、实力更强。

二、多措并举做强骨干企业

培大育强骨干企业是提升行业核心竞争力的有效途径，也是推动产业转型升级、高质量发展的重要举措。在推动产业发展作用发挥方面，虽然难以与创新型龙头企业相提并论，但骨干企业的资本扩张、技术创新、市场经营、品牌铸造等优势仍然比较明显。推进服务业高质量发展应着眼于骨干企业的培大育强：一是遴选重点培育对象。围绕金融服务、科技服务、研发设计、现代物流、软件与信息服务、高端商务、商贸流通、供应链管理、医疗保健、住宿餐饮等服务业重点领域，摸清全国服务业企业家底，制定骨干企业分类评价标准和指标体系，基于未来发展潜力、成长性以及技术创新水平三个维度，对服务业企业进行遴选，选择重点培育对象。尤其是鼓励、支持一批规模较大企业以促进其不断增强技术创新能力、资本扩张能力、国际经营能力、品牌塑造能力以及中高端人才的汇聚能力，推动成为创新能力强、市场开拓能力强、经营管理水平高、国际竞争力能力强的集团型企业。二是分门别类、精准施策。按照不同类型企业，分类精准施策。对于高成长潜力的"雏鹰"企业给予租金补贴、融资支持、人才团队建设支持、土地优惠等政策扶持，加强技术、管理和商业模式创新，鼓励其做大规模、做强实力，尽快扩大影响力；对于处于快速发展阶段的"瞪羚"企业，围绕上下游产业配套给予政策支持，并且制定成长阶段性时间表、推进任务书，每家企业指派专班进行跟踪，精准对接解决企业成长过程中面临的发展难题，引导企业提升产业链水平，提升精细化管理能力。

三、上规升级中小微企业

与创新型龙头企业、骨干企业相比，中小微企业规模小、影响力弱，但铺天盖地的中小微企业是经济可持续发展的基础与细胞，是吸纳社会就业的主体力量，创新型中小微企业还是社会创新的重要发源地（湛军，2015）；今天的中小微企业明天可能就是骨干企业，后天可能就是创新型龙头企业。杭州一些数字经济知名企业以及深圳的科技型龙头企业，当初也是从中小微企业发展而来的。同时，中小微企业直接服务市场需求，对于市场需求特点和变化趋势更加能够准确把握，通常可以及时准确发现创新发展机会，并且在科技成果的实际应用方面，通常比大企业认识更加深刻、应用速度更快。第四次全国经济普查系列报告显示，2013～2018年，我国中小微企业的总量规模持续壮大①，中小微企业的产业分布和结构布局日趋合理，在国民经济和社会发展中的作用显著。

（一）推进"小升规"培育计划

近年来，我国一些地区发展经验表明，"小升规"② 是培育现代服务业企业的有效路径。各地应出台标准规则，按照一定标准对规模以下（以下简称"规下"）服务业企业进行摸底排查，遴选出"小升规"重点培育名单，建立企业"小升规"企业库；对符合条件的企业实施动态管理，基于不同行业、不同类别企业发展情况，有针对性地帮助企业解决发展中面

---

① 第四次全国经济普查系列报告显示，2018年末，我国共有微型企业1543.9万家，比2013年末增加929.1万家，增长151.1%，是2013年末的2.5倍，占全部企业的比重为85.3%。

② "小升规"指的是规模以下的小微企业转型升级为规模以上企业。

临的困难和问题，包括引导中小企业走"专精特新"发展之路，专注研发、专注主业、塑造品牌，推动企业持续进行技术变革、服务提升、品质塑造，同时，积极推进组织方式、管理模式以及商业模式等方面的创新，不断提升规下服务业企业的拓展市场、塑造品牌等能力。

（二）建立"独角兽"和"瞪羚"企业培育库

"独角兽"和"瞪羚"企业是骨干企业乃至创新型龙头企业的"后备军"。在规模以上（简称规上）服务业企业中，按照高成长性、强创新性要求，遴选若干准"独角兽"企业、"瞪羚企业"和专精特新"小巨人"企业，建立企业培育库，及时掌握库内企业发展动态，密切跟踪企业发展状况，从政策上给予重点扶持，包括构筑多层次的股权投资基金体系、支持企业在多层次资本市场挂牌和上市交易等，支持中小微企业利用关键技术、数据资源、营销网络等独特优势，着力打造一批爆发性强、具有综合竞争力的"独角兽"与"瞪羚"企业（宣思源、胡俊，2022）。

（三）完善公共服务和政策体系

与创新型龙头企业、骨干企业相比，中小企业成长更加需要完善的公共服务和政策体系。为此，一是政府出台优惠措施，引导激励社会服务资源与中小企业需求精准对接，构建多层次、宽领域的中小企业公共服务体系，包括：中小企业公共服务示范平台、重点服务产业集群窗口平台等，为中小微企业提供创业辅导、惠企政策直通车、管理指导、技能培训、人员招聘、融资渠道拓展、渠道开拓、标准咨询、检验检测认证、品牌培育等服务。二是完善中小企业政策支持体系。中小微企业实力弱，更需要政策呵护，尤其是融资难、融资贵、技术水平低等问题突出，资金帮扶、税收优惠、租金减免、技术支持是帮助中小微企业尽快成长的必要条件，需要各级政府着手解决，尤其是对产品市场前景广阔、暂时遇到困难的"小升规"企业，政府应该主动协调金融机构，坚决做到不抽贷、不断贷；引导银行创新动产、知识产权、应收账款等抵押贷款和循环贷款、年审制贷款等产品，扩大中小服务业企业资金来源。鼓励中小服务业企业与高等院校、投融资机构、科研院所等创新主体深化合作，组成创新联合体，围绕关键共性技术开展研发攻关，实现产业链与创新链的深度融合。

第三节　构建国内统一大市场

国内统一大市场的建立是畅通流通体系的重要基础，也是构建双循环发展格局的国内基础，2022 年，《中共中央、国务院关于加快建设全国统一大市场的意见》明确提出，要消除阻碍全国统一大市场建设的各种体制机制因素，形成供需互促、产销并进、畅通高效的国内大循环①。构建国内统一大市场对于加快建设现代化经济体系、推进经济高质量发展、构建新发展格局具有重要的现实意义和深远的历史意义。

一、构建一体化的市场管理体制

改革开放以来，我国通过体制机制的完善，实施经济带、城市群等区域经济一体化战略，国内市场的一体化程度明显提升，国内商品、要素流动速度进一步加快，有力地推动了我国经济进步和社会发展。尽管如此，我国国内的统一大市场建立与现代化经济体系建设、与构建国内大循环要求相比，仍然面临一些难点堵点。这些难点、堵点主要表现为以下两个方面。

一是市场分割、地方保护相对突出，完善的要素市场和资源市场体系尚未建立；市场监管规则及其标准、程序国内尚未完全统一，商品和服务市场质量体系建设仍然存在短板。一些地方政府出于本地财政收入的考虑，会在一定程度上限制资源和产品的充分流动（陆铭等，2004），制定出一些阻碍公平竞争、妨碍异地经营的地方性政策，"土政策""画地为牢"带有一定普遍性，不仅全国性的要素市场和资源市场体系没有完全建立，甚至全国性的产品市场和服务市场的一体化程度仍然偏低，跨区域的生产经营活动受到制约，市场难以有效配置资源。执法队伍的整合与跨区域的执法规则、执法程序、执法文书等不统一的矛盾相对突出，涵盖市场监管、产品认证、检验检测、知识产权保护等在内的法规体系仍未统一的问题，影响制约了统一大市场的形成。

二是大市场大流通建设存在短板。近年来，各类平台如"雨后春笋"般出现，但平台经济发展滞后，跨区域市场融通协同存在阻碍。目前国内总体平台发展不平衡，除了浙江、广东等少数省份以外，绝大多数省份互联网平台经济规模偏小，大多互联网交易平台属于细分行业的垂直型平台，缺乏自主创新的引领能力；同时，除了广州广交会、上海进博会，其他具有跨区域影响力的展销博览会以及涵盖内外贸易的产业链供应链平台相对不足，制造企业尤其是中小加工贸易企业开拓跨区域市场存在难题。

---

① 《中共中央、国务院关于加快建设全国统一大市场的意见》，中国政府网，2022 – 03 – 25，https：//www.gov.cn/gongbao/content/2022/content_5687499.htm? eqid = f66438810004d28400000003648d712。

国内中心城市的物流枢纽能级偏弱，多枢纽联动效应有待体现。全国物流枢纽设施服务能级普遍不高，"有高原、无高峰"现象相对突出；规模化、体系化的多式联运格局尚未形成，公、铁、水、空等多种交通资源相互叠加未完全转化为物流发展的基础优势。

基于此，一方面构建国内一体化的市场管理体制。加快推进国内市场一体化的管理体制改革，推动公平竞争市场体系建立；从国家、省级两个层面，消除保护地方利益的各类"土政策"，建立统一协调的跨区域法律法规执行环境，包括统一的市场监管、产品认证、检验检测、知识产权保护等在内的法规体系，以加快形成统一、透明、均衡、协调的国内市场监管体制。另一方面构建跨区域融合发展平台。依托国内重点培育的先进制造业集群、国家级产业园区及其各类央级企业，搭建开放式产业链供应链平台；加快电子商务平台升级建设，推动传统电商转型升级，构建跨境、跨区域的电子商务产业链和生态圈；借鉴推广浙江、上海、广东等省份经验，举办加工贸易产品博览会、创建各类品牌展览展销会；总结广州广交会、上海进博会举办经验，在国家中心城市定期举办国内商品交易博览会、促进会，助力国内统一大市场的建设。

二、正确处理市场与政府"两只手"之间的关系

在市场经济条件下，市场与政府的作用都不是万能的，它们的职能存在明显差异，但又不可替代，只有两者作用发挥得恰当，整个社会的资源配置才是高效的。我国国内统一大市场的建立之所以仍然不完善，除了长期以来形成的体制机制不健全外，一个很重要的原因在于市场体系建设过程中没有很好地处理市场与政府"两只手"之间的关系。

改革开放以来，我国一直不断探索市场与政府"两只手"之间的关系，从当初过分强调政府的作用，到政府与市场作用发挥并重，再到充分发挥市场在资源配置的决定性作用。尽管如此，在构建统一大市场过程中，市场与政府"两只手"之间的关系处理方面仍然存在需要改进的方面。一是一些地方政府作用发挥过度，过分强调发挥政府政策的自主性、特殊性，忽视了国家层面政策规则的一致性，使得"土政策"、地方保护主义具有市场，不利于人才、资本、数据、信息等要素的跨区域流动和市场化配置。二是地方性法规、行业部委出台的法规政策偏多，有的政策措施甚至相互冲突，不利于形成全国统一的公平竞争市场环境，对畅通国内循环、扩大内需产生负面影响。

基于此，一方面，应进一步收缩地方政府的权力，尤其是要进一步收

缩地方性法规、国家相关行业部门的法规政策制定权，由国家层面制定统一的市场交易、市场流通、知识产权保护、行政事业收费、检测认证等规则标准，避免"政出多门"，进一步形成全国范围内统一的市场准入制度、统一的公平竞争制度以及统一的社会信用制度。另一方面，进一步发挥市场在资源配置中的决定性作用，政府只是制定规则，只要不涉及国家政治经济文化安全的领域，对于可以由市场解决的一律让位于市场，由市场机制来引导资源的流量、流向及其交易，从而切实破除地方保护主义，打破地方垄断，建立全国统一的大市场。

第四节　推动产业深度融合

产业融合是全球产业分工体系深度调整及其国家间竞争格局重塑的重要一环。伴随以5G、大数据、VR、人工智能、云计算等为代表的新一代信息技术的发展及其应用，产业之间的界限越来越模糊，产业之间、行业之间的融合程度越来越紧密，产业新旧业态、价值链上下游之间融合和协同程度也越来越高，生产型制造转向服务型制造、服务产品化的现象也逐步显现（丰晓旭、徐紫嫣，2020）。与此同时，一些企业内部不同价值链环节同样也体现出协同和融合。"十四五"期间，加快推进制造强国、质量强国建设是我国经济社会发展的战略方向，由于制造业与服务业的深度融合以及服务业内部的融合已成为经济发展中的典型形式和未来必然趋势，因此，产业跨界融合及其融合程度成为衡量服务业发展质量的重要指标。推进服务业与其他产业的深度融合是服务业高质量发展的重要表征。由于产业之间的融合，不仅推动现代服务业结构的优化，而且能够改进服务业效率，成为现代服务业高质量发展的重要推动力。因此，必须深入推进产业融合，拓宽服务业高质量发展新境界。

一、培育跨业融合主体与业态

（一）培育跨业融合示范企业

企业不仅是产业发展的主体，也是跨业融合的实施主体。企业的融合水平、融合能力以及融合动力直接决定现代服务业融合水平，服务业与先进制造业融合企业的规模、水平决定了两业融合的高度（宣思源、胡俊，2021）。近年来，我国一些行业跨界融合程度高，一个重要特征就在于有一批融合程度高的现代企业，美、日、英等发达经济体两业融合高的一个重要特征也是有一大批跨业融合企业，如微软公司、苹果公司、通用公司、特斯拉、IBM公司①。加快推进现代服务业与先进制造业融合，培育"两业"融合示范企业是基础②。通过培育跨业融合示范企业，推动我国先进制造业企业从产品制造到设计生产、再到物流配送、售后服务，全过程可以依托数据驱动及网络化运作，逐步完善现代服务业与先进制造业融合发展的全产业链条（郑瑛琨，2019）。以龙头企业、骨干企业、中小微企业为类别，分阶段组织认定若干个国家级"两业"深度融合示范企业，发挥示范引领作用，推动"两业"深度融合发展。

1. 塑造"两业"融合产业链龙头企业，发挥产业链引领作用

龙头企业具有"两业"融合的技术和规模实力，并且具有很强的引领作用。应该以培育强大的全产业链整合力以及占据价值链顶部、显著国际影响力的产业链龙头企业为目标，在汽车制造、装备制造、家用电器、纺织服装、工程机械、电子信息等先进制造业领域，提升自主创新能力，突破技术瓶颈，引导制造业企业不断开展服务模式创新、产品创新，创新"两业"融合业态，持续提升价值链构建能力，从而占据全球价值链高端。

2. 培育"两业"融合骨干企业，彰显产业链示范效应

以培育创新能力突出、品牌影响力大的行业领军企业为目标，在不同行业选择一批市场竞争比较充分、技术相对成熟的若干领域作为重点，鼓励骨干企业先行探索，提供系统解决方案，引导业内企业学习借鉴，避免走弯路；同时发展专业化服务，通过创新模式管理再造和业务流程创新，从主要是以制造业为主，逐步向品牌运作、技术研发、渠道推广、工艺设计等服务环节转型，提高产品的附加值。

3. 扶持精特新中小微企业，持续激发产业融合活力

中小微企业点多面广，具有企业机制相对灵活、与市场贴近以及创新活力强等特征，在行业细分领域着力，通过融合塑造形成一大批"单项冠军"和"小巨人"企业③，并依托各级各类产业园区、产业示范区、经济

---

① 世界500强企业中50%以上的企业从事服务业，全球领先制造公司服务收入占总销售收入平均值约25%，服务净利润贡献率平均值接近50%，此数据来源于《推动服务业扩大开放汇聚开放新动能》，光明网，2020 - 09 - 07，https：//m. gmw. cn/toutiao/2020 - 09/07/content_34160468. htm。

② 国内一些大型企业也在积极探索两业融合发展新路径，如徐工集团、上海电气、陕鼓集团、远大空调等装备制造企业加快向服务供应商转型，青岛海尔等消费品企业大力发展个性化定制和全程服务。

③ 国家发改委等15部门2019年11月15日印发《关于推动先进制造业和现代服务业深度融合发展的实施意见》。

开发区等为重点载体，完善现代服务体系，提升服务园区（开发区）效能，助力现代产业集群协同发展融合集聚①。在国家发展改革委每年实施试点企业的基础上，鼓励各级政府自主试点企业，在全国培育一大批中小微企业试点，探索"两业"融合新业态新模式新路径。与此同时，支持企业通过企业联盟、行业协会、协作配套等方式进行业务上的融合与合作（丰晓旭、徐紫嫣，2020）。

（二）培育跨业融合业态模式

"两业"融合业态、模式的发展状况直接决定了先进制造业与现代服务业融合的深度与广度，近年来，在各级政府的积极推动下，全国各地涌现了一大批"两业"融合的新业态、新模式，创造了一系列跨业融合的发展经验。

1. 推进制造业服务化转型

一般认为，制造业服务化是指制造业企业为用户提供完整的包括产品和服务的"组合包"（汪涛、吴光胜、胡查平，2018）。加快制造业服务化转型，对于推进制造业企业由单纯提供产品和设备向全生命周期管理及系统解决方案转变，对于促进制造业转型升级、改善供给体系质量及其效益都具有重要意义。应以装备制造、机械制造、节能环保（新能源）、家居、纺织服装、电子信息制造等领域为重点，大力发展智能工厂、工业互联网、共享生产平台、整体解决方案、柔性化定制、总集成总承包、融资租赁服务等现代服务新业态和新模式；面向不同行业提供产品设计、大型设备融资租赁、技术研发、行业电子商务以及供应链管理等现代服务，加快推动企业从单一产品制造提供向"产品＋服务"综合化转型，加快形成一批集"产品制造＋增值服务"功能于一体的现代服务业与先进制造业深度融合标杆企业。建设"硬件＋软件＋平台＋服务"的集成系统，拓展解决方案、融资租赁、个性定制、品牌授权等增值服务，为客户提供"端到端"的系统集成服务。推动制造业与商务咨询的深度融合，提升商务咨询专业化、数字化水平，助力制造业企业创新管理模式。推动制造业与节能环保服务融合发展，发展产品回收及再制造、再利用服务，实现可持续发展。

2. 发展面向制造业服务化的新兴服务业

推进制造服务化的一个重要路径，是大力发展新兴服务业。以促进

---

① 国家发改委等 15 部门 2019 年 11 月 15 日印发《关于推动先进制造业和现代服务业深度融合发展的实施意见》。

"两业"深度融合为导向，围绕制造业服务化的新型市场需求，大力发展融资租赁、工业互联网、工业软件、工业设计、第三方面物流、大数据提供、总集成、总承包服务等面向制造服务化的新兴服务业。围绕提升研发设计、生产制造、维护检修水平，支持企业建设智能工厂、工业互联网平台，大力发展高端工业软件，推动产业数字化、网络化、智能化，延伸服务链条，拓展在线监测、网络化协同制造、售后支持、数据融合分析处理和产品升级服务，持续推升制造业服务化的价值链高度。

（三）推进服务业内部的交叉融合

在新一代信息技术的推动下，不仅现代服务业与先进制造业、现代农业实现"跨业"融合，现代服务业内部交叉渗透的趋势也越来越明显。推进现代服务业内部交叉融合，是优化现代服务业结构的重要路径。一是通过大数据、云计算、物联网等新一代信息技术提升改造传统服务业，大力推动现代物流与商贸服务、保税展示、供应链金融等行业业态的跨界融合，打造"物流＋""＋物流"等产业业态。二是加快5G、人工智能、工业互联网等新一代信息技术的创新应用，推进文化产品创新，大力发展广告创意、工艺美术设计、文化产品制作、数字化技术等高端文化创意产业，推动文化创意、休闲旅游和设计服务与科技服务、教育培训等相关产业的融合协同发展，打造"科技＋""旅游＋""文化＋""物流＋""会展＋"等新型产业；推动健康服务、养老产业与餐饮、旅游业的深度融合，打造"健康＋""餐饮＋""养老＋"等融合产业。

二、搭建跨业融合载体与平台

（一）打造跨业融合载体

跨业深度融合必须依托一定的融合载体，在推进跨业深度融合过程中，必须积极打造跨业融合载体。一是选择合适的区域搭建发展载体。应选择综合实力较强的国家级经济开发区（高新区）以及各类现代服务业集群作为试点，打造一批先进制造业与现代服务业融合发展的发展载体，将产业集群塑造成为集产品制造与现代服务功能于一体的产业链集合，提升先进制造业与现代服务业融合发展的乘数效应。二是提升载体的融合服务能力。依托先进制造业集群，搭建集科技研发、工艺设计、金融服务、信息咨询、中介服务、展示交易、产品推广、供应链管理、知识产权服务、售后服务等于一体的现代产业服务平台，全面增强先进制造业集群的要素吸附能力、产业支撑能力以及产业辐射带动能力，促进制造业集群内先进制造与现代服务的协同互动发展格局；依托现代服务业集聚区，围绕创新创业投资环境的优化，瞄准价值链高端环节，强化商务中介服务、融资租赁服务、知识产权服务、创新成果孵化等功能，形成基于云服务平台的大、中、小企业协同研发、制造、服务的产业组织结构（蔡承彬，2021）。

（二）搭建跨业融合平台

推动建设面向跨业融合的专业服务平台，是推进跨业融合的重要举措。一些研究发现，渗透性、通用性与开放性是平台的基本特征，平台能够从根本上改变传统经济模式下的生产组织方式和资源配置方式，可以在一定程度上缓解资源配置扭曲状况（马景昊和梁正瀚，2021）、降低信息不对称（徐晋和张祥建，2006）等问题，推动需求与供给的精准匹配，同时还具有整合资源的作用，可以跨国界、跨部门、跨时空地汇聚社会生产、分配、交换与消费活动（谢富胜等，2019）；此外，平台还具有市场集中、技术创新以及创业溢出等方面的效应，是推动行业生产效率变革的重要促进因素（余文涛和吴士炜，2020）。总而言之，平台具有集聚企业、汇聚要素的明显优势，具有推动产销精准匹配、高效联通价值链环节等方面的强大功能，越来越受到产业界的广泛认同，加大平台搭建的投入，构建若干以平台型企业为主导的产业生态圈。

1. 搭建综合服务平台，围绕制造业集群构建区域服务体系

先进制造业园区具有推进跨业融合的先天性条件，可以依托先进制造业园区搭建先进制造业与现代服务业融合发展的综合服务平台以及技术研发、信息数据、成果孵化、检验检测、融资租赁等行业的公共服务平台，推进企业互联网化服务、智能化服务、公共技术平台、创新创业孵化、创业投资等现代生产性服务机构聚群发展，推动制造业园区向"服务＋制造"综合园区转型升级，形成产业共生、资源共享的互动发展格局（郑瑛琨，2019），推动制造业园区（开发区）形成接递有序发展环境的构建，全面提高产业园区的供应链、价值链水平。支持制造业园区的龙头企业搭建跨领域、跨行业及特定行业、特定区域的工业互联网平台，打造"工业互联网产业生态供给资源池"。

2. 搭建综合服务功能平台，提升服务型制造水平

发挥生产性服务业园区的资源要素优势，搭建研发设计、检验检测、创新孵化、现代物流、数字化转型等公共服务平台，推动科技研发、工艺设计、信息服务、展示交易、金融服务、中介咨询服务等高水平服务机构的汇聚，积极导入资本、人才、技术、政策等优势资源，探索"两业"融合市场准入、要素配置、市场监管、统计监测等政策机制创新，以高质量服务为导向，向先进制造业园区企业提供优质的检验、计量、标准、认

可、认证等服务，支持服务业企业依托创新技术、创新业态，由服务向制造环节延伸，推进服务产品化、服务标准化，全面推进服务型制造水平的提升。

三、营造跨业融合发展环境

（一）实施一体化的产业政策

推进产业跨界融合是一个综合性、系统性的工程，需要科技、人才、规划、设施以及政策等方面的统筹发力。产业跨界融合现象是现代产业组织政策、产业组织理论、产业规制研究面临的新课题。产业边界既定是传统产业组织政策的基本假设前提，而产业跨界融合现象改变了这一假设前提，必然对产业组织政策的制定、完善产生较大的影响（于刃刚和李玉红，2006）。总体来看，目前，先进制造业与现代服务业存在明显的政策差异。产业政策的差异是制约先进制造业与现代服务业深度融合的重要因素之一。必须消除两者在金融服务、税收征收、科技投入、要素价格、土地供应等方面的政策差异，实施一体化的产业政策。一是实施一体化的税率政策。对于从事产品与服务混合经营、提供一体化解决方案的企业，相关部门需要依据其具体业务范围，确定适用税率，实行"就低不就高"政策，而不是仅仅依据企业的性质（制造业企业、服务业企业）来确定征收标准。二是执行税率优惠政策。如果制造企业享受高新技术企业的税率优惠政策，那么开展服务业的业务收入低于企业营业收入50%时，企业仍然享受高新技术企业待遇，并且随着落实扩大企业增值税抵扣的范围，还可以享受科技企业孵化器、软件集成电路企业、研发费用加计扣除、高新技术企业所得税等税收优惠政策。三是探索实施服务业企业对科研人员科技成果转化的股权激励政策。支持符合条件的服务企业申请认定为高新技术企业和技术先进型企业，确保相关优惠政策的落实。

（二）强化要素保障

1. 强化土地保障

在符合国土空间规划和用途管制要求前提下，创新用地供给方式，推动不同产业用地类型合理转换，探索增加混合产业用地供给。盘活低效存量土地，实现"腾笼换鸟""凤凰涅槃"。深化用地供应方式改革，支持采用长期租赁、先租后让、租让结合、弹性年期等方式供应土地。出台相关政策，允许制造企业可以在保持用地主体及其符合规划安排的前提下，利用土地资源、存量房产发展现代服务业与先进制造业深度融合的新业态、新模式、新服务，实行5～8年过渡期内保持土地原用途和权利类型不变政策。

2. 健全多元化投融资机制

实施先进制造业与现代服务业融合的众创金融试点工作，开展信用贷款、债券融资、融资租赁、知识产权融资、质押担保等金融服务和产品创新。完善信用担保体系，积极争取信贷资金支持，推进知识产权、股权、特许经营权、应收账款、收费权、动产等抵（质）押贷款业务。加大对生产性服务业重点领域企业的贷款扶持力度，支持生产性服务业企业通过股权融资、企业债券、项目融资等多种途径募集资金。发挥政府性资金引导作用，通过财政支持融资性担保、创业投资、引导奖励资金等经济手段，大力吸引民间资本投向生产性服务业。稳妥有序推广"云量贷""信易贷"等新型融资模式。

3. 强化人才支撑

人力资源，尤其是中高端人才在推进跨业融合工程中作用明显，必须强化人才支撑作用。一是广泛招引复合型人才。积极探索服务型人才国际化行动计划，在全球范围内广泛招引跨业融合发展需要的复合型人才。完善现有的国际化人才招引政策，一方面加大服务型人才在国际化人才引进中的比重，另一方面实施国际化服务型人才引进专项，以更大的投入引进国际化服务型人才。以知识资本化为核心，允许采取技术入股、管理入股、股票期权激励等多种分配方式，吸引集聚高层次人才。二是加大服务型人才培养力度。推动国家高等教育专业、学科体系改革，引导各类高等院校适应产业跨业融合发展需要，加快学科专业调整步伐，倡导高校联合办学，设置交叉复合型专业，为社会培养既懂商务知识、又懂生产制造、既精通服务流程、又熟悉制造技术的综合型人才。三是加大技能型人才的培养力度。以技能型、创业型人才培养为导向，持续推进政产教研融合改革，鼓励学校与企业、学校与政府机构、学校与科研部门开展合作，建设一批政产教研融合型政府、企业实训基地。健全以企业为主体的多层次人才培养机制，加强服务业，尤其是生产性服务业从业人员的技能培训和高级管理人才的研修培训。

第五节　搭建筑高载体平台

各类发展平台载体既是提高企业效率的重要依托，也是服务业高质量发展的重要依托。虽然目前我国拥有较多的各类平台和载体，但是拥有全球范围内先发优势和垄断实力的平台相对不足，平台载体的资源要素汇聚能力相对较弱。以推进产业链、价值链与创新链的有效对接为主要目标，以增强各类载体和平台的资源要素汇聚整合能力为发展导向，对现有平台、载体进行持续优化，增强资源要素汇聚、企业培育以及产业链构建、科技成果孵化等功能；与此同时，高水平高层次搭建新平台、载体，力争形成一批全球范围内具有先发优势和垄断实力的平台载体（宣思源和胡俊，2021）。

一、高层次搭建新的平台载体

强化顶层设计，加大对地方授权，鼓励和引导各地基于自身的科技资源、人才资源和产业基础，搭建高层次、强影响力的科研平台，扩大不同细分领域的试点示范领域，发挥高层次平台载体的资源汇聚、产业链条构建的功能。

（一）搭建高层次强影响力的科研平台

以高层次平台载体，汇聚全球高端创新资源要素，打造在全球范围内拥有先发优势和核心竞争力的垄断平台。一是从顶层设计，由国家出台更加灵活、有吸引力的政策措施，引导和鼓励国内科教资源丰富的大中城市，瞄准世界各国顶级专家学者、创新团队，汇集科技精英、学术精英，专注于面向未来产业前沿技术研究，建设面向全球竞争、开放协同的学术合作网络，提升基础研究能力。二是搭建若干具有国际领先水平的开放式、流动性和虚拟化全球学术合作网络，采取联合攻关方式，力争在一些重大基础性理论取得突破。基于优势互补的原则，深化国内不同领域、区域的分工合作，搭建跨区域的技术创新合作平台，取得一些自主可控的技术（辜胜阻和曹冬梅，2018）。统筹推进国际科技创新中心、区域科技创新中心建设，加强科技基础能力建设，强化科技战略咨询，提升国家创新体系整体效能①。

（二）拓宽试点示范范围和领域

目前，全国范围内有国家级新区、中国自由贸易区、中国自由贸易港、服务业扩大开放综合示范区、临空经济示范区以及各个细分领域的试点示范，基本形成了在投资贸易便利化、金融开放创新、人才支持以及事中事后监管等方面各具特色、各有侧重的试点示范格局。这些试点示范在汇聚全球要素资源、推动服务业开放、推动现代服务业高质量发展方面都

---

① 《中国共产党第二十次全国代表大会文件汇编》，人民出版社 2022 年版。

发挥了非常重要的作用。新时代，我们可以考虑在此基础上，进一步扩大试点示范的区域、深化试点示范领域，让试点示范发挥更大的作用：一是扩大试点区域。可以将服务业扩大开放综合示范区由目前仅在北京、上海等少数城市，扩大到东部省会城市以及部分副省级城市，甚至是部分地市级城市；可以将自由贸易区仅局限于目前的少数城市的部分区域，扩大到所有省会城市的绝大多数区域。二是扩大试点领域。对于金融、保险、电子商务等细分领域的试点示范，可以考虑由中央政府授权，省、市一级地方政府探索，可以考虑从金融、保险、电子商务等少数领域，扩展到商贸流通、科技研发、现代物流等领域，而不是仅局限于少数城市的少数领域，由此，进一步扩大试点示范对整个社会的引领带动作用。

二、优化整合现有平台载体，完善功能

（一）扩展平台载体辐射范围

进一步发挥国家级新区、中国自由贸易区、国家物流枢纽、临空经济示范区、国家级保税区等一批国家级平台先行先试优势，在发挥现有功能的前提下，进一步拓展平台载体先行先试政策覆盖范围，即将相关优惠政策扩展到其他区域，比如通过在其他区域设置自贸试验区联动创新区、共同发展区等方式，即设置中国自由贸易区联动创新区、共同发展区，复制推广政府职能转变、投资管理、贸易便利化、金融创新与开放、投资便利化、综合监管等领域的制度创新成果，分享改革红利、创新红利。与此同时，对全国各类国家级、省级平台载体的功能进行摸排，对照当初的试点示范方案，借助第三方机构，对其功能发挥状况进行评估，对功能发挥不充分的，限期整改，对于整改后仍然不能达到当初试点示范要求的，摘掉试点示范牌子。

（二）升级公共平台载体功能

公共服务平台既是推动企业效率改进的重要保证，也是增强产业园区资源汇聚能力的重要前提①。基于集聚区内企业的共性专业需求，围绕整合产业价值链的发展需求，突出产业园区资源汇聚能力增强的发展导向，对现有公共服务平台进行升级。

1. 提升平台间综合效能

推进各类平台功能互补、服务协同。聚焦科技服务、数字经济、文化

----

① 公共服务平台既有政府搭建的，也有企业、聚集区（园区）搭建的，出于研究的需要，本部分仅研究聚集区（园区）搭建的公共服务平台。

创意、现代物流、信息服务、中介咨询、数字经济等生产性服务领域，结合各类服务业集聚区（示范区）布局，强化各公共服务平台间信息共享、资源共享、资源互联互通，从而达到资源统筹、服务协同、功能互补。对全国各类平台规模、功能及其能力进行摸底，确定每个平台功能和服务能力的扩展方向，基于市场化原则，引导不同类型的平台载体进行整合、协同发展、集约发展，改变平台利用的封闭性、低效性的问题，实现"1+1＞2"的效果。

2. 推进平台市场化改革

坚持以市场化原则引导平台（特别是一些行政色彩较强的政府下辖服务平台）改革运行机制，建立企业化运行机制。按照市场化原则，鼓励高等院校、科研机构与各类平台密切产学研合作关系，强化协同创新，引导创新资源向公共服务平台集聚，提高平台服务创新能力。

3. 搭建开放共享的行业创新平台

自主创新是开放环境下的创新，而不是封闭状态下的独立自主创新，需要聚合全球之气、借用世界之力。同时，要引导现有平台载体以协作共享、开放合作的心态汇聚国内外的创新资源，以强引领性和强辐射性为导向，重点强化平台载体行业创新载体功能。引导各类平台，以突破关键技术瓶颈制约为目标，积极参与国家级重大科研攻关项目、国际性合作开发项目，牵头组织行业性、区域性的研究开发创新联盟，共同开发、协同创新。与此同时，深化大数据、云计算、移动互联网、5G、物联网等新一代信息技术在平台载体建设中的深度应用，提升平台的数字化、智能化水平。

第六节　深化区域层级分工

伴随社会生产力的发展，社会分工的广度深度发生深刻变化。理论和实践表明，分工是生产效率提升的重要前提，也是推动现代产业持续发展、高质量发展的基础，与制造业分工不同，生产性服务业分工不仅是不同主体之间的分工，而且包括不同区域之间的层级分工[①]，并且层级分工更加突出，所谓层级分工是指生产性服务业布局是与其所在城市的发展等

---

① 层级分工主要是生产性服务业，生活性服务业也存在层级分工，但没有生产性服务业明显，基于此，本部分研究层级分工主要研究生产性服务业的层级分工。

级相互对应的，一般来说，不同层级的生产性服务业布局于不同等级的城市，城市等级越高，生产性服务业发展层级越高；反之，城市等级越低，生产性服务业的发展层级越低（宣烨和余泳泽，2014）。生产性服务业层级分工，一方面是推动生产性服务业企业效率的改进，另一方面是推进生产层级的专业化。层级分工专业化是指由于城市圈层化发展而引发的生产性服务业依据城市规模、城市辐射力以及在城市圈的首位度的分工状态（雷振丹和陈子真，2019），不同等级城市支配不同层级类型的生产性服务业空间布局的过程、状态及其现象，通常，供应链管理、商务咨询服务、科学研究以及法律中介服务等具有附加值高、服务半径大的特征的生产性服务业，更加适合在市场规模较大、辐射力强的高等级中心城市形成集聚（宣烨和余泳泽，2014；Jacobs et al.，2014）。层级分工的专业化能够经由产业链上下游的供给需求匹配、产业价值链上技术及其知识传递、产业内部人力资本的共享、产品需求市场的共享等途径提升该区域的专业化创新水平（Duranton & Puga，2004），并在推动生产性服务业高质量发展的过程中发挥重要促进作用。不仅如此，一些生活性服务业业态，也存在层级分工问题，比如，健康服务业、商贸流通业等，国内一些高端的商业业态则主要布局于特大城市、大城市，高端的商品（奢侈品）售卖场所主要分布于北京、上海、广州、成都、南京等城市，并且城市等级越低，所买商品的品质、价位也越低。

在构建新发展格局过程中，推进服务业高质量发展必须充分认识服务业发展的规律性，顺势而为，引导不同等级城市，依据城市的等级发展服务业行业、业态及其层级，而不能求全、攀高。在此需要说明，我们强调的服务业层级分工，并不是意味着某个等级的城市只发展单一层级的服务行业，其他层级就不发展了，而是强调低等级城市并不需要发展所有层级的服务业态，尤其是需要高层次人力资源、高技术含量的层级服务行业和业态，而高等级城市的高中低的层级则都可以发展。

一、基于城市等级，发展适宜性服务行业

宣烨和余泳泽（2014；2020）的研究发现，城市等级、产业基础、信息资源、人才资源等因素，是一个城市（区域）选择生产性服务业行业、业态及层级的核心变量，尽管如此，产业基础、信息资源、人才资源等因素，无不与城市等级直接相关。从我国的实际情况来看，北京、上海、广州等一线城市的产业层次、信息资源、人才资源都处于国内一流水平，而其他省会城市则处于第二层次，一般地市级随之降低。推进服务业高质量

发展必须基于这个基本事实,忽视这一点,必然事倍功半。服务业高质量发展,对于一个国家来说,供需匹配、体系完整、结构优化、布局合理、效率较高是基本要求,而对于一个城市来说,一方面,体系完整、结构优化并不是服务业发展追求的目标;另一方面,并不是服务业层级越高越好,而是立足于城市等级,服务业的行业、业态、层级适宜性最为重要。

(一) 深化区域层级分工

不同区域(即城市,以下同)的服务业,尤其是生产性服务业发展需要层级分工,这个与生产性服务业发展要素特征及其不同等级城市要素禀赋(产业基础、人力资源、技术资源、信息数据资源、购买能力等)密切相关。

众所周知,生产性服务业是典型的知识密集、技术密集型产业,对人才、技术及其信息、信息数据等中高端要素依赖程度高。一方面,从城市要素禀赋来看,一般来说高等级城市的知识、人才、技术及其信息数据相对密集,并且获取的成本相对较低。另一方面,生产性服务业层级越高,对知识、人才、技术及其信息数据要素的层级要求就越高,并且高层级的生产性服务业态,对成本不敏感,其本身服务的附加值高。与此同时,生产性服务业的发展层级与其辐射半径呈正向相关关系,服务业态的层级越高,其服务的辐射半径就越广。

基于上述分析,新发展格局构建下,我国在推进生产性服务业高质量发展过程中,从国家层面来看,应该提出全国层面的生产性服务业指导性的产业布局意见,不主张每个等级的城市追求服务行业尤其是生产性服务行业类别齐全,而是引导基于城市等级发展的适宜性服务行业、业态。从区域(城市)层面来看,应该充分认识到,与自身城市等级相适宜才是合理、科学的,而不是层级越高端、行业门类越齐全以及业态越新兴就越好,也就是说,制定区域服务业发展规划,必须考虑到本地的城市等级,而不是相互攀比。比如,科技研发业态,虽然也有不同层级和类型,作为国家最高层级的科技研发业态——综合性国家科学中心,只能布局于北京怀柔、上海张江、大湾区、安徽合肥四个科技资源十分丰富的城市,其他类型的高等级城市只能布局区域科技创新中心。总部经济业态的层级分工更加明显,从目前情况来看,跨国公司亚太总部、远东总部以及国内大企业大集团总部,主要布局于北京、上海、广州、成都、深圳、杭州、武汉等副省级以上城市及香港等特区,尤其是聚集于北京、上海、广州、香港四个地区(宣思源和胡俊,2021)。

本章梳理国内不同城市"十三五""十四五"现代服务业发展规划发现,它们有一个共同特点,即追求门类齐全、业态新兴、层级高级。一些区、县级区域也是把科技服务、总部经济、平台经济、数字经济列为行业发展重点，从理论上来说，这些区域发展总部经济业态明显存在"攀比与追高"倾向。而这些行业发展重点的确立是在尚未形成服务业、缺乏有竞争力市场主体背景下提出的，可以说，缺乏这些行业业态发展的产业基础、市场基础、技术基础和人才基础。

（二）营造区域层级分工生态

不同区域服务业的层级分工，是产业发展的必然趋势和现实要求，但在目前我国地方行政自主权较大、产业选择市场机制发挥不充分的背景下难以有效推进。基于此，可以依托目前地方行政管理自主权较大的优势，营造有利于促进服务业层次分工的环境。

1. 推动跨区域分工政策协调

改革开放特别是党的十八大以来，我国社会主义市场经济体制不断完善，但仍然存在市场体系不健全、市场发育不充分以及要素流动不畅、资源配置效率偏低等问题[1]，从服务业区域分工来说，这些问题的存在直接影响了服务业的跨区域供给，一些地区仍然存在隐性的市场壁垒、要素流动壁垒及地方保护主义。应该出台政策打破这些跨区域服务业供给流动障碍，促使流动通畅。可以考虑从国内如火如荼的城市群开始，率先推进服务业跨区域供给的政策协调，保障服务业跨区域供给，引导城市间内部不同等级的城市，合理定位在城市群内部的功能，基于城市等级、定位发展服务业行业、业态。同时，建立城市群内部生产性服务业发展合作机制，尤其是应鼓励基于市场化手段，以园区合作、项目合作、企业合作、业务合作等方式，实现信息共享、利益共享、资源共享。当然，跨城市（区域）服务业分工协作必须以信任机制的建立为前提，依托信任机制为分工机制提供保障。通过建设企业诚信体制，保障合作的有效组织，以降低甚至消除由信任问题引发的服务半径短、交易成本高等问题。

2. 优化区域考核评估政策环境

之所以引发我国服务业尤其是生产性服务业行业、业态、层级选择上的非理性，另一个重要原因是考核指标对区域层级分工的不"友好"，各级政府对服务业尤其是生产性服务业的考核仍然以占比、行业及业态高低（多少）作为主要指标，各级政府的区域本位主义仍然有较大市场。基于

① 《中共中央、国务院关于新时代加快完善社会主义市场经济体制的意见》，中国政府网，2020 – 05 – 11，https://www.gov.cn/zhengce/2020 – 05/18/content_5512696.htm? eqid = bd8ba46d00355e92000000026472cod8。

此，各级政府对于服务业的考核，不仅要考核服务业（生产性服务业）占比、行业及业态高低（多少），同时，也要考核生产性服务业与其他产业的融合度、与其他城市的协同发展度；对于跨区域提供供给、跨区域接受服务的企业给予一定奖励，包括税收返还、财政补贴等措施。国家可以出台政策，鼓励一体化程度较高的都市圈、城市群，如长江中游城市群、成渝城市群、哈长城市群、长江三角洲城市群、中原城市群、北部湾城市群、鄂榆城市群、粤港澳大湾区等区域，系统谋划跨区域现代服务业发展规划，统筹协调产业分工、生产力布局、服务业供应链体系，引导城市群内部不同等级的城市系统理性、科学谋划服务业行业、业态及其发展层级，避免城市间行业重构、价值链重叠、层级重复（宣烨，2020）。

二、基于产业基础，发展特色化服务行业

（一）立足服务业基础，发展特色服务业态

对于中国这个大国来说，不可能也没有必要千篇一律地发展同样的服务行业、服务业态，也不是都要追求高、新的产业业态，每个区域结合本地的服务业基础，在发展满足基本的生产、生活需要的服务业的同时，更应该发展具有特色性的服务业，尤其是发展特色性的生产性服务业，从而彰显优势。理论研究与实践经验表明，虽然技术资源、人力资本水平、信息资源等要素，是影响一个区域选择服务行业、业态的重要因素，但本地服务业资源才是发展特色性服务业的核心要素。比如，对于港口型城市，物流业基础相对较好，特色性物流、供应链管理、金融服务相对规模较大，与之相关的，融资租赁、商务服务、法律服务也必然不会太弱。例如，宁波市是著名的港口城市，物流业基础好，因此，发展港口货物、集装箱运输、高端航运等特色性产业是明智之举，大力发展融资租赁、跨境电商、国际会展、供应链管理、总部经济、咨询服务是应有之义。

（二）立足制造业基础，发展特色生产性服务行业

服务业的一个重要特点是大多数都为非最终性产业，尤其是生产性服务业更是如此，生产性服务业的需求绝大多数来自于制造业、农业部门，一定程度上来说，制造业的需求规模、结构及其层次，决定了生产性服务业的规模、结构及其层次。正因为如此，从国家来说，必须通过发展制造业来推动生产性服务业发展，近年来，我国生产性服务业需求越来越大、层次要求越来越高，一个重要因素就在于我国积极推进制造强国建设，使得我国制造业规模持续扩大，发展层次、技术复杂度不断提升。

而对于一个城市来说，不仅要依托制造业的发展水平促进生产性服务

业发展，同时，更要立足于制造业基础，发展特色生产性服务行业、业态，因为生产性服务业的需求与制造业行业特性存在关联。苏州纺织服装、电子信息、生物医药、装备制造、先进材料等先进制造业发达，与之对应的科技服务、信息咨询、数字经济、现代物流等行业需求大，因此，科技研发、现代金融、数字信息、供应链管理等产业，应该是重点发展的特色性产业。无锡市汽车、电力（热力）、计算机、通用设备、电子机械、纺织服装等制造业基础雄厚，同时是国家物联网基地，应重点发展商业商务、现代物流、金融保险以及供应链管理等特色化生产性服务行业。

三、基于效率诉求，发展服务业集聚区

产业集聚是区域层级分工的有效形式和重要载体，集聚建立在层级分工基础之上（宣烨，2020），没有区域层级分工的集聚，只能是企业无序的"扎堆"。相关研究显示，与制造业发展相类似，产业集聚是服务业尤其是生产性服务业的重要发展模式之一，产业集聚带来的优势主要体现在两个方面：其一，促进企业效率的提升。因为聚集区内相关企业集中于一起，可以共享人才市场、共同分享信息、共同分享公共服务平台，从而提高企业效率。其二，促进知识的扩散和传播。由于产业关联企业集中在一起，企业之间的地理距离缩短，人员交流机会增加，从而大大增加知识、技术、模式的传播渠道，增加传播速度，有利于新知识、新技术、新业态、新模式的扩散和传播。基于此，从提高服务业发展效率的角度，必须推动服务业集聚区的发展。

1. 建立专业化服务业集聚区

如前所述，产业集聚对企业效率改进具有明显优势，同时产业集聚是同类或产业链上下游相关企业的集中。因此，在推进服务业高质量发展过程中，必须把发展专业化集聚区作为推动区域分工的重要抓手。一是结合城市发展规划，基于不同服务业态的辐射半径，结合各区域自身特点以及交通条件、资源禀赋等因素，划分不同类型的服务业功能区，引导同类或产业链上下游相关企业的集中。二是推进产业集群基础设施的完善。完善而又便捷的基础设施是增加对相关企业的吸引力、提升产业集群集聚度的重要条件，从交通、供水、供电、供气、通信和网络、公共平台以及教育、医疗、休闲、健身等方面，完善基础性、功能性的公共服务设施。

国内外实践表明，集聚区已经成为一个城市服务业的核心载体，城市的服务业企业（主体）主要集中于一个个专业化集聚区，如商业中心、研发中心、金融集聚区、总部经济区以及软件产业园等。例如，南京市目前

已经拥有新街口商务商业集聚区、河西金融集聚区、南京软件信息服务业集聚区等，全市超过 80% 的服务业产值、90% 左右的规上企业都集中于省、市级服务业集聚区①。上海陆家嘴作为中国长江经济带国家级金融中心，截至 2020 年底，聚集了 12 家国家级要素市场和金融基础设施，6000 多家中外金融机构，其中持牌类金融机构 901 家，如著名的要素市场：上海证券交易所、上海期货交易所、中国国际黄金交易中心等；国内外著名的企业总部：西门子、宝钢等，是国内知名的总部经济集聚区，2020 年，陆家嘴区域经济规模超过 5000 亿元②。

2. 分类施策集聚服务业企业

建立专业化服务业集聚区后，并非万事大吉，接下来需要做的工作是如何引导产业类型相同或价值链上下游企业入驻专业化服务业集聚区，以及对不同类型的企业分类施策，使其尽快成长。一是严格把握企业入口关，从产业类别、未来成长性、现有发展基础以及与集聚区内企业价值链关联度等多个维度，把握企业入口关，确保集聚区入驻企业的产业类型相同或价值链上下游企业联系的紧密性，避免"拉郎配"式的企业"扎堆"。二是依据企业不同类型展开精准施策、分类推进，使其尽快成长。例如，对于有可能成长为创新型龙头企业的，如何从产业配套政策入手，包括给予生活服务配套、价值链环节配套等，推进专人负责制，帮助企业制定进一步做大做强时间表、任务书。对于发展潜力大、业态较新且有可能成长为骨干企业的，如何从融资支撑、土地供应保障、人才支持等政策入手，激励企业做大做优。对于能够给龙头企业、骨干企业提供配套的中小企业，如何从租金补贴、融资支撑等方面给予支持，促使其持续稳定发展。

第七节　扩大需求侧产业支撑

供给侧和需求侧的有效匹配、相互支撑，是推进产业高质量发展的重要条件。如前所述，服务业尤其是生产性服务业的非最终消费属性，决定了其发展对其他产业的依赖性，当然，部分服务业业态、模式本身也能够创造需求。从需求侧来看，生活性服务业的发展规模、发展层次、发展效

---

① 南京市政府 2022 年 7 月发布的《南京市加快推进服务业集聚区高质量发展意见》。
② 王志彦：《上海陆家嘴"十四五"规划发布，加快增量空间扩展，实现百亿税收楼宇突破》，上观，2021 - 08 - 12，https：//web. shobserver. com/staticsg/res/html/web/newsDetail. html? id = 395217。

率，在一定程度上受制于人口规模、收入水平及其贫富差距和消费欲望，归根结底取决于国内的消费能力。在人口规模一定的情况下，最终消费能力取决于收入水平和贫富差距。在构建新发展格局下，推进生活性服务业的高质量发展，主要是提高人民群众的收入水平，缩小贫富差距、扩大居民的群众消费意愿，增强居民的消费能力；同时，需要有可以消费的服务、商品，即服务供给与服务需求匹配。

一定程度上，生产性服务业的发展更加依赖于其他产业提供的有效需求支撑（部分需求来自于自身产业），尤其是在制造业与生产性服务业相互支撑阶段更是如此。生产性服务业是从制造业分离出来的，是基于成本优势基础上的专业化分工的深化和企业外包活动的发展（高觉民，2007；赵放和成丹，2012；宣烨和胡曦，2018），正因为如此，生产性服务业与制造业之间存在内在的产业关联，二者存在相互依赖、互动依存的关系（Park & Chan，1989；周振华，2003；苑雅文和罗永泰，2010；于洋等，2021）。一方面，制造业发展产生的市场需求是生产性服务业发展的重要基础，对于一般性生产性服务业来说，市场需求主要来自制造业的提供，没有制造业的发展，生产性服务业也就失去了发展的根基；另一方面，生产性服务业的发展层次及其水平，是由制造业的发展质量、层次决定的，制造业发展层次越高，生产性服务业发展就有越大的空间。这个道理也可以从美国等发达经济体的实践来佐证，依托美国发达的先进制造业提供的巨大而又层次高端的需求，美国的科技研发、金融保险、商务咨询、供应链管理等生产性服务业全球领先；从反面事例来看，到目前为止，还没有任何一个制造业落后的国家能够有先进的生产性服务业。

一、提升居民消费能力，拓展生活性服务供给空间

（一）弱化收入分配差距，彰显超大市场规模优势

1. 中国拥有巨大市场规模优势

中国庞大的人口规模和经济总量，是生活性服务业发展的重要基础，也是中国构建新发展格局的重要条件。经过改革开放 40 多年的努力，我国已经成为名副其实的世界经济大国。2021 年，经济总量为 114.4 万亿元，突破 110 万亿元，按年平均汇率折算，达 17.7 万亿美元，稳居世界第二①。人均国内生产总值超过 1.2 万美元。第七次全国人口普查数据显

---

① 陆娅楠：《2021 年中国经济总量突破 110 万亿元！这意味着什么？》，光明网，2022 - 1 - 17，https：//m. gmw. cn/toutiao/2022 - 01/17/content_1302766932. htm。

示，全国人口共141178万人，占世界总人口18.58%；从消费品零售总额来看，中国与美国的差距在缩小，2020年中国消费品零售总额已相当于美国的90%，2021年，中国消费品零售总额再上台阶，达到68328.71亿美元，中国相当于美国的92.12%。巨大的市场规模优势是服务业高质量发展的基础。

2. 着力化解贫富差距过大问题

在一国市场规模一定的情况下，贫富差距状况直接决定消费能力。2018年我国基尼系数数值也达到了0.474，中国贫富差距已经超过了世界公认0.4的警戒线。有调查报告指出，我国有5.6亿人的银行存款为零，占了我国总人口的40%。而贫富差距又主要源于收入分配制度，尤其是初次分配制度。收入分配结构不仅决定需求结构，同时也影响需求规模（杜宇玮，2020）。虽然中国拥有巨大市场规模，但并不意味着就一定转化为消费能力。与此同时，2021年，中国虽然人均国内生产总值超过1.2万美元，全国居民人均可支配收入为35128元，但是不平衡的问题比较突出，上海、北京超过75000元，而甘肃、贵州仅为22056元、23996元，其差距是比较大的。实现共同富裕，关键就在于缩小收入分配差距（鲁全，2021）。我国社会主要矛盾提出的不平衡不充分发展之间的矛盾，"不平衡"主要体现在城乡区域发展和收入分配差距仍然较大。"不平衡"不仅与中国特色社会主义发展目标存在偏差，也制约了我国生活性服务消费潜能的发挥，其中，最重要的是如何解决收入分配差距的问题以及如何增加居民可支配收入。因为虽然影响消费能力的因素很多，但收入平均程度仍然是一个重要因素。基于此，可以从提升初次分配中劳动报酬的比重、强化税收等收入分配的调节作用以及大幅度增加低收入群众的就业机会等方面入手。

一是提高初次分配中劳动报酬的比重。经过多年的改革与发展，我国收入分配的机制发生了很大的变化，收入来源更加多元化，资本、技术、劳动、土地等要素参与初次分配之中，劳动报酬在初次分配之中的比重有了一定程度的下降，而绝大多数消费者的消费支出主要来自劳动收入。如果初次分配中劳动报酬的比重较低，必然影响整个社会的消费能力，制约整个社会消费潜能的发挥。必须对现有的分配机制进行针对性改革，大幅度提高最低工资标准，逐步提高劳动者的工资性收入，适度降低资本、技术、土地、数据、管理等生产要素按贡献参与分配的比重。发达经济体收入分配呈现典型的"橄榄型"，即"两头小、中间大"的收入结构，而我国基本属于"宝塔型"的收入结构，中低收入群体在整个社会占比明显偏高。可以考虑的是国家出台相关政策，大幅度降低企业中高层管理者的薪资（包括各类所有者企业），取消公办高等院校、医院、科研院所内部的收入年薪制，在体制内单位杜绝初次收入的过大差距，让整个社会收入分配更加体现中国特色，更加体现公平。

二是强化税收等收入分配的调节作用。大幅度提高个人所得税起征点，将目前的个人所得税起征点由5000元/月提高到8000～10000元/月，以降低普通工薪阶层的所得税负担；对于初次分配的高收入者加大税收力度，尤其是企业中高薪资管理者的税收力度；对于财产性收入要加大税收征收，加大房地产税征收；尽快推出遗产税、赠予税税种，进一步加大三次分配的调节力度，推进全社会财产收入透明化以及全社会个人财产申报登记制度，对于非法收入坚决打击。

三是大幅度增加低收入群众的就业机会。充分的就业机会是扩大消费总量的重要基础，如果整个社会就业比例不高，那么社会必然有一部分人群失去消费能力。因此，必须设法增加低收入群众的就业机会，包括扩大全国范围内统一规范人力资源市场数量，逐步消除居民就业的城乡、区域市场分割，废除各类就业的身份歧视，让广大劳动者能够人尽其才，有充分的就业机会。政府出台建立职业培训和再培训基金，强化职业培训和再培训的公益性，让劳动者有就业的能力。当然，增加低收入群众的就业机会，需要考虑的另一个问题是如何处理好智能化升级、数字化改造过程中的"技术换人""机器换人"，因为绝大多数智能化升级、数字化改造过程中被换掉的往往是普通劳动者岗位，如果企业都是从经济效率的角度推进智能化升级、数字化改造，那么很多普通劳动者岗位将被取代，一些普通劳动者将失去就业机会。没有就业机会，消费能力将无从谈起。

（二）完善社会保障制度，挖掘超大内需市场潜力

制约和影响我国居民需要消费潜力的相关因素中，人均收入水平低、社会贫富差距大是根本性原因，除此之外，另一个制约因素就是社会保障制度的完善程度。我国社会保障制度仍然不完善，人们出于对自身和家庭未来"安全"的担心，不敢消费、不愿消费。因此，完善社会保障制度，改善人们的消费预期和消费结构，是挖掘超大内需市场潜力的主要手段。

1. 健全社会保障长效机制

社会保障是典型的再分配制度，也是挖掘超大内需市场潜力的有效手段。应从实现共同富裕的战略高度，认识其政治价值、经济内涵、社会意义。一是建立社会保障长效投入机制，制定相关法律法规。保证整个社会的社会保障投入增加与GDP保持一定比例，并且每年持续增长。二是优化社会保障运行长效机制。可以考虑着手建立社会低收入人群的主动瞄准机制，从主要关注绝对贫困人口转向关注低收入人口；完善社会救助标准确定动态机制，基于城乡最低生活保障标准，建立区别于普通物价指数的基本生活品质指数，切实防止因为物价水平的提高而再次返贫（鲁全，2021）。

2. 稳步提升社会保障水平

受制于居民缴费水平、工资待遇增长机制等因素的影响，不同区域之间、城乡之间的社会保障待遇差距较大（鲁全，2021）。在全国深入推进区域一体化以及实施共同富裕的背景下，可以考虑将社会保障制度标准全国统一，消除城乡之间、发达地区与欠发达地区之间的差距，从而实现农村与城市统一、欠发达地区与发达地区统一，保障每个社会成员都享有平等的社会保障待遇。

3. 破除医疗保障的参保户籍限制

目前，我国国内的基本医疗保障制度尚未实现一元化，区域之间、城乡之间、不同所有制甚至一个单位内部的不同群体医疗保障都不一致，直接影响了部分居民的医疗保障福利，进而影响了消费意愿、消费能力。应加大国家财政的转移支付力度，加强对农村医疗保障的支持强度，依据农村的实际生活水平建立合理的缴费制度，让农民群众积极去缴费，敢于去看病（赵平，2019）。与此同时，应在城镇逐步建立健全劳动者和用人单位双方责任共担的筹资机制。通过以上努力，切实解决区域之间、城乡之间、不同所有制之间医疗保障不一致的问题，真正实现整合的一元化的基本医疗保障制度。

二、提升制造业发展层次，拓展生产性服务供给境界

（一）升级制造业产业链

制造业是实体经济的重要基础，也是生产性服务业的重要需求提供者。通过升级制造业产业链，支撑生产性服务业发展。升级制造业产业链，可以考虑从以下几个方面着手。一是突破产业链"卡脖子"的关键领域。针对我国部分行业产业链的不强、不稳、不安全等现实状况，加大自主创新力度，聚焦产业抗击外部风险能力的提升，补齐关键环节的短板与弱项，进一步做强产业链的优势领域，推动形成产业链上下游有序衔接以及领军企业、骨干企业、中小微企业协作联动的产业发展生态，提升先进制造业的发展质量。二是补齐产业链发展短板。我国一些核心基础零部件、关键基础材料以及工业软件等自主供应能力偏弱，存在"断链"隐

忧，基于此，围绕新型显示、集成电路、工业互联网、人工智能、云计算、大数据、超高清视频、高端装备等产业，把握全产业链关键环节和升级方向，找准产业链薄弱环节，拓展产业链长板，集中力量重点攻克，寻找我国自身的替代方案。三是培育自主可控的产业生态。全面梳理我国先进制造业重点产业链弱点、痛点，积极防范"断供"风险，加快布局一批替代项目，组织一批龙头企业建立备份，构建备份清单，加快形成领军企业、骨干企业、中小微企业协同发展的产业生态。

当然，依托大数据、云计算、物联网等新一代信息技术，抢抓信息技术迭代升级契机，发挥数字技术的赋能也是必须路径。鼓励制造业企业运用互联网、物联网、云计算等数字技术改造升级，以数字化整合企业资源，推动企业资源的数据化、在线化、网络化；推动"5G＋工业互联网＋人工智能＋区块链"，依托工业互联网的支撑作用，以智能工厂、未来工厂、数字化车间建设为抓手，探索和试点建设包括数据采集、MEC、实时控制、智能运维、视觉检测、智能制造的针对性较强的5G应用场景，加速企业数字化、网络化、智能化转型。推动制造企业从企业形态到生产方式再到业务模式的全方位深度变革，全面推动企业数字化改造、智能化升级。全国范围内组织开展"智能制造标杆企业"评选活动，每年筛选一批在探索协同制造、个性化定制、共享制造、"产品＋服务"等智能制造新模式方面的标杆企业，示范引领全国更多企业加入数字化改造、智能化升级行列，从而涌现更多的"数字化工厂"。打造数字技术应用场景，以纺织服装、机械、先进装备制造等制造业集群为依托，深入开展制造业集群数字化、智能化转型提升计划，搭建"5G＋工业互联网"重点项目库（宋歌，2020），营造"5G＋工业互联网"应用典型场景。

（二）优化制造业产业结构

优化制造业结构，从制造业内部寻求突破的有效方法。结构优、层次高是先进制造业为服务业尤其是生产性服务业提供高质量需求的必要路径。经过多年的发展，我国先进制造业的结构得到优化、层次得到提升，但应该看到，我国先进制造业结构欠优、价值链中低端以及品牌企业、国际竞争力强的企业偏少，优化品种行业、提升产品品质、塑造企业产品品牌，是推进先进制造业结构优化的中心任务。

1.优化品种行业

优化产品品种、推进内部结构优，是我国供给侧结构性改革的重要方向，例如，钢铁行业，2021年，我国累计生产生铁86857万吨、粗钢

103279 万吨和钢材 133667 万吨，总产量多年居世界第一①。一方面是大量出口附加值和技术含量比较低的钢铁产品，尤其是粗钢出口；另一方面是进口特种钢材、高级合金钢等钢材，并且对此类产品依然存在比较高的进口依赖度。在国家"双碳"背景下，我国应该对钢铁行业进行转型升改造，开展钢铁产品绿色设计，研发高品质、低功耗的绿色钢铁新产品，拓展钢铁产品应用领域和场景，打造绿色、生态产品供应链。组织科技力量，力争在氢代焦、氢能炼钢、直接还原炼铁、纯氧冶炼、清洁能源替代、碳捕集等前沿低碳冶金技术领域取得突破；聚焦高端产品研发与应用，聚力培育高端线棒、中高端汽车家电板以及优特钢等具有国际竞争优势的产品供应链。

2. 提升产品品质

高质量发展实现的是产品、服务的高品质。一定程度上，产品品质较差原因在于技术落后、工艺水平与标准要求低。因此，要实施中国制造质量提升行动，深入实施企业质量管理"领航者"工程，全面优化认证认可、检测检验等服务体系，补齐工业设计、技术标准等服务短板，从技术开发、工艺设计、生产装备、市场推广、售后服务以及品牌推广等各个环节，高标准、严要求，实现质量管理水平的系统化、流程化。当然，这一切实行的前提是树立高品质发展理念。

3. 塑造产品品牌

深入开展"标准化 + 品牌 + 先进制造"行动，推动汽车、家用电器、食用食品、纺织服装、生活日用品等企业内外贸"同线同标同质"，鼓励企业主导或参与国际、国家和行业标准的制订（修订）。开展"世界风范·中国示范"企业创建工作，增强企业品牌意识、强化品牌管理，塑造数量更多、国际竞争力更强的中国品牌，不断提高中国产品品牌的世界知名度和全球美誉度，让更多的中国企业进入世界品牌500 强。

（三）布局未来新兴产业

把握产业发展的新趋势，围绕航空航天、生命健康、海洋经济、集成电路、人工智能、新型显示、智能终端、新能源、机器人等新兴产业领域，加强关键核心技术攻关和产业化应用，推动新兴产业做大做强，塑造

---

① 左更：《金属矿业还会"虎虎生威"吗？——2021 年中国金属矿业发展回顾及 2022 年形势研判》，中国钢铁新闻网，2022 - 02 - 23，http：//www.csteelnews.com/xwzx/gdpl/202202/t20220223_60101.html。

新兴产业成为产业发展的新支柱、经济增长的新动力。

1. 产业布局上先发制人，着力抢占先进制造业发展制高点

前瞻性地布局航空航天、生命健康、海洋经济、下一代电力电子制造、轻质材料制造、先进复合材料制造、柔性混合电子制造等未来先进制造业的关键环节和重点领域，以及类脑智能、量子科技、基因技术、未来网络、深海空天开发、氢能与储能等前沿科技和产业变革领域，组织实施未来产业孵化与加速计划，实施产业基础再造工程和重大技术装备攻关工程，谋划布局一批未来产业①，构建新一代信息技术、人工智能、生物技术、新能源、新材料、高端装备、绿色环保等一批新的增长引擎，抢占未来产业竞争的制高点（杨仁发和汪青青，2018）。

2. 技术上率先突破，支撑新兴产业价值链层次

未来新兴产业建立在核心技术自主可控的基础上。关键技术不自主，则未来新兴产业要么无法发展起来，要么建立在低层次、低价值链环节的基础上，难以形成自主可控的价值链、供应链，难以形成国际竞争力。基于此，我国必须在一些关键技术上率先突破，将未来新兴产业发展建立在自主可控的基础上。其一，优选关键核心技术攻关领域，率先创新突破。围绕航空航天、生命健康、海洋经济、下一代电力电子制造、轻质材料制造、先进复合材料制造、柔性混合电子制造等未来产业领域，全面系统梳理关键技术、关键零部件以及关键基础材料清单，按照"急用先行"原则，优先安排关键核心技术研发项目，发挥我国集中力量办大事的体制优势，集中力量攻克。其二，完善关键核心技术攻关"揭榜挂帅"制度。向全社会公布我国未来新兴产业需要突破的关键技术、关键零部件以及关键基础材料领域，组织有实力的科学家"揭榜挂帅"，组成技术攻关的核心"突击团队"，签订军令状、责任书，渐次突破发展难题。谋划推进重大科技基础设施，开拓新兴前沿交叉领域。围绕新基建领域，谋划、推进建设一批高数量级的大数据中心、超算中心、物联网和智能计算中心等。支持更多城市创建综合性国家科学中心和产业创新中心，支持更多企业、科研院所创办国家级实验室，以此集聚全球顶级创新资源，支撑前瞻性关键技术、关键零部件以及关键基础材料的技术"瓶颈"突破。

---

① 国家发改委：《加强顶层设计，提前布局并积极培育发展未来产业》，载《北京青年报》2021 年 04 月 19 日。

第八节　深化对外开放合作

推动全方位对外开放，充分利用国际国内两种资源、两个市场，是培育国际经济合作和竞争新优势的重要手段，也是改革开放40多年来我国经济快速增长、社会可持续发展的重要经验。加快构建以国内大循环为主体、国内国际双循环相互促进的新发展格局，是"十四五"期间乃至更长时期我国经济社会发展的重大战略和决策部署。构建新发展格局的核心要义就是要让国内市场和国际市场联通更加顺畅，将国内优势与国际优势充分结合，更大空间、更深层次地利用国内外资源和市场。从开放合作的角度来看，就是要建设更高水平的开放型经济新体制，需要由单纯的商品要素流动层面的开放合作，转向商品要素流动与规则标准制度多层面的开放合作，需要从被动吸收型、依从型的开放合作向主动型、主导型开放合作转变，要更加注重我国对外开放合作的整体效能，充分彰显我国开放合作的主动性、话语权，为我国经济社会高质量发展提供必要支撑。

如果从行业领域的开放程度来看，工业领域的开放程度明显高于服务业，这主要是因为服务业的开放受到多种因素的制约，包括政治、文化、意识形态以及国家安全等因素。需要明确的是，服务业对外开放合作的程度低于工业领域也是国际惯例，这不是发展中国家的特例，更不是中国的例外，其本身是符合一个国家经济发展规律性的政策措施。即使是服务业领域，生活性服务业领域的开放程度高于生产性服务业领域。新时代，从构建国内国际相互促进的新发展格局要求角度、从推动利用国际国内两个市场两种资源加快推动现代服务业高质量发展的要求来看，必须深化现代服务业对外开放合作的领域深度和层次，尤其是推进生产性服务业领域的开放。

一、兼顾边境上与边境后开放，塑造我国国际竞争合作新优势

如前所述，新时代，我国对外开放有两个层面存在改进的空间：一是扩大现代服务业开放，化解工业与服务业开放不平衡的问题；二是推进高水平制度型开放，塑造我国开放合作的新优势。其实，两个问题实际上归根结底是一个问题的两个方面，即扩大服务业的开放领域和深度。因为一些服务业本身就是与制度规则直接相关、对制度高度敏感和依赖的（王微，2021），深化服务业开放就是推进我国的制度型开放。

虽然全球开放的趋势已经由关税、投资准入等"边境上"领域逐渐转向产业政策、知识产权政策、环境政策等"边境后"领域（崔艳新，2021）。但我国服务业对外开放目前仍然处于"投资准入"需要放开的阶段。现阶段，我国生活性服务业，如商贸服务、健康服务、养老服务等领域开放时间早、开放程度高，而生产性服务业开放时间晚、开放程度低，一些行业如科技研发、金融商务、检验检测、电力服务、电信服务等至今对外开放程度仍然较低，甚至就没有开放。在此背景下，首先，进一步压减服务业对外开放的负面清单条目，扩大服务业对外开放合作领域，引导国外资本投资我国服务领域（周金刚，2020；郑瑛琨，2019），尤其是扩大对金融保险、科学研究、电力服务、电信服务和技术服务、会计审计服务以及文化产业（电影业）、教育、法律服务、信息技术服务等领域的对外开放。其次，推动对外开放由商品和要素流动型开放向规则、规制、管理、标准等制度型的开放转变（崔艳新，2021），商品和要素开放到一定程度后，必然向制度型开放演进，这是世界上绝大多数发达经济体对外开放的一般性规律，中国也不应例外。为此，一方面，国内构建制度型开放的政策法规体系。以《外商投资法》、《外商投资准入特别管理措施（负面清单）》和《自由贸易试验区外商投资准入特别管理措施（负面清单）》以及《鼓励外商投资产业目录》为基础，制定有关推进制度型开放的法律法规，从制度法规上加以保障。另一方面，营造有利于我国制度型开放的国际环境。其中，最关键的是积极加入国际范围内有关规则协定的制定，争取更多的参与权、话语权。近年来，美国、欧盟等国家（地区）将国际规则作为维护霸权以及"规锁"（即利用规则主导权优势对他国进行规范、锁定、控制）其他国家的工具，以规则获取自身利益、约束打压其他国家。如果我国长期游离于规则制定的相关组织之外，不仅规则体现不了中国利益诉求，而且中国有可能被排除在规则体系之外，面临被"规则合围"的不利局面（张茉楠，2021）。

二、统筹国内国际市场资源，夯实我国对外开放合作主动权

2022 年 3 月，政府工作报告进一步明确提出，充分利用两个市场两种资源，以高水平开放促进深层次改革、推动高质量发展。构建新发展格局，重要特征之一是国内国际市场资源统筹利用。深化服务业对外开放合作，理所当然也是要有效统筹国内国际市场资源，在对外开放合作中争取主动权、话语权，塑造我国参与国际合作和竞争的新优势。

（一）积极引进国外服务业资源

如前所述，大力引进国外资源，尤其是引进 FDI，是加快推进我国经济社会发展的重要力量，我国一些产业正是在 FDI 的助力下加快了与发达国家之间差距缩小的进度。新发展阶段，我国从服务业规模来看（第三产业增加值 609680 亿元），已经达到很大的规模，从比重来看，2021 年，我国第三产业增加值占 GDP 比重为 53.3%[①]，但并不是意味着中国服务业水平很高，相反，我国服务业存在"高端不足、低端过剩"以及"专业化程度不高、品牌化不足"等问题，因此必须对外开放，通过引进国外资源尤其是服务业 FDI，以弥补我国自身资源、技术、市场不足，进一步扩大生产性服务业的开放领域，服务业条目的负面清单将会进一步压减，引导外资更多投向高端服务领域（周金刚，2020；郑瑛琨，2019），加快金融保险、信息技术服务、人力资源管理服务、会计审计服务以及教育培训领域等对外开放，吸引外商投资企业在中国建立各类职能型总部以及研发创新基地、企业营运中心等，汇聚整合、有效利用国内外中高端要素发展。着力引进行业"领头羊"企业、"旗舰型"龙头企业、细分领域"隐形冠军"企业以及高科技的"独角兽"企业（肖高，2018）。发挥 FDI 的竞争效应、技术扩散效应，提升本土服务业企业的技术水平和市场竞争能力（宣思源和胡俊，2022）。

（二）鼓励企业扩大对外投资

我国企业主动走出去，是在更大范围、更宽领域利用外部市场、资源的主动作为，是提高在全球配置资源的能力的一种途径。发达国家的发展经验表明，以跨国公司为主体，通过对外投资占领市场，整合国外资源，参与国际竞争。近年来，国内一些企业尤其是国有企业积极对外拓展，比如金融、贸易、物流、存储等领域已经积累了丰富的成功经验。对于我国服务业企业扩大对外投资，需要考虑两个方面的问题。一是选择合适优先对外直接投资的领域。包括与我国制造业产品出口相配合，发挥我国的比较优势的商贸流通类、物流存储类对外投资等。例如，伴随 PC 互联网、移动互联网发展起来的顺丰、圆通、申通等快递企业完成全国布局后，已开始向全球输出服务。二是选择优先对外直接投资的合适区域。与欧美等发达国家相比，我国服务业尤其是生产性服务业相对落后，因此，这些国家地区并不是我国对外投资的重点区域，相反，与"一带一路"共建国家相比，我国的服务业无论是生活性服务业还是生产性服务业都具有一定优

---

① 数据来源于国家统计局官网。

势，基于此，可以考虑发挥"一带一路"建设的作用，加大对"一带一路"共建国家（地区）的服务业对外投资力度，全面整合"一带一路"共建国家（地区）的服务业资源市场，争取开放发展中的战略主动，在对外投资合作中扩大我国服务业的国际影响力。

三、融入全球科技创新网络，拓展我国科技领域开放新空间

科技服务业是现代服务业的高端行业，科技服务业的发展水平在一定程度上决定了一个国家的现代服务业发展层次。基于此，世界上绝大多数发达国家都十分重视科技服务业的发展，将其作为提升产业竞争力的重要抓手。近年来，我国的科技服务业得到很大程度的发展，但是与英美等少数发达国家相比，以及与中国经济大国和经济社会高质量发展的要求相比存在明显差距。提升科技服务业的发展水平，最根本的是依靠本国的自身资源，这并不是要拒绝国外资源，相反，则是积极融入全球科技创新网络，更大范围、更广领域、更高层次地融入全球科技创新网络，拓展我国科技领域开放新空间（陈志明和刘城，2021）。

1. 建设更高水平开放型创新体系

充分发挥国内省级以上实验室、研究基地的基础优势，聚焦我国关键技术、关键环节、关键材料，加大与国外科研机构的合作，包括基础技术、技术推广、产品孵化的合作。其中，需要发挥两个主体作用，一是科研院所与国外的合作。科研院所通常与国外创新网络联系较多，鼓励引导科研院所加大与知名高校、科研机构合作，包括引进国外知名学者来华共同攻关、来华短期交流；我国学者到国外科研院所访学、短期交流以及共同参与科研项目等。二是充分发挥企业创新的主体作用。支持企业尤其是行业龙头企业主动融入或主导搭建全球研发网络、全球生产创新网络（陈志明和刘城，2021），包括主办或参加国际性学术会议，牵头或加入成立国际性创新联盟，以我为主共同兴办实验室、研究中心等，在与国外企业合作中整合利用国外资源，提升自身的科研创新能力，力求在原始创新、关键技术突破性创新方面取得进展。可以考虑搭建若干具有国际领先水平的开放式、流动性和虚拟化全球学术合作网络，引导国外科研院所、大型企业与国内相关机构合作，共同参与、联合攻关、成果共享，力争在一些重大基础性理论、基础科学领域取得突破。

2. 营造更加优越创新创业环境

良好的创新创业环境是有效利用国际创新资源的重要条件。其中，既包括有利于创新创业的制度环境，也包括政府与企业主体共担创新风险的

机制等。从制度环境来看，创新创业的规制、管理、规则和标准等是否能够与国际通行做法有效对接？知识产权是否得到有效保护？知识产权是否能够参与创新创业分配？国外知识产权所有者是否与国内同等待遇？等等。如果这些问题得到有效解决，那么创新创业的制度环境就相对较优。从政府与企业主体共担创新风险的机制来看，由于创新创业都具有比较大的风险，适当的风险共担机制可以缓和降低创新创业者风险，增强创新创业的积极性主动性，可以考虑发挥政府财政资金的引导示范作用，建立政府创新创业风险补偿基金，对于创新创业失败者按照一定比例给予补偿；也可以考虑由政府牵头建立企业创新国际化的母基金，引导企业、社会资本等参与国际化创新合作等（陈志明和刘城，2021）。

第九节　推进标准品牌建设

品牌是质量、技术、信誉和文化的重要载体（方江山，2021），是高质量发展的重要表征（宫喜祥，2021），推进现代服务业标准化、品牌化建设是经济高质量发展的重要内容，也是服务业自身发展的根本要求。《中华人民共和国国民经济和社会发展第十四个五年规划和2035年远景目标纲要》明确提出，健全服务质量标准体系，强化标准贯彻执行和推广。我国服务业规模大、比重较高，2021年第三产业占GDP的比重达到53.2%①，尽管如此，我国服务业的品牌化、标准化建设相对滞后，具体表现为，服务业标准相对偏低、品牌是有"高原"无"高峰"，不仅与我国经济发展、人民群众高品质生活需求存在差距，而且难以有效应对国外服务品牌竞争。基于此，新时代必须将标准品牌建设作为促进服务业高质量发展的重要路径，持续推进、取得实效。

一、健全服务业标准体系

标准体系建设是服务业高质量发展的基础，标准体系可以通过规范服务流程、服务质量等途径实现服务业质量稳定，从而解决我国服务业部分领域标准混乱、以次充好、鱼目混珠等问题。基于此，可以考虑在全国层面推行服务标准化提质工程，将服务标准化上升到国家层面。一方面，扩大服务业标准化应用领域，由当前的主要集中于社会管理和公共服务领域

---

① 数据来源于国家统计局官网。

以及生活性服务业领域，扩展到科技、物流、金融、知识产权等生产性服务业领域，从而实现服务业领域标准化的全覆盖。另一方面，引导和鼓励更多的服务业企业参与到标准的制定、修改及完善过程中，尤其是要参与到国家、世界性的标准的制定、修改及完善过程中，争取中国在全球标准体系建设中的话语权。同时，紧密结合服务业新兴产业发展，比如，现阶段智慧城市、服务贸易等新兴领域，在我国标准基础相对薄弱的情况下，可以借鉴世界先进标准，实行"拿来主义"，等条件成熟了再制定我国的标准体系。鼓励服务业企业制定的企业标准高于国家标准或行业标准，着力培育一批服务企业成为行业标准"领跑者"（靳宗振和庄力健，2021）。

二、加强中国服务品牌培育

品牌是质量的表征，是企业、区域乃至国家竞争力的综合体现，也是参与全球竞争的必要资源（沈跃跃，2021），更是满足人民群众对高品质生活追求的重要支撑。基于此，必须强化品牌意识，加强中国服务品牌培育。一是开展服务品牌培育试点示范。在国内品牌基础较好的城市尤其是服务业发展水平较高的大中城市，选择一批城市开展中国服务业品牌试点示范。发挥示范引领作用，积累经验，然后全国推广。积极开展"中国精品"品牌认证工程，加快培育一批服务业领域的"中国精品"。二是创新品牌培育方式。鼓励服务业企业收购、兼并、参股国际品牌，推动国外著名商业品牌投资中国，发挥品牌效应。大力实施商标品牌战略，健全品牌营运管理体系，加强服务品牌保护力度。同时，积极支持行业协会、第三方机构和地方政府开展服务品牌培育和塑造工作，树立行业标杆和服务典范，推进品牌区域化、国际化发展。三是构建品牌体系。品牌体系包括产品（服务）、行业、区域三个层面，三者层层递进、相互依存，共同构成国家品牌体系。其中，产品（服务）品牌是基础，首先应强化企业的产品（服务）品牌建设，加大具有竞争力的服务业企业的培育力度，引导主动参与开展海外专利申请、海外商标注册、品牌海外运营与维护。在此基础上，形成若干区域服务品牌。现阶段，国内一些区域已经形成了具有影响力的区域品牌，如上海"金融"、合肥"科教"、扬州"休闲"、杭州"平台经济"、成都"餐饮"等一批具有辨识度、影响力和竞争力的区域品牌（宣思源和胡俊，2022），应引导鼓励更多区域，加快本地区域品牌的塑造。以产品（服务）、行业、区域的共同推进，最终形成"中国服务"品牌。

三、健全服务质量管理体系

服务质量管理体系是服务业企业、行业为实现一定质量目标而建立的系统性质量管理模式。总体来看，现阶段我国服务质量管理体系不够完善、标准较低，难以满足需要，从推进标准品牌建设角度来看，必须做到：一是升级服务质量管理体系，针对不同行业建立具有行业特色的质量管理体系和认证制度，压缩强制性国家标准范围，激励企业、行业的主动性和自我约束性，同时加强事中事后监管，发挥社会第三方机构的监督作用。提升全国市场质量认证供给水平。二是加大先进质量管理体系和质量管理方法的推广力度，提升先进质量管理体系和质量管理方法的普及范围；推进专业服务质量认证工作深入，推动金融、交通运输、信息、旅游、商务、节能环保、体育、家政服务等领域认证认可制度的建立和实施。三是开展"优质、安全、诚信"服务创建活动，健全质量信用评价机制，引导和鼓励行业、地方依据各自实际制定质量信用信息评价标准。充分挖掘质量认证市场，鼓励第三方开展服务，提升市场质量认证供给水平，更好地服务经济高质量发展。四是全面推进服务质量随机抽查制度常态化。完善服务业质量随机抽查机制，畅通消费者质量投诉举报渠道，对恶意降低服务标准，加大对故意给消费者造成损失行为的处罚力度。引导服务业行业协会强化质量自律，持续推进文化创意、研发设计、教育培训、金融服务、信息技术服务、检验检测认证以及法律咨询服务等行业服务的市场化改革进程。

第十二章　新发展格局下中国服务业
高质量发展的策略选择

选择合适的发展策略是新发展格局下推进中国服务业高质量发展的重要方略，国际上一些国家尤其是发达经济体在此方面已经积累了较为丰富的经验，充分借鉴其有益经验对加快推进我国服务业高质量发展意义明显。与此同时，新发展格局下服务业高质量发展离不开有效的保障机制，包括增加市场完备性，以市场化机制为主导优化资源要素配置；优化产业发展生态，营造服务业良好发展环境；推进服务创新，以新技术、业态、模式加快服务业新旧动能转换；强化知识产权保护，保障创新创业者的积极性；强化财税政策扶持，增强服务业发展竞争力等。

第一节　服务业高质量发展的国际经验借鉴

国际上，欧美发达经济体的服务业发展质量高，同时，制造业发达，是全球新兴制造的策源地，产业竞争力强、产品附加值高，其原因是多方面的，其中，依托服务业的高质量发展，尤其是生产性服务业，对先进制造业的支撑引领作用发挥得淋漓尽致。20 世纪 90 年代以来，美国生产性服务业占服务业的比重总体维持在 70% 左右，尤其是金融服务、会计服务、评估咨询、中介服务等生产性服务业高度发达，并向全球输出，为美国构建现代产业体系、占据全球供应链产业链高端奠定了雄厚基础（宣烨和杨青龙，2020）。德国产业制造业的强大竞争力世人皆知，与此同时，德国的服务业同样发达，其生产性服务业占 GDP 的比重长期维持在 45% ~ 50%，可以说，高质量的生产性服务业是支持德国率先迈向"工业 4.0 时代"的坚强后盾。依托发达的生产性服务业，德国的产业优势正是通过大到航空航天、汽车机械、家用电器，小到厨具卫浴、服装服饰、玩具等制造业充分体现出来的（宣烨和杨青龙，2020）。

服务业尤其是生产性服务业的高质量发展造就了美国、德国等发达经济体先进的技术和良好的产业生态，构建了从技术开发、工艺设计、产品制造、渠道推广、售后服务、品牌塑造等价值链环节的"闭环"与"整链"，形成了完善的现代化产业体系、高质量的经济增长方式，从而有效引领制造业转型升级、新产品孵化以及新兴行业培育。

伴随后工业化时代的到来，大多数发达经济体都呈现出明显的服务化趋势，并且金融服务业、信息服务业、商务服务业、研发服务业等服务行业以及人工智能、数字经济、平台经济等业态在全球具有较强的竞争力。此外，印度作为发展中国家，虽然服务业与发达国家比相对滞后，但其软件和信息服务业、商务服务业、金融服务业等服务业出口占服务业出口总额的近70%[1]，在全球尤其是发展中国家具有明显的竞争力。欧美发达经济体通过服务业高质量发展，尤其是生产性服务业的高质量发展引领经济转型、产业升级、经济竞争力提升，既是经济结构自然升级的结果，也与政府政策环境营造具有密切关系。

一、美国经验

美国是全球经济最发达的国家，也是服务业尤其是生产性服务业竞争力最强的国家，是全球最大的服务贸易出口国、顺差国。虽然美国服务业的高度发达，是其经济结构优化、先进制造业升级和科技创新的结果，但在美国高端服务业发展过程中，完善的市场环境、超前的政府战略和选择性的财税扶持也发挥了重要的作用。

（一）完善法律法规体系，提供服务业发展的完备市场环境

美国是市场经济最成熟的国家，市场体系和市场秩序本来就较为完备，在此基础上，为促进服务业创新和发展，还制定了一系列消除限制、促进竞争的、鼓励创新的法律法规。如在信息服务业的发展方面，美国自20世纪80年代起就先后制定了20多部促进信息服务业技术创新的法律法规，包括《史蒂文森威勒技术创新法》（1980）、《小企业创新发展法》（1982）、《技术转让法》（1986）、《综合贸易与竞争力法》（1988）、《国家竞争技术转让法》（1989）、《国防授权法》（1990）、《电信法》（1996）等；金融服务业方面则有《存款机构放松管制与货币控制法》（1980）、《加恩·圣杰曼法》（1982）、《国际贷款监督法》（1983）、《银行公平竞争法》（1987）、《金融机构改革、复兴与实施法》（1989）、《综合存款保

① 《世界经济年鉴》编辑部：《世界经济年鉴·2022》，中国社会科学出版社2022年版。

险改革和纳税人保护法案》(1991)、《州际银行法》(1994)、《金融服务现代化法案》(1999)等。这些政策法规不仅维护了市场竞争秩序,限制不正当竞争,而且构筑了服务业创新发展的政策法律体系。

与此同时,针对现代服务业特征,美国加强了知识产权保护。如1996年美国专利局明确了计算机软件发明的收益权,认定存储在计算机上的程序为制成品,也可以申请和获取专利。1999年美国通过了《域名权保护法案》,认定域名与商标保护一样,任何人不得冒用、非法注册或使用与他人域名十分相似的域名经营网上商业活动,并对域名注册管理进行改革,政府退出域名注册登记,授权网络解决方案公司和互联网域名定名公司共同负责域名的注册登记,降低域名注册管理费用。

(二) 制定超前战略规划,引导服务业高质量发展

制定超前战略规划主要表现在信息服务业的发展方面。由于信息服务业是新兴产业,为充分利用美国的科技优势,尽快在计算机和信息服务业进行布局,美国政府于1992年就发布了高性能计算与通信发展计划,鼓励研究机构和高校开发高性能的计算机系统和超高速网络;此后,又制定了信息基础设施和技术法案,拓展高性能计算与通信发展计划的涵盖范围,并扩展到学校、医院、企业等,加快信息技术的应用和开发;1993年,发布"国家信息基础设施行动计划",宣布要建立一流的数字化大容量光纤通信网络,连接企业、研究机构、大学和政府部门的计算机,并提出"信息高速公路"建设,宣布投资4000亿美元用于建设国家信息基础设施;1994年,发布"全球信息基础设施行动计划",通过卫星通信和电信光缆搭建全球网络,鼓励企业进行信息化投资,保障普遍服务;1996年,宣布投资5亿美元的政府资金实施"新一代互联网计划"计划,支持新一代互联网及应用技术的研发;1999年,发布"21世纪的信息技术计划",包括制定信息技术中长期性开发与研究的发展战略、增加信息技术领域的基础性研发投入、提高高等院校和研究机构的信息基础设施水平等;2010年发布美国网络与信息技术研发计划,旨在依靠新一代信息基础设施和技术能力,继续保持美国在经济创新、科学研究、国家安全、教育与生活质量等方面的全球领先地位。其中,科学研究主要包括个性化生物遗传医药、可替代能源技术及其供应系统、空间研究等;国家安全主要包括减少战争风险、网络安全空间、动态的战场通信等;教育与生活质量主要包括信息获取、通用技术学习、救生运输系统、社交虚拟环境、透明政府、自主生活智能系统等。2017年,美国政府发布联邦信息技术现代化计划,旨在加速云服务使用、整合互联网并聚焦信息技术的关键应用,主要包括网络现代化与整合、使用共享服务以启用未来网络架构、解决联邦网络 IT 现代化等。该计划还包括了信息技术服务的采购改革，通过实验性采购项目，创建"虚拟街角"，鼓励商业云服务商展开相互竞争，以降低成本。

（三）重视技术创新和应用，推动服务业信息化应用

美国是全球研发投入最多的国家，美国国家科学基金会公布的《2016 年科学与工程指标》显示，2008～2013 年，美国始终保持世界第一的研发投入总量，研发投入年均增长率为 0.8%，2014 年，美国研发投入占世界研发投入总量的 30% 左右，而且研发投入的主要领域集中于服务业。如美国企业执行研发领域的前三位分别是服务业、制药业和计算机，2015 分别占企业执行研发总额的 32%、16% 和 20%[①]。特别是 20 世纪 90 年代以来，美国的金融服务、咨询服务、法律服务等生产性服务业都经历了一个以信息技术研发和应用为主要特征的技术创新浪潮，这些行业的研发经费增长迅速，也带来了大量新技术的应用。

另外，注重通过财税政策引导服务业企业创新。如企业可以把与商业活动和高新技术有关的研究支出，不作为资本支出，而是直接作为可扣除费用进行抵扣；若当年研发投入经费支出总额超过前 3 年研发投入支出的平均值，其研发投入经费增加部分可以享受高达 25% 的税收抵免，而且该项抵免可以分别向前结转 3 年，向后结转 15 年；创新企业还可以通过加速研发使用仪器设备折旧享受政府的巨额补贴，折旧年限为 3 年，这是所有设备折旧中年限最短的[②]。而且对于服务业中的小企业，还可以享受特殊的课税规定，避免重复纳税。

（四）促进服务贸易出口，提升服务业国际竞争力

为开拓服务业出口市场，美国签订北美自由贸易协议，同时积极推进亚太经合组织贸易自由化进程，并且与墨西哥、加拿大、智利、新加坡、澳大利亚、韩国、日本等签订双边贸易协定，以降低服务贸易成本。同时，对于其具有明显竞争优势的商务服务、信息服务和金融保险服务、咨询服务、教育培训等生产性服务业，成立由商务部、教育部等相关机构以及行业协会组成的促进出口发展部门，针对各行业发展特征，采取针对性的促进措施。商务部国际贸易管理局内部则设立专门的办公室推动出口贸

---

① 程如烟、蔡凯、许诺：《中美研发经费对比研究》，网易，2018 - 11 - 30，http：//dy. 163. com/v2/article/detail/E1S404GK0511B355. html。

② 此处数据为笔者的观点建议。

易发展。而且注重对国际服务业市场的分析和研究，积极开拓服务贸易新兴市场，美国贸易代表办公室还通过谈判为服务企业提供更好的国外市场准入机会。

二、欧盟经验

从总体上来看，欧盟已经进入经济服务化阶段，服务业在经济发展中发挥支柱作用。如欧洲统计局发布的数据显示，2018 年，欧盟服务业就业人数占欧盟总就业人数的 74%。其成员国中，荷兰、比利时、塞浦路斯、丹麦、法国、马耳他、卢森堡和英国（尚未脱欧）的服务业就业人数均占到就业总人数的 80% 以上。而且欧盟的高端服务业为欧盟经济增长和提供就业做出了重要贡献。如 2019 年第 26 期全球金融中心百强排行榜单显示，全球金融中心前 50 强中，欧盟拥有 10 个城市，包括法兰克福、巴黎、卢森堡、阿姆斯特丹、都柏林、斯图加特、马德里、斯德哥尔摩、米兰和汉堡（湛军，2015）。

（一）推动服务业一体化发展

欧盟成立的初衷，就是为了实现区域经济一体化，其中，共同市场建设是欧盟经济一体化的重要内容。共同市场建设也包括了服务业的一体化，1957 年签订的《罗马条约》提出的"四大基本自由流动"就包括了服务在内的，推动货物、资本、人员和服务的自由流动。其中《罗马条约》第 49 条明确规定了共同体成员国国民（包括自然人和法人）可以自由在共同体内提供服务。但由于当时服务业在欧盟经济中占比重较低，因此，服务业市场一体化的推进也非常缓慢。20 世纪 70 年代以后，服务业在欧盟经济体中所占的比重逐渐增加，服务业一体化进程也开始加快。2000 年，欧盟理事会里斯本首脑会议通过了"里斯本战略"，旨在 2010 年以前将欧盟建设成为全球最具活力和竞争力的以知识经济为基础的经济体。2004 年，欧委会提出了"关于服务业内部市场的指令"，希望通过该指令加快欧盟服务业市场一体化的进程。但由于欧盟各国经济发展和服务业发展不平衡，尤其是 2004 年 5 月欧盟东扩以后，经济发展相对滞后、劳动力成本相对低廉的中东欧十国分享了欧盟市场一体化的好处。而高工资、高福利的相对发达的欧盟成员国担心服务业的全面开放，会遭受中东欧国家低成本劳动力的激烈竞争，使得本国服务业受到冲击，因为，直到 2006 年 12 月，欧盟才颁布了《关于内部市场服务业指令的第 2006/123/ec 号欧洲议会和理事会指令》。除去金融、公证、私人保安、公共卫生、教育、社会服务等领域外，指令要求欧盟各成员国要保证其境内服务市场的非歧视待遇和自由准入，取消企业在其他成员国经营服务性活动时需要当地政府报批的要求，取消跨境经营服务企业需要在当地营业处设立独立分支机构的要求。

（二）注重服务创新

一方面，对服务创新进行系统的调查和准确测度。欧盟创新调查的指导文件是《奥斯陆手册》，该手册做了详细定义和说明，并随着时间推移，在创新调查实践中不断加以完善。《奥斯陆手册》把企业创新类型分为产品创新、工艺创新、营销创新和组织创新四种，并且强调企业之间，以及企业、高等院校和研究机构合作创新。基于《奥斯陆手册》，欧盟在1993年实施了第一次创新调查，此后基本上每2~4年进行一次常规调查，分别为1997年、2001年、2004年、2006年、2008年、2010年、2012年等。调查对象主要是服务产业，但不包括行政、教育、公共管理与国防、家政、健康等行业。近年来，欧盟委员会定期公布的《欧盟创新指数报告》，就是以创新调查的数据作为重要基础，测度企业和产业的创新行为。

另一方面，从多个层面促进服务业的研发和创新活动。这个政策内容主要体现在欧盟的研发框架计划（framework programs，FP）中。欧盟自1984年开始实施研发框架计划，到目前为止欧盟共实施了7个FP研发框架计划；同时，为应对2008年全球金融危机，欧盟委员会又制定了"欧洲2020战略"，也被称为第八框架计划（FP8），该框架计划已经于2014年正式启动实施。在多个研发框架中都涉及了服务业的研发和创新活动。主要内容包括：一是鼓励服务业企业增加研发投入，强调政府在制定研究议程时要更多关注服务产业的需求；二是支持各成员国推进与服务创新有关的经济和社会研究；三是建立服务研发挑战中心（Service R&D Challenge Call），以研发和创新项目为平台，推动制造业与服务业以及包含服务业的"混合型"制造业的发展；四是在更大的范围内将服务业创新与相关的研究网络和项目整合起来，发挥资源整合效应。

（三）将服务创新边界拓展到制造业活动中

欧盟最初的服务创新政策关注的主要是服务业内部的创新活动，如2012年以前欧盟委员会发布的服务创新研究报告都是以"服务业创新"为主题，但自2012年开始，欧盟的服务创新政策开始关注到服务业与制造业的融合创新活动。2012年欧盟委员会发布的服务创新研究报告明确以"服务创新"为主题，并指出服务创新贯穿了从服务部门到传统制造部门的全部经济社会活动，"服务活动"可以更恰当地突出服务的过程性及其在各产业中的重要性。而不是将制造业与服务业的有意割裂，这样有助于提高创新效率。

（四）加强知识产权保护

欧盟对知识产权保护一直重视，欧盟的社会创新调查（Community Innovation Survey，CIS）结果表明，创新型服务业企业申请专利的比重远远低于制造业企业，如服务业企业和制造业企业申请专利的比重分别为8.3%和20.4%，申请外观设计的比例分别为16.3%和18.8%，申请注册商标的比例分别为9.8%和18.7%。即使是知识产权保护倾向最高的知识密集型商业服务企业，申请专利、外观设计和注册商标的比重也仅为12.0%、17.6%和8.7%。针对这种情况，为加强服务业领域的知识产权保护，2007年，欧盟委员会提出要建立全面的知识产权战略，内容涉及专利权战略、商标战略、著作权战略、综合性战略等。为了强化服务业领域内的众多中小企业的知识产权保护，欧盟于2009年成立一个专门的专家组，为中小型服务业企业提供知识产权领域的咨询、建议及其他支持，并加强成员国政府部门在不同类型服务业要素投入扶持方面的协调性。

三、日本经验

2011年以来，日本成为世界第三大经济体，不仅总体经济规模较大，而且人均收入水平高，科技水平和经济结构层次也较高。自20世纪80年代开始，日本服务业在国民经济中所占比重一直超过50%，成为国家经济发展重要支撑，而且日本金融服务业、信息服务业、商务服务业、商贸服务、现代物流、旅游展会等服务业也具有很强的竞争力。东京和大阪是著名的全球金融中心，东京的金融、工业设计、总部经济、高端物流、旅游展会等服务业占其GDP的60%以上[①]。

（一）政府和行业协会深度合作

日本在政府部门设立产业发展推进部，制定推动服务业发展的相关政策并有效推行，从宏观调控层面引导服务业的发展；行业协会则服务于行业内部的生产和流通调节，促进行业间的技术交流。而且政府部门和行业协会之间进行密切的协调和合作，为服务业的高质量发展提供重要支撑。如在信息服务业发展初期，日本政府于1970年在通产省新设"信息处理振兴课"，同时引导社会成立了信息处理振兴事业协会、日本电子机械工业协会、计算机应用协会、信息服务产业协会等一批与信息服务业发展有关的行业协会。20世纪90年代，日本信息服务业发展速度放缓，为推动

---

① 宣烨、余泳泽：《中国生产性服务业发展战略与路径研究》，中国经济出版社2020年版。

信息服务业升级，日本内阁在 1994 年又成立了由首相担任部长的"高度信息通讯社会推进对策本部"，并召集各领域专家和相关行业协会研究日本信息化发展战略。

（二）注重推进服务业的商业模式创新

日本政府在制定和实施服务业产业政策时，不仅强调加快服务业的规模扩张和发展速度，而且强调引导服务业构建创新性的商业模式和服务体系，使得服务业能够依据消费者需求变化提供可持续的差异化服务，引导服务业高质量发展。为促进服务业的商业模式创新，日本政府一方面定期总结、发布商业模式创新的成功案例，用于其他服务业企业示范；另一方面，在财政预算中设立"服务业创新支持资金"专项资金，用于构建具有示范作用的新兴商业模式，资助重点服务业全行业通用的基础设施建设项目，如"服务业能力评价系统""生产性服务支持系统"和"服务业创业支持项目"等（刘平，2011）。

（三）注重提高服务业质量和服务业生产率

日本经济产业省成立了推进政、产、学合作的"服务业生产率协议会"，旨在广泛调研服务业劳动生产率现状，以及如何制定提高服务业生产率的政策措施和如何进行落实，并且从行业、企业两个层面，全面展开推动服务业生产率提高的活动，要求每个服务行业设定生产率目标，并定期对外公布达标情况，并接受社会监督，创立"日本服务质量奖"，定期评定颁奖，获奖企业必须向社会发布获奖的经营方式，作为成功经验供社会上其他服务企业效仿和学习。同时，设立"服务研究中心"，研究如何准确测度服务业质量和生产率，如何制定合理的服务标准，如何发掘市场潜在需求引导服务业企业进行商业模式创新，积极推进美国、欧洲等海外服务业研究学者同日本学者展开深度研究合作，政府官方发布融合经济学、工程学、管理学、空间地理学等多学科交叉的"服务业研究图谱"，助力提升服务业质量和劳动生产率。

（四）推进服务业与制造业深度融合

日本政府非常注重高端服务业与其他产业的融合发展。为了促进信息服务业与制造业的融合，日本成立了由首相牵头和内阁成员参加的 IT 战略本部，定期召开由索尼公司董事长担任委员长的 IT 战略会议，政企合作推进 e - japan 战略。之后，日本又进一步提出 u - Japan 战略，加快信息服务资源的普及化、个性化和便利化，深化信息服务业的研究与应用，以及信息服务业与制造业和其他产业的融合。在实践层面，则是依托政产学合作平台，通过政府采购和研发资助等多种手段推动信息服务的技术创新和产业化，充分利用信息处理开发协会、电子信息技术产业协会、信息服务产业协会、信息处理振兴事业协会等中介团体，为企业提供技术咨询，促进科学研究成果的产业化，拓展信息技术在制造业全流程的应用，提高生产流程的信息化、智能化、自动化和精细化水平，减少误差并降低制造成本。

在出口发展中，日本政府也有意识地促进制造业与服务业的加速融合。从民主党的"打包型"出口战略，到安倍政府的"基础设施系统"出口战略，产品和服务的整体打包出口都是战略重点。在核能发电、上下水道、新干线、再生能源等基础设施设备出口中，不仅注重产品单体的出口，而且强调要将操作系统、维修保养、人才培训、金融支持等附加服务整体打包出口。尤其是对于新兴工业国和发展中国家的出口市场，这一出口模式发展得更为迅速。比如电动汽车领域，车用锂电池不仅价格昂贵，容易老化，并且技术更新快、淘汰率高。如果要吸引消费者购买，就必须建立完善的售后服务体系，解决电池维护和更换问题。因此，日本创新性地允许消费者以租赁形式使用车载电池，由销售产品转变为销售租赁服务，并进一步形成充电、蓄电、回收、二次利用等系列化服务体系。

四、印度经验

作为发展中的大国，印度虽然经济总量低于中国，但服务业占 GDP 的比重早在 2003 年就超过了 50%，这主要得益于该国服务外包产业的快速发展。印度自 20 世纪 70 年代开始出口软件，至 20 世纪 90 年代离岸服务外包已形成规模，凭借良好的资源禀赋和政府政策的大力支持，印度服务外包开始走在世界前列，并于 2001 年超过爱尔兰成为世界最大的离岸服务外包承接国。而且随着服务外包结构的升级，印度服务外包的内容从信息技术外包（ITO）为主逐渐转变为知识流程外包（KPO）为主，附加价值显著提升。

（一）构建相对完备的法律法规体系

相对完备的法律法规体系主要体现在推进信息产业发展方面。软件产品具有服务产品的诸多特征，对知识产权保护的要求较高，为满足欧美等发达经济体发包企业的信息安全和知识产权保护要求，印度政府不断建设和修订《信息技术法》《商标法》《专利法》《电子商务支持法》《外观设计法》《版权法》《商品地理标志（登记与保护）法》等法律法规，还构建了电子合同、数字签字和电子文书等法律依据，构建了相对比较完善的信息产业发展法律法规体系。并且注重法律法规的有效实施，全力打击印度本土出现的软件侵权行为和盗版行为，依法解决由知识产权和信息安全引起的商业矛盾，维护健康的信息产业市场秩序。正是因为印度在信息产业发展方面拥有相对健全的法律法规体系，使其在国际市场上形成了良好的信誉，以此吸引了欧美发达经济体的发包企业。

（二）大力发展软件产业园区

印度政府于 20 世纪 90 年代初，颁布实施了《电信港建设计划》和《软件技术园区计划》，在全国范围建立了若干软件产业园区和电信港。这些软件产业园区和电信港，不仅拥有相对较好的研发基础设施、较集中的研究中心、图书馆和现代化的数据通信网等，政府还优先资助园区的前沿研究项目，通过研发财政配套、新产品新工艺税收减免、金融优惠等方面的扶持政策，激励园区内的个人、企业和服务机构进行创新。在政府扶持下，印度的诸多软件产业园逐步成为强有力的服务外包承接基地，其中最广为人知的是班加罗尔软件科技园，目前已成为著名的软件之都，吸引了世界各国的著名软件企业，带来了显著的集群效应。

（三）注重发挥行业组织的中介作用

印度软件服务外包产业发展过程中，印度全国软件与服务企业协会（NASSCOM）发挥了重要作用。NASSCOM 成立于 1988 年，拥有 2000 多家企业会员，其中有 250 多家来自中国、日本、美国、欧洲、英国等国家。作为企业、政府和市场的中间桥梁，NASSCOM 不仅帮助企业低成本融资、加强企业的知识产权保护，而且与政府深度合作，优化企业所需要的人才培养和培训服务。同时，在国内，NASSCOM 代表企业与政府各机构部门谈判，为企业争取更多权益；在国际市场上，NASSCOM 则代表印度政府与世界贸易组织及其他发包企业组织谈判，帮助印度本土企业开拓国际市场。

（四）构建人才培养和发展的良好环境

虽然印度服务外包产业的发展具有语言优势（英语），从而降低了人才培养成本，但政府有效引导和企业积极创新投入所形成的良好的人才发展环境，也是印度服务外包人才大量涌现的重要原因。在软件人才培养上，印度政府一贯强调政、企、校三方合作，鼓励大学直接和企业联合设置相关课程和专业，培养定向专业人才。学校还结合自身优势，为本校毕业生提供科研创新平台和创业启动资金。另外，印度政府注重高等职业教育的发展，对高职教育进行投资倾斜，并鼓励企业在职员工返校参加中短期职业培训，与时俱进，提升创新能力和专业技术能力。为防止人才外流，企业积极创新人力资源管理，不仅为技术人员提供优厚报酬，而且提供优先认股权、绩效奖励、提供出国学习机会等措施增强员工的黏性。印度政府还通过创建科学人才库、实施联合国Tokten计划、设立海外印裔科技专家联络中心、海外印度人节、长期研究项目资助等方式，吸引大量海外人才回国创业就业。

（五）多种方式促进软件出口

在国际贸易中，人员跨国流动、跨境交付以及外国人境内消费等，是服务出口的典型方式。对于可以跨境交付的服务品，印度政府一方面积极鼓励本土企业主动承接国际服务外包，并且鼓励国外企业与国内优秀软件企业强化合作，积极参与国际软件展会，大力推销本国软件服务和产品；另一方面对人员跨国流动提供服务，印度政府动用外交手段，尽可能地减少与发达国家之间的签证障碍。而对于外国人在印度境内的服务消费，政府则通过制定相应的法规政策或条例，解决不同区域差异化的技术标准与资格认证问题，帮助本土服务供应商获得外国政府和监管机构的认可。

五、国外服务业发展经验对我国的启示

如前所述，国外服务业的高质量发展既是本国经济发展的必然结果，同时也是国家政策的积极推动，两者缺一不可。这些国家服务业的发展经验对于推动我国服务业高质量发展具有很强的政策启示。

（一）做强需求侧的产业支撑

无论是生产性服务业还是生活性服务业，其需求绝大多数来自其他产业，如果没有其他产业的需求支撑，服务业发展将失去动力。对于生活性服务业来说，不仅要依托庞大市场规模，实现市场规模效应，而且要优化收入分配制度，让绝大多数人享受改革开放成果，以扩大可消费群体，此外，进一步提高人民群众的收入水平，提高需求层次；对于生产性服务业来说，不仅要进一步扩大先进制造业规模，我国制造业在三次产业中的占比基本保持不变，同时，要持续推进制造业转型升级，以高端的制造业需求倒逼生产性服务业的高质量发展。

（二）持续实施创新驱动发展战略

作为知识、技术密集型产业，服务业发展质量很大程度上来自于知识、技术的支撑引领，包括业态、模式创新也是建立在知识、技术基础之上的。基于此，持续推进科技创新驱动战略，在整个社会倡导尊重科学、尊重创新的氛围，尤其要鼓励自主创新，突破制约我国产业发展的关键环节、关键技术，将我国服务业高质量发展建立在自主创新的基础之上，而不至于出现被其他国家"卡脖子"的情况。

(三) 必要的政策扶持必不可少

服务业尤其是部分生产性服务业对制度政策敏感，如果没有必要的政策支持，则难以有效发展、高质量发展，因此必须出台相应的产业扶持政策，如财政支持政策、土地供应政策、人才培养政策、金融扶持政策、知识产权保护政策以及产业融合政策，等等。即使美国、欧盟、日本也是从政策上扶持推动服务业发展。现阶段在我国服务业发展水平总体国际竞争力偏弱的背景下，更应该出台一系列服务业高质量发展的政策。当然政府政策的扶持仅局限于弥补市场不足，而不能取代市场资源配置的主导作用。

第二节　新发展格局下服务业高质量发展的保障措施

良好的保障机制是服务业高质量发展的重要条件，推进服务业高质量发展需要构建良好的保障机制。推进服务业高质量发展的目标可以归结为三个：一是实现服务业的规模提升；二是实现服务业的效率提升；三是实现服务业对其他产业的支撑引领。要实现这三个目标，不仅需要引入更多要素到高端服务业领域，而且需要通过持续创新，改变服务业的供给模式和支撑引领模式。在实践中，各国促进产业发展的政策侧重点多是聚焦于成本和要素投入，如日本产业政策的实施手段主要是通过政策性银行和商业银行，给予扶持产业大量的信贷资金支持，或允许企业加速折旧以及给予设备更新的税收优惠，或通过优先配给外汇以大量进口设备和成套技术等（白玉和黄宗昊，2019）。美国在20世纪中期也通过税收减免、财政补贴、政府采购等手段支持民用核能、计算机、生物科技等产业发展（Block，2008）。但对于服务业来说，要实现高质量发展，仅关注成本和要素投入明显不够，需要一个更完备的政策框架。由于服务业尤其是生产性服务业具有较强的外溢性、无形性、异质性等特征，因此，其发展对市场的完备性要求更高，尤其是对于正处于中国特色社会主义现代化发展阶段的我国来说，政策的目标不仅是弥补市场失灵，而且要努力加快市场的完善程度。如何建设完善的服务业高质量发展的市场环境应成为政策的重要目标之一；同时，要充分发挥服务业的支撑引领作用，要在强化服务业知识性、智力性和互动性等功能的基础上，使服务业尤其是生产性服务业成为经济创新的源泉，不仅要创新其服务产品，而且要通过创新其生产体系和生产模式，引导其他产业效率提升。因此，如何加快服务业创新发展，构建激励服务业高质量发展的创新体系也应成为政策的重要目标之一。基于此，我们认为新发展格局下推进中国服务高质量发展的政策框架应包含三个基本内容：增强市场的完备性、加快服务创新和结构性的财税支持。

一、推进市场机制完善

产业政策实施的前提是市场的不完善性（Aghion et al.，2015）。经典的经济学已经证明，虽然市场机制是配置资源的最优方式，但由于外部性、信息不完全、规模经济等因素的存在，市场机制在某些领域会出现失灵，无法通过价格、交易合约等实现最优的资源配置，因此，需要政府通过政策干预资源配置，提高经济效率。从这个意义上说，市场配置机制和政府政策配置机制之间存在着替代性。在市场机制能够发挥作用的地方，就应该坚持市场在资源配置中的决定性作用，让市场成为经济的基础性制度（林毅夫，2012）。而在市场机制缺失的地方，应更多地由政府配置资源，但是，如果市场机制严重缺失，直接结果就是市场运行效率低下，经济活动受到较强的效率约束（韩永辉等，2017）。大量的跨国实证研究文献表明，市场效率是政府政策作用积极发挥的基础（Johnson，1982；青木昌彦，1998；Lin & Rosenblatt，2012）。政府对经济的干预不是替代市场机制，而是通过市场建设、制度创新和政策推进，支持各类市场主体之间的相互协调。政府政策追求的目标应是以市场增进为前提，通过完善市场达到提高资源配置效率的目的。

服务业尤其是生产性服务业具有高附加值、高知识密集、高人力资本密集的特征，其生产过程更多的是依赖于知识、信息和人力资本，而对土地、资本、劳动力等传统要素的依赖较低，传统要素成本价格对服务业高质量发展的影响较小，而能否低成本地快速获得相关知识、人才、信息等，成为服务业高质量发展和布局的重要影响因素。另外，由于大多数服务业的产出都是无形的，而且具有知识密集型特征，对知识产权保护和有效市场秩序的要求更高，因而服务业的高质量发展对市场交易环境更为敏感。市场交易成本较低、知识和信息充裕、市场交易秩序良好的区域，往往成为服务业尤其是生产性服务业的优先布局区域。在实践中，我们也可以看到，高层级服务业往往都布局在大城市核心区的黄金地段，如纽约曼哈顿的金融服务业、专业服务业和传媒业，伦敦金融城的商务服务、金融服务、文化创意服务以及科技服务等行业业态；东京新宿的金融服务业、信息通信业和物流服务业，巴黎拉德芳斯的文化创意、金融服务以及商务服务等行业业态；北京的金融服务、商务服务、文化传媒以及信息服务等行业业态。因此，对于推进服务业高质量发展来说，完备的市场体系和市场秩序更为重要。

二、优化产业发展生态

全面深化服务业"放管服"改革。按照"精简、高效、放活"原则，深入推进"放管服"改革。建立公开透明的审批程序，推行"多证合一、多规合一、多介合一、多评合一、多审合一、多测合一"等集成审批服务模式，着力推进"照后减证"和简化审批，不断扩大告知承诺和即办件范围。取消互联网融合发展等领域不合理的经营限制条件。建立健全市场退出机制，畅通市场主体退出渠道，推进简易注销登记改革。推行"设立政策兑现窗口""简化跨区域迁移流程"等便利化改革措施，突出办理流程的标准化和规范化。推动事前审批转向事中事后监管，探索运用"负面清单＋事中事后监管""标准规范＋事中事后监管""告知承诺＋事中事后监管"等管理方式取代行政审批的管理方式。立足江苏南京软件谷，创新政策措施，积极推动电子签名、数字证书等方面的国际互认，试点示范信息数据的跨境流动，以国际信息产业和数字贸易港建设为目标，主动探索建立以数据产地标签识别、软件实名认证为基础的监管体系（胡雅蓓、陈群、徐锋，2021）。立足群众企业办事视角，聚焦多部门联办"一件事"，支持多部门高效协同，实现"一表申请、一套材料、一次提交、一次办结"，推动部门政府转变为整体政府。

三、推进技术与模式持续创新

创新的外部性和公共物品性受到了学者们的广泛关注（Arrow，1962；Kaiser，2006；Dodgson，2011）。他们指出，由于创新活动具有较强的溢出效应，因此追求利润最大化的企业行为会导致行业特别是新兴行业研发投入不足，从而影响社会福利，因此政府需要对创新进行积极干预，扶持或引导企业增加研发投入。近年来产业政策的理论演进中，也纳入了动态技术创新的新理论，强调产业政策的实施前提是解决创新过程中的经济系统失灵问题，主要涉及基础设施、制度建设、技术锁定、路径依赖、公平接入网络、动态学习等问题（Metcalfe，1995；Dodgson & Hughes，2002；O'Sullivan et al.，2013）。史密斯（Smith，2000）把经济的系统性失灵概括为基础设施失灵、转变失灵、锁定失灵与制度失灵四种类型。基础设施失灵是指缺乏与自然基础或知识基础相关的基础设施所产生的失灵（贾诗月，2018），转变失灵是指企业无法快速适应技术变革所产生的失灵，锁定失灵是指新技术的采用和新技术经济范式的变革受到既有技术体系和技术经济范式在经济系统的阻碍所产生的失灵，制度失灵是指制度变革不能与广泛的技术变革相匹配所产生的失灵。系统失灵有可能会影响整个社会及其企业的创新能力，要从政府层面，通过改进国家创新体系和实施相应的创新政策加以纠正。

高质量服务业尤其是生产性服务业虽然是新知识产生和应用的重要载体，但从创新来看，不仅仍然存在着上述学者所提到的失灵问题，而且在某些方面可能还更为严重，如由于生产性服务业的主要资产是知识、信息和人才等非实物资产，较难通过抵押资产进行贷款，进而增加了银行贷款和外部融资的难度。加之服务业很多创新形式是商业模式创新，较难通过专利和知识产权进行保护，增加了创新的外溢效应，进一步降低了创新激励。而且高质量服务业尤其是生产性服务业的投入要素主要是知识信息和高素质的人才，这些要素的稀缺性也进一步提高了创新成本。

四、强化知识产权保护

强化知识产权保护，既是对创新者的尊重，更是对创新的激励，同时也是全球范围内形成的基本共识。如前所述，一方面，服务业本身是知识、技术密集型产业，对于企业来说，无论使用的知识、技术来自于外部购买，还是自主创新，都存在成本问题，如果得不到有效保护，必然挫伤企业的积极性；另一方面，服务业创新形式绝大多数属于商业模式创新，知识产权保护难度较大。近年来，尤其是我国加入 WTO 以来，不断强化知识产权保护，2019 年 11 月，中共中央办公厅、国务院办公厅印发了《关于强化知识产权保护的意见》，从加大侵权假冒行为惩戒力度、严格规范证据标准、完善新业态新领域保护制度等方面强化制度约束。尽管如此，我国知识产权保护与创新型国家建设、高质量发展要求相比，仍然存在需要完善的地方。基于此，一是营造尊重知识、自觉保护知识产权的氛围，加强企业、个人诚信体系建设，将知识产权保护建立在企业个人自觉行动之中。二是严格知识产权侵权处罚力度，严格执行侵犯知识产权损害赔偿制度，加大侵权成本，将知识产权保护建立在法律法规之上，从根本上有效遏制侵权行为易发多发现象。三是建立知识产权保护奖励制度，对于自觉遵守国家有关知识产权保护相关法律法规的企业、个人给予奖励。四是强化知识产权保护的基础平台建设、人才队伍建设、维权援助机制完善等，应用现代信息技术提高知识产权保护的效率、精准度，全面提升促进保护能力和水平。

五、强化财税政策扶持

在推进现代服务业发展的过程中，要充分发挥市场机制的资源分配决定性作用，然而，在我国现代服务业发展水平相对较低的情况下，依托政府的"有形的手"也是必要的。政府发挥作用的重要渠道是财税政策扶持。财税政策扶持的作用通常集中于两个方面，即合意性产业引导和企业创新激励。

（一）合意性产业引导

所谓合意性产业引导即是政府想要发展的产业、企业，政府就给予必要的支持。在产业政策作用对象的选择上，一些学者强调产业政策应以具有比较优势的产业为对象，通过结构性财税支持，充分发挥这些产业的比较优势，进而带动整体经济增长，而不是去选择不符合本国比较优势的产业和企业（Stiglitz et al., 2013；林毅夫，2012；Lazzarini，2015）；另外一些学者认为无论在发达国家还是发展中国家，产业政策的作用对象都包括幼稚产业（Andreoni & Chang, 2016），为了激励幼稚产业的企业扩大生产和发展创新能力，在关税保护和规制外国直接投资的同时，对企业的设备投资、工人培训和研发等活动进行补贴，是很多国家普遍采用的方法。日本汽车、电子产业的兴起，欧洲空中客车的发展等都是政府扶持的典型例子；还有学者强调了产业政策对中小企业扶持的必要性（马祖卡托，2017）。由于资金、规模限制，中小企业自身往往无法提供某些具有不可分性的投入，如测试平台、大型研发和工人培训等，这时政府就可以通过提供公共研发，提供共性工人业务培训，加快技术推广，提供新技术信贷担保等，为中小企业创新提供基础。典型的是美国的"小企业创新研究计划"和"小企业技术转移计划"，这些计划的主要手段是为创新性小企业提供贷款和赠款，康柏、微软、英特尔和戴尔等跨国公司早期发展过程中都曾经得到过资助。还有学者指出产业政策实施对象应是某些通用的基础技术或特大技术环节，从而保持创新的领先地位（Wade，2017）。如美国互联网产业的许多创新发展，都有政府公共资金资助的影子。上述的案例说明，无论是对比较优势产业、幼稚产业，还是对中小企业，政府都应给予必要的扶持。对于我国服务业的高质量发展，一方面要对传统服务业行业的转型升级给予财税政策扶持，包括对设备投资、工人培训等活动进行补贴；另一方面，对于新兴服务行业、业态给予财税政策扶持，包括贷款补贴、税收减免等。

（二）企业创新激励

服务业是知识密集型产业，创新在其发展中的作用非常明显。作为对经济发展具有支撑引领性的服务业，尤其是生产性服务业来说，要发挥其支撑引领作用，就需要保持一个强劲的创新激励，而从高端服务业创新过程的特征来说，则需要特定的财税政策扶持。具体来说，作为知识密集型的一些服务业，比如生产性服务业，其创新过程具有资金投入大、创新风险大和可复制性强等特点（董蕾，2013）。首先，大多数服务行业创新对资金投入量有较高要求，如 OECD 曾对其 17 个成员国服务业各行业的研发投入进行调查，结果表明，服务业中研发投入最多的行业分别是计算机及相关活动、研发服务业、商务服务业（咨询、审计、技术测试与分析等服务业）和金融服务业，这些行业占全部服务业研发总投入的比例分别为40%、23.7%、4.2% 和 3.8%（赵明霏，2013）。仅凭企业自有资金难以满足大量资金投入的需求，因此需要政府的资金支持；其次，大多数服务业创新主要是知识创新，而知识创新的不确定性导致服务业创新风险较高（Jones & Tilley，2007），这些创新风险如果全部由企业自身所承担，就会带来创新不足。因此，需要政府进行相应财税支持，降低创新风险，提高创新企业从事创新活动的主动性。而且在实践中，运用财税支持降低企业创新风险、激励企业创新活动是世界各国政府的普遍做法；最后，服务业创新具有较强的可复制性。虽然很多服务业创新是针对特定客户问题的解决方案，但它的一些创新要素也能够被复制和应用（Drejer，2004），而且大多数服务业的某些创新还较难进行知识产权保护，易于模仿，结果就可能出现，创新企业一旦成功地推出某种创新型服务或创新型服务模式，就会迅速被竞争对手模仿，由于创新的溢出效应存在，创新企业的私人收益就会低于社会收益，私人、企业付出成本必然高于社会成本，此时政府就需要通过财政补贴的方式弥补创新成本。

至于如何从财税政策上给予创新激励，近年来，从国家层面、区域层面都进行了一系列探索，如研发费用加计扣除、认定为高新技术企业、减税降费等普惠性政策等，取得了明显的正向效果。基于此，从加快推进服务业高质量发展的要求出发，应进一步加大对服务业企业的创新激励，一方面，继续实施对服务业企业研发费用加计扣除、服务业企业认定为高新技术企业的享受减收企业所得税以及软件产品增值税即征即退等政策；另一方面，减免服务业企业教育附加税等费用，对于企业参与创新有关的支出，例如，与其他企业共建创新中心、实验室等给予30%的财政补贴，等等，以促进服务业企业创新的积极性。

此外，对于服务业尤其是新兴服务行业的发展来说，达到一定临界值的需求是服务创新的必要条件，而且很多服务创新都是在差异化、个性化客户需求的基础上，逆向寻找问题的解决方案。在一定程度上，逆向寻找问题的解决方案，是驱动服务业创新发展的重要动力。在这个过程中，客户在新服务概念设计、过程创新和界面创新等方面都具有很高的参与度，具有明显的"客户驱动"特征。因此，与产品创新相比，客户需求对新服务的发展更为重要（范钧和邱瑜，2013）。如欧盟和美国的服务创新调查都表明，新服务需求的缺乏是阻碍服务创新的重要因素，因此，为加速新服务的普及和量化生产，要通过政府采购提供服务需求，尤其是在服务业新业态、新模式出现的初期，更应如此。国外在这方面有成功的先例，如欧盟为推动服务业新业态、新模式的发展，在鼓励个人消费者或私人企业购买新业态、新模式的基础上，有计划地扩大政府采购中新服务行业、新业态、服务新模式的比例。基于此，我国各级政府也应该扩大对服务业产品尤其是新行业、新业态以及新模式的采购，以扩大整个社会的服务业需求，以需求驱动服务业扩大创新投入，并以此促进服务业的高质量发展。

参考文献

［1］安虎森编著：《新经济地理学原理》，经济科学出版社 2009 年第 2 版。

［2］白津夫：《坚持扩大内需战略　保持经济平稳较快发展——学习中共十七届五中全会精神体会》，《中共杭州市委党校学报》2011 年第 1 期。

［3］白娟、符华琴：《高等教育"高质量普及"的理论阐释与实践路径》，《现代教育科学》2021 年第 1 期。

［4］白仲尧、依绍华：《服务业与综合国力的关系》，《财贸经济》2004 年第 8 期。

［5］才国伟，杨豪：《外商直接投资能否改善中国要素市场扭曲》，《中国工业经济》2019 年第 10 期。

［6］蔡海亚、徐盈之：《贸易开放是否影响了中国产业结构升级?》，《数量经济技术经济研究》2017 年第 10 期。

［7］蔡之兵：《正确认识和把握资本的特性和行为规律》，《学习时报》2021 年 12 月 22 日。

［8］操秀英：《申长雨：加强大数据和人工智能领域知识产权保护势在必行》，《科技日报》2021 年 4 月 26 日。

［9］曹小勇、李思儒：《数字经济推动服务业转型的机遇、挑战与路径研究——基于国内国际双循环新发展格局视角》，《河北经贸大学学报》2021 年 6 月。

［10］曹跃群、杨玉玲、向红：《交通基础设施对服务业全要素生产率的影响研究——基于生产性资本存量数据》，《经济问题探索》2021 年第 4 期。

［11］曹允春、连昕：《现代流通体系支撑新发展格局构建的理论逻辑与实践路径》，《学习论坛》2021 年第 1 期。

［12］辰昕、刘逆、韩非池：《积极培育壮大数据产业》，《人民日报》

2021 年 3 月 17 日。

［13］陈宝明、丁明磊：《中美科技创新政策走向及对经济增长潜力的影响》，《China Economist》2017 年第 4 期。

［14］陈春根、钱静、应美群：《环境规制对我国制造业出口贸易竞争力影响的实证分析》，《经济论坛》2013 年第 10 期。

［15］陈迪宇、王政、徐颖等：《我国城市群建设进展及任务举措》，《宏观经济管理》2021 年第 11 期。

［16］陈国亮、陈建军：《产业关联、空间地理与二三产业共同集聚——来自中国 212 个城市的经验考察》，《管理世界》2012 年第 4 期。

［17］陈国亮、唐根年：《基于互联网视角的二三产业空间非一体化研究——来自长三角城市群的经验证据》，《中国工业经济》2016 年第 8 期。

［18］陈红霞：《北京市生产性服务业空间分布与集聚特征的演变》，《经济地理》2018 年第 5 期。

［19］陈红霞、李国平：《中国生产性服务业集聚的空间特征及经济影响》，《经济地理》2016 年第 8 期。

［20］陈红、张玉、刘东霞：《政府补助、税收优惠与企业创新绩效——不同生命周期阶段的实证研究》，《南开管理评论》2019 年第 22 期。

［21］陈继勇，盛杨怿：《外商直接投资的知识溢出与中国区域经济增长》，《经济研究》2008 年第 12 期．

［22］陈佳贵、黄群慧、钟宏武：《中国地区工业化进程的综合评价和特征分析》，《经济研究》2006 年第 6 期。

［23］陈建军、陈国亮、黄洁：《新经济地理学视角下的生产性服务业集聚及其影响因素研究——来自中国 222 个城市的经验证据》，《管理世界》2009 年第 4 期。

［24］陈建奇：《构建新发展格局的理论逻辑及战略重点》，《理论与评论》2021 年第 3 期。

［25］陈健、蒋敏：《生产性服务业与我国城市化发展——产业关联机制下的研究》，《产业经济研究》2012 年第 6 期。

［26］陈丽蓉、黄明凤、孙昭愚：《资本市场开放促进企业履行社会责任吗？——基于产品市场竞争与股权异质性的调节效应》，《云南财经大学学报》2021 年第 2 期。

［27］陈明、魏作磊：《生产性服务业开放对中国服务业生产率的影响》，《数量经济技术经济研究》2018 年第 5 期。

［28］陈启斐、李平华：《扩大内需会抑制出口吗？——来自长三角的数据》，《财贸研究》2013 年第 3 期。

［29］陈启斐、吴金龙：《需求引致还是供给支撑：中国服务业发展战略研究》，《经济科学》2018 年第 5 期。

［30］陈强远、江飞涛、李晓萍：《服务业空间集聚的生产率溢价：机制与分解》，《经济学季刊》2021 年第 1 期。

［31］陈庆修：《开发大数据资源　推进高质量发展》，《学习时报》2019 年 10 月 27 日。

［32］陈诗波、高宝华：《提速中国服务品牌国际化发展》，《国际经济合作》2020 年第 5 期。

［33］陈淑英：《现代服务业品牌竞争力提升路径及对策》，《现代商业》2019 年第 19 期。

［34］陈伟、陈银忠：《制造业服务化、知识资本与技术创新》，《科研管理》2021 年 6 月。

［35］陈宪、黄建锋：《分工、互动与融合：服务业与制造业关系演进的实证研究》，《中国软科学》2004 年第 10 期。

［36］陈学慧：《硬道理　新内涵》，《经济日报》2015 年 4 月 14 日。

［37］陈艳莹、王二龙：《要素市场扭曲、双重抑制与中国生产性服务业全要素生产率：基于中介效应模型的实证研究》，《南开经济研究》2013 年第 5 期。

［38］陈雁云、朱丽萌、习明明：《产业集群和城市群的耦合与经济增长的关系》，《经济地理》2016 年第 10 期。

［39］陈永广：《发达国家推动制造业服务化的经验及启示》，《中国工业评论》2015 年第 11 期。

［40］陈永广：《借鉴国际经验　推动我国制造业加快服务化转型》，《中国证券报》2015 年 6 月 15 日。

［41］陈勇勤：《构建新发展格局的几个理论问题》，《贵州省党校学报》2021 年第 1 期。

［42］陈跃、李娜：《国家治理研究的理论范式、认知误区及发展进路》，《河南师范大学学报（哲学社会科学版）》2018 年第 5 期。

［43］陈志新、张忠根：《产业组织演进与供应链网络治理：一个理论综述》，《经济学家》2010 年第 6 期。

［44］陈子真、雷振丹：《产业协同集聚对区域经济的影响研究》，《区域经济评论》2018 年第 3 期。

［45］陈子真、雷振丹、李晶仪：《生产性服务业与制造业协同集聚、空间溢出与区域创新》，《商业研究》2019年第5期。

［46］成青青：《江苏先进制造业和现代服务业深度融合发展研究》，《中共四川省委党校学报》2019年第4期。

［47］程大中、陈福炯：《中国服务业相对密集度及对其劳动生产率的影响》，《管理世界》2005年第2期。

［48］程大中：《加快推进生产性服务业高质量发展——基于经济循环优化与价值链地位提升视角》，《人民论坛·学术前沿》2021年第5期。

［49］程中华、李廉水、刘军：《生产性服务业集聚对工业效率提升的空间外溢效应》，《科学学研究》2017年第3期。

［50］迟爱萍：《习近平关于加快转变经济发展方式的战略思想探析》，《中国井冈山干部学院学报》2017年第4期。

［51］迟爱萍：《习近平加快转变经济发展方式战略思想的演进》，《中央党史和文献研究院机构改革工作小组科研管理组.2016年度文献研究个人课题成果集（上）》2018年。

［52］楚明钦：《数字经济下农业生产性服务业高质量发展的问题与对策研究》，《理论月刊》2020年第8期。

［53］崔大树、杨永亮：《生产性服务业空间分异的动因与表现——一个理论分析框架》，《学术月刊》2014年第3期。

［54］崔宏轶、潘梦启、张超：《基于主成分分析法的深圳科技创新人才发展环境评析》，《科技进步与对策》2020年第7期。

［55］崔向阳、崇燕：《马克思的价值链分工思想与我国国家价值链的构建》，《经济学家》2014年第12期。

［56］崔艳新：《深化对外开放，促进国际合作》，《人民日报》2021年10月14日。

［57］代文：《现代服务业集群的形成和发展研究》，武汉理工大学博士论文2007年。

［58］戴兼弟：《中国高新技术产业本地市场效应的实证研究》，湖南大学博士论文2013年。

［59］戴李：《世界主要国家现代服务业的发展及对我国的启示》，《江苏商论》2021年第5期。

［60］戴正宗：《政策发力，制造业与互联网深度融合》，《中国财经报》2016年6月16日。

［61］但斌、张乐乐、钱文华：《知识密集型生产性服务业区域性集

聚分布模式及其动力机制研究》，《软科学》2008 年第 3 期。

　　［62］邓春芳：《大连市中山区高端服务业发展对策研究》，大连理工大学博士论文 2015 年。

　　［63］邓桂枝：《生产性服务业区域集聚测度及其适宜性研究——基于我国 22 个省市面板数据的分析》，《经济问题》2012 年第 7 期。

　　［64］邓洲：《制造业与服务业融合发展的历史逻辑、现实意义与路径探索》，《北京工业大学学报（社会科学版）》2019 年第 4 期。

　　［65］丁俊发：《打好现代流通体系建设攻坚战（中）》，《现代物流报》2020 年 10 月 19 日。

　　［66］丁俊发：《加快建设高效的现代流通体系》，《农产品市场》2020 年第 23 期。

　　［67］丁守海、徐政、张普阳：《新发展格局下我国经济高质量发展提升人民幸福感的实证研究》，《云南师范大学学报（哲学社会科学版）》2021 年第 2 期。

　　［68］丁文军：《智慧建造引领机电安装高质量发展》，《中华建设》2021 年第 3 期。

　　［69］董金鑫：《论〈服务贸易总协定〉的投资协定性质》，《河南司法警官职业学院学报》2010 年第 3 期。

　　［70］董志勇、李成明：《国内国际双循环新发展格局：历史溯源、逻辑阐释与政策导向》，《中共中央党校（国家行政学院）学报》2021 年第 5 期。

　　［71］窦魁：《上市银行数字资产与市值关系的实证研究》，《吉林金融研究》2021 年第 1 期。

　　［72］杜伟、杨志江、夏国平：《人力资本推动经济增长的作用机制研究》，《中国软科学》2014 年第 8 期。

　　［73］杜宇玮：《培育世界级先进制造业集群的中国方案》，《国家治理》2018 年第 25 期。

　　［74］杜运苏、张为付：《培育外贸竞争新优势赋能江苏"双循环"的对策》，《全球商业经典》2020 年第 12 期。

　　［75］范剑勇、石灵云：《产业内集聚、关联产业集聚与劳动生产率：基于制造业细分行业的分析》，《教育部文科重点研究基地联谊会 2008 年年会暨青年经济学者论坛论文集》2008 年版。

　　［76］范钧、邱瑜、邓丰田：《顾客参与对知识密集型服务业新服务开发绩效的影响研究》，《科技进步与对策》2013 年第 30 期。

［77］方创琳：《新发展格局下的中国城市群与都市圈建设》，《经济地理》2021 年第 4 期。

［78］丰晓旭、李勇坚：《服务业改革研究回顾与前瞻：1949—2019年》，《改革》2020 年第 2 期。

［79］封思贤、宋秋韵：《数字金融发展对我国居民生活质量的影响研究》，《经济与管理评论》2021 年第 1 期。

［80］冯俊：《人民至上的国家治理观初探——学习习近平总书记关于抗击新冠肺炎疫情系列重要论述》，《同济大学学报（社会科学版）》2020 年第 6 期。

［81］冯泰文：《生产性服务业的发展对制造业效率的影响——以交易成本和制造成本为中介变量》，《数量经济技术经济研究》2009 年第 3 期。

［82］冯新星：《新型城镇化背景下山西省流通产业发展研究》，山西财经大学博士论文 2016 年。

［83］付奇、颜颖：《发力新基建，筑牢"智慧江苏"根基》，《新华日报》2020 年 5 月 12 日。

［84］高春亮、乔均：《长三角生产性服务业空间分布特征研究》，《产业经济研究》2009 年第 6 期。

［85］高觉民、李晓慧：《生产性服务业与制造业的互动机理：理论与实证》，《中国工业经济》2011 年第 6 期。

［86］高康、原毅军：《生产性服务业空间集聚如何推动制造业升级?》，《经济评论》2020 年第 4 期。

［87］高培勇：《党领导经济工作新理念新思想新战略的集中体现》，《财贸经济》2015 年第 12 期。

［88］高远东、陈迅：《FDI 对中国区域产业结构调整作用的差异化分析——基于东、中、西部面板数据的实证研究》，《软科学》2010 年第 9 期。

［89］高志刚、张毅：《区域经济差距对西部地区经济高质量发展的影响研究》，《宁夏社会科学》2021 年第 1 期。

［90］辜胜阻、曹冬梅、杨嵋：《构建粤港澳大湾区创新生态系统的战略思考》，《中国软科学》2018 年第 4 期。

［91］辜胜阻、吴沁沁、庄芹芹：《推动"一带一路"建设与企业"走出去"的对策思考》，《经济纵横》2017 年第 2 期。

［92］顾乃华、毕斗斗、任旺兵：《生产性服务业与制造业互动发展：文献综述》，《经济学家》2006 年第 6 期。

［93］顾乃华、毕斗斗、任旺兵：《中国转型期生产性服务业发展与制造业竞争力关系研究——基于面板数据的实证分析》，《中国工业经济》2006 年第 9 期。

［94］顾乃华：《对外开放门槛与服务业的外溢效应——基于省际面板数据的实证检验》，《当代经济科学》2010 年第 6 期。

［95］顾乃华：《1992 – 2002 年我国服务业增长效率的实证分析》，《财贸经济》2005 年第 4 期。

［96］顾乃华：《生产服务业、内生比较优势与经济增长：理论与实证分析》，《商业经济与管理》2005 年第 4 期。

［97］顾乃华：《我国城市生产性服务业集聚对工业的外溢效应及其区域边界——基于 HLM 模型的实证研究》，《财贸经济》2011 年第 5 期。

［98］顾强、徐鑫：《国外政府推进制造业服务化的主要做法及对我国工业转型升级的启示》，《电器工业》2012 年第 11 期。

［99］顾学明：《加速推动服务业扩大开放》，《对外经贸实务》2021 年第 1 期。

［100］顾学明：《推动服务业扩大开放　汇聚开放新动能》，《光明日报》2020 年 9 月 7 日。

［101］郭贝贝：《构建新发展格局的内在逻辑与主要任务》，《贵州省党校学报》2021 年第 1 期。

［102］郭朝先：《以产业融合推动制造业高质量发展》，《经济日报》2019 年 9 月 11 日。

［103］郭峰、王靖一、王芳等：《测度中国数字普惠金融发展：指数编制与空间特征》，《经济学（季刊）》2020 年第 4 期。

［104］郭海昕，王华：《开放经济条件下我国的自主创新与研发》，《国际贸易问题》2010 年第 3 期。

［105］郭庆然：《FDI 技术溢出效应的区域差异与吸收能力——基于门槛面板数据模型视角》，《工业技术经济》2013 年第 8 期。

［106］郭世军：《习近平新时代中国特色社会主义经济思想的科学内涵和理论意蕴》，《治理现代化研究》2018 年第 1 期。

［107］郭显光：《熵值法及其在综合评价中的应用》，《财贸研究》1994 年第 6 期。

［108］郭芸、范柏乃、龙剑：《我国区域高质量发展的实际测度与时空演变特征研究》，《数量经济技术经济研究》2020 年第 10 期。

［109］国家发改委等 15 部门印发《关于推动先进制造业和现代服务

业深度融合发展的实施意见》（发改产业〔2019〕1762号），2019年11月15日。

[110] 国务院发展研究中心"国际经济格局变化和中国战略选择"课题组、隆国强、张琦，王金照、赵福军：《未来15年国际经济格局面临十大变化》，《中国发展观察》2019年第1期。

[111] 海商：《服贸创新　海南有特色》，《国际商报》2016年6月3日。

[112] 韩彩珍、张冰晔：《数字经济促进经济双循环发展的机理和路径》，《青海社会科学》2020年第6期。

[113] 韩峰、洪联英：《生产性服务业集聚推进城市化了吗?》，《数量经济技术经济研究》2014年第12期。

[114] 韩峰、王琢卓、阳立高：《生产性服务业集聚、空间技术溢出效应与经济增长》，《产业经济研究》2014年第2期。

[115] 韩峰、王琢桌、李玉双：《生产性服务业集聚与城市经济增长——基于湖南省地级城市面板数据》，《产业经济研究》2011年第6期。

[116] 韩建飞、秦海林：《力推先进制造业与现代服务业融合发展》，《中国经济时报》2019年4月3日。

[117] 韩连贵、李振宇、韩丹等：《关于探讨农业产业化经营安全保障体系建设方略规程的思路》，《经济研究参考》2013年第31期。

[118] 韩沈超、徐姗：《高质量发展下中国服务业对外直接投资对行业生产率的影响——来自服务业分行业面板数据的证据》，《国际商务（对外经济贸易大学学报）》2020年第3期。

[119] 韩文龙：《推动先进制造业和现代服务业深度融合》，《中国社会科学报》2019年1月23日。

[120] 郝爱民：《农业生产性服务业外溢效应和溢出渠道研究》，《中南财经政法大学学报》2013年第6期。

[121] 何飞：《江苏现代服务业发展对策建议》，《合作经济与科技》2015年第4期。

[122] 何骏：《生产性服务业集聚区的创新系统与重点模式研究》，《财经问题研究》2009年第8期。

[123] 何骏：《探索中国生产性服务业的发展之路——中国生产性服务业崛起的动因、空间和模式研究》，《经济学动态》2009年第2期。

[124] 何强、刘涛：《我国生产性服务业与制造业协同发展研究》，《调研世界》2017年第10期。

［125］何永达：《人力资本、知识创新与服务业空间集聚——基于省际面板数据的计量分析》，《经济地理》2015年第9期。

［126］何忠国：《坚定不移推进更高水平对外开放》，《红旗文稿》2021年第8期。

［127］贺阳：《促消费重磅文件出台　点题吃穿住用等七大消费增长点》，《中国商报》2018年9月26日。

［128］洪发科：《在市委十一届五次全会暨全市经济工作会议上的讲话》，《阳泉日报》2015年1月15日。

［129］洪功翔、张兰婷、李伟军：《金融集聚对全要素生产率影响的区域异质性——基于动态面板模型的实证分析》，《经济经纬》2014年第4期。

［130］洪祺超：《"一带一路"沿线国家服务贸易竞争力测评及影响因素分析》，浙江工商大学博士论文2020年。

［131］洪群联：《在构建新发展格局中加快发展制造服务业——〈关于加快推动制造服务业高质量发展的意见〉解读之二》，《中国经贸导刊》2021年第8期。

［132］洪银兴：《改革开放以来发展理念和相应的经济发展理论的演进——兼论高质量发展的理论渊源》，《经济学动态》2019年第8期。

［133］洪银兴：《论地方政府的职能转型——以苏南模式的发展为例》，《经济学动态》2005年第11期。

［134］洪银兴：《中国特色政治经济学的体系构建和研究重点》，《政治经济学评论》2019年第6期。

［135］侯俊军、张莉：《标准化治理：推进社会治理能力现代化的制度供给研究》，《湖南大学学报（社会科学版）》2020年第6期。

［136］侯松、甄延临、曹秀婷等：《高质量发展背景下城市群治理评价体系构建及应用——以长三角城市群为例》，《经济地理》2022年第2期。

［137］胡鞍钢、周绍杰、鄢一龙：《开启第二个百年奋斗目标》，《经济导刊》2021年第1期。

［138］胡冰、殷晓鹏：《中国制造业贸易收支影响因素的实证研究》，《山西财经大学学报》2013年第4期。

［139］胡国强、孙心悦：《数字赋能　高质量发展》，《浙江人大》2021年第Z1期。

［140］胡浩：《金融助力构建双循环新发展格局的着力点》，《金融论

坛》2020 年第 12 期。

[141] 胡林瑶、俞立平、段云龙：《交通便利度、信息化对高端服务业集聚的影响研究》，《科研管理》2020 年第 3 期。

[142] 胡霞：《集聚效应对中国城市服务业发展差异影响的实证研究》，《财贸研究》2007 年第 1 期。

[143] 胡旭、史力：《行稳致远谋发展　转型升级立潮头》，《安徽日报》2015 年 6 月 15 日。

[144] 胡雅蓓、陈群、徐锋：《RCEP 背景下江苏自贸区数字贸易发展机遇与推进策略》，载《对外经贸实务》2021 年第 5 期。

[145] 胡昭玲、李红阳、王小洁：《出口目的地收入水平与企业全球价值链参与》，《南开学报（哲学社会科学版）》2019 年第 3 期。

[146] 黄传荣，陈丽珍，邵雨韵.《自主创新与利用 FDI 的协同机制研究》，《宏观经济研究》2016 年第 2 期。

[147] 黄基伟、鲁莹编著：《保罗·克鲁格曼——新经济地理学开创者》，人民邮电出版社 2009 年 9 月。

[148] 黄娟、汪明进：《制造业、生产性服务业共同集聚与污染排放——基于 285 个城市面板数据的实证分析》，《中国流通经济》2017 年第 8 期。

[149] 黄奇帆：《如何理解内循环、双循环发展战略?》，《中国经济周刊》2020 年第 21 期。

[150] 黄群慧、霍景东：《产业融合与制造业服务化：基于一体化解决方案的多案例研究》，《财贸经济》2015 年第 2 期。

[151] 黄群慧：《新发展格局的理论逻辑、战略内涵与政策体系——基于经济现代化的视角》，《经济研究》2021 年第 12 期。

[152] 黄少安：《把产业政策的作用重点转移到生产要素》，《财经问题研究》2019 年第 9 期。

[153] 黄雯：《论坚持"以人民为中心"和"以经济建设为中心"两个指导方针的一致性》，《经济纵横》2017 年第 12 期。

[154] 黄希惠、聂小艳：《江苏服务业发展的政策环境研究》，《江苏经贸职业技术学院学报》2007 年第 4 期。

[155] 黄肖琦、柴敏：《新经济地理学视角下的 FDI 区位选择——基于中国省际面板数据的实证分析》，《管理世界》2006 年第 10 期。

[156] 黄鑫：《制造业：加快数字化智能化转型》，《经济日报》2020 年 8 月 20 日。

［157］惠炜、韩先锋：《生产性服务业集聚促进了地区劳动生产率吗?》，《数量经济技术经济研究》2016 年第 10 期。

［158］吉宁：《北京自贸区揭牌! 四大关键词解读方案亮点》，《金融世界》2020 年 10 期。

［159］吉宇：《对外直接投资与中国经济增长质量的提升》，南京财经大学博士论文 2019 年。

［160］纪玉俊、赵娜：《产业集聚有利于提高能源效率吗？——基于产业集聚度与对外开放水平的门槛回归模型检验》，《北京理工大学学报（社会科学版）》2016 年第 4 期。

［161］冀相豹：《制度差异、累积优势效应与中国 OFDI 的区位分布》，《世界经济研究》2014 年第 1 期。

［162］贾华强：《推动经济高质量发展——学习〈习近平谈治国理政〉第三卷系列党课之十》，《党课参考》2021 年第 5 期。

［163］江波、李江帆：《政府规模、劳动—资源密集型产业与生产服务业发展滞后：机理与实证研究》，《中国工业经济》2013 年第 1 期。

［164］江静、刘志彪、于明超：《生产者服务业发展与制造业效率提升：基于地区和行业面板数据的经验分析》，《世界经济》2007 年第 8 期。

［165］江曼琦、席强敏：《生产性服务业与制造业的产业关联与协同集聚》，《南开学报（哲学社会科学版）》2014 年第 1 期。

［166］江三良、侯缓缓：《人力资本结构优化与地区经济高质量增长》，《南京审计大学学报》2021 年第 1 期。

［167］江小涓：《从加工组装向制造基地转变——外商在华投资进入新阶段》，《国际贸易》2002 年第 3 期。

［168］江小涓：《服务业增长：真实含义、多重影响和发展趋势》，《经济研究》2011 年第 4 期。

［169］江小涓、李辉：《服务业与中国经济：相关性和加快增长的潜力》，《经济研究》2004 年第 1 期。

［170］姜长云：《服务业高质量发展的内涵界定与推进策略》，《改革》2019 年第 6 期。

［171］姜长云：《科学理解推进乡村振兴的重大战略导向》，《管理世界》2018 年第 4 期。

［172］姜长云：《生活性服务业现状、问题与"十四五"时期发展对策》，《经济纵横》2020 年第 5 期。

［173］姜铸、李宁：《服务创新、制造业服务化对企业绩效的影响》，

《科研管理》2015 年第 5 期。

[174] 蒋冠宏、蒋殿春：《中国对外投资的区位选择：基于投资引力模型的面板数据检验》，《世界经济》2012 年第 9 期。

[175] 蒋晶晶：《广东省生产性服务业与人力资本关系的实证研究》，《暨南大学》2012 年版。

[176] 蒋萍、谷彬：《中国服务业 TFP 增长率分解与效率演进》，《数量经济技术经济研究》2009 年第 8 期。

[177] 蒋仲群、童星：《中国城市后工业社会"二元化"背离研究：基于产业生态视角》，《南京社会科学》2019 年第 6 期。

[178] 矫萍，林秀梅：《生产性服务业 FDI 与制造业 FDI 协同集聚对制造业增长的影响》，《经济问题探索》2016 年第 6 期。

[179] 金晟：《生产性服务业与制造业共生演化动力机理探讨》，《统计与决策》2018 年第 9 期。

[180] 金晓雨：《城市规模、产业关联与共同集聚——基于制造业与生产性服务业产业关联和空间互动两个维度》，《产经评论》2015 年第 6 期。

[181] 靳宗振、庄力健、向宁：《生产性服务业标准化体系发展策略研究》，《中国工程科学》2021 年第 23 期。

[182] 柯善咨、赵曜：《产业结构、城市规模与中国城市生产率》，《经济研究》2014 年第 4 期。

[183] 柯善咨：《中国城市与区域经济增长的扩散回流与市场区效应》，《经济研究》2009 年第 8 期。

[184] 库兹涅茨：《现代经济增长——速度、结构与拓展》，北京经济学院出版社 1989 年版。

[185] 库兹涅茨：《各国的经济增长》，商务印书馆 1999 年版。

[186] 雷振丹、陈子真：《区域创新：生产性服务业层级分工专业化抑或多样化集聚?》，《现代经济探讨》2019 年第 10 期。

[187] 冷溶：《贯彻新发展理念是检验践行"两个维护"的一个重要尺度》，《全球商业经典》2021 年第 21 期。

[188] 李滨、王新民、张颖：《加强中小企业公共服务平台建设的重要性分析》，《中小企业管理与科技（中旬刊)》2015 年第 10 期。

[189] 李冰晶：《优化整合创新资源　助力包头高质量发展》，《包头日报》2021 年 1 月 17 日。

[190] 李大军、党兴华、张优智：《企业规模与创新绩效：基于齐夫

定律的随机效应模型》,《西安理工大学学报》2014 年第 1 期。

［191］李福柱、牟丽明:《基于分工递进的区域产业异构化机制研究——以山东半岛城市群为例》,《产业经济研究》2010 年第 3 期。

［192］李冠霖:《第三产业投入产出分析》,中国物价出版社 2002 年版。

［193］李禾:《打通堵点、连接断点 让物流业与制造业强强联合》,《科技日报》2020 年 9 月 21 日。

［194］李洪涛、王丽丽:《城市群发展规划对要素流动与高效集聚的影响研究》,《经济学家》2020 年第 12 期。

［195］李后建、张宗益:《地方官员任期、腐败与企业研发投入》,《科学学研究》2014 年第 5 期。

［196］李怀:《基于规模经济和网络经济效益的自然垄断理论创新——辅以中国自然垄断产业的经验检验》,《管理世界》2004 年第 4 期。

［197］李建:《印度服务业政策演变轨迹及其启示》,《中国证券期货》2011 年第 1 期。

［198］李金昌、史龙梅、徐蔼婷:《高质量发展评价指标体系探讨》《统计研究》2019 年第 1 期。

［199］李晶:《知识产权产品核算问题研究》,江西财经大学博士论文 2015 年。

［200］李靖华、姜中霜:《以制造业高质量发展为导向,推动制造业与服务业深度融合》,《科技日报》2021 年 6 月 11 日第 6 版。

［201］李娟、首魁:《制造业与服务业深度融合的现实路径与政策取向——中央经济工作会议精神学习体会》,《陕西行政学院学报》2019 年第 1 期。

［202］李克强:《在全国深化"放管服"改革优化营商环境电视电话会议上的讲话》,《中国行政管理》2019 年第 7 期。

［203］李琳:《推进"两业"深度融合 打造中部崛起"湖南样本"》,《湖南日报》2019 年 6 月 25 日。

［204］李明:《信息化助力经济社会管理》,《新经济导刊》2012 年第 Z1 期。

［205］李平、付一夫、张艳芳:《生产性服务业能成为中国经济高质量增长新动能吗?》,《中国工业经济》2017 年第 12 期。

［206］李平,田朔:《出口贸易对技术创新影响的研究:水平溢出与垂直溢出——基于动态面板数据模型的实证分析》,《世界经济研究》

2010 年第 2 期。

　　［207］李平：《只有创新，创业才能走得远》，《经济日报》2021 年 2 月 23 日。

　　［208］李尚兰、胡从九、王自文：《农垦高质量发展的实践与探索》，《中国农垦》2021 年第 2 期。

　　［209］李松庆：《生产性服务业的空间布局研究：文献综述与展望》，《广东工业大学学报（社会科学版）》2011 年第 10 期。

　　［210］李铜山、盛阳阳：《中国乡村新型服务业高质量发展研究》，《河南农业大学学报》2021 年 6 月。

　　［211］李文秀：《服务业的城市集聚机理理论与实证研究——来自纽约、东京的例证及其对我国的启示》，《产经评论》2012 年第 4 期。

　　［212］李雯轩、李晓华：《新发展格局下区域间产业转移与升级的路径研究——对"雁阵模式"的再探讨》，《经济学家》2021 年第 6 期。

　　［213］李晓华：《数字经济新特征与数字经济新动能的形成机制》，《改革》2019 年第 11 期。

　　［214］李晓、张建平：《东亚产业关联的研究方法与现状——一个国际/国家间投入产出模型的综述》，《经济研究》2010 年第 4 期。

　　［215］李勇坚：《"十三五"我国服务业成就、经验与"十四五"发展趋势》，《人民论坛》2020 年第 36 期。

　　［216］李勇坚：《中国服务业改革 40 年：经验与启示》，《中国经济报告》2018 年第 12 期。

　　［217］李跃、孟庆莲：《深化对构建新发展格局的理论认识》，《中国经济时报》2021 年 5 月 26 日。

　　［218］李兆辰、袁富华：《"现代化经济体系"研究新进展及展望》，《北京工业大学学报（社会科学版）》2019 年第 4 期。

　　［219］李子联：《高等教育发展与经济增长：机理与证据》，《宏观质量研究》2020 年第 8 期。

　　［220］李子叶、韩先锋、冯根福：《我国生产性服务业集聚对经济增长方式转变的影响——异质门槛效应视角》，《经济管理》2015 年第 12 期。

　　［221］厉无畏、王慧敏：《产业发展的趋势研判与理性思考》，《中国工业经济》2002 年第 4 期。

　　［222］梁爱云：《产业融合进程中的政府规制分析》，《科技与经济》2015 年第 4 期。

　　［223］梁琳、曹旭平：《市场潜能与金融服务业集聚的机制研究——

基于 262 个地级城市数据的实证分析》，《技术经济与管理研究》2017 年第 3 期。

［224］梁琦：《产业集聚的均衡性和稳定性》，《世界经济》2004 年第 6 期。

［225］林火灿：《打通经济循环堵点　建设现代流通体系》，《经济日报》2020 年 10 月 9 日。

［226］林彰平、阎小培：《转型期广州市金融服务业的空间格局变动》，《地理学报》2006 年第 8 期。

［227］凌永辉、刘志彪：《中国服务业发展的轨迹、逻辑与战略转变——改革开放 40 年来的经验分析》，《经济学家》2018 年第 7 期。

［228］刘秉镰、孙鹏博：《新发展格局下中国城市高质量发展的重大问题展望》，《西安交通大学学报（社会科学版）》2021 年第 3 期。

［229］刘秉镰、武鹏、刘玉海：《交通基础设施与中国全要素生产率增长——基于省域数据的空间面板计量分析》，《中国工业经济》2010 年第 7 期。

［230］刘方、李正彪：《人口出生率、年龄结构与金融发展》，《审计与经济研究》2019 年第 3 期。

［231］刘飞宇、赵爱清：《外商直接投资对城市环境污染的效应检验——基于我国 285 个城市面板数据的实证研究》，《国际贸易问题》2016 年第 5 期。

［232］刘辉煌、雷艳：《中部城市生产性服务业集聚及其影响因素研究》，《统计与决策》2012 年第 8 期。

［233］刘建丽：《新中国利用外资 70 年：历程、效应与主要经验》，《管理世界》2019 年第 11 期。

［234］刘杰、钊阳：《新发展格局下跨境服务贸易扩大开放路径思考》，《国际贸易》2021 年第 4 期。

［235］刘景溪：《营业税改征增值税的政策效应分析及对策》，《涉外税务》2013 年第 5 期。

［236］刘俊卿：《有研新材发展的启示》，《中国工业和信息化》2021 年第 3 期。

［237］刘磊、李海燕、庞遥遥：《企业技术创新与政府补贴行为间关系的实证研究——基于创业板上市公司的经验证据》，《技术经济》2013 年第 12 期。

［238］刘丽靓：《先进制造业和现代服务业深度融合发展将提速》，

《中国证券报》2019 年 11 月 16 日。

[239] 刘敏、刘人怀、闫俊强：《公共服务动机、公共服务质量和"相关公众"的有效参与——基于珠海、深圳口岸零售跨境贸易"质量共治"的实证检验》，《宏观质量研究》2020 年第 8 期。

[240] 刘乃全、任光辉：《专业市场的产业集聚与区域分工——以两大"专业市场辐射圈"为例的分析》，《经济管理》2011 年第 4 期。

[241] 刘鹏程、孟小怡：《城市产业结构调整中的"逆库兹涅茨化"——基于流动人口居留意愿角度分析》，《重庆理工大学学报（社会科学)》2020 年第 1 期。

[242] 刘平：《日本促进服务业发展的政策特点及启示》，《上海经济》2011 年第 8 期。

[243] 刘瑞、戴伟、李震：《降低流通成本　畅通国民经济循环》，《上海经济研究》2021 年第 2 期。

[244] 刘胜、顾乃华：《行政垄断、生产性服务业集聚与城市工业污染——来自 260 个地级及以上城市的经验证据》，《财经研究》2015 年第 11 期。

[245] 刘胜、徐榕鑫、陈秀英：《服务业综合改革政策的效果评估——兼论体制机制创新助力高质量发展启示》，《上海财经大学学报》2021 年第 3 期。

[246] 刘书瀚、贾根良、刘小军：《出口导向型经济：我国生产性服务业落后的根源与对策》，《经济社会体制比较》2011 年第 3 期。

[247] 刘书瀚、于化龙：《基于生产性服务业集聚的中心城市等级划分及其空间溢出效应研究》，《城市发展研究》2017 年第 11 期。

[248] 刘曙华：《生产性服务业的区位模式及其动力机制研究》，华东师范大学硕士论文 2007 年。

[249] 刘舜佳，张雅：《农产品贸易知识溢出的环境效应研究》《农业技术经济》2018 年第 7 期。

[250] 刘伟：《当代中国马克思主义政治经济学新境界——学习习近平中国特色社会主义政治经济学》，《政治经济学评论》2021 年第 1 期。

[251] 刘伟：《推动我国跨境电商与国际航空快递龙头企业协同"出海"对策建议》，《中国经贸导刊》2020 年第 24 期。

[252] 刘魏：《土地征用、非农就业与城郊农民收入研究》，西南大学博士论文 2017 年。

[253] 刘亚清、闫洪举：《京津冀生产性服务业与制造业协同发展现

状评估》，《城市问题》2018 年第 5 期。

［254］刘洋、谢栌乐、汪寿阳等：《基于 EEMD - AWNN 集成学习的中国经常账户预测研究》，《系统工程理论与实践》2021 年第 5 期。

［255］刘奕辰、栾维新：《中国生产性服务业与制造业完全需求互动分析——国际投入产出视角的实证研究》，《开发研究》2019 年第 2 期。

［256］刘奕、夏杰长、李垚：《生产性服务业集聚与制造业升级》，《中国工业经济》2017 年第 7 期。

［257］刘奕、夏杰长：《推动中国服务业高质量发展：主要任务与政策建议》，《国际贸易》2018 年第 8 期。

［258］刘玉雅、李红艳，《京沪粤苏浙地区人才政策比较》，《中国管理科学》2016 年第 11 期。

［259］刘元春：《深刻把握新发展格局的经济逻辑》，《中国纪检监察》2020 年第 22 期。

［260］刘元春：《深入理解新发展格局的科学内涵》，《理论导报》2020 年 10 月 31 日。

［261］刘远立：《疫情防控常态化建设：顶层设计与基层落实》，《中国研究型医院》2020 年第 5 期。

［262］刘媛、吴凤兵：《江苏三大区域科技创新人才政策比较研究》，《科技管理研究》2012 年第 1 期。

［263］刘云、谭龙、李正风等：《国家创新体系国际化的理论模型及测度实证研究》，《科学学研究》2015 年第 33 期。

［264］刘泽：《FDI 对产业结构优化影响的实证检验——以山东省为例》，《华东经济管理》2019 年第 6 期。

［265］刘志彪：《建设自主可控安全高效的产业链供应链》，《人民政协报》2020 年 12 月 10 日。

［266］刘志彪：《建设自主可控安全高效的产业链供应链》，《人民政协网》2020 年 12 月 14 日。

［267］刘志彪：《中国经济转型与发展研究》，南京大学出版社 2011 年版。

［268］刘中伟、沈家文：《美国亚太贸易战略新趋势：基于对〈美韩自由贸易协定〉的研究视角》，《当代亚太》2013 年第 1 期。

［269］柳思维、陈薇、张俊英：《把握机遇 突出重点 努力推动形成双循环新发展格局》，《湖南社会科学》2020 年第 6 期。

［270］卢福财、徐远彬：《互联网对生产性服务业发展的影响——基

于交易成本的视角》，《当代财经》2018 年第 12 期。

[271] 陆根尧、符翔云、朱省娥：《基于典型相关分析的产业集群与城市化互动发展研究：以浙江省为例》，《中国软科学》2011 年第 12 期。

[272] 陆立军、刘乃全、任光辉：《专业市场与产业集聚互动研究：来自浙江的案例》，《经济学家》2009 年第 8 期。

[273] 陆杉、高阳：《供应链的协同合作：基于商业生态系统的分析》，《管理世界》2007 年第 5 期。

[274] 陆燕：《精准把握世界经济发展形势》，《国际经济合作》2021 年第 1 期。

[275] 路风、余永定：《"双顺差"、能力缺口与自主创新——转变经济发展方式的宏观和微观视野》，《中国社会科学》2012 年第 6 期。

[276] 路虹：《全球产业链区域化或成趋势》，《国际商报》2021 年 5 月 18 日。

[277] 路江涌、陶志刚：《中国制造业区域聚集及国际比较》，《经济研究》2006 年第 3 期。

[278] 吕越、陈帅、盛斌：《嵌入全球价值链会导致中国制造的"低端锁定"吗？》，《管理世界》2018 年第 8 期。

[279] 吕政、刘勇、王钦：《中国生产性服务业发展的战略选择：基于产业互动的研究视角》，《中国工业经济》2006 年第 6 期。

[280] 罗党论、赵聪：《什么影响了企业对行业壁垒的突破——基于中国上市公司的经验证据》，《南开管理评论》2013 年第 6 期。

[281] 罗良文、赵凡：《高技术产业集聚能够提高地区产业竞争力吗？》，《财经问题研究》2021 年第 1 期。

[282] 罗勇、王世静、曹丽莉：《贸易便利化对我国制造业出口产品质量影响研究》，《软科学》2020 年第 1 期。

[283] 罗知、齐博成：《环境规制的产业转移升级效应与银行协同发展效应——来自长江流域水污染治理的证据》，《经济研究》2021 年第 2 期。

[284] 马国霞、石敏俊、李娜：《中国制造业产业间集聚度及产业间集聚机制》，《管理世界》2007 年第 8 期。

[285] 马红梅、杨月：《人口老龄化、区域技术创新和产业结构升级——基于面板门限回归模型的研究》，《科技管理研究》2021 年第 9 期。

[286] 马景昊、梁正瀚：《平台经济赋能电商产业高质量发展的策略》，《企业经济》2021 年第 4 期。

[287] 马茹、罗晖、王宏伟：《中国区域经济高质量发展评价指标体

系及测度研究》，《中国软科学》2019 年第 7 期。

[288] 马永飞：《全球价值链重构背景下中国对外贸易发展研究》，《国际贸易》2021 年第 2 期。

[289] 马勇、吴雪妍：《金融发展如何影响经济波动？——基于中国232 个城市的面板门槛模型研究》，《金融评论》2017 年第 1 期。

[290] 毛明芳：《加快关键核心技术攻关　破解创新发展难题》，《湖南日报》2020 年 8 月 27 日。

[291] 毛其淋：《二重经济开放与中国经济增长质量的演进》，《经济科学》2012 年第 2 期。

[292] 毛艳华：《打造国际合作和竞争新优势》，《中国社会科学报》2021 年 3 月 19 日。

[293] 苗峻玮、冯华：《集聚效应是否推动了区域高质量发展——以长三角城市群为例》，《经济问题探索》2021 年第 2 期。

[294] 倪红福、龚六堂、夏杰长：《生产分割的演进路径及其影响因素——基于生产阶段数的考察》，《管理世界》2016 年第 4 期。

[295] 倪红福：《全球价值链中产业"微笑曲线"存在吗？——基于增加值平均传递步长方法》，《数量经济技术经济研究》2016 年第 11 期。

[296] 倪鹏飞、肖宇：《服务业融合与高质量发展：表现形式、国际比较及政策建议》，《学习与探索》2019 年第 6 期。

[297] 聂爱云，陆长平：《制度质量与 FDI 的产业增长效应——基于中国省级面板数据的实证研究》，《世界经济研究》2014 年第 4 期。

[298] 欧阳华：《推动制造业和服务业深度融合释放发展新动能》，《广西日报》2020 年 2 月 13 日。

[299] 潘春苗，母爱英，翟文：《中国三大城市群协同创新网络结构与空间特征——基于京津冀、长三角城市群和粤港澳大湾区的对比分析》，《经济体制改革》2022 年第 2 期。

[300] 配第："政治算术"，《配第经济著作选集》，商务印书馆 1997年版。

[301] 彭邦文：《金融结构对出口产品质量的影响研究》，西北大学博士论文 2020 年。

[302] 彭晓静：《中国三大城市群工业企业创新效率研究——基于京津冀、长三角、珠三角城市群的比较》，《技术经济与管理研究》2022 年第 4 期。

[303] 蒲清平、杨聪林：《构建"双循环"新发展格局的现实逻辑、

实施路径与时代价值》，《重庆大学学报（社会科学版）》2020 年第 6 期。

[304] 齐晓丽、郭沛珍、梁艳阳：《政府支持提升区域创新绩效的作用机理与实证检验》，《财会月刊》2021 年第 4 期。

[305] 祁飞、李慧中：《扩大内需与中国制造业出口结构优化：基于"母市场效应"理论的研究》，《国际贸易问题》2012 年第 10 期。

[306] 钱龙：《生产性服务业发展与服务业生产率提升研究——基于产业互动的视角》，《山西财经大学学报》2018 年第 1 期。

[307] 钱学锋、裴婷：《国内国际双循环新发展格局：理论逻辑与内生动力》，《重庆大学学报（社会科学版)》2021 年第 1 期。

[308] 乔均、施建军：《生产性服务业与制造业互动发展研究评述》，《经济学动态》2009 年第 11 期。

[309] 秦海林：《推动制造业高质量发展的对策》，《安徽日报》2019 年 6 月 11 日。

[310] 邱兆祥、陈名萃、安世友：《构建服务高质量发展的现代金融体系》，《理论探索》2019 年第 6 期。

[311] 曲秋霞：《FDI 对 GDP 增长的影响评价——基于山东省产业的实证研究》，《经济问题》2010 年第 1 期。

[312] 屈家安、刘菲：《欧盟研发框架计划及其对中国高校科技政策创新的启示：基于历史比较的视角》，《科技管理研究》2018 年第 10 期。

[313] 群策平：《构建自主可控的现代产业体系》，《群众》2018 年第 14 期。

[314] 冉启英，张晋宁，杨小东：《高铁开通提升了城市绿色发展效率吗——基于双重差分模型的实证检验》，《贵州财经大学学报》2020 年第5期。

[315] 饶克勤：《织牢国家公共卫生防护网》，《人民政协报》2021 年 2 月 10 日。

[316] 人民日报评论员：《强化公共卫生体系的科技支撑——论学习贯彻习近平总书记在专家学者座谈会上重要讲话》，《现代企业》2020 年 6 月 15 日。

[317] 任保平、苗新宇：《新经济背景下扩大新消费需求的路径与政策取向》，《改革》2021 年第 3 期。

[318] 任保全、董也琳：《技术创新、本土市场效应与战略性新兴产业出口——基于上市公司数据的分位数回归》，《国际经贸探索》2016 年第 12 期。

［319］任保全：《扩大内需条件下战略性新兴产业粗放化发展纠正研究》，南京大学博士论文2014年。

［320］任保全、刘志彪、任优生：《全球价值链低端锁定的内生原因及机理——基于企业链条抉择机制的视角》，《世界经济与政治论》2016年第5期。

［321］任君、黄明理：《"双循环"新发展格局研究述评》，载《经济问题》2021年第4期。

［322］任理轩：《加快构建新发展格局》，《人民日报》2021年5月12日。

［323］阮俊虎、刘天军、冯晓春等：《数字农业运营管理：关键问题、理论方法与示范工程》，《管理世界》2020年第8期。

［324］芮明杰：《产业经济学》，上海财经大学出版社2005年版。

［325］桑百川、张彩云：《重构利用外资的"双驱"格局》，《中国经济报告》2018年第1期。

［326］上官绪明、吴慧：《生产性服务业高质量发展对制造业升级的门槛效应》，《地域研究与开发》2020年第5期。

［327］沈能：《环境规制对区域技术创新影响的门槛效应》，《中国人口资源与环境》2012年第6期。

［328］沈玉芳、刘曙华：《长三角地区生产性服务业布局的结构与趋势分析》，《城市发展研究》2011年第4期。

［329］盛斌、魏方：《新中国对外贸易发展70年：回顾与展望》，《财贸经济》2019年第10期。

［330］盛丰：《生产性服务业集聚与制造业升级：机制与经验——来自230个城市数据的空间计量分析》，《产业经济研究》2014年第2期。

［331］盛龙、陆根尧：《中国生产性服务业集聚及其影响因素研究——基于行业和地区层面的分析》，《南开经济研究》2013年第5期。

［332］司咏梅、程利霞、王和顺：《内蒙古资源型产业转型升级的主攻方向》，《北方经济》2015年第12期。

［333］宋大强：《生产性服务业发展的经济影响：一个文献综述》，《现代经济探讨》2021年第3期。

［334］宋冬林、范欣、赵新宇：《区域发展战略、市场分割与经济增长——基于相对价格指数法的实证分析》，《财贸经济》2014年第8期。

［335］宋歌：《以工业互联网助推中国装备制造业高质量发展》，《区域经济评论》2020年第4期。

［336］宋华、卢强：《产业企业主导的供应链金融如何助力中小企业融资——一个多案例对比研究》，《经济理论与经济管理》2017 年第 12 期。

［337］宋胜洲：《分工协作网络的耦合：现代服务业与大都市圈的互动发展》，《广东商学院学报》2009 年第 6 期。

［338］宋晓、沈得芳、张玉：《出口贸易对我国城市人口规模分布的影响——基于我国省级数据的实证研究》，《经济问题探索》2016 年第 4 期。

［339］宋燕娜：《财政分权、市场化程度与金融分权》，浙江财经大学博士论文 2019 年。

［340］苏雪串：《中国城市群的形成与发展在城市化中的作用——以长江三角洲为例》，《山西财经大学学报》2004 年第 1 期。

［341］孙柏林、刘哲鸣：《学习"十四五"规划〈建议〉，探索创新发展良策》，《仪器仪表用户》2021 年第 2 期。

［342］孙冰、侯隽、陈一良等：《疫情下的进博会：当中国市场成为世界市场》，《中国经济周刊》2020 年第 21 期。

［343］孙丽辉：《品牌竞争态势与品牌培育对策研究——吉林省食品行业品牌竞争态势的实证分析》，《财贸经济》2004 年第 6 期。

［344］孙新波、钱雨、张明超等：《大数据驱动企业供应链敏捷性的实现机理研究》，《管理世界》2019 年第 9 期。

［345］孙秀峰、于子竣：《我国服务业企业融资约束与融资模式研究——基于服务业上市企业面板数据的实证分析》，《大连理工大学学报（社会科学版）》2020 年第 2 期。

［346］孙早，韩颖：《外商直接投资、地区差异与自主创新能力提升》，《经济与管理研究》2018 年第 11 期。

［347］谭洪波：《生产者服务业与制造业的空间集聚：基于贸易成本的研究》，《世界经济》2015 年第 3 期。

［348］汤婧、夏杰长：《我国服务贸易高质量发展评价指标体系的构建与实施路径》，《北京工业大学学报（社会科学版）》2020 年第 5 期。

［349］唐保庆、宣烨：《"三元"城镇化对服务业增长的影响——作用机理、测度与实证检验》，《数量经济技术经济研究》2016 年第 6 期。

［350］唐承丽、吴艳、周国华：《城市群、产业集群与开发区互动发展研究——以长株潭城市群为例》，《地理研究》2018 年第 2 期。

［351］唐珏岚：《国际化大都市与生产性服务业集聚》，《世界经济与政治》2004 年第 11 期。

［352］唐荣、冉珍梅：《制造业需求、政府规模与上游生产性服务业

发展》，《首都经济贸易大学学报》2019 年第 5 期。

[353] 唐松：《产业集聚对区域产业品牌影响的实证研究》，《武汉大学学报（哲学社会科学版）》2014 年第 4 期。

[354] 唐晓华、张欣珏、李阳：《中国制造业与生产性服务业动态协调发展实证研究》，《经济研究》2018 年第 3 期。

[355] 唐晓华、张欣钰、李阳：《制造业与生产性服务业协同发展对制造效率影响的差异性研究》，《数量经济技术经济研究》2018 年第 3 期。

[356] 滕延妮：《加快推进流通体系建设　构建"双循环"新发展格局——专访中国国际经济交流中心副理事长、商务部原副部长魏建国》，《审计观察》2020 年第 10 期。

[357] 田虹：《中共哈尔滨市委党校学习贯彻党的十九届五中全会精神学习交流摘要》，《哈尔滨市委党校学报》2021 年第 1 期。

[358] 佟家栋：《欧盟经济一体化的发展道路论析》，《南开学报（哲学社会科学版）》2000 年第 2 期。

[359] 宛枫：《高质量发展背后的责任担当》，《中国品牌》2021 年第 4 期。

[360] 汪斌、余冬筠：《中国信息化的经济结构效应分析——基于计量模型的实证研究》，《中国工业经济》2004 年第 7 期。

[361] 汪德华、张再金、白重恩：《政府规模、法治水平与服务业发展》，《经济研究》2007 年第 6 期。

[362] 王成斌、宋旭峰：《新中国成立 70 年来江苏高校科技创新的经验与前瞻》，《中国高等教育》2019 年第 20 期。

[363] 王大树：《关于范围经济的几个问题》，《管理世界》2004 年第 3 期。

[364] 王得新：《深刻理解新发展格局蕴含的思维意识》，《天津日报》2020 年 10 月 19 日。

[365] 王东方：《中国城市物流发展空间结构演化与机理研究》，长安大学博士论文 2019 年。

[366] 王东明：《扎实推进产业工人队伍建设改革》，《人民日报》2021 年 5 月 18 日。

[367] 王海军、谭洁、王天雨：《供应链复原能力与供应链竞争力关系研究：基于动态能力的视角》，《管理评论》2018 年第 11 期。

[368] 王海芸、宋镇：《企业高层次科技人才吸引力影响因素的实证研究》，《科学学与科学技术管理》2011 年第 32 期。

［369］王绎:《国有企业要在"双循环"中起战略支撑作用》,《中国发展观察》2021 年第 1 期。

［370］王洁:《供应链结构特征、机制设计与产品质量激励》,《中国工业经济》2010 年第 8 期。

［371］王凯:《江苏现代服务业发展思路》,《合作经济与科技》2009 年第 14 期。

［372］王猛、蔡竹欣:《环杭州湾区与粤港澳大湾区的产业分工研究》,《上海经济》2019 年第 1 期。

［373］王猛、姜照君:《服务业集聚区、全球价值链与服务业创新》,《财贸经济》2017 年第 1 期。

［374］王明荣、胡冰、王明喜:《我国农产品贸易收支影响因素实证分析》,《商业研究》2014 年第 1 期。

［375］王明贤、王华彪:《京津冀协同发展下的创新型人才队伍建设》,《人民论坛》2020 年第 32 期。

［376］王乾丽:《对构建新发展格局的多角度思考》,《教学考试》2021 年第 16 期。

［377］王琼杰:《生态文明建设需要矿产资源支撑》,《中国矿业报》2019 年 9 月 10 日。

［378］王绍媛、张涵嵋、罗婷:《生产性服务业投入对中国服务业全球价值链长度的影响》,《宏观经济研究》2019 年第 3 期。

［379］王寿林:《推进中国经济社会高质量发展需要处理的几大关系》,《中国井冈山干部学院学报》2021 年第 1 期。

［380］王寿林:《我国社会主要矛盾的特征及对贯彻新发展理念的要求》,《观察与思考》2021 年第 1 期。

［381］王双燕,魏晓平,赵雷英:《外商直接投资、环境规制与产业结构高级化》,《首都经济贸易大学学报》2016 年第 1 期。

［382］王硕,殷凤:《集聚效应对服务业 FDI 区位选择的影响:基于产业维度的再分解与测度》,《世界经济研究》2021 年第 12 期。

［383］王婷:《互联网服务业创新模式与知识产权保护问题研究》,《中国科学技术大学》2012 年版。

［384］王文、孙早:《制造业需求与中国生产性服务业效率——经济发展水平的门槛效应》,《财贸经济》2017 年第 7 期。

［385］王小广:《构建新发展格局的依据与进路》,《贵州省党校学报》2021 年第 1 期。

［386］王小艳：《人工智能赋能服务业高质量发展：理论逻辑、现实基础与实践路径》，《湖湘论坛》2020 年第 5 期。

［387］王晓东：《建设统一开放、竞争有序的市场体系》，《中国社会科学报》2018 年 02 月 05 日。

［388］王晓红：《"十四五"时期推动我国服务贸易创新发展的主要思路》，《发展研究》2021 年第 5 期。

［389］王晓慧：《中国经济高质量发展研究》，吉林大学博士论文 2019 年。

［390］王晓硕：《中国服务贸易出口影响因素研究》，吉林财经大学博士论文 2016 年。

［391］王晓玉：《国外生产性服务业集聚研究述评》，《当代财经》2006 年第 3 期。

［392］王信东：《经济效果评价指标体系及评价方法的改进》，《中国软科学》2000 年第 10 期。

［393］王雅洁、张嘉颖：《城市群协同创新动态评价》，《统计与决策》2022 年第 8 期。

［394］王杨：《内外双循环背景下服务业发展与扩大内需双向互动机制探讨》，《商业经济研究》2021 年第 2 期。

［395］王雨飞、倪鹏飞：《高速铁路影响下的经济增长溢出与区域空间优化》，《中国工业经济》2016 年第 2 期。

［396］王玉丹：《新时期中共社会公平建设的理论与实践》，山东师范大学博士论文 2012 年。

［397］王直、魏尚进、祝坤福：《总贸易核算法：官方贸易统计与全球价值链的度量》，《中国社会科学》2015 年第 9 期。

［398］王紫绮、孔群喜、彭丹：《要素错配是否抑制了中国企业对外直接投资的"学习效应"？——基于中国工业企业的微观证据》，《财贸研究》2020 年第 2 期。

［399］魏际刚、崔立新：《服务消费成为新动能重要来源》，《经济参考报》2020 年 1 月 14 日。

［400］魏桥：《畅通现代流通体系　构建新发展格局》，《国际商报》2020 年 10 月 21 日。

［401］文东伟，冼国明，马静：《FDI、产业结构变迁与中国的出口竞争力》，《管理世界》2009 年第 4 期。

［402］文启湘：《弘扬马克思主义流通理论　加快建设现代流通体

系——构建新发展格局提升产业链供应链的视角》，《时代经贸》2021 年
第 1 期。

［403］邬宗群：《试论新时代对社会主义市场经济模式的探索与创
新》，《蚌埠学院学报》2019 年第 4 期。

［404］吴汉全：《习近平"经济新常态"范畴构建的逻辑进路》，《理
论视野》2018 年第 12 期。

［405］吴克明：《170 年国际共产主义运动的一条重要经验》，《湘潭
大学学报（哲学社会科学版）》2019 年第 2 期。

［406］吴秋余：《统筹推进现代流通体系建设》，《人民日报》2020
年 9 月 21 日。

［407］吴韬：《习近平的大数据观及当代价值》，《中共云南省委党校
学报》2018 年第 4 期。

［408］吴宣恭、吴昊、李子秦：《马克思产业思想与中国产业结构转
型》，《经济学家》2020 年第 4 期。

［409］吴哲、谢思佳：《粤生产性服务业增加值力争 2020 年接近 3 万
亿》，《南方日报》2016 年 2 月 23 日。

［410］席强敏、陈曦、李国平：《中国城市生产性服务业模式选择研
究——以工业效率提升为导向》，《中国工业经济》2015 年第 2 期。

［411］夏斐、肖宇：《生产性服务业与传统制造业融合效应研究——
基于劳动生产率的视角》，《财经问题研究》第 2020 年 4 期。

［412］夏基洋、张越：《基于城市创新力的长三角城市群高学历流动
人口空间溢出效应研究》，《地域研究与开发》2022 年第 1 期。

［413］夏杰长：《开创服务业高质量发展的新格局》，《中国经贸导
刊》2019 年第 21 期。

［414］夏杰长：《扩大进口是中国对外开放的长期战略》，《中国经济
时报》2019 年第 4 期。

［415］夏杰长、李勇坚、姚战：《新中国服务经济研究 70 年》，中国
社会科学出版社 2019 年 11 月。

［416］夏杰长、肖宇：《生产性服务业：发展态势、存在的问题及高质
量发展政策思路》，《北京工商大学学报（社会科学版）》2019 年第 4 期。

［417］夏杰长、姚战琪：《生产性服务中间投入对中国制造业服务化
的影响》，《社会科学战线》2019 年第 5 期。

［418］夏伦：《生产性服务业集聚促进了制造业转型升级吗？—基于
空间面板模型的实证分析》，《西华大学学报（哲学社会科学版）》2020 年

第 1 期。

［419］夏秋：《产品内分工下制造业服务化与出口二元边际—基于系统 GMM 的经验研究》，《南方经济》2020 年第 3 期。

［420］夏旭田、李文华：《"双循环"是中国战略再定位，是未来二三十年经济总路线图》，《21 世纪经济报道》2020 年 8 月 4 日。

［421］夏旭田：《一天四份重磅文件：北京打造数字经济、服务业开放新高地》，《21 世纪经济报道》2020 年 9 月 8 日。

［422］冼国明、徐清：《劳动力市场扭曲是促进还是抑制了 FDI 的流入》，《世界经济》2013 年第 9 期。

［423］向力力：《在郴州市四届人大四次会议闭幕式上的讲话》，《郴州日报》2015 年 1 月 18 日。

［424］肖高：《大力推进生产性服务业高质量发展》，《浙江日报》2018 年 8 月 28 日。

［425］肖宏伟、牛犁：《我国经济发展动力结构特征与变革方向》，《经济纵横》2021 年第 5 期。

［426］肖静华、谢康、吴瑶等：《从面向合作伙伴到面向消费者的供应链转型——电商企业供应链双案例研究》，《管理世界》2015 年第 4 期。

［427］肖卫东：《产业地理集聚理论演进：分工 - 空间外部性视角》，《云南财经大学学报》2013 年第 6 期。

［428］肖文、樊文静：《产业关联下的生产性服务业发展——基于需求规模和需求结构的研究》，《经济学家》2011 年第 6 期。

［429］谢地：《坚持和完善社会主义基本经济制度推动我国经济高质量发展》，《政治经济学评论》2020 年第 1 期。

［430］谢伏瞻、刘伟、王国刚等：《奋进新时代　开启新征程——学习贯彻党的十九届五中全会精神笔谈（上）》，《经济研究》2020 年第 12 期。

［431］谢富胜、吴越、王生升：《平台经济全球化的政治经济学分析》，《中国社会科学》2019 年第 12 期。

［432］辛本禄、王今：《大数据时代生产性服务业信息服务模式探究》，《情报资料工作》2018 年第 6 期。

［433］熊凯军：《重点产业政策是否影响了微观企业创新效率?》，《南京财经大学学报》2021 年第 2 期。

［434］熊励、孙友霞、刘文等：《知识密集型服务业创新研究进展》，《情报杂志》2010 年第 8 期。

［435］熊兴、余兴厚、汪亚美：《成渝地区双城经济圈新型城镇化与产业结构升级互动关系研究》，《经济体制改革》2022 年第 2 期。

［436］胥会云、许子怡：《临港新片区的"双循环"：带动国内产业升级 提升内外联通效率》，《第一财经日报》2020 年 8 月 14 日。

［437］徐安：《电子商务的全球价值链嵌入效应实证分析》，浙江工商大学博士论文 2018 年。

［438］徐充、胡炅坊：《新时代我国收入分配改革的现状、导向及对策研究》，《世界经济研究》2016 年第 2 期。

［439］徐从才、丁宁：《服务业与制造业互动发展的价值链创新及其绩效——基于大型零售商纵向约束与供应链流程再造的分析》，《管理世界》2008 年第 8 期。

［440］徐峰：《推动区域创新发展：欧盟的经验与启示》，《中国软科学》2016 年第 12 期。

［441］徐晖：《激发"双创"活力 实现制造业与互联网深度融合》，《电器工业》2016 年第 6 期。

［442］徐建华：《先进制造业和现代服务业融合"质"关重要》，《中国质量报》2019 年 9 月 11 日。

［443］徐晋、张祥建：《平台经济学初探》，《中国工业经济》2006 年第 5 期。

［444］许和连、成丽红、孙天阳：《离岸服务外包网络与服务业全球价值链提升》，《世界经济》2018 年第 6 期。

［445］许华玉：《自由贸易港背景下海南中小企业发展服务贸易机制的构建研究》，《现代营销（经营版）》2021 年第 2 期。

［446］许艳丽、王岚：《高技能人才培养与现代服务业需求对接研究》，《教育发展研究》2014 年第 19 期。

［447］许永兵：《扩大消费：构建"双循环"新发展格局的基础》，《河北经贸大学学报》2021 年第 2 期。

［448］宣思源、胡俊：《区域层级分工、产业空间集聚与生产性服务业高质量发展研究》，中国经济出版社 2021 年 6 月。

［449］宣思源、余泳泽：《偏向型开放、财政分权与中国生产性服务业发展滞后》，《世界经济与政治论坛》2021 年第 3 期。

［450］宣烨、胡曦：《生产性服务业与制造业关系的演变：从"需求依附"走向"发展引领"》，《南京财经大学学报》2018 年第 6 期。

［451］宣烨：《基于创新驱动的我国高端生产性服务业国际竞争力提

升研究》，中国经济出版社 2016 版。

［452］宣烨、李思慧：《跨国并购中企业资源和能力转移的有效性分析》，《世界经济研究》2010 年第 9 期。

［453］宣烨、陆静、余泳泽：《高铁开通对高端服务业空间集聚的影响》，《财贸经济》2019 年第 9 期。

［454］宣烨：《推进江苏服务业质态优化研究》，《决策参阅》2018 年第 32 期。

［455］宣烨：《我国服务业地区协同、区域集聚及产业升级》，中国经济出版社 2012 版。

［456］宣烨：《新环境下江苏现代服务业的发展与规划建议》，《规划师》2015 年第 5 期。

［457］宣烨、徐圆、宣思源：《内需驱动与服务业国际竞争力提升——基于"母市场效应"的研究》，《财贸经济》2015 年第 3 期。

［458］宣烨、宣思源：《产业集聚、技术创新途径与高新技术企业出口的实证研究》，《国际贸易问题》2012 年第 5 期。

［459］宣烨、宣思源：《论城市服务业集聚与效率提升的空间溢出效应》，《山西大学学报（哲学社会科学版）》2013 年第 2 期。

［460］宣烨、杨青龙：《生产性服务业助推制造业强国建设》，《中国社会科学报》2020 年 11 月 4 日。

［461］宣烨、杨青龙：《依托大国经济构建自主可控价值链体系》，《中国社会科学版》2019 年 6 月 9 日。

［462］宣烨、杨青龙：《以高质量生产性服务业引领制造业发展》，《中国社会科学版》2018 年 10 月 24 日。

［463］宣烨：《要素价格扭曲、制造业产能过剩与生产性服务业发展滞后》，《经济学动态》2019 年第 3 期。

［464］宣烨、余泳泽：《大国经济视域下以高端服务业引领现代化经济体系建设研究》，中国经济出版社 2021 年 6 月。

［465］宣烨、余泳泽：《生产性服务业层级分工对制造业效率提升的影响——基于长三角地区 38 城市的经验分析》，《产业经济研究》2014 年第 3 期。

［466］宣烨、余泳泽：《中国生产性服务业发展战略与路径研究》，中国经济出版社 2020 年 6 月。

［467］薛云建、黄明、陈捷等：《加快形成以服务业为主导的现代产业体系（上）》，《企业研究》2011 年第 21 期。

[468] 严成樑、崔小勇：《资本投入、经济增长与地区差距》，《经济科学》2012 年第 2 期。

[469] 阎小培、姚一民：《广州第三产业发展变化及空间分布特征分析》，《经济地理》1997 年第 2 期。

[470] 颜云霞：《在服务全国构建新发展格局上争做示范》，《新华日报》2020 年 12 月 15 日。

[471] 杨宝利：《山东省现代服务业跨越发展对策研究》，山东师范大学博士论文 2012 年。

[472] 杨灿明：《我国税制与政策在新阶段的发展方向》，《预算管理与会计》2021 年第 4 期。

[473] 杨晨、原小能：《中国生产性服务业增长的动力源泉——基于动能解构视角的研究》，《财贸经济》2019 年第 5 期。

[474] 杨成万：《消费升级引领供给创新一大波川股迎投资良机》，《金融投资报》2018 年 9 月 25 日。

[475] 杨青龙、宣烨：《推动我国城市群产业联动发展》，《中国社会科学报》2019 年 3 月 18 日。

[476] 杨仁发、汪青青：《生产性服务投入、技术创新与制造业国际竞争力》，《山西财经大学学报》2018 年第 40 期。

[477] 杨仁发、张殿：《产业集聚与城市生产率——基于长江经济带 108 个城市的实证分析》，《工业技术经济》2018 年第 9 期。

[478] 杨善林、华中生：《关于服务科学及其研究的思考》，《信息与管理研究》2018 年第 Z1 期。

[479] 杨水利、易正广、李韬奋：《基于再集成的"低端锁定"突破路径研究》，《中国工业经济》2014 年第 6 期。

[480] 杨伟、李晓华、张海珍等：《问题导向的生产性服务业用地高效利用机制构建探索——以重庆两江新区为例》，《广东土地科学》2017 年第 6 期。

[481] 杨校美：《吸引外资能促进对外投资吗——基于新兴经济体的面板数据分析》，《南方经济》2015 年第 8 期。

[482] 杨亚琴、王丹：《国际大都市现代服务业集群发展的比较研究——以纽约、伦敦、东京为例的分析》，《世界经济研究》2005 年第 1 期。

[483] 杨洋、王晨、章立玲等：《基于国家规划的新型城镇化状态定量评估指标体系构建及应用——以山东半岛城市群为例》，《经济地理》2015 年第 7 期。

［484］杨耀武、倪红福、王丽萍：《后疫情时期的全球产业链的演变逻辑、趋势和政策建议》，《财经智库》2020 年第 6 期。

［485］杨颖、王华、范卿泽：《青少年创新人才培养的重庆探索》，《今日教育》2021 年第 2 期。

［486］杨煜、刘博硕：《服务贸易的研究视角——基于国内经典文献的述评》，《黑龙江金融》2020 年第 5 期。

［487］姚文康：《我国商贸流通业溢出效应研究：基于城市群的角度》，《商业经济研究》2022 年第 9 期。

［488］姚永玲、赵宵伟：《城市服务业动态外部性及其空间效应》，《财贸经济》2012 年第 1 期。

［489］叶海景：《龙头企业知识溢出、治理效应与产业集群创新绩效》，《治理研究》2021 年第 2 期。

［490］依绍华：《统筹推进现代流通体系建设》，《经济日报》2020 年 11 月 3 日。

［491］依琰：《现代流通体系建设吹响提速号角》，《中国商报》2020 年 9 月 16 日。

［492］印大伟：《技术寻求型 OFDI 影响我国绿色 TFP 的地区差异与门槛效应研究》，南京财经大学博士论文 2016 年。

［493］于斌斌、金刚：《城市集聚经济与产业结构变迁的空间溢出效应》，《产业经济评论（山东大学）》2014 年第 4 期。

［494］于斌斌：《中国城市生产性服务业集聚模式选择的经济增长效应——基于行业、地区与城市规模异质性的空间杜宾模型分析》，《经济理论与经济管理》2016 年第 1 期。

［495］于刃刚、李玉红：《产业融合对产业组织政策的影响》，《财贸经济》2004 年第 10 期。

［496］于洋、杨明月、肖宇：《生产性服务业与制造业融合发展：沿革、趋势与国际比较》，《国际贸易》2021 年第 1 期。

［497］余东华、信婧：《信息技术扩散、生产性服务业集聚与制造业全要素生产率》，《经济与管理研究》2018 年第 12 期。

［498］余文涛、吴士炜：《互联网平台经济正在缓解的市场扭曲》，《财贸经济》2020 年第 5 期。

［499］余泳泽、刘大勇、宣烨：《生产性服务业集聚对制造业生产效率的外溢效应及其衰减边界——基于空间计量模型的实证分析》，《金融研究》2016 年第 2 期。

［500］禹向群、贺超群：《以"五个着力"推动"两山"建设更上层楼》，《湖南日报》2020 年 8 月 13 日。

［501］喻国伟：《城市生产性服务业发展研究》，大连理工大学硕士论文 2009 年。

［502］袁峰、陈俊婷：《"一带一路"中国区域现代服务业发展水平评价——基于面板数据及突变级数法的分析》，《华东经济管理》2016 年第 1 期。

［503］袁卉姝：《我国生产性服务业发展的路径选择》，《经营管理者》2014 第 22 期。

［504］袁中华、詹浩勇：《生产性服务业集聚、知识分工与国家价值链构建》，《宏观经济研究》2016 年第 7 期。

［505］原毅军、郭然：《生产性服务业集聚、制造业集聚与技术创新——基于省级面板数据的实证研究》，《经济学家》2018 年第 5 期。

［506］原毅军、刘浩：《中国制造业服务外包与服务业劳动生产率的提升》，《中国工业经济》2009 年第 5 期。

［507］原毅军、宋洋：《服务业产业集聚与劳动生产率增长——基于中国省级面板数据的实证研究》，《产业经济评论（山东大学）》2011 年第 2 期。

［508］臧旭恒、孙文祥：《中国转轨时期产业结构演变的实证分析与政策选择》，《东岳论丛》2001 年第 2 期。

［509］曾国宁：《生产性服务业集群：现象、机理和模式》，《经济学动态》2006 年第 12 期。

［510］曾世宏、向国成：《2013 技术型服务业高获利能力：市场势力还是创新红利——兼论结构性减税和协同创新对技术型服务业创新的作用》，《财贸经济》2013 年第 10 期。

［511］湛军、王照杰：《供给侧结构性改革背景下高端服务业创新能力与绩效——基于整合视角的实证研究》，《经济管理》2017 年第 6 期。

［512］湛军：《"再工业化"背景下欧盟现代服务业创新及发展我国高端服务业研究》，《上海大学学报》2015 年第 1 期。

［513］张定法、肖宇、郭子江：《中国服务贸易高质量发展：理论机理、突出短板和实现路径》，《宏观经济研究》2021 年第 4 期。

［514］张二震、戴翔：《构建"双循环"新发展格局的世界意义》，《江苏师范大学学报（哲学社会科学版）》2021 年第 1 期。

［515］张国云：《产业融合：高质量发展与扩大有效投资的风口》，

《中国发展观察》2021 年第 Z2 期。

［516］张浩然：《生产性服务业集聚与城市经济绩效——基于行业和地区异质性视角的分析》，《财经研究》2015 年第 5 期。

［517］张浩然：《中国城市金融集聚的演进趋势与影响因素：区域异质性视角》，《广东财经大学学报》2016 年第 31 期。

［518］张红霞、王天慧：《人力资本结构高级化、技术进步与地区经济高质量发展——基于空间杜宾模型的分析》，《商业研究》2021 年第 2 期。

［519］张虎、韩爱华、杨青龙：《中国制造业与生产性服务业协同集聚的空间效应分析》，《数量经济技术经济研究》2017 年第 2 期。

［520］张慧君：《促进我国经济高质量发展：2019 年经济发展状况分析》，《领导科学论坛》2019 年第 24 期。

［521］张杰，刘志彪，郑江淮：《出口战略、代工行为与本土企业创新——来自江苏地区制造业企业的经验证据》，《经济理论与经济管理》2008 年第 1 期。

［522］张杰、郑文平、翟福昕：《中国出口产品质量得到提升了么?》，《经济研究》2014 年第 10 期。

［523］张进财：《更好激发科研创新内生动力》，《山西政协报》2021 年 4 月 9 日。

［524］张俊、钟春平：《政企合谋与环境污染——来自中国省级面板数据的经验证据》，《华中科技大学学报（社会科学版）》2014 年第 4 期。

［525］张宽，黄凌云：《引进外资对区域创新能力的影响研究——基于贸易开放的新视角》，《软科学》2019 年第 8 期。

［526］张坤：《我国中医药服务贸易发展的现状、问题与策略》，《价格月刊》2021 年第 5 期。

［527］张丽莉：《服务业高质量发展的着力点》，《黑龙江日报》2019 年 10 月 24 日。

［528］张其仔、周麟：《协同推进城市群建设与产业链供应链现代化水平提升》，《中山大学学报（社会科学版）》2022 年第 1 期。

［529］张庆、彭震伟：《基于空间聚类分析的杭州市生产性服务业集聚区分布特征研究》，《城市规划学刊》2016 年第 4 期。

［530］张伟如、胡冰：《我国农产品国际贸易收支主要影响因素的实证分析》，《中央财经大学学报》2014 年第 2 期。

［531］张昕蔚、蒋长流：《数据的要素化过程及其与传统产业数字化的融合机制研究》，《上海经济研究》2021 年第 3 期。

［532］张秀荣：《论共享发展的鲜明特征》，《中国高校社会科学》2021 年第 1 期。

［533］张学良、李培鑫：《城市群经济机理与中国城市群竞争格局》，《探索与争鸣》2014 年第 9 期。

［534］张亚军、干春晖、郑若谷：《生产性服务业与制造业的内生与关联效应——基于投入产出结构分解技术的实证研究》，《产业经济研究》2014 年第 6 期。

［535］张晔：《抓创新源头　让市场"点头"　南京 2020 年一号文件圈出这些关键词》，《科技日报》2020 年 1 月 20 日。

［536］张永亮：《"双循环"新发展格局：事关全局的系统性深层次变革》，《价格理论与实践》2020 年第 7 期。

［537］张勇、蒲勇健、陈立泰：《城镇化与服务业集聚——基于系统耦合互动的观点》，《中国工业经济》2013 年第 6 期。

［538］张玉华、张涛：《科技金融对生产性服务业与制造业协同集聚的影响研究》，《中国软科学》2018 年第 3 期。

［539］张媛媛：《科技创新第一动力论的整体性审视》，《经济研究参考》2020 年第 18 期。

［540］张月友：《中国的"产业互促悖论"——基于国内关联与总关联分离视角》，《中国工业经济》2014 年第 10 期。

［541］张跃胜、李思蕊、李朝鹏：《为城市发展定标：城市高质量发展评价研究综述》，《管理学刊》2021 年第 1 期。

［542］张占斌：《打通经济循环堵点　建设现代流通体系（上）》，《现代物流报》2020 年 11 月 4 日。

［543］张占斌、黄锟：《牢牢把握"十四五"经济社会发展主题主线》，《人民论坛·学术前沿》2020 年第 22 期。

［544］张志鑫、闫世玲：《双循环新发展格局与中国企业技术创新》，《西南大学学报（社会科学版）》2022 年第 1 期。

［545］张治国、欧国立：《高铁网络、虹吸效应与城市群引资》，《经济问题》2022 年第 2 期。

［546］张治河、赵刚、谢忠泉，《创新的前沿与测度框架——〈奥斯陆手册〉（第三版）述评》，《中国软科学》2007 年第 3 期。

［547］张卓元：《服务经济研究的传承与创新—新中国服务经济研究 70 年评介》，《财贸经济》2020 年第 7 期。

［548］赵放、成丹：《东亚生产性服务业和制造业的产业关联分析》，

《世界经济研究》2012 年第 7 期。

［549］赵国杰、赵红梅：《基于网络层次分析法的城市竞争力评价指标体系研究》，《科技进步与对策》2006 年第 11 期。

［550］赵凯、宋则：《商贸流通服务业影响力及作用机理研究》，《财贸经济》2009 年第 1 期。

［551］赵平：《完善社会保障制度的政策建议——以山东菏泽为例》，《现代经济信息》2019 年第 12 期。

［552］赵瑞、申玉铭：《黄河流域服务业高质量发展探析》，《经济地理》2020 年第 6 期。

［553］赵涛、张智、梁上坤：《数字经济、创业活跃度与高质量发展——来自中国城市的经验证据》，《管理世界》2020 年第 10 期。

［554］赵祥：《基于部门异质型的产业扩散模式研究》，《产业经济研究》2013 年第 2 期。

［555］赵晓敏、冯之浚、黄培清：《闭环供应链管理——我国电子制造业应对欧盟 WEEE 指令的管理变革》，《中国工业经济》2004 年第 8 期。

［556］赵宇新、孙先民：《中国现代流通体系构建研究的方法论选择——马克思流通经济方法论在当代中国的应用与发展》，《商业研究》2021 年第 3 期。

［557］赵玉林、徐娟娟：《武汉生产性服务业发展与制造业升级》，《华中农业大学学报（社会科学版）》2008 年第 5 期。

［558］赵振：《"互联网＋"跨界经营：创造性破坏视角》，《中国工业经济》2015 年第 10 期。

［559］浙江省发展改革委服务业处、浙江省发展规划研究院联合课题组：《"十四五"浙江现代服务业高质量发展的基本思路与对策建议》，《浙江经济》2020 年第 2 期。

［560］甄峰、刘慧、郑俊：《城市生产性服务业空间分布研究：以南京为例》，《世界地理研究》2008 年第 3 期。

［561］郑吉昌：《服务经济论》，中国商务出版社 2005 年版。

［562］郑吉昌、夏晴：《服务贸易竞争力：影响因素与模型》，《价值工程》2004 年第 4 期。

［563］郑继媛、王海燕、胡浩：《产业集聚对乳制品质量安全的影响研究——基于中国省域面板数据的实证分析》，《管理评论》2021 年第 2 期。

［564］郑文力：《论势差效应与科技人才流动机制》，《科学学与科学技术管理》2005 年第 2 期。

［565］郑绪涛：《公共研发政策对私人 R&D 活动的作用：基于中国高科技产业 1995—2006 年的实证分析》，《中国科技论坛》2009 年第 3 期。

［566］郑瑛琨：《促进先进制造业和现代服务业融合发展》，《黑龙江日报》2019 年 3 月 26 日。

［567］郑宇、黄凤羽、朱鹏：《大都市中心城区服务业高质量发展研究（二）——以天津中心城区为例》，《天津经济》2020 年第 2 期。

［568］植玮熳：《生产服务业对外开放对服务业发展质量的影响研究》，华南理工大学博士论文 2020 年。

［569］中国人民大学经济研究所：《中国宏观经济分析与预测（2016 - 2017)》，《中国人民大学出版社》2017 年。

［570］中国人民大学中国宏观经济分析与预测课题组、刘晓光、刘元春、闫衍：《迈向双循环新发展格局的中国宏观经济——2020—2021 年中国宏观济报告》，《经济理论与经济管理》2021 年第 1 期。

［571］周劼：《强国时代的强国“战略集”》，《长江日报》2020 年 11 月 23 日。

［572］周金刚：《“两业”融合促高质量发展》，《唯实》2020 年第 3 期。

［573］周青：《实现从要素驱动向创新驱动转变》，《广西日报》2017 年 3 月 7 日。

［574］周树春：《把握好阐释好中国现代化新征程的发展大逻辑》，《人民论坛·学术前沿》2020 年第 22 期。

［575］周伟：《服务贸易对外支付的税收风险管理研究》，中共上海市委党校博士论文 2019 年。

［576］周伟林：《长三角城市群经济与空间的特征及其演化机制》，《世界经济文汇》2005 年第 5 期。

［577］周文博、樊秀峰、韩亚峰：《服务业地理集聚对全要素生产率影响的实证分析》，《统计与决策》2013 年第 15 期。

［578］周晓光、官玥、黄晓霞：《文化创意产业债务融资结构的影响因素研究——基于 2012 ~ 2016 年上市公司的面板数据》，《运筹与管理》2018 年第 12 期。

［579］周晓红：《以转型升级助推中国制造业高质量发展》，《江苏行政学院学报》2020 年第 2 期。

［580］周跃辉：《习近平关于“双循环”新发展格局重要论述研究》，

《中共党史研究》2021年第2期。

[581] 周振华：《产业融合：产业发展及经济增长的新动力》，《中国工业经济》2003年第4期。

[582] 周振华：《信息化进程中的产业融合研究》，《经济学动态》2002年第6期。

[583] 朱福林：《中国服务贸易发展70年历程、贡献与经验》，《首都经济贸易大学学报》2020年第1期。

[584] 朱世平：《供应链环境下物流外包的风险和效益分析》，《经济理论与经济管理》2006年第4期。

[585] 邹国伟、纪祥裕、胡晓丹等：《服务贸易开放能否带来制造业服务化水平的提升?》，《产业经济研究》2018年第6期。

[586] 邹洁：《北京自贸区揭牌 欲打造数字经济标杆》，《中国工业报》2020年9月29日。

[587] A Airoldi, G B Jantti, A Gambardella. The impact of urban structure on the location of producer services. *The Service Industries Journal*, Vol. 17, No. 1, 1997, pp. 91 – 111.

[588] A Cui. Yangtze River Delta Economic Integration Strategies Analysis from Producer Services and Manufacture Clusters. *Advances in Information Sciences & Service Sciences*, Vol. 4, No. 22, 2012, pp. 78 – 84.

[589] A G Fisher. *The Clash of Progress and Security*. London: Macmillan, 1935.

[590] Aghion, Philippe, et al. Competition and innovation: An inverted – U relationship. *The quarterly journal of economics*, Vol. 120, No. 2, 2005, pp. 701 – 728.

[591] Aitken, Brian J, Ann E. Harrison. Do domestic firms benefit from direct foreign investment? Evidence from Venezuela. *American economic review*, Vol. 89, No. 3, 1999, pp: 605 – 618.

[592] A J Scott. Flexible production systems and regional development: The rise of new industrial spaces in North America and Western Europe International. *International Journal of Urban and Regional Research*, Vol. 12, No. 2, 1988, pp. 171 – 186.

[593] A Kuchiki. Clusters and Innovation: Beijing's Hi-technology Industry Cluster and Guangzhou's Automobile Industry Cluster. *IDE Discussion Papers*, 2007, 89.

[594] A Macpherson. Producer Service Linkages and Industrial Innovation: Results of a Twelve-year Tracking Study of New York State Manufacturers. *Growth & Change*, Vol. 39, No. 1, 2008, pp. 1 – 23.

[595] A Markusen, G Schrock. The Distinctive City: Divergent Patterns in Growth, Hierarchy and Specialization. *Urban Studies*, Vol. 43, No. 8, 2006, pp. 1301 – 1323.

[596] A Marshall. Principles of Economics: An Introductory Volume. *Social Science Electronic Publishing*, Vol. 67, No. 1742, 1920, pp. 439 – 457.

[597] A Marshall. *Principles of Economics*. Cambridge: Cambridge University Press, 1890.

[598] A Otsuka, M Goto. Regional determinants of energy intensity in Japan: the impact of population density. *Asia – Pacific Journal of Regional Science*, Vol. 4, 2017, pp. 1 – 22.

[599] A S Bailly. Producer Services Research in Europe. *The Professional Geographer*, Vol. 47, No. 1, 1995, pp. 70 – 74.

[600] A Smith. *An Inquiry into the Nature and Causes of Wealth of Nations.* Indianapolis: Liberty Fund. London: printed for W. Strahan; and T. Cadell, 1776.

[601] A Smith. *Select chapters and passages from the Wealth of nations of Adam Smith*, 1776. London: Macmillan and Co, 2010.

[602] Auboin, Marc, Robert Koopman, Ankai Xu. Trade and innovation policies: Coexistence and spillovers. *Journal of Policy Modeling*, Vol. 43, No. 4, 2021, pp. 844 – 872.

[603] A Weber. *Theory of the Location of Industries.* Chicago: The University of Chicago Press, 1909.

[604] Blomstrom, Magnus, Robert E Lipsey, Ksenia Kulchycky. *US and Swedish direct investment and exports. Trade policy issues and empirical analysis.* Chicago: University of chicago press, 1988, pp. 257 – 302.

[605] Bloom N. Trade Induced Technical Change? The Impact of Chinese Imports on Innovation, IT and Productivity. *Review of Economic Studies*, Vol. 83, No. 1, 2016, pp: 87 – 117.

[606] B Preissl. The German Service Gap or Re-organizing the Manufacturing-services Puzzle. *Metroeconomica*, Vol. 58, No. 3, 2007, pp. 457 – 478.

[607] C Clague, P Keefer, S Knack, M Olson. Contract-intensive money: contract enforcement, property rights, and economic performance. *Journal of economic growth*, Vol. 4, No. 2, 1999, pp. 185 –211.

[608] C Clark. *Conditions of Economic Progress*. London: Macmillan, 1940.

[609] Chenggang Xu. The Fundamental Institutions of China's Reforms and Develop. *Journal of Economic Literature*, Vol. 49, No. 4, 2011, pp. 1076 – 1151.

[610] Chen, Z M E Kahn, Y Liu, Z Wang. The Consequences of Spatially Differentiated Water Pollution Regulation in China. *National Bureau of Economic Research*, 2016, No. 22507.

[611] C Hsiao, M H Pesaran, A K Tahmiscioglu. Maximum Likelihood Estimation of Fixed Effects Dynamic Panel Data Models Covering Short Time Periods. *Journal of Econometrics*, Vol. 109, No. 1, 2002, pp. 349 –361.

[612] C J Simon, C Nardinelli. Human capital and the rise of American cities, 1900 – 1990. *Regional Science & Urban Economics*, Vol. 32, No. 1, 2002, pp. 59 –96.

[613] C Koopman, M Mitchell, A Thierer. The sharing economy and consumer protection regulation: The case for policy change. *The Journal of Business, Entrepreneurship & the Law*, Vol. 8, No. 2, 2014, pp. 528 –545.

[614] Das, Sanghamitra. Externalities, and technology transfer through multinational corporations A theoretical analysis. *Journal of International Economics*, Vol. 22, No. 1 –2, 1987, pp. 171 –182.

[615] Davis D R, Weinstein D E. Market access, economic geography and comparative advantage: An empirical test. *Journal of International Economics*, Vol. 59, No. 1, 2003, pp. 1 –23.

[616] Daniel Bell. *The Coming of Post-industrial Society*. New York: Basic Book, 1973.

[617] D Eberts, J E Randall, Producer Services, Labor Market Segmentation and Peripheral Regions: The Case of Saskatchewan. *Growth & Change*, Vol. 29, No. 4, 2010, pp. 401 –422.

[618] Desmet K, Parente S L. Bigger is better: market size, demand elasticity, and innovation. *International Economic Review*, Vol. 51, No. 2, 2010, pp. 319 –333.

[619] D Keeble, J Bryson, P Wood. Small firms business service growth and regional development in the UK: some empirical findings. *Regional Studies*, Vol. 25, No. 5, 1991, pp. 439 –457.

[620] D Keeble, J Bryson. Small-firm creation and growth, regional development and the North – South divide in Britain. *Environment & Planning A*, Vol. 28, No. 5, pp. 909 –934.

[621] D Keeble, L Nacham. Why do business service firms cluster? small consultancies, clustering and decentralization in London and Southern England. *Transaction of the Institute of British Geographers*, Vol. 27, No. 1, 2002, pp. 67 –90.

[622] D Pilat, A Wolfl. ICT Production and ICT Use: What Role in Aggregate Productivity Growth? *Sourceoecd General Economics & Future Studies*, Vol. 43, 2004, pp. 362 –404.

[623] D Restuccia, D T Yang, X Zhu. Agriculture and Aggregate Productivity: A Quantitative Cross-country Analysis, *Journal of Monetary Economics*, Vol. 55, No. 2, 2008, pp. 234 –250.

[624] D Riddle. *Service-led Growth: The Role of the Sevice Sector in World Development*. New York: Preoeger Press, 1986.

[625] Du Debin, Duan Dezhong. China-us Science And Technology Competitiveness Assessment Report (2020). *World Scientific*, 2021.

[626] D W Jorgenson, M P Timmer. Structural change in advanced nations: a new set of stylised facts. *Scandinavian Journal of Economics*, Vol. 113, No. 1, 2011, pp. 1 –29.

[627] E F Heckscher, B G Ohlin. *Heckscher – Ohlin trade theory*. Massachusetts: The MIT Press, 1991.

[628] E Forlani. Liquidity Constraints and Firm's Export Activity. *Development Working Papers*, 2010.

[629] E L Glaeser, M E Kahn, R Arnott, et al. Decentralized employment and the transformation of the American city. *Brookings – Wharton Papers on Urban Affairs*, Vol. 2001, No. 1, 2001, pp. 1 –63.

[630] E M Hoover. *The Location of Economic Activity*. New York: MacGraw – Hill Book Company, 1948.

[631] E M Hoover. The measurement of Industrial Localization. *Review of Economies and Statistic*, Vol. 18, No. 4, 1936, pp. 62 –171.

［632］ E Mueller. The impact of demographic factors on economic development in Taiwan. *Population and Development Review*, 1977, pp. 1 – 22.

［633］ E Sheppard, T J Barnes. *A Companion to Economic Geography*, New Jersey: Wiley – Blackwell, 2000.

［634］ Fan S, Zhang X, Robinson S. Structural change and economic growth in China. *Review of Development Economics*, Vol. 7, No. 3, 2003, pp. 360 – 377.

［635］ F Cingano, F Schivardi. Identifying the Source of Local Productivity Growth. *Journal of European Economic Association*, Vol. 2, No. 4, 2004, pp. 720 – 742.

［636］ Felice G, L Tajoli. Innovation and the International Fragmentation of Production: Complements or Substitutes? *Unpublished Working Paper*, 2015.

［637］ F Moulaert, C Gallouj. Advanced producer services in the french space economy: Decentralization at the highest level. *Progress in Planning*, Vol. 43, No. 2 – 3, 1995, pp. 139 – 154.

［638］ F Moulaert, C Gallouj. The Locational Geography of Advanced Producer Service Firms: the Limits of Economies of Agglomeration. *Service Industries Journal*, Vol. 13, No. 2, pp. 91 – 106.

［639］ F Moulaert, F Tödtling. The Geography of Advanced Producer Services in Conclusions and Prospects. *Progress in Planning*, Vol. 43, No. 2 – 3, 1995, pp. 2 – 3.

［640］ G Andrew, R Arora, J Bilmes, K Livescu. Deep Canonical Correlation Analysis. *International Conference on Machine leaguing*, Vol. 28, No. 3, 2013, pp. 1247 – 1255.

［641］ G I P Ottaviano, D Puga. Agglomeration in the Global Economy: A Survey of the 'New Economic Geography'. *World Economy*, Vol. 21, No. 6, 1998, pp. 707 – 731.

［642］ G J Stigler. *The Economics of Information: The economics of information*. Massachusetts: Belknap Press of Harvard University Press, 1984, pp. 213 – 225.

［643］ Grossman G, Helpman E. Comparative Advantage and Long-run Growth. *American Economic Review*, 1990, Vol. 80, No. 4, pp. 796 – 815.

［644］ Guide, J V D R, V Jayaraman, J D Linton. Building Contingency

Planning for Closed – Loop Supply Chains with Product Recovery, *Journal of Operations Management*, Vol. 21, No. 3, 2003, pp. 259 – 279.

[645] Hashmi, Aamir Rafique. Competition and innovation: The inverted – U relationship revisited. *Review of Economics and Statistics*, Vol. 95, No. 5, 2013, pp. 1653 – 1668.

[646] Hayakawa, Kazunobu, Toshiyuki Matsuura. Heterogeneous impact of trade liberalization on vertical FDI: evidence from Japanese firm-level data. *RIETI Discussion Paper Series* 13 – E – 020. 2013.

[647] HB Chenery, Patterns of Industrial Growth. *American Economic Review*, Vol. 4, No. 50, 1960, pp. 624 – 654.

[648] Helpman E. International Trade in the Presence of Product Differentiation, Economics of Scale and Monopolistic Competition: A Chamberlin – Heckscher – Ohlin Approach. *Journal of International Economics*, Vol. 11, 1981, pp. 305 – 340

[649] Helpman E, Krugman P R. *Market structure and foreign trade: Increasing returns, imperfect competition, and the international economy*. Massachusetts: MIT press, 1985.

[650] H G Grubel, M A Walker. Producer Services: Their important Role in Growing Economies: The Service Sector: Productivity and Growth. *Physica – Verlag HD*, 1995, pp. 11 – 41.

[651] H G Grubel, M A Walker. *Service Industry Growth: Causes and Effects*. Vancouver: The Fraser Institute Press, 1989.

[652] H K Heo, D K Lee, J H Park. Estimating the heights and diameters at breast height of trees in an urban park and along a street using mobile LiDAR. *Landscape and Ecological Engineering*, Vol. 15, No. 3, 2019, pp. 253 – 263.

[653] Huang Y, Ma Y, Yang Z, et al. A fire sale without fire: An explanation of labor-intensive FDI in China. *Journal of Comparative Economics*, Vol. 44, No. 4, 2016, pp. 884 – 901.

[654] Huber F. Do clusters really matter for innovation practices in information technology? Questioning the significance of technological knowledge spillovers. *Journal of Economic Geography*, Vol. 12, No. 1, 2012, pp. 107 – 126.

[655] Humphrey J, H Schmitz. Does Insertion in Global Value Chains Affect Upgrading in Industrial Clusters, *Regional Studies*, Vol. 36, No. 9, 2002,

pp. 1017 – 1027.

[656] Irarrazabal, Alfonso, Andreas Moxnes, Luca David Romola. The margins of multinational production and the role of intrafirm trade. *Journal of Political Economy*, Vol. 121, No. 1, 2013, pp. 74 – 126.

[657] I Valerie. *The Penguin Dictionary of Physics*. Beijing: Beijing Foreign Language Press, 1996, pp. 92 – 93.

[658] J Arnold, B Javorcik, A Mattoo. Does Services Liberalization Benefit Manufacturing Firms? Evidence from the Czech Republic. *Research Working Papers*, Vol. 85, No. 1, 2006, pp. 136 – 146.

[659] J B Madsen. Technology spillover through trade and TFP convergence: 135years of evidence for the OECD countries. *Journal of International Economics*, Vol. 72, No. 2, 2012, pp. 464 – 480.

[660] J F Francois. Producer Services, Scale, and the Division of Labor. *Oad'ord Economic Papers*, Vol. 42, No. 4, 1990, pp. 715 – 729.

[661] J Francois, B Hoekman. Services Trade and Policy. *Journal of Economic Literature*, Vol. 8, No. 3, 2010, pp. 642 – 692.

[662] J Francois, J Woerz. Producer Services, Manufacturing Linkages, and Trade. *Social Science Electronic Publishing*, Vol. 8, No. 3 – 4, 2008, pp. 199 – 229.

[663] J Goldhar, D Berg. Blurring the Boundary: Convergence of Factory and Service Processes. *Journal of Manufacturing Technology Management*, Vol. 21, No. 3, 2013, pp. 341 – 354.

[664] J Kolko. Agglomeration and Co – Agglomeration of Services Industries. *Mpra Paper*, 2007.

[665] J Kolko. CanIget some service here? Information technology, service industries and the future of cities. *SSRN Working Paper*, 1999, Nov.

[666] J P Elhorst. Unconditional Maximum Likelihood Estimation of Linear and Log-linear Dynamic Models for Spatial Panels. *Geographical Analysis*, Vol. 37, No. 1, 2005, pp. 85 – 106.

[667] J R Boudeville. *Problems of Regional Economic Planning*. Edinburgh: Edinburgh University Press, 1966.

[668] J R Markusen. Trade in Producer Services and in Other Specialized Intermediate Inputs. *American Economic Review*, Vol. 79, No. 1, 1989, pp. 85 – 95.

［669］J Vine. Cost, Curves and Supply Curves. *Festschrift für Nationalö-konomie*, Vol. 3, No. 1, 1932, pp. 23 – 46.

［670］J W Harrington. Producer Services Research in U. S. Regional Studies. *Professional Geographer*, Vol. 47, No. 1, 2010, pp. 87 – 96.

［671］K Connor, T A Hutton. The planning response to Urban Service Sector Growth: an international comparison. *Growth and Change*, Vol. 22, No. 4, 2002, pp. 3 – 26.

［672］K Desmet, M Fafchamps. Changes in the spatial concentration of employment across US counties: a sectoral analysis, 1972 – 2000. *Journal of Economic Geography*, Vol. 5, No. 3, 2005, pp. 261 – 284.

［673］Kleinert J, Toubal F. Production versus distribution-oriented FDI. *Review of World Economics*, Vol. 149, 2013, pp. 423 – 442.

［674］K O' Connor, T A Hutton. Producer Services in the Asia Pacific region: An overview of research issue. *Asia Pacific Viewpoint*, Vol. 39, No. 2, pp. 139 – 143.

［675］Kojima K. *Direct Foreign Investment: A Japanese Model of Multinational Business Operation*, New York: Praeger Publishers, 1978.

［676］Kokko A O. *Foreign direct investment, host country characteristics, and spillovers.* Stockholm: The Economic Research Institute 1992.

［677］Krugman, Paul. A Model of Innovation, Technology Transfer, and the World Distribution of Income. *Journal of Political Economy*, Vol. 87, No. 2, 1979, pp. 253 – 266.

［678］Liu, Qing, et al. Import competition and firm innovation: Evidence from China. *Journal of Development Economics*, Vol. 151, 2021, pp. 102650.

［679］L Moyart. The role of producer services in regional development: what opportunities for medium-sized cities in Belgium? *Service Industries Journal*, Vol. 25, No. 2, 2005, pp. 213 – 228.

［680］L Senn. Service Activities'urban hierarchy and cumulative growth. *The Service Industries Journal*, Vol. 13, No. 2, 1993, pp. 11 – 22.

［681］Lu, Yi, Linhui Yu. Trade liberalization and markup dispersion: evidence from China's WTO accession. *American Economic Journal: Applied Economics*, Vol. 7, No. 4, 2015, pp. 221 – 253.

［682］M Amiti, K Wakelin. Investment Liberalization and International

Trade. *Social Science Electronic Publishing*, Vol. 61, No. 1, 2001, pp. 101 – 126.

[683] M Berliant, R R Reed III, Wang P. Knowledge exchange, matching, and agglomeration. *Journal of Urban Economics*, Vol. 60, No. 1, 2006, pp. 69 – 95.

[684] M Boden, I Miles. *Services and the Knowledge – Based Economy*. London and New York: Continuum International Publishing Group, Incorporated, 2001.

[685] M E Porter. *The Competitive Advantage of Nations*. New York: Free Press, 1990.

[686] M Eswaran, A Kotwal. The Role of the Service Sector in the Process of Industrialization. *Journal of Development Economics*, Vol. 68, No. 2, 2002, pp. 401 – 420.

[687] M Fragkias, K C Seto. Urban Land – Use Change, Models, Uncertainty, and Policymaking in Rapidly Growing Developing World Cities: Evidence from China. *Land Use Change: Science, Policy, and Management*, 2008, pp. 139 – 160.

[688] M Fujita, P R Krugman, A Venables. *The spatial economy: Cities, regions, and international trade*. Massachusetts: MIT press, 2000.

[689] M J Piore. *The Second Industrial Divide: Possibilities For Prosperity*. New York: Basic Books, 1984.

[690] M Kelle. Crossing Industry Borders: German Manufacturers as Services Exporters. *World Economy*, Vol. 29, No. 12, 2012, pp. 1494 – 1515.

[691] M Nerlove. *Growth Rate Convergence, Fact of Artifact*? An Essay on Panel Data Econometrics, Panel Data Econometrics: Future Directions, in J. Krishnakumar and E. Ronchetti eds. Elsevier, 2000.

[692] M P Drennan. Do agglomeration economies decay over short distances? Are they stable in the face of shocks? Evidence from Manhattan. *International Journal of Urban Sciences*, Vol. 22, No. 1, 2018, pp. 1 – 16.

[693] M Storper, R Walker. *The Capitalist Imperative: Territory, Technology and Industrial Growth*. New Jersey: Wiley – Blackwell, 1989.

[694] P A Wood. Flexible accumulation and the rise of business services. *Transactions of the Institute of British Geographers*, Vol. 16, No. 2, 1991, pp. 160 – 1721.

[695] P C Chesire. Resurgent Cities, Urban Myths and Policy Hubris: What We Need to Know. *Urban Studies*, Vol. 43, No. 8, 2006, pp. 1231 – 1246.

[696] P Daniels. Some Perspectives on the Geography of Services. *Progress in Human Geography*, Vol. 13, No. 3, 2003, pp. 244 – 267.

[697] P Daniels. The Locational Geography of Advanced Producer Services Firms in the United Kingdom. *Progress in Planning*, Vol. 43, No. 2 – 3, 1995, pp. 123 – 138.

[698] P N Bloom, G Dees. Cultivate your ecosystem. *Stanford social innovation review*, Vol. 6, No. 1, 2008, pp. 47 – 53.

[699] P R Krugman. History and Industry Location: The Case of the Manufacturing Belt. *American Economic Review*, Vol. 81, No. 2, 1991, pp. 80 – 83.

[700] P R Krugman. Increasing Returns and Economic Geography. *Journal of Political Economy*, Vol. 99, No. 3, 1991, pp. 483 – 499.

[701] P R Krugman. The Self-organizing Economy. New Jersey: Blackwell, 1993.

[702] P Taylor. Leading World Cities: Empirical Evaluations of Urban Nodes in Multiple Networks. *Urban Studies*, Vol. 42, No. 9, 2005.

[703] P W Daniels. The Locational Geography of Advanced Producer Services Firms in the United Kingdom. *Progress in Planning*, Vol. 43, No. 2 – 3, 1995, pp. 123 – 138.

[704] Qrunfleh S, M Tarafdar. Lean and Agile Supply Chain Strategies and Supply Chain Responsiveness: The Role of Strategic Supplier Partnership and Postponement, *Supply Chain Management*, Vol. 18, No. 6, 2013, pp. 571 – 582.

[705] Ramondo, Natalia, Andrés Rodríguez – Clare. Trade, multinational production, and the gains from openness. *Journal of Political Economy*, Vol. 121, No. 2, 2013, pp. 273 – 322.

[706] R C Feenstra. Integration of Trade and Disintegration of Production in the Global Economy. *The Journal of Economic Perspectives*, Vol. 12, No. 4, 2003, pp. 31 – 50.

[707] R E Baldwin, P Martin, G I Ottaviani. Global Income Divergence, Trade, and Industrialization: The Geography of Growth Take – Offs. *Journal of*

Economic Growth, Vol. 6, No. 1, 2001, pp. 5 – 37.

[708] Riker D, Brainard S L. US multinationals and competition from low wage countries. *NBER Working Paper*, 1997.

[709] R J Barro, Xavier Sala, I. Martin. *Economic growth*. New York: McGraw Hill, 1995.

[710] R M Howell, D M Cohen, G L Powell, et al. The use of low energy laser therapy to treat aphthous ulcers. *Annals of Dentistry*, Vol. 47, No. 2, 1988, pp. 16.

[711] Robert Koopman, Zhi Wang, Shang – Jin Wei. Tracing Value-added and Double Counting in Gross Exports. *American Economic Review*, Vol. 104, No. 2, 2014, pp. 459 – 494.

[712] R. Rajan, L Zingales. Power in a theory of the Firm. The Quarterly Journal of Economics, Vol. 113, No. 2, 1998, pp. 387 – 432.

[713] R Shelp. *The Role of Service Technology in Development, in Service Industries and Economic Development Case Studies in Technology Transfer*. New York: Praeger Publishers, 1984.

[714] R V Aguilera, G Jackson. The Cross – National Diversity of Corporate Governance: Dimensions and Determinants. *Academy of Management Review*, Vol. 28, No. 3, 2003, pp. 447 – 465.

[715] R V Aguilera, M Federowicz. *Corporate Governance in a Changing Economic and Political Environment*. Loudon and New York: Palgrave Macmillan, 2003.

[716] S Christopherson. Flexibility in the US Service Economy and the Emerging Spatial Division of Labour. *Transactions of the Institute of British Geographers*, Vol. 14, No. 2, 1989, pp. 131 – 143.

[717] Schumpeter, Joseph A. *The theory of competitive price*. New York: The Macmillan Company, 1942, pp. 844 – 847.

[718] S Illeris, Jean Philippe. Introduction: The role of services in regional economic growth. *Service Industries Journal*, Vol. 13, No. 2, 1993, pp. 3 – 10.

[719] Silveira G D, D Borenstein, F S Fogliatto. Mass Customization: Literature Review and Research Directions, *International Journal of Production Economics*, Vol. 72, No. 1, 2001, pp. 1 – 13.

[720] S Pinch, N Henry. Paul Krugman's geographical economics, in-

dustrial clustering and the British motor sport industry. *Regional Studies*, Vol. 33, No. 9, 1999, pp. 815 – 827.

[721] S Sassen. *Cities in a world economy/ – 2nd ed.* CA: Pine Forge Press, 1994.

[722] Sun, Puyang, Yong Tan, Guang Yang. Export, FDI and the welfare gains from trade liberalization. *Economic Modelling*, Vol. 92, 2020, pp. 230 – 238.

[723] Thierry M, M Salomon, J V Nunen, L V Wassenhove. Strategic Issues in Product Recovery Management, *California Management Review*, Vol. 37, No. 2, 1995, pp. 114 – 135.

[724] T Michaeli, W Wang, K Livescu. Nonparametric Canonical Correlation Analysis. *Computer Science*, Vol. 33, No. 1, 2015, pp. 1 – 13.

[725] Todd M Gabe, Jaison R Abel. Shared knowledge and the coagglomeration of occupations. *Regional Studies*, Vol. 50, No. 8, 2016, pp. 1360 – 1373.

[726] Wang Zhi, Wei Shangjin, Yu Xinding, Zhu Kunfu. Characterizing global value chains: Production length and upstreamness. *NBER Working Paper*, No. 23261. 2017.

[727] Wang Zhi, Wei Shangjin, Zhu Kunfu. Quantifying international production sharing at the bilateral and sector levels. *NBER Working Paper*, No. 19677, 2013.

[728] Wang Z, S Wei, X Yu, K Zhu. Characterizing Global Value Chains: Production Length and Upstream Ness, *NBER Working Paper*, No. w23261. 2017.

[729] W J Baumol. Macroeconomics of Unbalanced Growth: the Anatomy of Urban Crisis. *American Economic Review*, Vol. 57, No. 3, 1967, pp. 415 – 426.

[730] W J Coffey, G Richard Shermer. The Growth and Location of High Order Services in the Canadian Urban System, 1971 – 1991. *Professional Geographer*, Vol. 49, No. 4, 1997, pp. 404 – 418.

[731] W J Coffey, M Polèse. Producer Services and Regional Development: A policy-oriented Perspective. *Papers of the Regional Science*, Vol. 67, No. 1, 1989, pp. 13 – 27.

[732] W J Coffey. The Geographies of Producer Services. *Urban Geogra-*

phy, Vol. 21, No. 2, 2000, pp. 170 – 183.

[733] W Keller. Trade and the Transmission of Technology. *Journal of Economic Growth*, Vol. 7, No. 1, 2002, pp. 5 – 24.

[734] W R Goe. Factors Associated with the Development of Nonmetropolitan Growth Nodes in Producer Services Industries, 1980—1990. *Rural Sociology*, Vol. 67, No. 3, 2002, pp. 416 – 441.

[735] W W Rostow. *The Stages of Economic Growth: A non-communist manifesto*. Combridge: Cambridge University Press, 1960.

[736] Wuttke D A, C Blome, K Foerstl, M Henke. Managing the Innovation Adoption of Supply Chain Finance: Empirical Evidence from Six European Case Studies, *Journal of Business Logistics*, Vol. 34, No. 2, 2013, pp. 148 – 166.

[737] Zhi Wang, Shang – Jin Wei, Kunfu Zhu. Quantifying International Production Sharing at the Bilateral and Sector Levels. *NBER Working Paper* 19677, 2013.

[738] Zhi Wang, Shang – Jin Wei, Xining Yu. Characterizing Global Value Chains: Production Length and Upstream Ness, *NBER Working Paper* 23261, 2017.